普通高等教育"十二五"经济管理类规划教材
创新型国际化教育研究项目

国际贸易实务

曹旭平　主编
唐　娟　袁雪松　副主编

電子工業出版社
Publishing House of Electronics Industry
北京 · BEIJING

内容简介

本书内容按进出口流程分为四个部分：第一部分为国际贸易交易磋商及交易前的准备；第二部分为进出口合同及合同中的条款；第三部分为进口、出口合同的履行；第四部分为国际贸易方式。本书的每章后面均配有相关习题，以帮助学生更好地掌握全章的知识点。另外，本书还附加了很多阅读材料以及单据原件，以利于学生知识面的拓展及实际业务能力的提高。本书每章相关的阅读材料、关键词汇、习题解答以及电子课件，可以在华信教育资源网上免费下载使用。

本书适合作为普通高等院校经济管理类本、专科学生的教材，也可作为外贸培训及外贸业务员的参考资料。

图书在版编目(CIP)数据

国际贸易实务/曹旭平主编. —北京：电子工业出版社，2011.12
普通高等教育"十二五"经济管理类规划教材
ISBN 978-7-121-15284-9

Ⅰ. ①国… Ⅱ. ①曹… Ⅲ. ①国际贸易 - 贸易实务 - 高等学校 - 教材 Ⅳ. ①F740.4

中国版本图书馆 CIP 数据核字(2011)第 242752 号

策划编辑：谭海平
责任编辑：王二华　　文字编辑：张岩雨
印　　刷：北京市顺义兴华印刷厂
装　　订：三河市双峰印刷装订有限公司
出版发行：电子工业出版社
北京市海淀区万寿路 173 信箱　邮编　100036
开　　本：787×980　1/16　印张：23　字数：463 千字
印　　次：2011 年 12 月第 1 次印刷
定　　价：39.80 元

前　　言

近十余年来，我国新建本科院校数量迅速增加到260多所，它们以应用型本科教育为发展目标，培养掌握高新技术并能熟练应用的高级专门人才。但与应用型本科院校的迅猛发展相比，与之配套的教材建设相对落后，不太适应应用型本科的教学和学习。目前国内针对应用型本科院校经济管理类专业的国际贸易实务教材同样如此。

鉴于以上原因，编者根据多年教学和实践经验，针对应用型本科教学的特点，组织编写了本书。本书以进出口流程为主线，按照各贸易环节顺序展开编写，强调应用性。本书习题、现实案例比重加大，同时穿插各类阅读材料及单据原件，有利于学生知识面的拓展及实际业务能力的提高。本书改变了传统教材偏重出口贸易实务的倾向，加大了对进口贸易流程环节及其注意事项的阐述。另外，本书强调内容新、案例新，全面应用UCP600。考虑到2010年国际贸易术语解释通则并未在外贸企业普及，因此本书仍主要阐述2000年国际贸易术语解释通则，同时又对2010年国际贸易术语解释通则与2000年国际贸易术语解释通则的区别进行了阐述。

本书各章内容及建议学时分配如下：

各章内容	建议学时	各章内容	建议学时
第1章　国际贸易基本流程及适用法律	2	第9章　国际货物运输保险	4
第2章　交易前的准备	2	第10章　国际货款结算	4
第3章　出口交易磋商	2	第11章　进出口商品检验	2
第4章　国际货物买卖合同	2	第12章　争议预防与处理	2
第5章　国际贸易术语	4	第13章　出口合同履行	2
第6章　品质、数量及包装	2	第14章　进口合同履行	2
第7章　进出口商品价格	4	第15章　国际贸易方式	2
第8章　国际货物运输	4	合计	40

本版教材由常熟理工学院曹旭平、袁雪松、姜友林，南京邮电大学唐娟，西安培华学院唐学学等五位老师编写而成，其中曹旭平担任主编，唐娟、袁雪松担任副主编，各章节编写人员分工如下：曹旭平（第1、8、9章），唐娟（第5、6、13、14章），袁雪松（第7、10章），唐学学（第2、3、4章），姜友林（第11、12、15章）。曹旭平对全书进行了审阅、修改及补充。由于国际贸易的发展日新月异，加之编者的水平有限，书中若有失误和疏漏之处，敬请广大读者批评指正。

编　者

目　录

第1章　国际贸易基本流程及适用法律 ………………… 1
1.1　国际贸易基础知识 ………… 1
1.1.1　国际贸易特点 ………… 2
1.1.2　国际贸易基本概念 …… 3
1.2　国际贸易实务的基本业务流程 ………………… 5
1.2.1　出口贸易流程 ………… 5
1.2.2　进口贸易流程 ………… 6
1.2.3　国际贸易实务的主要内容 ………………… 7
1.3　国际贸易适用法律与惯例 … 10
1.3.1　国际贸易法律与惯例 … 10
1.3.2　国际贸易遵循的准则 … 13
习题 ……………………………… 14
第2章　交易前准备 ………………… 16
2.1　国际商品市场调研 ………… 17
2.1.1　国际商品市场调研内容 ………………… 18
2.1.2　国际商品市场调研方法 ………………… 20
2.2　交易前的准备 ……………… 25
2.2.1　出口交易前的准备工作 ………………… 25
2.2.2　进口交易前的准备工作 ………………… 26
2.3　国际商务谈判方法与技巧 ……………………… 27
2.3.1　国际商务谈判概念及重要性 ………………… 27
2.3.2　国际商务谈判的方法与技巧 ………………… 28
习题 ……………………………… 31
第3章　出口交易磋商 ……………… 32
3.1　出口交易磋商形式与内容 … 33
3.1.1　出口交易磋商形式 …… 33
3.1.2　出口交易磋商内容 …… 33
3.2　出口交易磋商的一般程序 … 33
3.2.1　询盘 ……………………… 34
3.2.2　发盘 ……………………… 34
3.2.3　还盘 ……………………… 38
3.2.4　接受 ……………………… 40
习题 ……………………………… 42
第4章　国际货物买卖合同 ………… 46
4.1　国际货物买卖合同的含义及特点 ………………… 47
4.1.1　国际货物买卖合同的特点 ………………… 47
4.1.2　合同的种类 ……………… 48
4.1.3　合同订立的基本原则 … 49
4.1.4　合同的订立 ……………… 51
4.2　国际货物买卖合同的成立条件 ………………… 52
4.2.1　要约生效时间 ………… 52
4.2.2　承诺生效时间 ………… 52
4.2.3　附加条件的承诺及逾期承诺的效力 ………… 53
4.3　贸易合同的形式和内容 …… 53
4.3.1　贸易合同形式 ………… 53
4.3.2　贸易合同内容 ………… 55
习题 ……………………………… 57
第5章　国际贸易术语 ……………… 59
5.1　有关贸易术语的国际惯例 … 59
5.1.1　国际贸易术语含义、起源及作用 ………… 59

5.1.2 有关贸易术语的国际惯例 …… 62
5.2 贸易术语 …… 68
5.2.1 E组贸易术语 …… 68
5.2.2 F组贸易术语 …… 69
5.2.3 C组贸易术语 …… 72
5.2.4 D组贸易术语 …… 76
5.3 贸易术语的变形及选用 …… 80
5.4 2010年国际贸易术语解释通则 …… 83
习题 …… 85
第6章 品质、数量及包装 …… 88
6.1 商品的品名 …… 89
6.1.1 品名条款及其意义 …… 89
6.1.2 品名条款的内容 …… 89
6.1.3 规定品名条款的注意事项 …… 90
6.2 商品的品质 …… 91
6.2.1 品质条款及其表示方法 …… 94
6.2.2 规定品质条款的注意事项 …… 97
6.3 商品的数量 …… 98
6.3.1 数量条款及度量衡制度 …… 99
6.3.2 计量单位和计量方法 …… 100
6.3.3 规定数量条款的注意事项 …… 102
6.4 商品的包装 …… 104
6.4.1 包装的种类 …… 106
6.4.2 包装标识 …… 108
6.4.3 中性包装和定牌 …… 109
6.4.4 规定包装条款的注意事项 …… 110
习题 …… 112
第7章 进出口商品价格 …… 116
7.1 国际贸易价格条款 …… 116
7.1.1 作价办法 …… 116
7.1.2 计价货币的选择 …… 118
7.1.3 贸易术语的选用 …… 120
7.1.4 价格条款的约定 …… 123
7.2 佣金和折扣 …… 124
7.2.1 佣金(Commission) …… 124
7.2.2 折扣(Discount) …… 124
7.3 出口商品的价格核算 …… 125
7.3.1 出口报价核算 …… 125
7.3.2 出口还价核算 …… 130
7.3.3 出口成交核算 …… 131
7.3.4 出口商品盈亏核算 …… 131
7.4 进口商品的价格核算 …… 133
7.4.1 进口商品价格核算 …… 133
7.4.2 进口商品盈亏核算 …… 136
习题 …… 137
第8章 国际货物运输 …… 140
8.1 海洋运输 …… 141
8.1.1 海洋运输的特点 …… 141
8.1.2 国际货物海运航线 …… 142
8.1.3 海洋运输的经营方式 …… 144
8.2 其他运输方式 …… 152
8.2.1 铁路运输(Rail Transport) …… 152
8.2.2 航空运输(Air Transport) …… 152
8.2.3 邮政运输(Post Transport) …… 153
8.2.4 联合运输(Combined Transport) …… 153
8.3 合同中的运输条款 …… 158
8.3.1 装运时间 …… 158
8.3.2 装运港和目的港 …… 159
8.3.3 分批装运和转船 …… 159
8.3.4 其他条款 …… 161
8.4 国际货物运输单据 …… 162
8.4.1 海运提单 …… 162
8.4.2 其他运单 …… 167
习题 …… 168
第9章 国际货物运输保险 …… 171
9.1 海上货物运输保险 …… 172

9.1.1 海上货物运输保险风险 …… 172
9.1.2 海上损失(Marine Losses) …… 173
9.1.3 海上费用(Expenses & Charges) …… 176
9.2 海运保险险别与条款 …… 176
9.2.1 海运货物保险的基本险别 …… 176
9.2.2 海运货物保险的附加险 …… 179
9.2.3 海运货物保险的专门险 …… 182
9.2.4 伦敦保险协会海运货物保险条款 …… 183
9.3 陆运、空运与邮包运输保险 …… 187
9.3.1 陆运货物运输保险 …… 187
9.3.2 空运货物保险 …… 187
9.3.3 邮包运输保险 …… 188
9.4 国际货物运输保险实务 …… 188
9.4.1 出口货物和进口货物运输保险 …… 189
9.4.2 货物运输保险实务 …… 189
习题 …… 197
第10章 国际货款结算 …… 201
10.1 支付工具 …… 201
10.1.1 汇票 …… 202
10.1.2 本票 …… 206
10.1.3 支票 …… 208
10.2 汇付和托收 …… 210
10.2.1 汇付 …… 210
10.2.2 托收 …… 213
10.3 信用证 …… 222
10.3.1 信用证的含义与性质 …… 223
10.3.2 信用证方式的当事人 …… 224
10.3.3 信用证方式的业务流程 …… 226
10.3.4 信用证的内容 …… 229
10.3.5 信用证业务的特点 …… 232
10.3.6 信用证的种类 …… 234
10.3.7 《跟单信用证统一惯例》 …… 239
10.3.8 信用证条款的主要内容及审核与修改 …… 241
10.4 国际保理业务 …… 243
10.4.1 国际保理业务含义 …… 243
10.4.2 国际保理业务当事人及流转程序 …… 243
10.4.3 国际保理业务流程及特点 …… 243
10.5 各种支付方式选用 …… 245
10.5.1 影响选择结算方式的因素 …… 245
10.5.2 多种支付方式结合使用技巧 …… 246
10.6 国际贸易合同中的支付条款 …… 248
10.6.1 汇付与托收支付条款 …… 248
10.6.2 信用证支付条款 …… 250
习题 …… 253
第11章 进出口商品检验 …… 257
11.1 国际贸易商品检验意义及内容 …… 258
11.1.1 国际贸易商品检验概念 …… 258
11.1.2 国际贸易商品检验的意义 …… 259
11.1.3 国际贸易商品检验的内容 …… 260
11.2 检验机构及法定检验 …… 263
11.2.1 国际商品检验机构 …… 263
11.2.2 国内商品检验机构 …… 264

11.2.3 法定检验 …………… 265

11.3 检验时间和地点 …………… 269

11.3.1 在出口国检验 …… 269

11.3.2 在进口国检验 …… 269

11.3.3 在出口国检验,进口国复验 …………… 270

11.4 检验证书类型及作用 …… 271

11.4.1 国际贸易商检证书的概念 …………… 271

11.4.2 商检证书的种类及作用 …………… 271

11.5 国际贸易商品检验工作程序 …………… 273

习题 …………… 275

第 12 章 争议预防与处理 …………… 277

12.1 索赔 …………… 278

12.1.1 争议与索赔 …… 278

12.1.2 违约责任及法律规定 …………… 279

12.1.3 合同中的索赔条款 … 279

12.1.4 定金罚则 …………… 281

12.2 不可抗力 …………… 282

12.2.1 不可抗力的含义 … 282

12.2.2 不可抗力原因及认定条件 …………… 283

12.2.3 不可抗力事件的处理 …………… 283

12.2.4 不可抗力条款的规定方法 …………… 284

12.3 仲裁 …………… 285

12.3.1 仲裁定义及特点 … 285

12.3.2 仲裁机构 …………… 286

12.3.3 仲裁协议形式与作用 …………… 286

12.3.4 仲裁条款 …………… 287

12.3.5 中国与外国有关仲裁裁决的比较 …………… 288

习题 …………… 292

第 13 章 出口合同履行 …………… 294

13.1 备货与报验 …………… 295

13.1.1 出口备货 …………… 295

13.1.2 出口报验 …………… 297

13.2 催证、审证和改证 …………… 299

13.2.1 催证 …………… 299

13.2.2 审证 …………… 300

13.2.3 改证 …………… 303

13.3 出口托运与制单结汇 …… 304

13.3.1 出口托运 …………… 304

13.3.2 制单结汇 …………… 306

习题 …………… 314

第 14 章 进口合同履行 …………… 317

14.1 开立信用证 …………… 318

14.1.1 开证申请 …………… 318

14.1.2 开证的注意事项 … 320

14.2 办理运输和保险 …………… 322

14.2.1 办理运输 …………… 322

14.2.2 办理保险 …………… 323

14.3 审单和支付 …………… 323

14.3.1 审单 …………… 324

14.3.2 付款与拒付 …………… 326

14.4 接货与报关 …………… 328

14.4.1 接货 …………… 328

14.4.2 进口货物征税 …… 329

14.4.3 进口报关 …………… 330

14.5 进口货物检验 …………… 332

14.5.1 进口货物检验流程 … 332

14.5.2 入境检验需要的文件 …………… 335

14.6 进口索赔 …………… 335

习题 …………… 340

第 15 章 国际贸易方式 …………… 343

15.1 独家经销与代理 …………… 343

15.2 寄售与展卖 …………… 345

15.3 招投标与拍卖 …………… 347

15.4 期货交易与套期保值 …… 347

15.5 对销贸易与加工贸易 …… 350

15.6 电子商务与无纸贸易 …… 353

习题 …………… 357

参考文献 …………… 359

第1章 国际贸易基本流程及适用法律

教学目的和要求

通过学习,要求学生掌握国际贸易的特点及基本概念、国际贸易实务的基本业务流程、国际贸易实务的主要内容、国际贸易的适用法律及遵循准则;重点掌握国际贸易惯例、国际公约及协定的相关知识。

学习重点与难点

1. 国际贸易特点及基本概念;
2. 国际贸易实务的基本业务流程;
3. 国际贸易的适用法律及遵循准则;
4. 国际贸易实务的主要内容。

引子

当今世界,各国经济合作日益密切,真正意义上的全球经济正在形成,而国际贸易无疑是联系各国经济最基本和最重要的形式之一。伴随着2001年的入世,中国经济发展与世界的关系日趋紧密,目前中国经济发展的国际依存度已高达70%以上,国际贸易已成为中国经济的重要组成部分。熟悉国际贸易惯例和法律规范,掌握从事国际贸易的基本技能已经不仅仅是对专门从事国际贸易活动的人员的要求,而且对于经济专业、管理专业、财会专业的工作者来说也是必须的。

典型案例

2007年,我某外贸公司派遣贸易小组赴美购买设备,双方在纽约已就设备规格、单价、数量等主要条款达成口头协议。小组离开美国时向对方表示,回京后缮制合同,由双方签字后生效。回京后,用户撤回进口委托,合同无法签署,信用证也未开出。美方敦促中方履约,否则将在美起诉中方公司。试分析中方公司应如何处理此案,理由是什么?通过本章内容的学习,此问题可以得出答案。

1.1 国际贸易基础知识

世界各国的经济正在通过国际贸易紧密地联系在一起,国际贸易对国民经济的影响已反映在生活的各个角落,并且成为人们每日所要接触事物中的一种。国际贸易是指世界各国(或地区)之间商品和劳务的交换活动。这种交换活动因为发生在世界范围内,所以又称为世界贸易(World Trade)或全球贸易(Global Trade)。国际贸易主要由各国或地区的对外贸易构成,是世界各国对外贸易的总和,它既包含有形商品(实物商品)的交换,又包含无形商品(劳务、技术等)的交换。

1.1.1 国际贸易特点

由于受到交易条件、交易环境、法律制度和经济条件的影响,国际贸易比国内贸易更复杂、更困难,主要体现在以下几个方面。

1. 国际贸易是一项涉外性质的商务活动

由于国际货物贸易是涉外的商务活动,因此,在对外交往中,不仅要考虑经济效益,还应配合外交活动,认真贯彻国家的对外方针政策,切实按国际规范行事,恪守"重合同、守信用"的原则,树立良好的对外形象,做好 SA8000 等相关认证。

2. 国际贸易市场潜力巨大

广阔的世界市场给国际贸易发展带来巨大的拉动力。据统计,目前全世界共有 190 多个独立国家,总人口达 70 亿,这样一个范围和人口的市场是任何一个国家的国内市场所不能比拟的。此外,国际贸易面对的是一个多层次、多维体的市场。由于种族、习惯及经济水平的差异,各国的需求层次和数量存在较大差别,这是多国经济交易开展的必备条件,同时也是形成有效市场的基本前提。

3. 国际贸易风险大

国际贸易风险远大于国内贸易,其风险主要体现在以下几个方面。

① 政治风险。由于各国间的政治关系经常处于变动之中,故经济政策也经常变动,封锁、禁运和贸易制裁时有发生,这大大加剧了国际贸易的不稳定性和不确定性。

② 经济风险。在国际贸易中,交易双方的成交量一般较大,商品在经过长途运输和储存的过程中,可能遇到各种自然灾害和其他外来风险,同时,国际市场汇率经常浮动,商品价格瞬息万变,这都会给当事人造成巨大的经济损失。

③ 交易风险。国际贸易商人信誉不同,企业机构复杂,很容易产生欺诈行为,稍有不慎,就可能上当受骗,甚至会使经营者蒙受严重的经济损失。由此可见,从事国际贸易的风险要远大于国内贸易。

4. 国际贸易交易环节复杂

国际货物买卖的双方,从商订到履行合同的过程中,除要处理交易自身存在的矛盾和斗争外,还要与很多中介部门打交道(如商检、运输、保险、全融、铁路、港口和海关等),任何一个环节出现问题,都会影响到整笔交易的顺利进行。再加上交易当事人分属不同国家和地区,往往涉及不同国家的法律、贸易惯例和经贸政策之间的协调,更增加了贸易的复杂性。

5. 国际贸易交易难度大

由于国际市场广阔、线长面广、中间环节多、情况复杂及风险大,而且还有制度、法律和语言文字上的差异,使得从事国际贸易的难度增大。例如,中国白象电池出口英国受到冷遇、台湾地区进口的吉百利巧克力销售情况并不理想。因此,对外贸易的从业人员不仅要有较高的政治素质、业务素质,而且还应具有较高的洞察力和应变力,以及独立分析和解决问题的能力。

1.1.2 国际贸易基本概念

1. 进出口(Export and Import)和贸易差额(Balance of Trade)

出口是指将本国生产或加工的商品(包括劳务)运往国外市场进行销售的贸易活动;进口就是将外国商品(包括劳务)购买后输入本国市场进行销售的贸易活动。另外,当外国商品进口以后未经加工制造又出口时,称为复出口(Reexport);反之,本国商品出口后,在国外未经加工又重新输入本国国内称为复进口(Reimport)。贸易差额指一国在一定时期(如1年)内出口值与进口值之间的差额,即贸易差额=出口值-进口值。如果出口值大于进口值,就称为贸易顺差,又叫出超、盈余、黑字;如果出口值小于进口值,就称为贸易逆差,又叫入超、亏损、赤字;如果二者相等,就称为贸易平衡。

2. 贸易值(Value of Foreign Trade)和贸易量(Quantum of Foreign Trade)

贸易值又称为贸易额,是用货币表示的反映贸易规模的指标,是衡量对外贸易状况的重要指标。贸易量是指剔除价格变动因素以后,用不变价格表示贸易发展规模的一个指标。

3. 对外贸易依存度(Ratio of Dependence on Foreign Trade)

对外贸易依存度是指一国国民经济对进出口贸易的依赖程度,是以本国对外贸易(进出口总额)占GNP(国民生产总值)或GDP(国内生产总值)多少比重为标志的。

4. 有形贸易(Tangible Trade)和无形贸易(Intangible Trade)

有形贸易是指贸易双方交易的商品是具体的、有形的实物商品,因为这些商品看得见,摸得着,故称为有形贸易,有时也被称为货物贸易(Goods Trade)。无形贸易是指在国际贸易活动中所进行的没有物质形态的商品的交易,在国与国的交换中,交换标的物不是有形的商品。无形贸易一般包括服务贸易和技术贸易。

5. 直接贸易(Direct Trade)、间接贸易(Indirect Trade)和转口贸易(Entrepot Trade)

直接贸易是商品直接从生产国销往消费国,不通过第三国而进行的贸易,即指进出口两国直接达成的交易。间接贸易则是指商品生产国与消费国通过第三国进行商品买卖的行为(前面提到的过境贸易就是间接贸易的一种方式)。转口贸易又称为中转贸易,是区别于商品生产国与商品消费国直接买卖商品的直接贸易行为而言。

6. 总贸易(General Trade)和专门贸易(Special Trade)

总贸易是指进出口以国境为标准,凡进入国境的商品一律列为进口,离开国境的商品一律列为出口,前者称为总进口,后者称为总出口,总进口额加上总出口额就是一国的总对外贸易额,采用这种方法划分的有美国、日本、英国、加拿大、澳大利亚等 90 多个国家或地区,我国的对外贸易额计算也属于总贸易的统计方法。专门贸易是指进出口以关境为标准,进入一国关境的货物就是本国的进口,离开一国关境的货物就是本国的出口,前者称为专门进口,后者称为专门出口,专门进口额加上专门出口额是一国的专门贸易额。目前采用这种方法划分的国家有德国、意大利、瑞士等国家。由于自由贸易区、经济特区、保税区等特区的存在,关境与国境往往是不一致的,也就有了总贸易和专门贸易的区别。以保税区为例,其虽然在国境之内,但却在关境之外;在自由贸易区的情况下,区内各国的关境是统一的,此情况下的关境大于国境。

7. 贸易条件(Terms of Trade,简称 TOT)

贸易条件是指出口商品与进口商品的交换比率,或说出口价格与进口价格之间的比率,故又称为交换比价。

例如,某国以 1997 年为基准年,其进出口价格指数均为 100,若 2001 年出口价格上涨了 6%,进口价格下降了 2%,其贸易条件如何变化?

以 1997 年为基期,其贸易条件指数 =(出口价格指数 ÷ 进口价格指数)×100

$$出口价格指数 = 100 + 100 \times 6\% = 106$$

$$进口价格指数 = 100 - 100 \times 2\% = 98$$

因此,TOT =(106 ÷ 98)×100 = 108.2。

因为 TOT = 108.2 > 100,所以说明贸易条件有所改善,即 1997 年 1 个商品出口换回 1 个外国商品,而 2001 年由于出口价格上升,进口价格下降,出口 1 个商品就可换回 1.082 个外国商品,说明比较 1997 年贸易条件有所好转。应该指出的是,这种贸易条件的改善或恶化是就进出口时期与基期比较而言的,因而这个指标是相对的。

8. 国际贸易商品结构(Composition of Foreign Trade)

国际贸易商品结构是指一定时期内各大类商品或某种商品在整个国际贸易中的构成比例,即各大类商品或某种商品贸易额与整个世界出口贸易额之比,通常以其在世界出口贸易额中所占的比重来表示。进出口商品结构是指一国对外贸易中各商品组成部分在贸易总体中的地位、性质以及相互间的比例关系。

9. 国际贸易地理方向(International Trade by Regions)

国际贸易地理方向是指世界各洲、各国(或地区)参加国际商品流通的水平,即世界贸易额的国别分布或洲别分布情况,它反映了各国或各洲在国际贸易中的地位。

应用案例 1-1

奔驰公司是世界十大汽车公司之一,创立于 1926 年,它的前身是 1886 年成立的奔驰汽车厂和戴姆勒汽车厂。1926 年两厂合并后,叫戴姆勒—奔驰汽车公司,简称奔驰汽车公司。奔驰公司总部设在德国斯图加特,雇员总数为 18.5 万人,年产汽车 60 万辆。产品有奔驰 W124、奔驰 R129 和奔驰 W126 等二大系列,“精美、可靠、耐用”是奔驰汽车标榜的宗旨。

奔驰公司是国际化的企业,在国内有 6 个子公司,国外有 23 个子公司,在世界范围内都设有联络处、销售点以及装配厂。奔驰汽车的生产也实现了国际化,例如燃料箱、防风玻璃在英国生产,雨刮、涡轮增压器在美国生产,发动机组在芬兰生产,三角皮带和转向盘轴分别在意大利和法国生产。国际化的生产模式有效地压缩了零部件采购成本,缩短了新车型开发周期,降低了产品成本,实现了利润的突破。观摩一辆奔驰汽车的生产,你能够清楚地感受到什么?

案例分析题

通过一辆奔驰汽车的生产,我们能够清楚地感受到贸易经济的一体化。奔驰汽车主要零件的生产在世界工厂中完成,燃料箱、防风玻璃在英国生产,雨刮、涡轮增压器在美国生产,发动机组在芬兰生产,三角皮带和转向盘轴分别在意大利和法国生产,最终在德国组装成一辆车。由此可以看出,国际分工是世界贸易发展的前提。

1.2 国际贸易实务的基本业务流程

国际贸易根据商品流向分为进口贸易和出口贸易两类,其贸易过程涉及许多部门和环节。在进出口业务操作中要注意每个工作环节的内容及其相互之间的关系,以提高工作效率和经济效益。本节将分别介绍出口贸易流程和进口贸易流程。

1.2.1 出口贸易流程

出口贸易流程一般分为 4 个阶段:交易前的准备、交易磋商与签约、贸易合同的履行和善后处理。

1. 交易前的准备

为了使交易顺利进行,在出口交易之前必须做好各项准备工作,包括制订出口经营方案;编制出口计划,报有关部门批准;申请出口许可证;对交易产品的生产进行可行性研究；落实货源，做好货物收购、进货、调运、储存和加工整理工作；选择交易磋商人员；通过各种渠道调查研究国外市场情况，包括商品的市场占有情况、竞争情况、市场价格情况及市场容量等；对有关交易对象的资信情况进行调查，包括交易对象的资本实力、背景，交易对象的性质、规模、业务范围、经营能力、经营作风，等等。这些准备工作是进行出口贸易之前必不可少的，必须认真对待。

2. 交易磋商与签约

交易磋商是出口贸易业务中的一个重要环节，是出口贸易合同成立的基础和依据。交易磋商可以通过口头形式进行，也可以通过书面的形式进行。交易磋商一般包括询盘、发盘、还盘和接受 4 个环节，其中发盘和接受是必要环节。交易磋商的最终目的是为了达成协议即订立贸易合同。

3. 合同的履行

贸易合同一经成立，就具有了法律上的约束力，交易的任何一方不得擅自变更或解除合同。出口商在订立合同后要认真做好履行合同的各项工作，包括备货、审证（催证、改证）报验、租船订舱、投保、报关装运及制单结汇等。

4. 出口贸易的善后处理

由于国际贸易的环节多、风险大，运作也比较困难，在履行合同的过程中当事人有可能出现违约的情况，从而影响交易的正常进行，产生贸易纠纷。及时有效地处理贸易争议和纠纷对于交易双方都是至关重要的。因此，妥善处理善后工作也是国际贸易流程当中一个不可缺少的环节。

4 个环节中，第 2 和第 3 部分环节内容最为复杂，从联络外商发盘直至出口退税环节的每项操作细致流程图如图 1-1 所示，图中细节内容在后续章节中会详细介绍。

1.2.2 进口贸易流程

进口贸易流程和出口贸易流程有相似的地方，也有许多不同之处，在学习的时候应与出口贸易进行对照，以便更好地掌握进出口贸易各自的程序。进口贸易流程大体分为 4 个基本阶段，即交易前的准备、交易磋商与签约、履行合同和善后处理。

1. 交易前准备工作

进口贸易在交易前应做好各项准备工作，以保证贸易顺利进行。交易前的准备工作包括制订具体的进口经营方案以及填制和审查订货卡片，申请进口许可证，选择交易磋商人员，对市场进行调查研究，对交易对象的资信情况进行调查等。

2. 交易磋商与签约

进口贸易的交易磋商也包括询盘、发盘、还盘和接受 4 个环节，在询盘过程中一般要“货比三家”，选择最有利的贸易伙伴。达成进口交易后，应签订购货合同或购货确认书。

3. 履行合同

履行进口合同与履行出口合同的程序相反，工作侧重点也不一样。如按 FOB 条件和信用证付款方式成交，买方履行合同的程序，一般包括下列事项：按合同规定向银行申请开立信用证；及时派船到对方口岸接运货物，并催促卖方备货装船；审核有关单据，在单证相符时付款赎单，办理进口报关手续，并验收货物。

4. 善后处理

当贸易双方有违约行为或产生贸易纠纷时，要及时有效地进行处理，以免产生不必要的后果。

1.2.3 国际贸易实务的主要内容

1. 贸易术语

贸易术语(Trade Terms)是用来表示买卖双方所承担的风险、费用和双方责任划分的专门用语。在国际贸易业务中，人们经过反复实践，逐渐形成了一套习惯做法，把这种习惯的做法用某种专门的商业用语来表示，便出现了贸易术语。每种贸易术语都有其特定的含义，不同的贸易术语，不仅表示买卖双方各自承担不同的风险、费用和责任，而且也影响成交商品的价格。在国际贸易中，买卖双方采用何种贸易术语成交，必须在合同中订明。为了合理地选用对自身有利的贸易术语成交和正确履行合同与处理履约当中的争议，外经贸人员必须熟悉国际上通行的各种贸易术语的含义及有关贸易术语的国际惯例。

2. 合同条款

合同是交易双方履约的依据，并具有法律效力。按照各国的法律规定，买卖双方可以根据"契约自主"的原则，在不违反法律的前提下，规定符合双方意愿的条款，这就必然导致合同内容的多样性。因此，研究合同中各项条款的法律含义及其所体现的权利义务关系是国际贸易实务的基本内容。国际货物买卖合同主要包括商品品质、数量、包装、价格、运输、保险、支付、检验、索赔、不可抗力和仲裁等交易条件，本书就上述条款做出了符合国际惯例和各国法律规定的通行解释，并对订立合同条款时应注意的问题做了比较详细的说明。

3. 合同的商订

买卖双方通过函电洽商或当面谈判就各项交易条件取得一致协议后，交易即告达成，双方之间就确立了合同关系。由于国际贸易的任何一笔交易都是从磋商合同开始的，可以说，谈判是商务合同成立的前提，合同是商务谈判的结果。因此，了解商务谈判的程序及其法律效力是非常必要的。国际贸易实务的主要内容之一就是合同订立

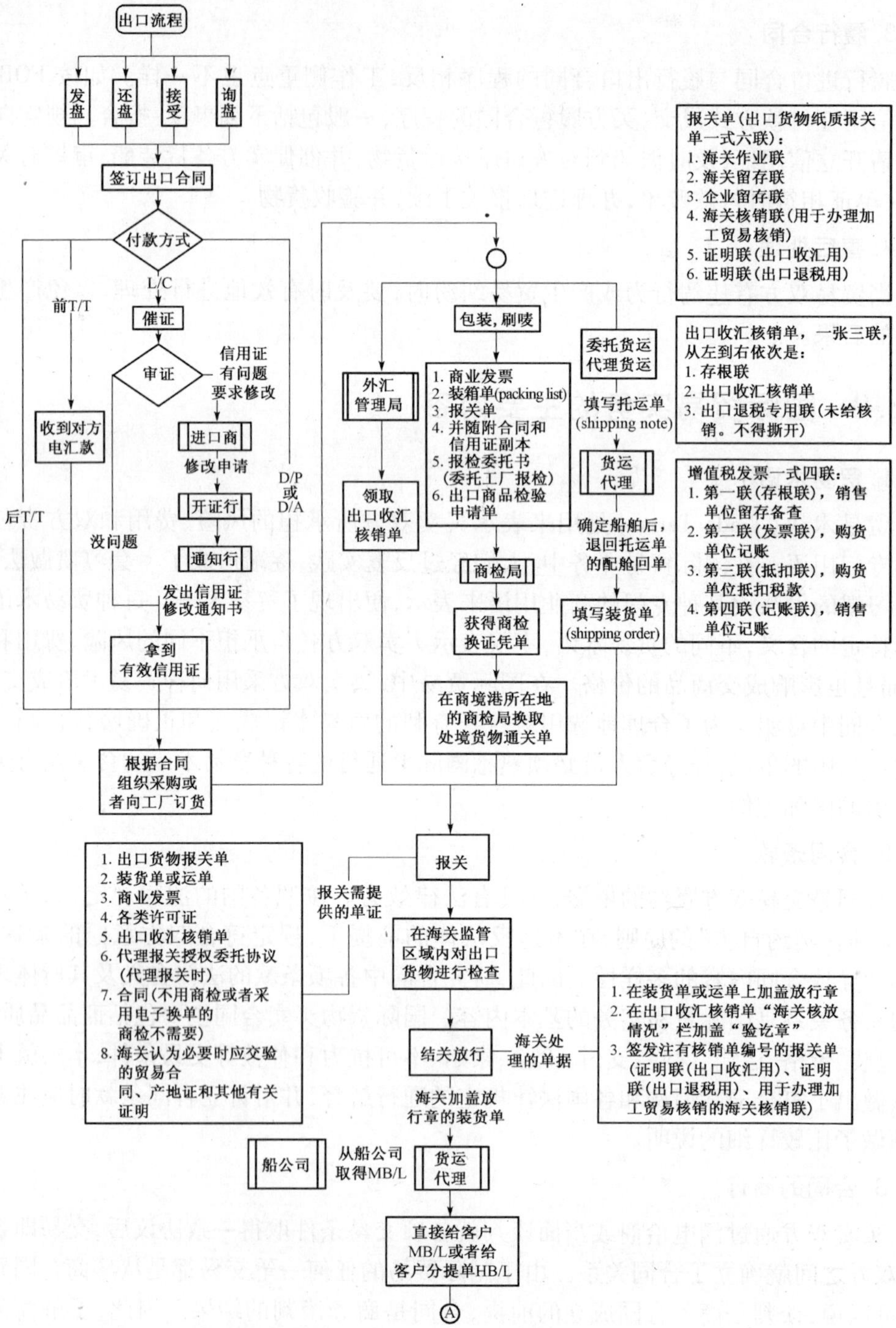

图 1-1 出口贸易流程主要环节

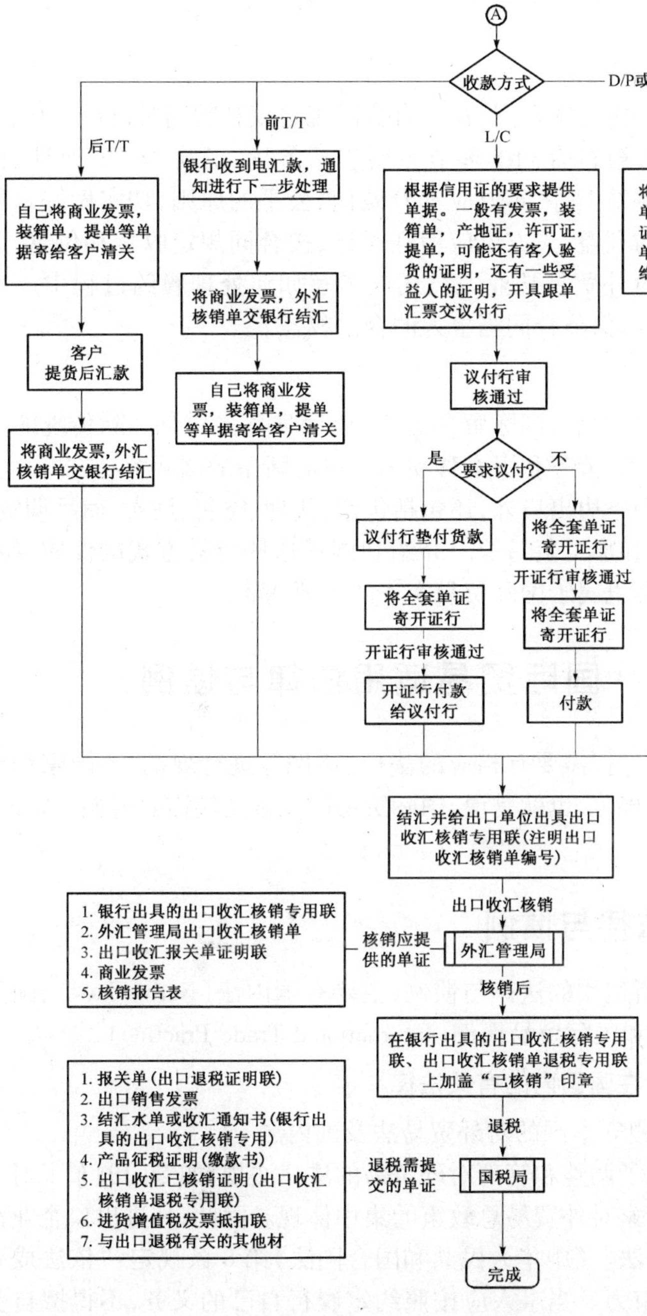

图 1-1 出口贸易流程主要环节（续）

的过程，如询盘、发盘、还盘、接受等各环节的注意事项，尤其是发盘与接受的条件和效力。

4. 合同的履行

合同订立后，买卖双方应信守合同，在享有合同规定权利的同时，也承担约定的义务。以 CIF 合同为例，卖方履行合同的环节主要包括备货、报验、审证、改证、租船订舱、投保、报关、装运和制单结汇等，卖方应本着诚信、公平的原则，切实做好合同的履行工作，以充分保障买方的利益；买方也应信守承诺，按合同规定收货和付款，以保障卖方的基本利益。此外，对外贸易从业人员还应了解如何处理履约过程中产生的争议，掌握违约的救济方法，以保障合同当事人的合法权益。

5. 贸易方式

随着国际贸易的进一步发展，国际贸易方式、渠道日益多样化。除传统的贸易方式外，还出现了融货物、技术、劳务和资本移动为一体的新型的国际贸易方式。在国际贸易方式中，除单边进口和单边出口外，还包括包销、代理、寄售、展卖、商品期货交易、招标投标、拍卖、对销贸易和加工贸易等。介绍和阐述这些贸易方式的性质、特点、作用、基本做法及其适用场合也属于国际贸易实务的主要内容之一。

1.3 国际贸易适用法律与惯例

一国国内贸易的顺利进行需要有相应的法规、惯例等进行规范，各国家和地区之间的贸易往来更需要进行规范，也就是说，国际贸易的正常运转需要遵循一定的法律、惯例和准则。

1.3.1 国际贸易法律与惯例

归纳起来，国际贸易所适用的法律与惯例，主要有国内法(Native Law)、国际公约(International Convention)和国际贸易惯例(International Trade Practice)。

1. 适用合同当事人所在国国内的有关法律

(1)进出口当事人应遵守本国的对外贸易法及国内法

世界许多国家都制定了调整和管理对外贸易的法律法规，如专门颁布了对外贸易法。对外贸易法是一个国家对外贸易总政策的集中体现。因此，凡进出口企业都应当遵守有关国家的对外贸易法。《中华人民共和国合同法》第 8 条规定："依法成立的合同，对当事人具有法律约束力。当事人应按照约定履行自己的义务，不得擅自变更或者解除合同。依法成立的合同受法律保护。"

(2)法律冲突的解决

进出口双方当事人所在国的法律制度不同,往往对同一问题可能出现不同的法律规定,为解决这种法律冲突,一般各国都在国内法中规定冲突规范的办法。例如,我国《合同法》第126条规定:"涉外合同的当事人可以选择处理合同争议所适用的法律,但法律另有规定的除外。涉外合同的当事人没有选择的,适用与合同有最密切联系的国家的法律。"根据此项法律规定,在我国对外签订的进出口合同中,交易双方可以协商约定处理合同争议所适用的准据法,该准据法既可以是买方或卖方所在国家的法律,也可以是买卖双方同意的第三国的法律或有关的国际条约或公约。

如果进出口双方未在合同中约定解决合同争议的适用法律,则由受理合同争议的法院或仲裁机构依据与合同有最密切联系的国家的法律来处理合同项下的争议。所谓最密切联系原则,是指法院在审理某一涉外民商事案件时,权衡各种与该案当事人具有联系的因素,从中找出与该案具有最密切联系的因素,根据该因素的指引,适用解决该案件的与当事人有最密切联系国家(或地区)的法律原则。该原则的本质在于法律选择适用的最适当性,即选择最适当的法律适用于特定涉外民商事法律关系。

2. 适用有关的国际条约或公约

(1)双边及多边协定

在国际贸易中,各国国内法的有关规定往往差异很大,显然仅仅依靠某一国家的国内法不可能适应解决各国的利害冲突和争议,因此在国际贸易的发展过程中,各国政府和一些国际组织为了消除国际贸易障碍和解决国际贸易争议,便相继缔结和订立了一些双边或多边的国际条约或公约,其中有些已经为大多数国家所接受,使得国际贸易能够更加顺畅的进行。

有关国际贸易的国际协定、条约、公约很多,其中对我国影响最大是WTO协定及其附件所包括的各种协议。我国于2001年正式加入WTO,自然需要按照WTO协定的有关规定和我国政府曾经做出的承诺行事。又如,2004年11月29日,我国和东盟正式签署了《中国—东盟全面经济合作框架协议货物贸易协议》和《中国—东盟争端解决机制协议》,随着协议的实施,将创造更多的商机和双赢、多赢的局面。

(2)国际条约或公约

有关国际贸易的条约和公约很多,我国有选择地加入了一些。其中《联合国国际货物销售合同公约》和《承认与执行外国仲裁裁决公约》(1958年纽约公约)与国际货物贸易合同的订立、履行和处理的关系最为密切。

1988年1月1日正式生效的《联合国国际货物销售合同公约》是目前影响最为广泛的有关国际货物销售的公约,该公约的缔约国已经基本上涵盖了世界主要贸易大国。由于《联合国国际货物销售合同公约》需要照顾到不同的社会、经济和法律制度,导致其在规则设计和表达上具有一定的模糊性，其中缔约国可以对公约有关内容提出保留就是最主要的表现。我国在1986年核准《联合国国际货物销售合同公约》时，对该公约提出了两项重要的保留：①适用范围的保留。我国只同意该公约的适用范围限于营业地分处不同缔约国的当事人之间所订立的买卖合同，即在发生贸易纠纷时，只有当买卖双方当事人营业地分别处于公约两个缔约国时，才能考虑使用公约。②书面形式的保留。我国政府对国际货物买卖合同的形式做出了书面形式保留，即我国不同意国际货物买卖合同采用书面以外的形式订立、修改或终止。因此我国外贸企业在与国外客户订立合同时，应当采用书面形式，其中包括电报、电传。

本章开头的典型案例主要是测验中国对国际公约的两项保留。该案例双方营业地为中国和美国，均为《联合国国际货物销售合同公约》的缔约国，因此该争议应适用《公约》。由于中国在核准该公约时，已对第11条提出了保留，即中国认为，国际货物买卖合同必须以书面方式订立。据此，美方仅以口头达成协议就要求中方履行是不成立的。中方没有履约义务。中方可向对方说明上述理由，并可在此基础上探求今后合作的可能性。

《承认与执行外国仲裁裁决公约》简称《1958年纽约公约》，1958年6月10日联合国在纽约召开国际商事仲裁会议时签订该公约，我国于1986年12月也加入了该公约。该公约承认缔约国双方当事人所签订的仲裁协议有效，根据仲裁协议做出的仲裁裁决，缔约国承认其效力，并有义务执行。值得指出的是，在法律适用问题上，条约或公约优先于国内法律。

3. 国际贸易惯例

国际贸易惯例通常是指由国际组织或商业团体根据国际贸易长期实践中逐渐形成的一般贸易习惯做法而制定成文的国际贸易规则，它是国际贸易法律的重要渊源之一。惯例本身不是法律，也不具有法律效力，但通过各国的立法和国际立法可以赋予其法律效力。许多国家在国内立法中明文规定了国际贸易惯例的效力。在国际立法中，《联合国国际货物销售合同公约》对国际贸易惯例的作用做了充分的肯定。该公约规定：当事人在合同中没有排除适用的惯例，或当事人已经知道或理应知道的惯例，以及在国际贸易中被人们经常使用和反复遵守的惯例，即使当事人未明确同意采用，也可作为当事人默示同意惯例，因而惯例对双方当事人具有约束力。

在当前国际货物贸易中，影响较大且适用范围广泛的国际贸易惯例，主要有国际商会修订的《跟单信用证统一惯例》（UCP600）、《托收统一规则》（URC522）、《1998年国际备用信用证惯例》（ISP98）、《2000年国际贸易术语解释通则》和国际法协会制定的《1932年华沙—牛津规则》等。我国进出口活动的当事人订立、履行进出口合同和处理贸易争议时，都广泛采用上述国际惯例。国内外许多法院和仲裁机构审理国际货物贸易争议案件及其做出判决或裁决时，都参照和援引上述有关惯例。

1.3.2 国际贸易遵循的准则

为了有效开展国际贸易，根据国际、国内有关法规和国际贸易的实践经验，在开展外贸业务的过程中，必须遵循下列准则。

1. 当事人法律地位平等

交易条件必须由双方当事人平等地协商确定，合同内容是双方真实意思表现；合同一旦依法成立，交易双方当事人都必须严格遵守，未经双方协商一致不得擅自变更或解除合同；任何一方当事人违约，都必须承担相应的违约责任。

2. 缔约自由

指当事人意思自治的原则订立合同，它是国际上一般通行的准则。具体说来，当事人在法定范围内，有权根据自己的医院决定是否签订合同，与谁签订合同，确定合同的内容、形式等，任何单位和个人不得非法干涉。

3. 公平交易

合同当事人应当遵循公平的原则确定各方的权利和义务，即在订立、履行和终止合同时遵循公平的原则，不得显失公平，要做到公正、公允和合情合理，不允许偏向任何一方。

4. 诚实信用

当事人在订立、履行合同和行使权力、履行义务时，应当遵循诚实信用的原则。此项原则将道德规范与法律规范融合为一体，并兼有法律调节与道德调节双重功能。在这里，需要强调的是，诚实信用原则是一项强制性规范，不允许当事人约定排除其适用，任何违反诚实信用原则的行为，都是法律不允许的。

5. 恪守合同

进出口合同订立后，交易双方都应严格履行约定的义务，任何一方都不得擅自单方面变更合同内容和终止合同，如一方不履行合同或违反约定条件，即构成违约，守约方有权追究违约方的法律责任。若当事人因不可抗力等原因不能履行或不能按期履行合同时，也应及时向对方通报情况，以避免对方的损失扩大。一方当事人因故需要变更或解除合同时，应与对方协商，并取得对方的同意方可。总之，合同是对各方当事人具有法律约束力的文件，当事人在履约过程中，必须严肃对待合同，切实遵守合同。

6. 遵守法律

在订立、履行合同和处理合同争议过程中，合同各方当事人都必须具有法律意识和法治观念，严格遵守法律，切实依法行事。订立合同是一种法律行为，必须经过一定的法律步骤，合同成立也必须经过法定程序，合同的内容和形式都必须合法，只有依法成立的合同，才具有法律效力，才能受到法律的保护。履行依法成立的合同，同样是一种法律行为。当事人若不履行依法成立的合同，或者擅自变更合同，甚至随意毁约，应承担违约的法律后果。蒙受损失的当事人，可以采取法律补救措施和追究违约方的法律责任。在处理进出口合同争议时，除法律本身有规定外，当事人可以选择或约定处理合同争议适用的法律。

本章小结

国际贸易实务是国际贸易中操作性、实践性很强的知识体系。本章从总体上介绍了国际贸易的特点及基本概念、国际贸易实务的基本业务流程、国际贸易实务的主要内容、国际贸易的适用法律及遵循准则。国际贸易特点和基本概念的介绍主要是为没有学过国际贸易的学生做好知识补充。国际贸易基本业务流程一般分为4个阶段：交易前的准备、交易磋商与签约、贸易合同的履行和善后处理。国际贸易所适用的法律与惯例主要有国内法、国际公约和国际贸易惯例。国际贸易实务的主要内容包括贸易术语、合同条款、合同的商订、合同的履行和贸易方式。这些内容有利于读者从宏观上了解国际贸易实务的内容体系，从而为以后的深入学习起到一定引导作用。

习题

1. 填空题

(1)________通常是指由国际组织或商业团体根据国际贸易长期实践中逐渐形成的一般贸易习惯做法而制定成文的国际贸易规则，它是国际贸易法律的重要渊源之一。国际贸易惯例________(具有，不具有)法律效力。

(2)在自由贸易区、保税区存在的情况下，关境与国境是________(一致、不一致)的。

(3)我国只同意《联合国国际货物销售合同公约》的适用范围限于________分处不同缔约国的当事人之间所订立的买卖合同。

(4)交易磋商一般包括询盘、________、________和接受4个环节。

(5)以国境为标准计算进出口数据的方法称为________，以________为标准计算进出口数据的方法称为专门贸易体系。

(6)我国在核准《联合国国际货物销售合同公约》时提出了________和________两项保留。

2. 英译汉

(1) Trade Terms

(2) Balance of Trade

(3) Quantum of Foreign Trade

(4) Ratio of Dependence on Foreign Trade

(5) Intangible Trade

(6) General Trade

(7) Special Trade

3. 单选题

(1)国际贸易的出口额大于进口额,被称为(　　)。

A. 贸易顺差　　B. 贸易差额　　C. 贸易逆差　　D. 贸易入超

(2)以下采用总贸易体系的国家是(　　)。

A. 德国　　B. 意大利　　C. 瑞士　　D. 中国

(3)我国在加入《联合国国际货物销售合同公约》时,提出对(　　)进行了保留。

A. 适用范围　　B. 国内法　　C. 交易条件　　D. 价格条款

(4)以下(　　)不属于进出口贸易的交易条件。

A. 价格　　B. 营业地　　C. 仲裁　　D. 不可抗力

(5)(　　)是指出口商品与进口商品的交换比率。

A. 交易条件　　B. 对外贸易依存度　　C. 贸易条件　　D. 贸易差额

(6)以下(　　)不属于国际贸易惯例。

A.《2000 通则》　　B. UCP600

C. URC522　　D. 联合国国际货物销售合同公约

第2章　交易前准备

教学目的和要求

通过本章的学习，要求学生理解国际市场调研的含义和作用；了解国际商品市场调研的内容、进出口业务交易前的准备工作；理解并掌握国际商务谈判的方法与技巧。

学习重点与难点

1. 国际市场调研的作用及内容；
2. 出口业务交易前的准备工作；
3. 进口业务交易前的准备工作；
4. 国际商务谈判的方法和技巧。

引子

当你和外商谈业务之前，是否会对该商品做一个国际市场调研？是否知道出口业务交易前应该做什么准备工作呢？进口业务交易前的准备工作又将如何？在进行国际商务谈判过程中要注意哪些方法和技巧呢？本章内容将给出答案。

典型案例

美国一家大型的软饮料公司决定，在东南亚地区选择印尼作为公司最畅销饮料的目标销售市场。印度尼西亚是世界第5大人口大国，人口近1.8亿。美国饮料公司的管理阶层认为无法拒绝这一巨大潜在市场的诱惑，因此，决定与印尼达成瓶装与分销协议来服务于这一市场。公司决定把软饮料汁卖给一家瓶装商，由后者负责饮料的瓶装与分销。但遗憾的是，销售状况非常糟糕，饮料根本不畅销。虽然公司初期调研，包括对当地竞争和政府态度的调研结果都非常乐观，但营销活动仍一蹶不振。后经了解得知，公司董事会主席和其项目经理忽视了两个重要因素。一是印尼虽拥有近1.8亿人口，但绝大多数住在农村，处于前工业化阶段；二是大多数印尼人喜欢甜饮料和以椰子汁为主要原料的软饮料，他们对美国风味的碳酸化合饮料甚感不习惯。在印尼，虽存在着一个美国饮料市场，但这几乎全部限于主要城市。品尝美国风味并有足够可自由支配收入购买美国风味饮料的市场上总共才800万人。请根据所学到的知识，对此案例做出评析。

案例分析

国际商品市场调研是指为了发现一种或一组产品的销售趋势,找出取得销售成功的方法而进行的调查国际商品市场的活动。它不仅是市场状况和统计数字的罗列,而且还要对它们进行全面分析与研究,得出相应结论,最终为企业营销与经营管理提供科学决策。由于市场调研是针对某类或某种商品并观察其市场变化情况的,所以国际商品市场调研有以下作用:想进入国际市场的企业可迅速了解到消费者需要什么样的商品;营销企业可以了解到特定市场的经济实力和消费水平,从而为企业提供、选择适当的商品推销的依据;企业可知道特定市场的供求关系与竞争对手的情况,从而为企业扩大销路,提高经济效益找到了可行途径;企业还可立即发现特定市场的贸易政策及方式、货币汇率、消费观念等的变化,从而为企业找到选择对己有利的贸易时机和贸易机会。本案是典型的国际市场调研不充分导致的困惑。国际市场调研是对市场信息的收集与分析过程,以便对相关产品的营销决策做出判断。这种调研最好由国际营销领域中的专业人士来做,另外,在国际市场调研中还应该注意一些细节,如界定调研目的与问题、辨识信息来源、认真分析与解释等。

2.1　国际商品市场调研

1. 国际市场调研含义

国际市场调研是指运用科学的调研方法与手段,系统地搜集、记录、整理、分析有关国际市场的各种基本状况及其影响因素,以帮助企业制定有效的市场营销决策,从而实现企业经营目标。在现代营销观念指导下,以满足消费者需求为中心,研究产品已经从生产领域拓展到包括消费领域的全过程。

2. 国际市场研究作用

企业的成功经营离不开市场调研,一个企业要想顺利进入国际市场,必须以国际市场调研为先导。国际市场调研的作用体现在以下几个方面。

(1)发现市场机会,开拓潜在国际市场

提供正确的国际市场信息,可以了解国际市场可能的变化趋势以及消费者潜在购买动机,有助于营销者识别最有利可图的市场机会,为企业提供发展新契机。国际市场竞争的发展变化日益激烈化,不断地发生变化,而促使国际市场发生变化的原因很多,不仅有产品价格、分销、广告、推销等市场因素,还存在有关政治、经济、文化、地理条件等市场环境因素,这两类因素往往又是相互联系和相互影响的,而且不断地发生变化。企业为适应这种变化,就只有通过广泛的国际市场调查,及时地了解各种国际市场因素和国际市场环境因素的发展变化,从而有针对性地采取措施，通过对国际市场因素，如价格，产品结构，广告等的调整，去应付国际市场竞争。对于企业来说，能否及时了解市场变化情况，并适时适当地采取应变措施，是企业能否取胜的关键。

(2)为企业进行营销组合决策提供依据

通过了解分析提供市场信息，可以避免企业在制订营销策略时发生错误，或可以帮助营销决策者了解当前营销策略以及营销活动的得失，以提供适当建议。只有在实际了解市场情况下才能有针对性地制定市场营销策略和企业经营发展策略。在企业管理部门和有关人员要针对某些问题进行决策时，如进行产品策略，价格策略，分销策略，广告和促销策略的制定。通常要了解的情况和考虑的问题是多方面的，主要有：本企业产品在什么市场上销售较好，有发展潜力；在具体的市场上预期可销售数量是多少；如何才能扩大企业产品的销售量；如何掌握产品的销售价格；如何制定产品价格，才能保证在销售和利润两方面都能上去；怎样组织产品推销，销售费用又将是多少，等等。这些问题都只有通过具体的市场调查，才可以得到具体的答复，而且只有通过市场调查得来的具体答案才能作为企业决策的依据，否则，就会形成盲目的和脱离实际的决策，而盲目则往往意味着失败和损失。

(3)监测和评价营销活动的实施

当今世界，科技发展迅速，新发明，新创造，新技术和新产品日新月异，层出不穷。这种技术的进步自然会在商品市场上以产品的形式反映出来。通过市场调查，有助于我们及时地了解相关市场经济动态和科技信息，为企业提供最新的市场情报和技术生产情报，以便更好地学习和吸取同行业的先进经验和最新技术，改进企业的生产技术，提高人员的技术水平，提高企业的管理水平，从而提高产品的质量，加速产品更新换代，增强产品和企业的竞争力，保障企业的生存和发展。

(4)有助于企业分析和预测国际市场未来的发展趋势

通过市场调查所获得的资料，除了可供了解目前市场的情况之外，还可以对市场变化趋势进行预测，充分地利用市场的变化，从而可以提前对企业的应变做出计划和安排。

2.1.1 国际商品市场调研内容

1. 国际市场环境调研

企业开展国际商务进行商品进出口，如同军队作战首先需分析地形，了解作战环境一样，需先了解商务市场环境，做到知己知彼，百战不殆，对国际市场环境调研的主要内容有以下几个方面。

(1)经济与物质技术环境

① 人口。人口是构成市场的基本要素，是分析市场的重要依据。人口指标主要有人口数量、人口增长率、人口分布与人口密度、家庭规模等。

② 收入。收入指标主要包括目标市场国的人均国民收入、国民生产总值以及收入分配状况等。

③ 经济特性。该指标包括经济体制、经济发展阶段、经济一体化等。

④ 自然条件。该指标主要包括地理距离、自然资源、地形、气候条件等。

⑤ 基础设施。该指标主要包括交通运输、通信设施、商业设施等。

(2)政治法律环境

包括政府机构的重要经济政策,政府对贸易实行的鼓励、限制措施,特别有关外贸方面的法律法规,如关税、配额、国内税收、外汇限制、卫生检疫、安全条例等。

(3)社会文化环境

包括使用的语言、教育水平、宗教、风俗习惯、价值观念、商业习惯等。其中商业习惯包括企业经营结构与商业习惯、做生意的方式、礼节与效率、谈判重点和商业道德等。

2. 国际商品市场调研

企业要把产品打入国际市场或从市场进口产品,除需了解国外市场环境外,还需了解国外商品市场情况,主要有以下几方面。

(1)商品本身的特性。如品种、品级规格、自然属性、用途特点、包装、储存和运输等。

(2)商品生产。如生产周期、生产的季节性和生产技术条件。

(3)商品消费。如消费周期、消费的季节性和消费需求的变化。

(4)商品价格。包括国际市场商品的价格、价格与供求变动的关系等。

此外,国际商品市场调研还包括分销渠道调研、促销调研、竞争调研等。

3. 国外客户调研

每个商品都有自己的销售(进货)渠道。销售(进货)渠道是由不同客户所组成的。企业进出口商品必须选择合适的销售(进货)渠道,做好国外客户的调查研究。一般说来,商务企业对国外客户的调查研究主要包括以下内容。

(1)公司概要

包括客户拥有的资本和信誉两个方面。资本指企业的注册资本、实有资本、公积金、其他财产以及资产负债等情况。信誉指企业的经营作风。

(2)公司背景

包括公司历史,公司组织形式,股东和管理人员情况,产权和业务范围的变化,公司名称的变化等。

(3)经营能力

指其经营范围和品种、业务地区、业务性质、销售渠道及企业的发展情况等。

(4)付款记录

公司在以往贸易中的付款方式及获得的最高信用额与信用期,可以反映其付款及资金流动情况。付款记录可以从企业的其他债权人那里得到,如企业的最高信用额是多少,企业的付款是否按时等。

2.1.2 国际商品市场调研方法

国际市场调研是复杂细致的工作，须有严格、科学的程序和方法。企业对国际市场调研获取的资料，按其取得的途径不同，一般分为两类：一类是别人搜集到的，调查者根据自己研究的需要，将其取来为己所用，称为二手资料；另一类是通过自己亲自观察、询问、登记取得的，称为原始资料。人们又把它分别称为案头调研法和实地调研法。

1. 案头调研法

案头调研法就是利用第二手资料调研或文献调研，它是以在室内查阅的方式搜集与研究项目有关资料的过程。第二手资料的信息来源渠道很多，如企业内部有关资料、本国或外国政府及研究机构的资料、国际组织出版的国际市场资料、国际商会和行业协会提供的资料等。

（1）二手资料的性质

二手资料（Aecondary Data）是指以前已经收集好的，但不一定与当前问题有关的信息资料。主要包括公司内部（内部数据库）和其他组织和人员（外部数据库），原始数据和二手数据的比较如表 2-1 所示。

表 2-1　原始数据与二手数据的比较

比较项目	原始数据	二手数据
收集目的	解决现在问题	为了其他问题
收集程序	很难制定	快且容易
收集成本	高	相对较低
收集时间	长	短

（2）公开的二手资料

公开二手资料包括内部资料和外部资料两类。内部资料指来自企业内部的资料。如果它们是为其他一些目的而收集的，就是内部二手资料。内部二手资料包括以下两个方面。

① 有关企业生产经营活动的资料

1）营销：营销决策和营销的各种记录、文件、合同、广告等资料；

2）生产：生产完成情况、工时定额、操作规程、产品检验、质量保证等资料；

3）设计技术：设计图纸及说明书、技术文件、档案、试验数据、专题文章等资料；

4）财务：账目、收入、成本、利润、资金方面资料、财务制度文件等；

5）设备：设备文件、设备安装、测试、使用、维修记录、设备改装、报废文件等；

6）物资供应：库存保管、进料出料记录、各种制度等。

② 市场环境方面资料

1）顾客：购买者、使用者、市场分片、购买动机、购买量等方面资料（顾客档案）；

2)市场容量:市场规模、增长速度、趋势等;

3)竞争:竞争者的产品结构、服务的市场、市场营销策略、企业的优劣势等;

4)渠道:销售成本、运输成本,配销渠道上中间商的情况等;

5)宏观环境:经济形势、政府政策、社会环境、行业及相关技术发展、国际环境等。

外部资料包括出版资料、行业协会资料、辛迪加数据等。

① 出版资料

1)统计机关统计资料:《中国统计年鉴》、《中国城市统计年鉴》、《中国工业经济统计年鉴》、《中国工业年鉴》、《中国轻工业年鉴》、《中国商业年鉴》、《中国对外经济贸易年鉴》、《北京统计年鉴》、《上海统计年鉴》、《天津统计年鉴》、《中国工商企业名录大全》、《中国产品信息年鉴》、《美国、加拿大、英国、法国、德国、意大利、荷兰、西班牙8万家进出口商、投资商、制造商名录总览》、《亚太地区经贸企业名录》、《国际贸易机构和博览会名录》等。

2)常用外文年鉴或期刊:《联合国统计年鉴》(UN Statistics Yearbook)、《粮农组织生产年鉴》(FAO Trade Yearbook)、《粮农组织贸易年鉴》(FAO Production Yearbook)、《工业统计年鉴》(Industrial Statistics Yearbook)、《国际贸易统计年鉴》(International Trade Statistics Yearbook)、《主要经济指标》(Main Economic Indicators)、《美国统计摘要》(Statistical Abstracts of US)、《企业排名年鉴》(Business Ranking Annual)等。

3)常用的中文书刊检索工具书:《中国工具书大辞典》、《全国总书目》、《全国新书目》、《全国报刊索引》、《中文核心期刊要目总览》、《中文科技资料目录》、《国际科技资料目录》。

② 行业协会资料

行业协会是指介于政府、企业之间,商品生产业与经营者之间,并为其服务、咨询、沟通、监督、公正、自律、协调的社会中介组织。行业协会是一种民间性组织,它不属于政府的管理机构系列,是政府与企业联系的桥梁和纽带。行业协会属于我国《民法》规定的社团法人,是我国民间组织社会团体的一种,属非营利性机构。如中国行业协会总览、行业协会商会基本情况调查问卷等。

③ 辛迪加数据

辛迪加数据指的是一种具有高度专业化、从一般数据库中获得的外部二手资料。如万方数据公司、《经贸统计数据库》、中国在线(China Online)等。

④ 其他

图书馆里保存的大量商情资料、出版社提供的书籍和文献、银行的经济调查与商业评论期刊、专业组织和研究机构的调查报告等。

(3)二手资料的优缺点

二手资料的优点主要包括能快速获得、成本低、较容易获取、能辅助现有的原始资料等。其局限性主要体现在：二手资料的计量单位与研究者所要求的计量单位不一致；二手资料的分类定义可能对研究者来说没有什么用处；有时，营销研究人员会发现二手资料的计量单位和其所要求的相一致，分类也正确，但是数据却“过时”了。

2. 实地调研法

实地调研法是国际市场调研人员采用实际调研的方式直接到国际市场上搜集情报信息的方法。采用这种方法搜集到的资料，就是第一手资料，也称为原始资料。实地调研常用的调研方法有两种：询问法和观察法。

(1) 观察法

观察调研法（Observation Research）是指调查者凭借自己的眼睛或摄像录音等器材，在调查现场进行实地考察，记录正在发生的市场行为或状况，以获取各种原始资料的一种非介入式调查方法。

① 观察调研法的特点

调查者同被调查者不发生直接接触，而是由调查者从侧面直接地或间接地借助仪器把被调查者的活动按实际情况记录下来，避免让被调查者感觉正在被调查，影响信息质量，从而提高调查结果的真实性和可靠性，使取得的资料更加客观和接近实际。

② 观察调研法的应用

在现代市场调研中，观察法常用于对消费者购买行为的调查以及消费者对商品的花色、品种、规格、质量、技术服务等方面的反映的调查。

a. 购买行为研究

购买行为研究中，观察过程是在柜台进行，由电子扫描系统自动记录消费者所购商品的品种、品牌、数量、价格等信息，同时依据情况附加时间、消费者编号等参数。这是零售研究中商业价值最大的信息，多数企业希望从这些数据中判断竞争规模、市场占有率等，柜台记录的信息保密性较强。

b. 广告效果监测

广告效果监测是在家庭电视中，加装一个自动记录系统，将电视机开机以后的频道与接收时段信息全部记录下来，调查员定期将信息取回进行数据处理。智能程度高的记录仪还可以红外线方式识别主人是否“真”的在观看节目，并将数据自动传回数据处理中心。

③ 使用观察法的条件

a. 信息必须是能观察到的，或者是能从观察到的行为中判断出来的；

b. 观察的行为必须是重复性的，频繁的或在某些方面是可预测性的，否则，观察法的成本将非常高；

c. 观察的行为必须是相对短期的。

④ 观察调研方法的种类

a. 自然的与经过设计的观察；

b. 公开观察与掩饰观察；

c. 结构性观察与非结构性观察；

d. 人员观察与机器观察；

e. 直接观察与间接观察。

⑤ 观察调研方法的种类

a. 自然观察：观察者在感兴趣行为中不扮演任何角色；

b. 经过设计的观察：模拟环境，但环境是人为的，观察到的行为可能与实际不一致；

c. 公开观察可能使行为有所不同；

d. 掩饰观察常用单向镜来完成；

e. 结构性观察是每一个观察员为每位观察者填写一份问卷式表格，而非结构性观察，观察员只对被观察的行为做一下记录；

f. 机器观察在特定的环境下，更便宜、精确、客观和容易完成；

g. 直接观察目前行为称为直接观察，对以前行为观察只能求助以往的行为记录，称为间接观察。

⑥ 观察调研法的优缺点。

观察调研法的优点包括：可以获得更加真实、客观的原始资料；观察法灵活性较大，只要选择合适的时间和地点，即可随时进行调查。缺点主要有：仅局限表面资料，无法深入探究其原因、态度和动机等问题；调查者必须具有较高的业务水平和敏锐的洞察能力，能及时捕捉到所需资料，同时也必须具备良好的记忆力；要求较高的调研费用和较长的观察时间。

(2)询问法

① 询问调研类型

a. 入户访谈(Door-to-door Interviewing)。入户访谈是由调研机构派出访问人员直接与被调查者面对面交谈来收集资料，它们是市场调研中最重要和最灵活的一种调查方法。入户访谈有人员访问具有很大的灵活性、拒答率较低、调查资料的质量较高、调查对象的使用范围广、便于进行深度访谈等优点。但入户访谈也有调查费用较高、访问调查周期较长、匿名性较差等缺点。因而对于一些敏感性、威胁性问题，往往难以通过人员访问法取得预期效果；另外，入户访谈对调查者的管理比较困难。

b. 街上拦截法(Mall-intercept Interviewing)。该方法的使用要点是能否接触到目标调查对象、事先设计好调查问卷、事先准备好问题和准确记录。

c. 经理访谈(Executive Interviewing)。

d. 电话访谈(Telephone Interviewing)。电话访问是通过电话中介与选定的被调查者交谈以获取市场信息的一种方法。其优点有：低成本、高速度、高效率、在有效的时间内可访问更多的调查对象、特殊样本的普遍性、(按电话号码随机抽取或按随机数字表组合电话号码)容易接近"不易接触"的被访对象、电话比上门更易接近。局限性在于:拒答率高、电话访问的项目过于简单、信息的数量和类型极其有限、电话访问的结果只能是有电话对象这一总体、调查者不在现场,因而很难判断所获信息的准确性和有效性。

e. 中心控制电话访谈法(Central-location Telephone Interviewing)。

f. 邮寄调研。邮寄访问是市场调查中一种比较特殊的资料收集方法,它是由调查者将事先设计好的调查问卷邮寄给被调查者,由被调查者填写完整后根据要求寄回的一种调查方法。书籍、杂志、报社等出版单位较多采用此种方法了解读者需求。

g. 网上访问。网上访问是一种随着网络事业发展而兴起的最新访问方式,是市场调研的一种新的革命。CNNIC(中国互联网络信息中心)发布《第25次中国互联网络发展状况统计报告》,报告显示,截止到2009年12月,我国网民规模已达3.84亿,增长率28.9%,互联网普及率28.9%继续领跑全球互联网。其中,使用手机上网的网民也已达到2.33亿,占我国网民总数的60.8%。

1)在线调查。该方法包括电子邮件调查、客户调查和员工调查。

2)在线小组(焦点)座谈。该方法专为分布较广或身份较特殊的人而设计,即网上聊天室,主持人把分散在各地的人组织在一起,网络会议技术让他们通过电话在互联网上进行讨论,电话费用也降到了最低。目前这种技术更适用于企业的参与者,因为他们有接入会议的支持设备。

3)优点:辐射范围广泛;访问速度快;匿名性很好。缺点:最主要的缺点是样本对象的局限性,也就是说网上访问局限于网民。所获信息的准确性和真实性程度难以判断。网上访问也需配备一定的技术人员,这是加大调查成本的因素之一。

② 各种类型访问方式的特点比较如表2-2所示。

表2-2　各种类型访问方式比较

评价标准	人员访问	电话访问	邮寄访问	网上访问
处理复杂问题的能力	很好	差	好	一般
收集大量信息的能力	很好	好	一般	很好
敏感问题答案的标准性	一般	一般	很好	很好
对调查者效应的控制	差	一般	很好	很好
样本控制	很好	好	一般	差
收集资料的周期	一般	很好	一般	很好
灵活程度	很好	好	差	一般
调查费用支出	差	好	好	很
回收率	高	较高	差	一般
收集资料的真实性	好	一般	好	一般

通过市场调查，企业基本上可以解决应选择哪个国家或地区为自己的目标市场、企业应该出口（进口）哪些产品以及以什么样的价格或方法进出口等问题。

2.2 交易前的准备

交易前的准备工作分别从出口和进口两个角度来考虑。

2.2.1 出口交易前的准备工作

出口交易前除应落实出口货源之外，还应掌握和了解本国和外国的有关对外贸易的方针政策、贸易方式、贸易惯例以及各项法令、制度等。同时，还要对国际市场及客户情况进行调查研究。对国内外产销、库存、供应、价格、竞争、需求等情况也应做到心中有数。准备工作主要包括以下几个方面。

1. 对国外市场的调查研究

对国外市场调查研究主要是指在交易洽商前对交易国的商品市场情况进行的调研主要包括以下几点。

（1）对商品本身的调研。在安排出口商品生产时，应考虑市场需要的品种、品级规格、自然属性、用途、经济意义、包装装潢等。

（2）对商品国内供应的调研。商品的生产周期、生产的垄断程度以及商品在技术上的特点都应予以注意。

（3）对商品用途及价格的调研。应积极地发现商品的新用途，以扩大商品的销售领域。国际市场价格变动受到多种因素的影响。应努力提高商品的效用价格比，增强商品的吸引力。此外，也应对消费者的消费心理进行研究，以满足消费者心理上的需求。

2. 对交易对象的调查研究

可通过银行、专业性的咨询机构、贸易促进组织以及报刊杂志等途径获得，内容包括：

（1）客户的政治背景以及与政界的关系；

（2）客户的资本与信誉情况；

（3）客户的经营业务范围及业务性质、经营能力、经验等。

3. 制定商品出口的经营策略

经营策略就是出口商对出口商品所作的一种业务安排。它主要包括商品和货源情况、国外市场情况、经营计划安排、经营历史情况和经营措施等。另外，准备工作中还必须做好商标管理工作。在国际贸易中，商标既是区别不同商品的标志，也是表明商品品质的标志。商标管理的一项重要工作就是搞好商标注册。

4. 建立和发展客户关系

建立和发展客户关系包括巩固老客户和发展新客户，可采用如下方法。

(1) 直接寻找客户

主要包括以下内容：出口企业可派代表广泛参加国内外各种交易活动；外销员直接到目标市场去推销；通过举办展销会、博览会、技术交流会、交易会、广泛接触和发展客户。

(2) 间接寻找客户

主要包括：通过有关国家的商会、银行、专业咨询公司、贸易促进组织等介绍客户；利用遍布于世界各地的旅外华人、亲友，介绍客户、联系业务；通过国内外有关报刊杂志，特别是专业性的报刊杂志，寻找一些潜在的客户；通过国内的有关机构介绍客户；通过原有的国外客户，介绍相关行业和其他国外客户。

(3) 对新客户进行资信调查

调查的内容有支付能力、经营范围、经营能力、企业声誉、企业的背景和政治情况等。调查的渠道包括：通过有涉外业务的银行；通过在国内的外资银行；通过我驻外商务参赞；通过各省、市、自治区及地区、部门、公司、企业驻国外的办事机构；通过国外的专业征询机构；通过出国商务人员；通过老客户，间接了解新客户。

2.2.2 进口交易前的准备工作

开展进口业务的企业需具备对外贸易经营权，涉及国家指定商品进口的，需事先获得政府有关部门的经营许可，如原油、成品油、化肥、煤炭、危险品、铁矿砂、汽车等商品的进口许可。凡涉及国家指定商品经营的，需按规定办理指定商品经营审批。没有获得批准的企业不能从事此类商品的进口贸易。

1. 制订商品进口经营方案

(1) 数量的掌握。根据国内需要的具体情况，适当安排订货数量和掌握进度，在保证满足国内需求的情况下，选择有利的时机成交，避免盲目订购。

(2) 市场的安排。根据我国的国别（地区）政策和国外市场的条件，合理安排进口国别（地区），力求使采购市场布局合理，既要选择有利的市场，又要避免过分集中。

(3) 客户的选择。要选择资信好、经营能力强的客户作为贸易对象。为了减少中间环节和节约外汇，尽量争取向厂家直接采购。

(4) 价格的掌握。根据国际市场的近期价格，结合采购意图，拟订出价格掌握的幅度，作为洽商交易的依据。

(5) 交易条件的掌握。交易条件应根据商品品种、特点、进口地区、成交对象和经营意图，在平等互利的原则下，灵活掌握和确定。

(6)贸易方式的运用。通过何种贸易方式进口,要根据采购的数量、品种、习惯做法灵活掌握。一般采用单边进口方式订购,还可以通过招标、补偿贸易、易货等方式进口。

2. 做好市场调研

要做好对采购商品情况和供应商资信的调研。资信调查的内容包括客户公司的成立年份、经营性质、注册资金、股权结构、经营业绩、经营商品、银行信用、支付能力、员工人数、主要负责人、联系人、联系方式及是否有网站等。要通过各种方式对国外供应商的资信情况进行全面的了解和掌握,要求客户自我介绍、网上搜寻查证、向中国驻当地商务处函电咨询、通过中国银行等机构进行资信调查等,以防止有些供应商资信不佳,利用劣质商品,甚至伪造单据,骗取货款,使进口商蒙受损失。

3. 申办进口管理手续

进口商品是否属于需配额或进口许可证的商品,必须先领配额或进口许可证或自动进口许可证或自动进口登记,并在领到有关证明和筹妥进口所需外汇后才可办理进口手续。要关注禁止进口的货物、限制进口的货物、自由进口的货物、关税配额管理的货物等情况。

2.3 国际商务谈判方法与技巧

2.3.1 国际商务谈判概念及重要性

1. 国际商务谈判的含义

谈判中利益主体的一方,通常是其他国家或地区的政府、企业或公民(在现阶段,还包括中国香港、澳门和台湾地区的企业和商人);另一方,是中国的政府、企业或公民。国际商务谈判是对外经济贸易工作中不可缺少的重要环节。在现代国际社会中,许多交易往往需要经过艰难繁琐的谈判,尽管不少人认为交易所提供的商品是否优质、技术是否先进或价格是否低廉决定了谈判的成败,但事实上交易的成败往往在一定程度上取决于谈判的成功与否。在国际商务活动中,不同的利益主体需要就共同关心或感兴趣的问题进行磋商,协调和调整各自的经济利益或政治利益,谋求在某一点上取得妥协,从而在使双方都感到有利,以便达成协议。所以,我们可以说,国际商务谈判是一种在对外经济贸易活动中普遍存在的一项十分重要的经济活动,是调整和解决不同国家和地区政府及商业机构之间不可避免的经济利益冲突的一种必不可少的手段。

2. 国际商务谈判的重要性

国际商务谈判是国际货物买卖过程中必不可少的一个环节,也是签订买卖合同的必经阶段。国际商务谈判的内容,不仅包括商务与技术方面的问题,还包括法律与政策问题,它是一项政策性、策略性、技术性和专业性很强的工作。国际商务谈判的结果，决定着合同条款的具体内容，从而确定合同双方当事人的权利和义务，故买卖双方都很重视商务谈判这项重要的活动。

在国际货物买卖中，商务谈判是一项很复杂的工作，它比国内贸易中的洽谈交易复杂得多。因为，交易双方分属不同的国家或地区，彼此有着不同的社会制度、政治制度、法律体系、经济体制和贸易习惯，以及不同的文化背景、价值观念、信仰和民族风俗，而且还有语言和文字沟通方面的困难。

在谈判过程中，由于交易双方的立场及其追求的具体目标各不相同，故往往会有尖锐复杂的利害冲突和反复讨价还价的情况。参加商务谈判人员的任务是，根据购销意图，针对交易对手的具体情况，施展各种行之有效的策略，正确处理和解决彼此间的冲突和矛盾，谋求一致，达成一项双方都能接受的公平合理的协议。由于交易双方达成的协议不仅直接关系着双方当事人的利害得失，而且具有法律上的约束力，不得轻易改变，所以是否拍板成交，彼此都应持慎重态度。如果由于失误而导致磋商失败，就会失掉成交的机会。如果由于我方人员急于求成、疏忽大意或其他原因，做了不应有的让步，或接受了不合理的成交条件和有悖于法律规定的条款，致使交易磋商中出现错误和隐患，往往事后难以补救。这不仅会使我方在经济上蒙受不应有的损失，而且还可能给履约造成困难，进而影响双方关系，对外造成不良的政治影响。

综上所述，足见商务谈判是一个很重要的环节，做好这个环节的工作，对妥善处理商务谈判中出现的各种问题，在平等互利的基础上达成公平合理和切实可行的协议具有重要意义。

2.3.2 国际商务谈判的方法与技巧

1. 注重利益，而非立场

以往我们许多僵持很久的谈判过于重视立场或原则，谈判双方各自坚持自己的立场，往往将某项原则或立场视为谈判所坚持的重要条件，然而，我们许多人并不一定了解，在谈判双方对立的立场背后，既可能存在冲突的利益，实际上还可能存在共同或可以彼此兼容的利益。例如，在机械设备的出口中，双方坚持各自的价格立场并不能有助于双方达成明智的交易，因为价格立场背后还会有许多利益的存在，而这些利益的存在，对双方并不一定就是冲突。双方采用什么贸易术语，交货时间的安排对谁更重要，价格中是否包括人员培训的费用，运输的责任是否必须是由买方来承担，保险由谁办理更合适，对于卖方，信用证付款条件是不是必须条件，买卖双方是想签订长期出口合同，还是一笔交易的合同，有关设备的易损件是否包括在此合同的报价中等。

由此可以看出，一项合同谈判的立场背后还会有许多的利益因素。商务谈判者必须彻底分析交易双方的利益所在，认清哪些利益对于我方是非常重要的，是决不能让步的；哪些利益是可以让步的，可用做交换条件。在不分清利益因素的情况下，盲目追求坚持立场和原则，往往使谈判陷入僵局，或者使谈判彻底失败。让步的谈判并不等于是失败的谈判。在谈判中最忌讳的是随意做出不当的让步。有经验的谈判者会用对自己不重要的条件去交换一些对方无所谓、但对自己却很在意的条件。这样的谈判才能是一个双赢的谈判。在上述例子中，办理运输对于买方可能没有任何优势，那么卖方就可以签订 CIF 合同。但是，如果买方觉得办理保险是非常重要的，那么，卖方也可以在取得尽快交货的前提下，与对方签订 CFR 合同。

在谈判中，利益的交换是非常重要的。双方谈判能否达到双赢，主要取决于双方让步的策略，即能否准确识别利益因素对于自己和对方的重要性。识别利益因素往往依赖于双方之间的沟通。例如，谈判中，不妨向对方多问几个为什么，如“您为什么特别注重……，您为什么不接受……”等问题。以此来探求对方的真实利益所在。在商务谈判中，对于利益问题，应注意以下几点：

（1）向对方积极陈述你的利益所在，以引起对方的注意并使对方满足你的利益；

（2）承认对方的利益所在，考虑对方的合理利益，甚至在保证自己利益的前提下努力帮助对方解决利益冲突问题；

（3）在谈判中既要坚持原则（如具体的利益），又要有一定的灵活性；

（4）在谈判中对利益作硬式处理，而对人作软式处理。在谈判中要强调你为满足对方利益所做出的努力，有时也要对对方的努力表示钦佩和赞赏。

2. 创造双赢的解决方案

人们在谈判中有时不欢迎律师参加，其原因是把律师在谈判中的职责想象成从法律角度计较得失，千方百计维护谈判者利益。而实际上让好的律师参与谈判往往会取得意想不到的效果。因为，好的律师在谈判中有能力为谈判双方寻求对双方都有利的解决方案。如果将双方的利益比作一张饼来切，那么律师并不仅仅注重切在什么地方，而更应注重在切分这块饼之前，尽量使这块饼变得更大。这就是提醒我们应该在谈判中注重创造双赢的解决方案。

然而，在许多谈判中，谈判的结局并不理想。谈判者更多的是注重追求单方面利益，坚持固守自己的立场，而从来也不考虑对方的实际情况。为什么谈判者没有创造性地寻找解决方案，没有将谈判双方的利益实现最大化？有经验的谈判专家认为，导致谈判者陷入上述谈判误区主要有如下四个障碍：一是过早地对谈判下结论。谈判者往往在缺乏想象力的同时，看到对方坚持其立场，也盲目地不愿意放弃自己既有的立场，甚至担心寻求更多的解决方案会泄露自己的信息，减低讨价还价的力量。二是只追求单一的结果。谈判者往往错误地认为，创造并不是谈判中的一部分，谈判只是在双方的立场之间达成一个双方都能接受的点。三是误认为一方所得，即另一方所失。许多谈判者错误地认为，谈判中给对方所做出的让步就是我方的损失，所以没有必要再去寻求更多的解决方案。四是谈判对手的问题始终该由他们自己解决。许多谈判者认为，谈判就是要满足自己的利益需要，替对方想解决方案似乎是违反常规的。

实践表明，成功的谈判应该使得双方都有赢的感觉。只有双方都是赢家的谈判，才能使以后的合作持续下去,双方才会在合作中各自取得自己的利益。因此,如何创造性地寻求双方都接受的解决方案乃是谈判的关键所在,特别是在双方谈判处于僵局的时候更是如此。

为了使谈判者走出误区,他们必须遵循如下的谈判思路和方法:

(1)将方案的创造与对方案的判断行为分开

谈判者应该先创造方案,然后再决策,不要过早地对解决方案下结论。比较有效的方法是采用所谓的"头脑风暴"式的小组讨论,即谈判小组成员彼此之间激发思想,创造出各种想法和主意,而不是考虑这些主意是好还是坏,是否能够实现。然后再逐步对创造的想法和主意进行评估,最终决定谈判的具体方案。在谈判双方是长期合作伙伴的情况下,双方也可以共同进行这种小组讨论。

(2)充分发挥想象力,以扩大方案的选择范围

在上述小组讨论中,参加者最容易犯的毛病就是,觉得大家在寻找最佳的方案。而实际上,我们在激发想象阶段并不是寻找最佳方案的时候,要做的就是尽量扩大谈判的可选择余地。此阶段,谈判者应从不同的角度来分析同一个问题,甚至可以就某些问题和合同条款达成不同的约束程度,如不能达成永久的协议,可以先达成临时的协议;不能达成无条件的,可以先达成有条件的协议等。

(3)找出双赢的解决方案

双赢在绝大多数的谈判中都是应该存在的,创造性的解决方案可以满足双方利益的需要。这就要求谈判双方应该能够识别共同的利益所在。每个谈判者都应该牢记:每个谈判都有潜在的共同利益,共同利益就意味着商业机会,强调共同利益可以使谈判更顺利。另外,谈判者还应注意谈判双方兼容利益的存在,这种不同的利益并存,并不矛盾或冲突。

(4)替对方着想,并让对方容易做出决策

让对方容易做出决策的方法是:让对方觉得解决方案既合法又正当;让对方觉得解决方案对双方都公平;另外,列举对方的先例,也有利于促使对方做出决策。

3. 使用客观标准,破解利益冲突

在谈判过程中,尽管交易双方充分理解对方的利益所在,并绞尽脑汁为对方寻求各种互利的解决方案,同时也非常重视与对方发展关系,但实际上还是可能遇到令人非常棘手的利益冲突问题。若双方就某一个利益问题争执不下,互不让步,即使强调"双赢"也无济于事。例如,房东与承租人之间的房租问题、在国际贸易中的交货期长短问题、最终的价格条款的谈判问题等。通常在上述情况下,一般谈判者多数会采取立场式的谈判方法。这时,解决的方法有可能是,一方如果极力坚持自己的立场,则另一方就不得不做出一定的让步来达成协议。为什么会出现这种情况呢?因为这种谈判,双方的假设前提是:我所失即你所得;谈判协议的达成取决于达成协议的意愿;不考虑其他的因素,而只考虑单一价格因素。这样,谈判就势必演变成为一场意愿的较量,看谁最固执或慷慨,谈判的内容就集中于谁更加愿意达成协议。

在许多情况下，谈判有可能会陷入一场持久的僵局中，从而不利于双方以后的进一步合作。在上面利益冲突不能采取其他的方式协调时，在商务谈判中使用客观标准就能起到非常重要的作用。例如谈判一个出口机械设备合同的例子，双方就出口商向银行开具的保函应该如何规定进口商提取设备质量保证款问题争执不下。进口商担心出口商在交付货物后出现机械设备不合格的情况，因此要求出口商向其银行申请开立以进口商为受益人的银行保证书，大约占到全部货款的5%。一旦进口商发现履行合同时出现质量问题，进口商就可以向银行提出付款的申请。而出口商并不答应这样的做法，出口商担心万一进口商信誉不好，如果在银行保证书中不对进口商取得该担保款项加以限制，进口商随时都有可能提取该款，这将对于出口商风险很大。经过反复磋商，最后，双方决定遵循一些客观的标准来解决这一双方都担心的问题，即如果出现质量问题，由第三方公证鉴定机构出具品质鉴定书，并以此作为进口商向银行索取违约款项的唯一依据。

本章小结

本章介绍了国际商品市场调研的含义、内容、作用以及方法和组织形式。国际商品市场调研内容包括对目标国家或地区的宏观环境调研和对贸易标的供需状况的微观市场调研；调研方法有间接调研和直接调研。调研形式有自主调研和委托调研。

出口交易前的准备包括对交易对象的资信调查、出口交易前的准备或进口交易前的准备。对客户的资信调查内容包括对交易客户的支付能力、客户背景、经营范围、经营能力和经营作风的调查。出口交易前准备工作包括国际商品市场调研、选择交易对象、出口商品的广告宣传以及制定出口商品的经营方案等。进口交易前准备工作包括选择采购市场与供货商、办理进口商品的审批、制定进口商品的经营方案以及审查进口订货卡片等。然后要进行国际商务谈判，国际商务谈判是国际货物买卖过程中必不可少的一个很重要的环节，也是签订买卖合同的必经阶段。国际商务谈判技巧包括注重利益，而非立场；创造双赢的解决方案；使用客观标准，破解利益冲突。

习题

1. 国际商品市场调研包括哪些内容？
2. 国际商品市场调研常用的方式有哪些？
3. 在出口交易之前有哪些准备工作？在进口交易之前有哪些准备工作？
4. 国际商务谈判的方法与技巧有哪些？

第3章 出口交易磋商

教学目的和要求

国际贸易交易磋商是对外贸易活动的重要环节。它既是一个业务问题,又是一个法律问题。本章以《联合国国际货物销售合同公约》为纲,结合我国实际,从比较法的角度,分析各主要国家在合同商定与成立的具体过程和条件方面的有关规定,使读者在了解掌握有关法律规则的基础上,逐步学会和提高谈判的技巧和水平。

学习重点与难点

1. 询盘、发盘、还盘、接受的含义及构成发盘、接受的条件;
2.《联合国国际货物销售合同公约》关于发盘与接受、撤回或撤销的规定;
3. 交易磋商的重要性和搞好发盘与接受两个环节工作的意义;
4. 做好交易磋商应注意的事项以及订立合同应注意的事项。

引子

当你和外商做国际贸易业务时,首先要考虑的应该是什么?是否会考虑到国际贸易业务谈判磋商中的各个环节?是否考虑各个磋商环节中应该注意的问题?进出口商交易磋商的程序又是什么?相关的法律是什么?业务合同怎么订立?本章内容将解决以上问题。

典型案例

我某出口公司于2月1日向美商报出某农产品,美商在接受中除列明各项必要条件外,还表示:“packing in sound bags.”不久美商复电称:“我方对包装条件做了变更,你方未确认,合同并未成立。”而我出口公司则坚持合同已成立,于是双方对此发生争执。你认为,此案应如何处理?试简述理由。

案例分析

合同已成立,如果受盘人在做出接受表示的同时,对发盘人内容做出了更改,则构成有条件的接受,对于有条件的接受,只要所添加或不同条件在实质上不改变该项发价的条件,且发价人不做出任何反对,视为合同成立,且合同的条件以更改后的为准。本题中对包装条件做了变更,但并不是实质性的变更。

3.1 出口交易磋商形式与内容

交易磋商(Business Negotiation)指出口企业为出售某项货物与国外客户就各项交易条件进行洽商,以期达成协议的过程。交易磋商是以成立合同为目的,一旦双方对各项交易条件协商一致,买卖合同即告成立。交易磋商是合同的依据,合同是交易磋商的结果。交易磋商工作的好坏,直接关系到交易能否达成。因此,在磋商中既要明确双方基本的合同义务,也应明确对履行合同时可能发生纠纷的预防措施与处理办法,以防患于未然。

3.1.1 出口交易磋商形式

交易磋商是在充分做好交易前的准备工作的基础上进行的。交易磋商在形式上可分为口头和书面两种。

(1)口头磋商。主要是在谈判桌上面对面的谈判,如参加各种交易会、洽谈会、博览会以及贸易小组出访,邀请客户来华洽谈交易等。另外,还包括双方通过国际长途电话进行的交易磋商。

(2)书面磋商。是指通过信件、电报、电传等通信方式来洽谈交易。随着现代通信技术的发展,书面洽谈也越来越简便易行,而且费用低。它是日常业务中的通常做法。

这两种磋商形式也可交叉进行。它们尽管在做法上各不相同,但法律效力相等。除此之外,洽谈方式在国际贸易中尚有行为表现方式,如在拍卖市场上的买进或卖出。

3.1.2 出口交易磋商内容

交易磋商的内容通常包括品质、数量、包装、装运、价格、支付、保险、检验检疫、索赔、不可抗力和仲裁等交易条件。其中品质、数量、包装、装运、价格和支付六项常常被视为主要交易条件,是国际货物买卖合同中不可或缺的条款,也是进出口交易磋商的必备内容。而保险、检验检疫、索赔、不可抗力和仲裁等交易条件,涉及的是合同履行过程中可能出现的问题或争议的解决办法,并非合同成立不可或缺的内容,往往被视为一般交易条件。一般交易条件事先就印在合同格式的正面下方或背面,双方若无异议,就不必逐条磋商。

3.2 出口交易磋商的一般程序

每一笔交易磋商的程序不完全相同,但每笔交易的洽商从开始联系到达成交易,不外乎以下四个环节:询盘、发盘、还盘、接受。

3.2.1 询盘

1. 询盘的含义

询盘是指交易的一方欲出售或购买某种商品，向对方询问买卖该项商品的交易条件的一种口头或书面表示。在国际贸易实务中被称为询价，在国际商业法律中又被称为“磋商的邀请”。询盘可分为买方询盘和卖方询盘。买方询盘是指买方要求卖方提供出口商品的价格，又称为邀请发盘。卖方询盘是指卖方向买方发出的征询其购买意见的函电。

在国际贸易中，有时一方发出的询盘表达了与对方进行交易的愿望，希望对方接到询盘后及时发出有效的发盘，以便考虑是否接受。也有的询盘只是想探询一下市价，并非有意进行交易。询盘往往是一笔交易的起点，但它对双方都没有约束力，也不是每笔交易磋商必经的环节，有时也可以不经过询盘直接发盘。

2. 询盘的内容

询盘内容可涉及具体产品、数量、颜色、规格、交货时间、包装等，一般不含价格条款。收到询盘的一方要注意对方的联系方式是否详细，是否留有公司名称、电话、传真、邮箱、地址、网址、联系人、职务等。此外，对于询盘要及时回复，所有询盘应当天回复，不能及时回复的，也要回复买家已收到询盘、正在核算价格等交易条件，并告知买家将在什么时间再回复。

3. 询盘函电的业务示范

【函电示例】大运外贸公司收到了加拿大约翰森公司 11 月 9 日的询盘，主要内容如下：

PLEASE OFFER LOWEST PRICE CIFTORONTO 20000 METERS OF 100% COTTON OLIVE GREEN COLORED CLOTH JAN. 2010 SHIPMENT PLS PROMPTLY.

【函电翻译】请报 20 000 米全棉橄榄绿色布 CIF TORONTO 的最低价，2010 年 1 月份装运，尽快电告。

4. 询盘采用的主要词句

Please advise...

Please quote...

Please offer...

3.2.2 发盘

1. 发盘的含义

发盘也称发价，法律上称为要约，是一方当事人（发盘人）向另一方当事人（受盘人)提出各项交易条件并且愿意以此条件与受盘人成交、订立合同的意思表示。实际业务中,发盘可以由交易一方在收到另一方的询盘后提出,也可在没有对方询盘情况下主动提出。发盘可以由买方提出,即递盘或递价,也可以由卖方提出,即发盘或报价。按照法律规定,一项有效的发盘必须具备以下条件。

(1)发盘应向一个或一个以上特定的人提出

该特定的人可以是一个或一个以上的自然人或法人。《公约》第十四条第二款明确规定:"非向一个或一个以上特定的人提出的建议,仅视为邀请做出报价,除非提出建议的人明确表示相反的意向"。因此,不指定受盘人的发盘,只能构成"发盘的邀请"(Invitation to Offer)。例如,国际性的公开招标行为,只能构成邀请投标人进行发盘的行为。

(2)发盘内容必须确定

《公约》第十四条第一款中规定:"一个建议如果写明货物并且明示数量和价格,或者明示如何规定数量和价格,即为十分确定。""十分确定"在实际业务中具体表现在三个方面。① 提出的交易条件是完整的。根据《公约》的上述规定,一项发盘所列的交易条件,只要包括货物、数量和价格,即构成完整性。② 提出的交易条件是明确的,不能是含糊的、模棱两可的。③ 一项确定的发盘,还要求它必须是终局的,没有任何保留条件或限制性条件。

(3)发盘人必须有一旦发盘被接受即受约束的意思

发盘必须表明严肃的订约意旨,即发盘应该表明发盘人在得到接受时,将按发盘的条件承担与受盘人订立合同的法律责任。这种意旨可以用"发盘"、"递盘"等术语和语句加以表明,也可不使用上述或类似术语和语句,而按照当时谈判情形,当事人之间以往的业务交往情况或双方已有的习惯做法来确定。

(4)送达受盘人

一项发盘要能生效,必须送达受盘人。发盘送达受盘人的时间也就是发盘生效的时间。如果发盘人以某种方式,例如电报或信函,向受盘人发盘,而发盘在传递途中遗失,以至于受盘人未能收到,那么该发盘不能生效。

2. 发盘的内容

发盘主要包括以下四个方面的内容:

(1)感谢对方来函,明确答复对方来函询问事项;

(2)阐明交易的条件:品名、规格、数量、包装、价格、装运、支付方式、保险等;

(3)声明发盘有效期或约束条件;

(4)鼓励对方订货。

收到客户询盘后,准备内容完整的发盘函有利于缩短交易磋商时间和尽快达成协议。为使发盘更具竞争力和吸引力,出口方应在发盘前认真收集主要交易条件的相关资料。

3. 发盘的有效期

发盘的有效期是指可供受盘人对发盘做出接受的期限。《公约》第十八条第二款规定:如果对发盘“表示同意的通知在发价人所规定的时间内,(如未规定时间,在一段合理的时间内)未曾送达发价人,接受就成为无效,但须适当地考虑到交易的情况,包括发价人所使用通信方法的迅速程度。对口头发价必须立即接受,但情况有别者不在此限”。因此,任何发盘都有有效期,且有效期的规定方法分为以下三种。

(1)发盘中明确规定具体的有效期

【例1】发盘……限15日复到。

OFFER... SUBJECT REPLY FIFTEEN HERE.

【例2】发盘……限3天内复到。

OFFER... REPLE IN THREE DAYS HERE.

无论是规定最迟的期限还是规定答复的期间,如果在允许表示接受的期间遇有节假日,《公约》第二十条第二款规定:“在计算接受期间时,接受期间内的正式假日或非营业日应计算在内。但是,如果接受通知在接受期间的最后一天未能送到发价人地址,原因是那天发价人营业地是正式假日或非营业日,那么接受期间应顺延至下一个营业日。”

(2)发盘中未规定具体有效期

发盘中未规定具体有效期,并不意味着该发盘没有有效期。根据《公约》第十八条规定,受盘人必须在合理时间内做出表示,否则接受无效。尽管法律上有这种合理时间的规定,但由于合理时间的长短较容易引起争议,所以在实际业务中还是规定明确具体的期限较好。

(3)口头发盘。按《公约》规定,原则上要求“立即接受”,如果当事人另有约定,则不在此限。

4. 发盘的撤回和撤销

《公约》第十五条第二款规定,发盘人在未被送达受盘人之前,如发盘人改变主意,可以撤回。但发盘人必须将撤回通知于发盘送达之前或同时送达受盘人。对于发盘的撤回各国法律解释不尽相同,概括起来,主要有以下三种。

(1)英美法系国家的法律认为,就发盘能否撤销而言,发盘原则上对发盘人没有约束力,发盘在被受盘人接受前,发盘人可予以撤销,即使发盘中规定了有效期,在有效期内发盘人仍可予以撤销,除非是受盘人已付出某种“对价”的发盘和由发盘人签字蜡封的发盘。

(2)大陆法系国家的法律认为,发盘对发盘人具有约束力,发盘生效后,原则上发盘人不得撤销该发盘。其中法国法律规定:发盘人在发盘有效期内欲撤销发盘的,必须负损害赔偿责任;德国法律明确规定在发盘有效期内,发盘人不得撤销或变更其发盘。

(3)《公约》为弥合两大法系在发盘撤销问题上的分歧,在第十六条中规定:已被受盘人收到的发盘,如果撤销的通知在受盘人发出接受通知前送达受盘人的,则可以撤销。但在下列情况下不得撤销:

① 发盘是以规定有效期或以其他方式表明为不可撤销的;

② 受盘人有理由信赖该项发盘是不可撤销的,并已本着对该发盘的信赖采取了行动。

5. 发盘的终止即发盘的失效

一项已生效的发盘,在发生下列情况后,将失去效力,即解除对发盘人的约束力。

(1)过了发盘的有效期。即超过发盘规定的有效期,或发盘没有规定有效期时,超过了合理时间,发盘人仍未收到受盘人的答复。

(2)被发盘人撤销,即允许撤销的发盘,被发盘人在受盘人表示接受前终止了其效力。

(3)被受盘人拒绝或还盘,即受盘人对发盘做出了拒绝或还盘的答复。即使原定有效期限尚未届满,发盘也立即失效。

(4)发盘还可因出现某些特定情况,按有关法律适用而终止。例如,发盘人在发盘被接受前丧失了行为能力或正式宣告破产并将有关破产的书面通知送达受盘人;特定的或独一无二、不可替代的标的物被毁灭;发盘中的商品被政府宣布禁止出口或进口等。在以上任一情况下,发盘将依法而终止有效。

6. 发盘和发盘邀请

发盘是一项肯定的订约建议。它具备构成发盘的四项条件,特别是"表明在得到接受时承受约束的意旨"和"内容十分确定"这两项条件。而发盘的邀请则是一项订约建议,是指交易的一方打算购买或出售某种商品,向对方询问买卖该项商品的有关交易条件(即询盘),或者就该项交易提出带有保留条件的建议,它不具备构成发盘所必须的四项条件,特别是它不具备上述两项条件。

7. 业务示范

【函电示例】我方外贸业务员收到加拿大约翰森公司11月9日的询盘后,进行了成本核算,于11月10日进行了发盘,回复(报价)内容如下:

WE THANK YOU FOR YOUR INQUIRY OF NOV. 9, 2009. ASKING US TO MAKE YOU A FIRM OFFER FOR 100% COTTON OLIVE GREEN COLORED CLOTH.

Quantity: 20 000METERS

Packing: PACKED IN BALES

Price: USD1. 18/M CIF TORONTO

Shipment: JAN 2010

Payment: BY IRREVOCABLE SIGHT L/C TO REACH THE SELLER ON OR BE-

FORE DEC. 05,2009 SUBJECT TO YOUR REPLY HERE BEFORE NOV. 14,2009
LOOKING FORWARD TO YOUR LARGE ORDER

应用案例 3-1

我出口企业于6月1日向英商发盘供应某商品,限6月7日复到有效。6月2日收到英商电传表示接受,但提出必须降价5%。我方正研究如何答复时,由于该商的国际市场发生对英商有利的变化,该商又于6月5日来电传表示,无条件接受我方6月1日的发盘。试问我方应如何处理?为什么?

案例分析题

发盘一经受盘人还盘而告失效。而英商2日的电传是一项还盘。因此,我6月1日发盘已经失效。据此,如由于市场变化,我方不愿达成交易,则可予以拒绝。如愿意按原价达成交易,则可立即回电予以确认。

应用案例 3-2

我某出口公司于2月1日向美商报出某农产品,在发盘中除列明各项必要条件外,还表示:"Packing in sound bags."在发盘有效期内美商复电称:"Refer to your telex first accepted, packing in new bags."我方收到上述复电后,即着手备货。数日后,该农产品国际市场价格猛跌,美商来电称:"我方对包装条件做了变更,你方未确认,合同并未成立。"而我出口公司则坚持合同已经成立,于是双方对此发生争执。你认为,此案应如何处理?试简述理由。

案例分析题

处理本案应从下述几点着眼,考虑具体措施:①中、美均为《联合国国际货物销售合同公约》的缔约国。在该笔业务的来往电传中均未排除《公约》的适用。据此,双方当事人理应受《公约》中有关条款的约束;②按《公约》第19条(2)款的规定,对发盘表示接受而对发盘内容做非实质性改变时,除发盘人在不过分迟延的期限内通知反对其间的差异外,仍构成接受。如发盘人在不做出这种反对,合同条件就以该项发盘的条件以及接受通知内所载的更改为准;③根据《公约》第19条(3)款的规定,包装的改变不属于实质性改变;④合同应按"装入新袋"的条件成立;⑤综上所述,美商复电已构成接受,合同成立。如美商拒不履约,我方自应按《公约》的有关规定向美商提出赔偿。

3.2.3 还盘

1. 还盘的含义

还盘指受盘人在接到发盘后,不同意或不完全同意发盘人在发盘中提出的条件,为进一步磋商对发盘提出修改意见。还盘可以采用口头方式也可采用书面方式。还盘是对发盘的一种拒绝，一项具体的还盘等于受盘人向原发盘人提出的一项新的发盘。还盘人由原来的受盘人变成新发盘的发盘人，而原发盘人则变成了新发盘的受盘人。还盘也可以是一个新询盘，它并不是交易磋商的必需环节。作为买方总是希望卖方降价，还盘中会罗列诸如以该价格购进自己很难推销、竞争者类似商品报价很低、订购量大要求折扣、国际市场价格走低等理由。而卖方总是想维持原价，当买方还盘要求降价时，卖方通常面临三种选择：一是坚持原价。还盘中就应说明产品的优越性，或原料、人工上涨等理由。但如果努力说服客户接受原价，就有可能让客户没有获利感，失去成交的机会，甚至完全失去该客户。二是完全接受对方的还价。三是针对对方的还价进行再还价。总之，要降低价格就要进行适当的还价核算，有关计算方法请参考出口成本核算。

在贸易谈判过程中，一方在发盘中提出的条件与对方能够接受的条件不完全吻合的情况经常发生，特别是在大宗交易中，很少有一方一发盘即被对方无条件全部接受的情况。因此，虽然从法律上讲，还盘不是交易磋商的必经环节，但在实际业务中，还盘的情况还是很多，有时一项交易须经过还盘、再还盘等多次讨价还价，交易才能最终达成。

2. 还盘的内容

还盘函一般应包括如下两方面内容。

(1)确认对方来函，强调还价的理由，表达自己的态度。买方还盘函开头一般都应礼节性地感谢对方来函，并将自己对来函的总体态度简洁地表示出来。

(2)卖方还盘一般强调原价的合理性，并列明理由，提出我方条件，并催促对方行动。这部分主要是表达成交的意愿，希望对方早下订单，而且通常会加上给予折扣等促销的条件或工厂订单特别多等刺激对方下单的语句。

应用案例3-3

我某外贸企业向国外询购某商品，不久接到外商3月20日的发盘，有效期至3月26日。我方于3月22日电复："如能把单价降低5美元，可以接受。"对方没有回复。后因用货部门要货心切，又鉴于该商品行市看涨，我方随即于3月25日又去电表示同意对方3月20日发盘所提出的各项条件。试分析，此项交易是否达成？理由何在？

案例分析题

交易未达成。因为我方3月22日函电是还盘，按法律规定一项发盘一经还盘即告终止，原发盘人对还盘又未作答复。而3月25日函电是对已失效发盘表示接受，不能达成交易。

应用案例3-4

我方10日电传出售货物限于15日复到有效，13日收到受盘人答复“价格太高”，15日又收到受盘人来电“你10日发盘我接受”，此时市价上浮，我复电拒绝。问我方这样做是否可以，理由何在？

案例分析题

可以，因对方13日来电是对我方发盘的拒绝，而发盘一经拒绝即告有效。

3. 业务示范

【函电示例】某公司11月13日还盘内容如下：

THANK YOU FOR YOUR E – MAIL OF NOV 10TH. OTHERS SUPPLYING SAME PRODUCTS OFFERING USD1. 14PER METER, IT IS DIFFICULT FOR US TO SELL, AS YOUR PRICE IS TOO HIGH. USD1. 14 PER METER, 22 000METERS HERE 3 DAYS OUR TIME.

【函电示例】当事人于11月14日还盘内容如下：

OUR PROUDUCTS ARE OF HIGH QUALITY, OUR PRICE IS REASONABLE COMPARED WITH THAT IN THE INTERNATIONAL MARKET. IN VIEW OF INITIAL TRANSACTION, WE ARE PREPARED TO MAKE A SPECIAL ALLOWANCE OF USD 0. 03 PER METER, IF YOUR ORDER IS 25 000METERS. REPLY HERE 18TH.

3.2.4 接受

1. 接受的含义

接受在法律上称为“承诺”，是买方和卖方同意对方在发盘、还盘中提出的各项交易条件，并愿意按这些条件与对方达成交易、订立合同的一种肯定的表示。这种表示可以是做出声明，也可以是做出某种行为。

按法律和惯例，一方的发盘经另一方接受，交易即告达成，合同即告成立，双方就应分别履行所承担的合同义务。

（1）构成接受的条件

一项有效的接受条件必须具备以下条件。

① 接受必须由指定的受盘人做出。该指定的受盘人包括其本人及其授权的代理人。其本人即使知道发盘的内容，并向发盘人做出了接受的表示，该接受对发盘人也无约束力，接受无效，不能据以成立合同。

② 接受必须在发盘的有效期内做出，并送达发盘人。任何发盘都有有效期，因此，受盘人必须在发盘规定有效期内接受。若发盘未规定具体有效期，则在合理时间

内做出接受表示并送达发盘人。在发盘有效期过后才到达发盘人的接受为逾期接受(Late Acceptance),逾期接受在法律上构成一项新的发盘或发盘人可拒绝的接受。

③ 接受必须表示出来。《公约》第十八条第一款规定:“缄默或不行动本身不等于接受。”因此,接受必须由受盘人以一定的方式表示出来。但对于要求以书面形式才能达成协议的国家(包括我国),接受必须以书面形式做出。

④ 接受的内容必须与发盘内容完全一致。接受是受盘人愿意按照发盘的内容与发盘人达成交易的意思表示。因此,接受内容应当与发盘内容完全一致。

2. 有条件接受的效力

《公约》第十九条规定:“对发价表示接受但载有添加、限制或其他更改的答复,即为拒绝该项发价,并构成还价。但是,对发价表示接受但载有添加或不同条件的答复,如所载的添加或不同条件在实质上并不改变该项发价的条件,除发价人在不过分迟延的期间内以口头或书面形式通知反对其间的差异外,仍构成接受。如果发价人不做出这种反对,合同的条件就以该项发价的条件以及接受通知内所载的更改为准。”该条款明确规定,对于一项有条件的接受不能构成法律上有效的接受,但有条件的接受视所附条件是否在实质上改变了发盘的内容,可分为还盘和发盘人可及时予以拒绝的接受。

对于接受所附条件是否构成实质性变更的发盘内容,《公约》第十九条第三款规定:“有关货物价格、付款、货物质量和数量、交货地点和时间,一方当事人对另一方当事人的赔偿责任范围或解决争端等的添加或不同条件,均视为实质上变更发价的条件。”

对于附有条件的接受,值得注意的是,如果受盘人在接受发盘时,所附条件只是“希望”或“请求”性质的,若发盘人表示不同意请求,并不影响合同的有效成立。

3. 逾期接受的效力

对于过了发盘有效期才到达发盘人的接受,《公约》第二十一条规定:“逾期接受仍有接受的效力,如果发价人毫不迟延地用口头或书面形式将此种意见通知被发价人。如果载有逾期接受的信件或其他书面文件表明,它是在传递正常、能及时送达发价人的情况下寄发的,则该项逾期接受具有接受的效力,除非发价人毫不迟延地用口头或书面通知被发价人其发价已经失效。该条款将逾期接受按照造成逾期的原因不同作如下划分。

(1)由于受盘人的原因造成逾期。即因受盘人做出接受的时间太迟,以至于该接受到达发盘人时,已超过发盘的有效期。此种逾期接受只能构成一项新的发盘,除非发盘人及时予以确认,否则该接受无效,合同不成立。

(2)因传递途中的故障造成的逾期接受,即按照正常的传递,本应能在发盘有效期内送达发盘人的接受,由于传递途中的不正常情况造成了延误,而使接受在有效期过后才到达发盘人。此种逾期接受不同于因受盘人自己的原因造成的逾期接受,它仍具有接受的效力,除非发盘人及时拒绝。

对于逾期接受问题。应注意到:如果因接受期限最后一天,是发盘人所在地的正式假日或非营业日(Non – business),而使受盘人的接受通知未能在最后期限前到达发盘人,只要接受通知在下一个营业日到达发盘人,该接受依然有效,合同成立。

4. 接受的撤回

《公约》规定,接受于表示接受的通知到达发盘人时生效,因此,受盘人可在接受生效前阻止,即受盘人对其接受采取撤回行为。但受盘人撤回通知必须在其接受通知到达发盘人之前或同时到达发盘人,才能有效地撤回其接受。一旦接受通知先期到达发盘人,接受便生效,合同即告成立。因此,对于一项已生效的接受,受盘人无权予以撤销,否则将构成对合同的撤销,这在法律上是不允许的。

本章小结

交易磋商各环节是本章主要内容。交易磋商是以成立合同为目的,一旦双方对各项交易条件协商一致,买卖合同即告成立。交易磋商在形式上可分为口头和书面两种形式。交易磋商的内容通常包括品质、数量、包装、装运、价格、支付、保险、检验检疫、索赔、不可抗力和仲裁等交易条件。其中品质、数量、包装、装运、价格和支付六项常常被视为主要交易条件。每一笔交易磋商的程序不完全相同,但每一笔交易的洽磋商从开始联系到达成交易,不外乎以下四个环节:询盘、发盘、还盘、接受。一项有效的发盘必须具备以下条件:发盘应向一个或一个以上特定的人提出;发盘内容必须确定;发盘人须有一旦发盘被接受即受约束的意思;送达受盘人。此外,本章对发盘的撤回和撤销、发盘的终止即发盘的失效、接受的撤回及预期接受等规定做了详细阐述。

习题

1. 单项选择题

(1)我某公司向外商发函,可供鲜桃 1000 箱,装运期为 8 月,即期信用证支付,这是(　　)。

A. 发盘　　B. 询盘　　C. 递盘　　D. 还盘

(2)卖方发盘限 10 日复到有效,9 日下午收到买方复电要求减价并修改交货期,正在研究答复时,次日上午又收到买方来电接受发盘(　　)。

A. 合同按卖方发盘条件达成　　B. 合同尚未达成

C. 合同按买方 10 日来电达成　　D. 合同达成

(3)电子商务中,当事人以数据电文订立合同的可在合同成立前要求签订确认书(　　)。

A. 签订确认书时合同成立

B. 表示接受的数据电文进入发件人特定系统时成立

C. 受件人发出表示接受的数据电文时成立

D. 接受时合同成立

(4)受盘人对发盘表示接受,但希望将装运期由6月改为5月,这是(　　)。

A. 接受　　B. 还盘　　C. 有条件接受　　D. 全都正确

(5)我国外贸甲公司3月12日根据德国客户乙公司3月10日的询盘,做出发盘:“YOURS TENTH OFFER SUBJECT REPLY REACHING US SIXTEENTH CIF HAMBURG USD4.00...”。以下陈述正确的是(　　)。

A. 乙公司于14日发电表示接受,但是由于电报局投递延误,该接受电报于17日到达,根据《国际货物销售合同公约》,接受是有效成立的

B. 甲公司于15日收到乙公司于14日发出电报称:“YOURS TWELVETH ACCEPT PROVIDED USD3.50...”则合同即告成立

C. 乙公司接受的有效地点与时间是在德国当地时间16日

D. 乙公司接受的有效地点与时间是在中国当地时间16日

(6)甲公司根据乙公司4月20日提供的样品决定接受乙公司的以下发盘:“VICTORY BRAND MEN'S LEATHER SHOES. ARTICLE NO. 888...”则在合同中的品质条款中应列明(　　)。

A. ARTICLE NO. 888 或者 AS PER YOUR SAMPLE DISPATCHED ON APRIL 20

B. 大小

C. 重量

D. 尺寸

(7)一般可以规定溢短装条款的货物是(　　)。

A. 彩电　　B. 大米　　C. 罐头食品　　D. 黄金饰品

(8)甲公司与乙公司拟签订购买大豆的贸易合同,在数量条款中应订明(　　)。

A. 大豆的具体重量、计量单位及溢短装条款

B. 产地

C. 货币

D. 尺码

(9)下列公式正确的是(　　)。

A. FOB = CFR - 运费总额　　B. FOB = CIF - 外运费

C. CFR = FOB + 外运费　　D. CIF = CFR/(1 - 保险费率)

(10)一笔成交量为1476件的货物，体积为20立方米，总毛重为17公吨，集装箱运输租船订舱时，应为(　　)。

A. 拼箱　　B. 整箱　　C. A.B两项皆可　　D. CFS-CY

2. 多项选择题

(1)从法律意义上讲，构成一项有效发盘须具备的条件是(　　)。

A. 发盘内容完整明确、无保留　　B. 向公众做出发盘

C. 向特定的人发出　　D. 有明确订约意图

(2)交易磋商的形式有(　　)。

A. 口头谈判　　B. 信件

C. 电报　　D. 只有B和C正确

(3)书面合同的基本内容有(　　)。

A. 约首　　B. 基本条款　　C. 约尾　　D. 附件

(4)出口成本核算时，CIF价包括(　　)。

A. 采购成本　　B. 运费　　C. 管理费用　　D. 保险费

(5)下列属于一般交易条件的是(　　)。

A. 装运条款　　B. 仲裁条款

C. 检验条款　　D. 不可抗力条款

(6)合同的检验条款包括(　　)。

A. 检验时间　　B. 检验地点

C. 检验机构　　D. 检验内容和检验证书

(7)通常唛头由(　　)内容构成。

A. 收货人简称　　B. 参考号

C. 目的港(目的地)　　D. 件数件号

(8)根据国际惯例，国际货物保险加成率可以为(　　)。

A. 20%　　B. 10%　　C. 30%　　D. 40%

(9)交易磋商必经环节是(　　)。

A. 询盘　　B. 发盘　　C. 还盘　　D. 接受

(10)国际货物买卖合同的单价条款包括：(　　)。

A. 计量单位　　B. 贸易术语　　C. 价格金额　　D. 计价货币

3. 判断题

(1)一笔交易的达成必须经过询盘、发盘、还盘和接受四个程序。(　　)

(2)在交易磋商中，当一方发盘，另一方接受后，合同即告成立。(　　)

(3)询盘是交易的起点，对交易双方均有约束力。(　　)

(4)在交易磋商过程中，发盘是卖方行为，接受是买方行为。(　　)

(5)无论任何人对发盘做出的接受,均作为有效接受。(　　)

(6)包装条款是合同的一般交易条件。(　　)

4. 翻译

(1)将以下贸易磋商的程序由英文翻译成中文:

ACCEPTANCE

COUNTER OFFER

INQUIRY

OFFER

(2)翻译下列合同条款

货号:XZ-F-01

品名:童车(BABY CARRIAGE)

价格:每辆 78 美元 CIF LONDON

数量:500 辆

包装:每辆一纸箱

装运:2009 年 10 月装运,装运港:宁波,允许分批装运和转运

付款条件:即期付款信用证,自由议付,2009 年 9 月 15 日前开至卖方

保险:加一成投保一切险和战争险

5. 案例分析题

(1)我出口公司甲公司向国外乙公司发盘,报价小麦 500 公吨,每公吨 310 美元,发盘有效期为 6 天。乙公司 2 天后回复电中要求将货物价格降为每公吨 290 美元。4 天后,甲公司将这批小麦卖给了国外丙公司,并在第 6 天复电乙公司,通知其货已售给其他公司。乙公司认为甲公司违约,要求甲公司赔偿。请问甲公司是否应该赔偿乙公司?说明理由。

(2)我出口公司甲公司向国外乙公司就某商品询售,后收到乙公司发盘,发盘中规定有效期至 6 月 20 日。甲公司 6 月 24 日用电传通知乙公司表示接受对方发盘,乙公司未予回复。后商品价格上涨,乙公司于 7 月 10 日来电要求甲公司在 7 月 15 日前发货,否则,甲公司将承担违约的法律责任。请问甲公司是否应按乙公司要求发货?说明理由。

第 4 章 国际货物买卖合同

教学目的和要求

通过本章的学习，要求学生理解并掌握国际货物买卖合同的含义，特点，分类以及订立合同的基本原则；并掌握合同成立的条件、合同的形式和内容、国际货物买卖合同签订应注意事项等内容。

学习重点与难点

1. 国际货物买卖合同的含义、特点、分类；
2. 订立国际货物买卖合同的基本原则；
3. 国际货物买卖合同成立的条件；
4. 国际货物买卖合同的形式和内容。

引子

当你和外商签订进出口合同时，是否会考虑到国际货物买卖合同订立的基本原则？是否会考虑该合同的订立的形式？合同内容主要有哪些？合同内容中的各个条款如何订立？通过本章内容的学习，你可以得出答案。

典型案例

2010 年 10 月 8 日，国内生产厂家 A 公司收到西班牙客户 B 公司发来的电子邮件，要求订 6 个货柜的石材。随后，A 公司制作了一张形式发票传给 B 公司并确认了相关内容。A 公司出货后，B 公司却拒绝付款赎单。由于投保了出口信用保险，A 公司遂委托中国出口信用保险公司（以下简称“中国信保”）进行追讨。根据 A 公司提供的单证材料，中国信保及时委托国外律师进行追偿并核实拒收原因。追讨过程中，B 公司态度恶劣，不承认曾给 A 公司下过订单，声称给 A 公司发电子邮件的是个人，不能代表公司，也不承认电子邮件作为合同的有效性，更不承认收到形式发票，甚至威胁要告 A 公司侵害其名誉权。委托律师经过努力，查到了 B 公司曾根据形式发票到西班牙政府有关部门申领进口许可证的证据。据此，律师与 B 公司进行了交涉，成功迫使 B 公司收货并支付货款。

案例分析

一般来说，证明双方贸易关系最直接的证据是贸易合同，而贸易合同的表现形式千变万化。就本案中出现的合同表现形式一一浅析。

(1)关于用形式发票替代合同。形式发票的内容包括了一系列的交易细节(商品的种类、数量、价值),因此,在国际贸易实务中,用形式发票替代合同成为了一种通行的做法。需要进一步明确的是,形式发票只具备了贸易合同的某些特征,要替代合同并不完备,贸易合同中应具备的主要条款,如违约责任、争议解决等内容,形式发票并未加以规定。而且,由于形式发票是卖方开给买方的单证,往往只有卖方的签字或盖章,无买方的确认。一旦发生纠纷,仅以形式发票为依据来主张权利是不够的。

(2)关于用电子邮件形式表现的合同。在实务中,贸易双方都认可的电子合同,应当作为直接证据加以认定。但是,在实务中审查电子证据真实可靠性需考虑以下几方面:审查电子证据来源,包括时间、地点、制作过程等;审查电子证据收集合法性;审查电子证据与事实联系;审查电子证据内容是否真实,是否伪造、篡改等;结合其他证据审查判断。

(3)关于合同的其他形式。《中华人民共和国合同法》中规定了合同的其他形式,主要包括默认形式、以实际行为承认的形式等。以实际行为承认的形式,是指受要约人虽然没有向要约人明示承诺,但以自己的实际行为做出了承诺的形式。根据这一形式,只要受要约人按照要约的规定履行自己的义务,从其履行义务开始合同即告成立,其他国家的合同法也有类似规定。

因此,在国际贸易中,贸易合同作为证明贸易事实和确认双方权利及义务关系的主要证据,其重要性不言而喻。对于出口企业而言,还应充分认识贸易合同的多种表现形式。

4.1 国际货物买卖合同的含义及特点

国际货物买卖合同又称外贸合同、进出口合同,是指卖方与买方经过磋商,就一笔货物的进出口所达成的协议,该协议是确定买卖双方权利和义务的法律依据,根据《联合国国际货物买卖合同公约》的规定,国际货物买卖合同是指营业地处于不同国家当事人之间所订立的货物买卖合同。

国际货物买卖合同是国际贸易交易关系中最为重要的一种合同,它是各种经营进出口业务的企业所赖以生存和发展的基础。这类合同不仅关系着合同当事人的种种切身利益,也关系到有关国家的重大利益。因此,长期以来在国际货物买卖合同的订立、生效、履行与争议的处理上形成了一系列的基本原则、规则、作法和要求。

4.1.1 国际货物买卖合同的特点

与一般国内货物买卖合同相比,国际货物买卖合同具有如下特征。

(1)国际性。一般买卖合同是卖方为了取得货款,而把货物的所有权移交给买方的一种双方均有义务的合同，在这种合同中，卖方的基本义务是交出货物的所有权，买方的基本义务是支付货款。这是货物买卖合同与其他种类合同的一个重要区别。英国《1893年货物买卖法》认为，《国际货物买卖契约》是指买卖双方的营业地分处在不同国家的领土上，而且在缔约时，货物正在或将要从一国领土运往另一国领土；或双方构成要约和承诺的行为是在不同的国家的领土内完成的；或构成要约和承诺的行为是在一个国家的领土内完成，而货物的交付则须在另一个国家的领土内履行。

《联合国国际货物买卖合同公约》（以下简称《公约》）采用了以当事人的营业地为标准，至于当事人的国籍和其他因素，均不予考虑。按照公约的标准，只要买卖双方当事人的营业地点是处于不同的国家，即使他们的国籍相同，但他们所订立的货物买卖合同仍被认为是国际货物买卖合同。反之，如果买卖双方的营业地点处在同一个国家之内，即使他们的国籍不同，他们所订立的合同，也不能被认为是国际货物买卖合同。国际货物买卖合同与一般货物买卖合同的区别在于它的国际性。所谓国际性可以有许多标准：以当事人营业地为标准、以当事人国籍为标准、以行为发生地为标准、以货物跨越国境为标准等。

（2）国际货物买卖合同的客体是跨越国境流通的货物。

（3）与国内货物买卖合同相比，国际货物买卖合同所涉及的法律关系复杂，风险大。

（4）适用法律的多样性。通常要适用国内法，包括买卖双方的国内法或第三国法律，以及国际公约和国际贸易惯例。

4.1.2 合同的种类

由于合同中特定的权利义务关系内容的不同，就产生了不同种类的合同。各国法律又针对这种不同类型的合同的规则做出规定。例如，《德国民法典》就对买卖合同、赠与合同、租赁合同、借用合同、信贷合同、雇佣合同、承揽合同、旅游合同、委托合同、保证合同等做了规定。美国《统一商法典》则是以规定货物买卖合同为中心的著名法典。中国《合同法》则对15种合同做出了规定。它们包括：买卖合同；供用电、水、气合同；赠与合同；借款合同；租赁合同、融资租赁合同；承揽合同；建设工程合同；运输合同；技术合同；保管合同；仓储合同；委托合同；行纪合同。其中，买卖合同是指出卖人转移标的物的所有权给买受人，买受人支付价款的合同（见中国《合同法》第130条）。这种买卖合同具有以下特点。

1. 买卖合同为有偿的商务合同

订立这种合同，卖方应该按照合同约定，将标的物的所有权移转给买方，买方则应该按照合同的约定接受标的物并支付价款。所以，转移标的物所有权和支付价款就成为买卖合同最基本的特征。对此，许多国家的法律都有明确规定。例如，《德国民法典》第433条对买、卖双方的基本义务做了如下规定：（1）因买卖合同，物的出卖人有义务向买受人交付物，并使其取得物的所有权，权利的出卖人有义务使买受人取得权利；(2)买受人有义务向出卖人支付约定的价款，并领取买受的物。

2. 买卖合同买卖的是某种具体标的物，一般是指财产

大陆法系国家认为，财产的买卖，既指动产和不动产的买卖，也指无形权利的买卖。关于权利的买卖，如上所举《德国民法典》第 433 条中规定十分明确。《法国民法典》对出卖人交付的义务中也规定："无形权利的交付，或以所有权证书的交付而实现，或经出卖人之同意买受人直接行使该权利而实现"，知识产权的买卖正是如此。英美法系国家则是将财产的买卖加以区分，通常所指的买卖合同是指货物买卖合同，所以，买卖合同的标的物一般是指货物(Goods)。我国《合同法》未对买卖的"标的物"作具体解释，但从有关买卖合同的规定中看出，买卖合同不包括无形权利的买卖，仅指有形的实物。

3. 买卖的价款，一般应当由双方当事人确定

我国《合同法》第 159 条规定："买受人应当按照约定的数额支付价款。对价款没有约定或者约定不明确的，适用本法第 61 条、第 62 条第 2 项的规定。"该法第 61 条允许当事人通过协议补充，不能达成补充协议的，可按照合同有关条款或者交易习惯确定价款。第 62 条第 2 项规定，价款不明确的，按照订立合同时履行地的市场价格履行；依法应当执行政府定价或者政府指导价的，按照规定履行。

4.1.3 合同订立的基本原则

1. 契约自由原则

契约自由原则起源于意思自治的原则，现已发展为合同法和国际贸易交易的基本原则，其基本含义主要包括以下几个方面。

(1)合同当事人或交易各方的法律地位平等

1980 年《联合国国际货物销售合同公约》在序言中肯定了平等互利是发展国际贸易的一项基本原则。纵观这项原则在历史上的作用，既有积极的一面又有消极的一面。消极面是通常所说的"以形式上的平等掩盖实质上的不平等"，因而受到多方的抨击。但是，从法律上来说，必须赋予每个合同当事人平等的法律地位。只有这样才能建立起公平的合同制度，维护正常的交易，并通过法律规定限制某些"以大欺小"、"以强凌弱"的做法，如反不当竞争法、反垄断法、反欺诈、反胁迫和显失公平原则的建立就是如此。所以，我国《合同法》在总则中特别强调，合同是平等主体的自然人、法人、其他组织之间订立的协议，并在第 3 条中明确规定："合同当事人的法律地位平等，一方不得将自己的意志强加给另一方。"

从国际货物贸易来说，平等是指交易双方不论经济实力如何、是哪国的企业、何种性质的公司，订立合同时的地位完全是平等的当事人；合同的内容只能平等协商，任何一方不得把自己提出的条款强加于对方；合同的履行也是平等的，双方都受合同的约束，依约履行合同。如果违约，不论是哪一方都应承担违约责任。如果变更合同或解除合同，也必须通过双方平等协商确定。同时，国际贸易中合同当事人既然是平等的，也应该是互利的。

（2）合同当事人有权自由订立合同和确定合同的内容

自愿订立合同和自由确定合同内容，是契约自由含义的一项重要内容。当事人依照自己的意志自由决定交易的对象，其他人不得以任何条件强迫或限制对方订立合同。同时，当事人也只能通过相互表达各自的意愿，在真正自愿的基础上确定双方的权利、义务。至于合同采取什么形式、使用什么文字也由双方商定。

（3）合同的解释应考虑当事人的真实意图

双方当事人就合同条款的理解一旦有争议时，如何确定该合同条款的意思，也应根据契约自由原则，通过各种联系因素如合同使用文字、词句、缔约的目的、交易习惯、有关的其他合同条款的规定、初期谈判的情况等来综合考虑当事人的真实意图。对合同的解释要以当事人的真实意图已被许多国家的国内立法和国际惯例规则所确认。

2. 诚实信用原则

诚实信用原则是合同法和国际贸易交易中又一项重要的基本原则。尽管各国立法对确立该项原则的意义、作用、解释不完全相同，但维护整个社会利益和维护个人利益加以协调的作用是相同的。所以也有人说，诚实信用原则是针对绝对的契约自由的一种限制。从合同制度来说，除有法律的规则对合同关系进行规范外，也融入了诚实信用这样的“道德规范”，从更广泛和更深层次来制约合同当事人的行为，从而通过合同制度来维护正常的市场和贸易秩序。诚实信用的基本含义就是诚实不欺，讲究信用，在不损害社会利益和他人利益的前提下，追求自己合法、正当的利益。它具体体现在以下几个方面。

（1）当事人在交易中的行为，不论是行使权利还是履行义务，应当在事实上诚实，遵守同行中的商业交易准则。我国《合同法》指出当事人在行使权利和履行义务时都应当遵循诚实信用原则。同时，在该合同法的相关部分具体体现了诚实信用原则。如在合同订立和效力上规定，凡一方当事人以欺诈、胁迫的手段订立合同，损害国家利益；或恶意串通损害国家、集体或者第三人利益；以合法形式掩盖非法目的，损害公共利益等均视为无效合同。凡一方以欺诈、胁迫的手段或者乘人之危，使对方在违背真实意思的情况下订立的合同，受损害方有权请求人民法院或者仲裁机构变更或者撤销合同。在合同的履行上，该合同法要求，当事人应当遵循诚实信用原则，根据合同的性质、目的和交易习惯履行通知、协助、保密等义务；当事人应当按照约定全面履行自己的义务。我国《合同法》规定的上述原则和要求，也适用于涉外经济合同。

（2）当事人在发生合同争议时，应本着诚实信用原则力求正确解释合同，不得隐瞒事实，故意曲解合同条款。司法机关在裁判合同争议案件时，当法律未有规定，可依据诚实信用原则行使公平裁量权。对此尽管人们尚有不同看法，但许多国家的法律和《国际商事合同通则》都予以认可。

3. 公平交易原则

公平交易原则是与平等原则和诚实信用原则密切相联系的又一项交易的基本原则。既然交易双方地位平等，参加交易的机会均等，双方各自的权利和义务就应该是均衡、互利和合理的，不得有明显的不合理。对此，许多国内立法中都将其作为一项基本原则加以确认。有些国内立法虽然没有明确规定公平原则，但在其具体规则中贯彻了兼顾合同双方当事人的利益，或要求当事人在订立合同条款，确定合同内容时不能明显不合理，并确立显失公平的制度来纠正在订立合同或履行合同过程的明显不公平与不合理。公平交易原则主要要求当事人遵守以下事项。

(1) 当事人应当依照公平交易原则确定各方的权利、义务。合同的当事人既享有一定的权利，又必须承担一定的义务，而且是对等的，不能有显著的不公平。

(2) 当事人承担的合同责任或者是履约过程中的作为或不作为都应当是合理的。例如，在交易磋商中按标准条款订立合同，如果接受方不能合理预见，接受方就不受其约束。因为根据公平交易原则，如果接受方很了解该条款的内容的话，根本不可能接受。

4. 遵守法律强制性规则

遵守法律强制性规则的原则是合同法又一项重要的基本原则，还有人把其称为合法原则。由于民商事立法为了体现契约自由原则，其中大量的规则是“任意性规则”，即法律允许当事人可以通过协议加以改变或补充，但是有些规则当事人是不可以协议改变的，这就是所谓“强制性规则”。

根据各国法律规定，法律所规定的一些强制性规则，如当事人的缔约能力、书面形式的要求、无效合同、法律上的其他禁止性的规定，都不允许当事人通过协议或其他方式加以改变或违反法律的规定。只有在遵守法律的前提下订立的合同，才能受到法律的保护。

4.1.4 合同的订立

国际货物买卖合同是合同的一种。因此适用合同法的一般原则，即合同的订立需要满足以下条件：(1) 当事人具备法定行为能力；(2) 买卖双方意思表示一致；(3) 合同内容合法；(4) 具备法定形式。由于世界各国政治、经济、法制制度差异很大，往往在诸如当事人的行为能力，合同的合法性等问题上很难达成一致，因此，《国际货物买卖合同公约》只就双方意思表示一致，合同形式等一些涉及立法技术上的问题做出了统一的规定，余下的问题，则由合同适用的国内法加以解决。

如何判断双方当事人意思是否表示一致，实践中通常的作法是，当买卖双方就合同条款进行面对面的谈判，或由一方提出标准合同文本，签订书面协议，这意味着双方意思表示一致，双方签字的日期和地点就是合同订立的时间和地点。以电话或电传等直接对话方式订立合同，通常以要约方收到对方表示承诺的回答或收到电传的时间和地点作为合同成立的时间和地点。当买卖双方通过信件或电报隔地订立合同时，由于各国国内法对要约和承诺的规定的不同，双方是否达成一致协议，以及在何时何地达成一致，则较难判断，为说明问题的方便，法律将其分为要约和承诺两部分。

4.2 国际货物买卖合同的成立条件

国际货物买卖合同的成立是双方当事人意思表示一致的结果。当一方提出的要约被另一方承诺时，合同即告成立。要约是要约人向一个或一个以上的特定人提出的以订立买卖合同为目的的意思表示。承诺是受要约人同意订立该合同的意思表示。因英美法和大陆法在要约与承诺的问题上存在着分歧，在起草过程中工作组做了很大的努力来调和两大法系在这两个问题上的分歧。《联合国国际货物销售合同公约》对要约生效时间、承诺生效时间、附加条件的承诺及逾期承诺的效力做了详细规定。

4.2.1 要约生效时间

各国法律没有分歧，公约规定要约在送达受要约人时生效。但对于要约对要约人是否具有约束力的问题，英美法与大陆法内的德国法之间存在着分歧。公约在这个问题上采取折中办法，规定一切要约，即使是不可撤销的要约，原则上都可以撤回，只要撤回的通知能先于或与要约同时送达受要约人。一旦受要约人发出承诺通知，要约人就不能撤销其要约。公约还规定，在下述两种情况下，要约一旦生效就不能撤销：要约写明承诺的期限，或以其他方式表示它是不可撤销的；受要约人有理由信赖该项要约是不可撤销的，并已据以行事。

4.2.2 承诺生效时间

英美法采取投邮生效原则，即只要载有承诺内容的函件一经投邮就立即生效，合同即告成立，即使函件在传递过程中发生延误或遗失，亦不影响合同的有效成立，大陆法则采取到达生效原则，即载有承诺内容的函件必须送达受要约人时才发生效力，如函件在传递中延误或遗失，合同就不能成立。公约基本上采用到达生效原则，但有一个例外，即如果根据要约的要求或依照当事人之间形成的习惯做法或惯例，受要约人可以用发货或支付货款的行为来表示承诺，无须向要约人发出承诺通知者，承诺则于做出此种行为时生效。

4.2.3 附加条件的承诺及逾期承诺的效力

公约规定，如果在对要约表示承诺时载有附加或更改条件，原则上应认为是对要约的拒绝，并视为反要约，即受要约人向要约人提出要约。但如果承诺中所更改或附加的条件并没有在实质上改变原要约所提出的条件，则除非要约人在不过分延迟的期间内提出异议，仍可视为承诺，在这种情况下，双方的合同应以要约所提出的条件和承诺所更改的条件为准。

逾期承诺指超过要约的有效期到达的承诺。按照各国法律，逾期承诺应视为反要约。公约规定逾期承诺仍具有承诺的效力，但需由要约人毫不迟延地把这种意思通知受要约人。如果要约人按此办理，则该项逾期的承诺于到达时即发生效力，而不是在要约人表示上述意思的通知到达受要约人时才生效。

应用案例 4-1

原告为甲国羊毛生产商，被告为乙国羊毛供应商。1998 年 9 月 2 日，被告致电原告，提出要出售一批羊毛，并要求原告以邮寄方式回复。因地址错误直到 9 月 5 日晚才到达原告，当天晚上原告即将承诺信件以邮递寄出，该承诺信件于 9 月 9 日到达被告。试分析此案例。

案例分析题

本案中当事人双方营业地位于不同国家，属于国际货物买卖合同。根据《联合国国际货物销售合同公约》(修改字体大小)规定，被告 9 月 2 日致电原告要求出售羊毛的行为构成一项要约，尽管邮寄途中受到迟延，但是原告立即做出了承诺，该项承诺于 9 月 9 日到达被告，此时该项国际货物买卖合同生效。

4.3 贸易合同的形式和内容

4.3.1 贸易合同形式

国际货物买卖合同一般金额大、内容繁杂、有效期长，因此许多国家的法律要求采用书面形式。但英、德、法等国的法律对一般货物买卖合同都不要求具备一定形式。联合国《国际货物销售合同公约》也规定销售合同在形式方面不受任何限制。但是根据我国法律规定，对外贸易合同必须采用书面形式。

常见的书面形式有正式合同（Contract）、确认书（Confirmation）、协议书（Agreement）、备忘录（Memorandum）、订单（Order）、委托订购单（Commissioning Order）等。目前，我国主要使用正式合同和确认书两种，它们分别适应不同的需要而被采用。虽然在格式、条款项目和内容繁简上有所不同，但在法律上具有同等效力，对买卖双方均有约束力。买卖双方可以通过不同的方式及条件达成合同意愿，如以下几种方式。

（1）通过谈判直接成交而签订正式合同。例如 Import Contract，Export Contract，Purchase Contract，Sales Contract 等。

（2）通过信件、传真达成协议，应一方或双方当事人的要求，尚需签订确认书的合同。例如 Sales Confirmation，Purchase Confirmation 等。

（3）通过信件、传真达成协议，即以发盘、还盘及有效接受的往来函电作为合同基础。

除书面协议外，还须经国家主管部门批准的合同，如技术引进或输出合同、补偿贸易合同、来料加工合同、来件装配合同等，一般的国际货物买卖合同无须国家主管部门批准，即可有效成立。但无论哪一种情况，都逃不脱合同和确认书两种形式。

（1）正式合同

在签订正式合同时，不仅要对商品的质量、数量、包装、价格、保险、运输及支付加以明确规定，而且对检验条款、不可抗力条款、仲裁条款都要详尽列明，明确地划分双方的权利和义务。为了明确责任避免争议，合同内容应该全面详细，对双方的权利、义务以及发生争议的处理均有详细规定，使用的文字应为第三人称语气。根据合同起草人的不同，有售货合同（Sales Contract）和购货合同（Purchase Contract）两种，前者由卖方起草，后者由买方起草，一般各公司会以固定格式印刷（有的制成表格），成交后由业务员按双方谈定的交易条件逐项填写并经签字，然后寄交对方审核签字。合同一般一式两份，双方各执一份。

（2）销售确认书

一般而言，确认书只规定一些主要条款，诸如质量、数量、包装、价格、支付等，而对检验、不可抗力、仲裁条款加以省略。确认书是合同的简化形式，使用的文字为第一人称。这种确认书主要用于一些成交金额不大、批次较多的轻工日用品、小土特产品，或已有包销、代理等长期协议的交易。根据起草人的不同，有售货确认书（Sales Confirmation）和购货确认书（Purchase Confirmation）两种。如果双方建立业务关系时已经订有一般交易条件，如对洽谈内容较复杂的交易，往往先签订一个初步协议（Premium Agreement）或先签订备忘录（Memorandum），把双方已商定的条件确定下来，其余的条件以后再洽商。在这种情况下，可采用确认书的方式，将已签协议作为该确认书的一个附件。现使用的简式确认书大多没有仲裁、不可抗力、异议索赔条款等，往往在意外发生时易造成纠纷，因此建议补加此类条款。销售确认书示例如表 4-1 所示。

表4-1 销售确认书示例

西安昌龙纺织品贸易公司
XI'AN CHANGLONG TEXTILES TRADING CO. LTD,
HUANCHENG ROAD, XI'AN, CHINA

销售确认书 编号 NO.:CLN01
SALES CONFIRMATION 日期 DATE:NOV. 19, 2009

买方 BUYERS:JOHNSON TEXTILES INC
4456 RAIN ST56. TORONTO CANADA.
电话 TEL:0416-3-74236211 传真 FAX:0416-3-74236212
兹经买卖双方同意成交下列商品,订立条款如下:

THE UNDERSIGNED SELLERS AND BUYERS HAVE AGREED TO CLOSE THE FOLLOWING TRANSACTION ACCORDING TO THE TERMS AND CONDITIONS STIPULATED BELOW:
COVERING:

DESCRIPTION OF GOODS	QUANTITY	UNIT PRICE	AMOUNT
100% COTTON OLIVE GREEN COLORED CLOTH 20X20 108X58 WIDTH 44	25000M	USD1.15/M CIF TORONTO	USD28, 750.00

TOTAL VALUE:SAY US DOLLARS TWENT EIGHT THOUSAND SEVEN HUNDRED AND FIFTY ONLY
PACKING: IN BALES
TIME OF SHIPMENT: BY STEAMER IN JAN. 2010, WITH PARTIAL ALLOWED AND TRANSSHIPMENT NOT ALLOWED.
PORT OF LOADING: CHINA
PORT OF DISCHARGE: TORONTO
PAYMENT:BY IRREVOCABLE SIGHT L/C TO REACH THE SELLER ON OR BEFORE DEC. 05, 2009
INSURANCE:TO BE EFFECTED BY SELLERS COVERING WPA AND WAR RISKS FOR
10% OVER THE INVOICE VALUE AS PER CIC DATED1981/01/01
Arbitration:All disputes arising in connection with this Sales Contract or the execution thereof shall be settled by way of amicable negotiation. In case no settlement can be reached, the case at issue shall then be submitted for arbitration to the China International Economic and Trade Arbitration Commission in accordance with the provisions of the said Commission. The award by the said Commission shall be deemed as final and binding upon both parties.

买方(签章)THE BUYER
JOHNSON TEXTILES INC
4456 RAIN ST56. TORONTOCANADA
JOHNSON

卖方(签章)THE SELLER
西安昌龙纺织品贸易公司
XI'AN CHANGLONG TEXTILES TRADING CO LTD, HUANCHENG ROAD, XI'AN, CHINA,
剑云(ERIC)

4.3.2 贸易合同内容

在国际贸易中,买卖合同是经一方缮制好后,在合同上签字(一式两份),然后写寄约函,随附两份合同寄给对方会签,待对方会签退回一份存档,双方各持一份,作为双方履行合同的依据。

【函电示例】昌龙公司与约翰森公司经过交易磋商后,于2009年11月19日由昌龙公司起草合同,并于11月20日寄出寄约函,内容如下:

WE FEEL MUCH PLEASED TO CONCLUDE 25000 METERS OF 100% COTTON OLIVE GREEN COLORED CLOTH BUSINESS WITH YOU. ENCLOSED TWO COPIES OF SALES CONFIRMATION NO. CLN01 PLEASE COUNTERSIGN AND RETURN ONE COPY FOR OUR FILE ENABLING US TO SHIP THE GOODS ON TIME, PLEASE OPEN THE L/C ON OR BEFORE DEC 05, 2009.

WE WAITING YOUR L/C AND YOUR NEXT ORDER.

1. 国际货物买卖合同的内容

国际货物买卖合同主要包括三部分内容。

(1)约首

以表4-1为例,约首包括合同的名称(SALES CONFIRMATION)、编号(CLN01)、签约时间和地点(NOV. 19, 2009)、缔约双方的名称和联系方式(出口方,XI'AN CHANGLONG TEXTILES TRADING CO LTD, HUANCHENG ROAD, XI'AN, CHINA;进口方,JOHNSON TEXTILES INC 4456 RAIN ST56. TORONTO CANADA.),以及双方当事人订立合约的意愿表示(THE UNDERSIGNED SELLERS AND BUYERS HAVE AGREED TO CLOSE THE FOLLOWING TRANSACTION ACCORDING TO THE TERMS AND CONDITIONS STIPULATED BELOW)。

(2)正文

正文是合同的主体部分,列明合同的主要条款,如商品的品名品质条款(DESCRIPTION OF GOODS)、数量条款(QUANTITY)、包装条款(PACKING)、价格条款(PRICE)、装运条款(SHIPMENT)、保险条款(INSURANCE)、支付条款(PAYMENT)、检验条款(INSEPCTION)、不可抗力条款(FORCE MAJEURE)、索赔条款(CLAIM)和仲裁条款(ARBITRATION)等。

(3)约尾

约尾就是合同的尾部,通常包括合同的份数、附件及其效力、使用的文字、合同生效的时间、合同适用的法律,以及合同双方的签字。

2. 合同条款

国际货物买卖合同条款主要有以下11种:

(1)商品的品名、品质条款(DESCRIPTION OF GOODS)

(2)数量条款(QUANTITY)

(3)包装条款(PACKING)

(4)价格条款(PRICE)

(5)装运条款(SHIPMENT)

(6)保险条款(INSURANCE)

(7)支付条款(PAYMENT)

(8)检验条款(INSEPCTION)
(9)不可抗力条款(FORCE MAJEURE)
(10)索赔条款(CLAIM)
(11)仲裁条款(ARBITRATION)

本章小结

本章首先介绍了国际货物买卖合同的含义和特点。国际货物买卖合同是确定买卖双方权利和义务的法律依据,根据《联合国国际货物买卖合同公约》的规定,国际货物买卖合同是指营业地处于不同国家当事人之间所订立的货物买卖合同,它具有契约自由原则、诚实信用原则、公平交易原则、遵守法律强制性规则原则。其次介绍了国际货物买卖合同,其内容一般包括三部分:约首、本文、约尾。本文是合同的主体部分,列明合同的主要条款,如条款、数量条款、包装条款、价格条款、装运条款、保险条款、支付条款、检验条款、不可抗力条款、索赔条款、仲裁条款等。最后介绍了签订国际货物贸易合同时应注意的事项。

习题

1. 名词解释

(1)国际货物买卖合同
(2)商品的品质
(3)公量

2. 选择题

(1)根据《联合国国际货物销售合同公约》的规定,合同成立的时间是(　　)。
A. 接受生效的时间　　B. 交易双方签订书面合同时
C. 在合同获得国家批准时　　D. 当发盘送达受盘人时

(2)根据《联合国国际货物销售合同公约》的规定,接受于(　　)生效。
A. 合理时间内　　B. 向发盘人发出时
C. 送达发盘人时　　D. 发盘人收到后以电报确认时

(3)某发盘人在其订约建议中加有"仅供参考"字样,则这一订约建议为(　　)。
A. 发盘　　B. 递盘　　C. 邀请发盘　　D. 还盘

(4)在交易磋商之前,需要准备的事项很多,其中主要包括(　　)工作。
A. 选配洽谈人员　　B. 选择目标市场
C. 选择交易对象　　D. 磋商交易的方案制定

E. 进行询盘

(5)国际货物买卖合同的内容通常包括(　　)。

A. 约首　　B. 本文　　C. 约尾

D. 约期　　E. 索赔条款及附件

(6)国际标准化组织推荐的标准运输标志,应包括的内容是(　　)。

A. 收货人名称的缩写或简称　　B. 参考号

C. 目的地　　D. 件号或箱号　　E. 产地标志

(7)珠宝、首饰等商品具有独特性质,在出口确定其品质时(　　)。

A. 最好用样品磋商　　B. 最好用文字说明

C. 最好看货洽谈成交　　D. 最好用图片说明

(8)按重量买卖的商品,若合同中未规定计算重量的方法时,习惯上按(　　)计重。

A. 毛重　　B. 净重　　C. 公量　　D. 毛、净重各50%

3. 简答题

(1)简述订立国际货物买卖合同应遵循的原则。

(2)国际货物买卖合同包括哪些内容?

(3)如何理解格式合同的特点?

(4)表示品质的方法有哪些?

(5)国际货物买卖合同中数量条款应注意哪些问题?

4. 案例分析题

我某出口公司于2月1日向美商电报出口某家产品,在发盘中除列明必要条件外,还表示:packing in sound - bags。在发盘有效期内,美商复电称:refer to your telex first accepted,packing in new bags。我方收到上述复电后,即着手备货,数日后该家产品国际市场价格猛跌,美商来电称:我方对包装条件做了变更,你方未确认,合同并未成立。而我出口公司则坚持合同已经成立,于是双方对此发生争执。你认为此案应如何处理?

第5章 国际贸易术语

教学目的和要求

通过本章的学习,要求掌握六种常用的国际贸易术语,掌握如何选用贸易术语,了解贸易术语的产生、性质、作用和与贸易术语有关的国际贸易惯例,了解其他七种贸易术语,能初步运用有关的理论知识,分析和解决有关贸易术语的实际问题。

学习重点与难点

1. 与贸易术语相关的三个主要国际贸易惯例;

2.《INCOTERMS 2000》中四组贸易术语交易双方的基本义务及在术语使用时应注意问题;

3. 有关贸易术语的使用、选用问题。

典型案例

我某公司按CIF条件和美国某公司成交一笔草帽业务,货装船后停泊在码头,结果在启运前发生一场大火,将一船草帽全部烧光。买方闻讯后立即致电我方,要求退货款或赔偿一切损失,问我方是否赔偿损失或退款?遇到这种贸易纠纷我们该如何处理呢?应该由谁承担这个风险,由谁负这个责任呢?又由谁赔偿这个损失呢?

5.1 有关贸易术语的国际惯例

为了简化交易手续,缩短交易过程,节省磋商的时间和费用,并便于达成交易,买卖双方便采用某种专门的术语来概括地表明各自的权利和义务。

5.1.1 国际贸易术语含义、起源及作用

1. 国际贸易术语的含义

国际贸易术语,其具体的含义是:“用一个简短的概念或英文缩写字母来表示商品的价格构成、说明交货地点、确定买卖双方的责任、费用、风险划分等问题的专门用语。”

(1)承担的责任。承担的责任主要有办理出口、进口许可证手续,办理出口、进口报关手续,装卸运输出口、进口货物,办理货物运输保险手续等。

(2)承担的费用。办理进出口许可证须支付手续费,办理进出口报关须缴纳关税,装卸运输货物须支付装卸费和运输费,办理保险须支付保险费等。

(3)承担的风险。进出口贸易货物在装、运、卸、贮的整个流转过程中都存在着风险,在一般情况下卖方或买方都已向保险公司办理了投保手续,但是有些风险任何保险公司都不予承保;即使投了保,也存在着保险责任范围外的风险;即使在保险责任范围以内他仍然存在着来不及投保或保险公司破产倒闭不能赔偿的风险。

例如CIF这个贸易术语,其简短的概念为Cost Insurance and Freight,代表着成本、保险费加运费价,其英文缩写为CIF。这个贸易术语说明了买卖双方各自承担的、特定的责任、费用和风险转移的界限及价格构成情况。可以说,不同的贸易术语,会有不同的上述构成因素。所以,贸易术语代表着交货条件。一般来说,卖方承担的责任、费用与风险小,其售价就低;反之,其售价就高。所以,贸易术语又称为价格术语或贸易条件。

贸易术语是用来表示买卖双方各自承担义务的专门用语,每种贸易术语都有其特定的含义,采用某种专门的贸易术语,主要是为了确定交货条件,即说明买卖双方在交接货物方面彼此承担责任、费用和风险的划分。例如,按装运港船上交货条件(FOB)成交同按目的港船上交货条件(DES)成交,由于交货条件不同,买卖双方各自承担的责任、费用和风险就有很大区别。在FOB条件下,买方要负责派船到约定的装运港接运货物,并承担货物越过的船舷后的一切费用和风险,而卖方则负责按时把约定的货物交到买方指定的船上,并承担货物越过船舷以前的一切费用和风险;在DES条件下,却由卖方负责派船将约定的货物运至指定的目的港,并承担货物在目的港船上交货前的一切费用和风险,而交货后的一切费用和风险,则转由买方负担。

同时,贸易术语也可用来表示价格构成因素,特别是货价中所包含的从属费用。例如,按FOB价成交与按CIF价成交,由于其价格构成因素不同,所以成交价应有区别。具体地说,前者不包括从装运港到目的港的运费和保险费,而后者则包括从装运港到目的港的通常运费和保险费,所以买卖双方确定成交价格时,FOB价应比CIF价低。

不同的贸易术语,表明买卖双方各自承担不同的责任、费用和风险,而责任、费用和风险的大小又影响成交商品的价格。一般地说,凡使用出口国国内交货的各种贸易术语,如工厂交货(EXW)和装运港船边交货(FAS)等,卖方承担的责任、费用和风险都比较小,所以商品的售价就低;反之,凡使用进口国国内交货的各种贸易术语,如目的港码头交货(DEQ)和完税后交货(DDP)等,卖方承担的责任、费用和风险则比较大,这些因素必然要反映到成交商品的价格上。所以,在进口国国内交货比在出口国国内交货的价格高,有时甚至高出很多。由于贸易术语体现出商品的价格构成,按不同的贸易术语成交,会表示出成交商品具有不同的价格,所以,有些人便把它当做单纯表示价格的用语,而称其为“价格术语”或“价格条件”。

综上所述,可见贸易术语具有两重性,即一方面表示交货条件;另一方面表示成交价格的构成因素。这两者是紧密相关的，因此，我们必须从贸易术语的全部含义来理解它。也正是由于贸易术语具有这两方面性质，所以也有人称为价格交货条件（Price-delivered Terms）。

2. 国际贸易术语的起源

贸易术语最早出现在1812年英国的利物浦港。首先出现的是FOB术语，以后随着国际贸易的进一步发展。到1862年，在英国 又出现了CIF贸易术语。随着国际贸易和交通运输以及电子技术的发展，相继出现了一系列的贸易术语。但由于各国历史文化的不同，法律法规的差异，往往对同一个贸易术语有不同的习惯解释，就容易产生纠纷。为了避免这些问题的产生，一些国家的工商团体和某些国际性组织，试图统一贸易术语的不同解释，曾陆续制定了一些统一解释或规则，这就形成了国际贸易惯例。

贸易术语（Trade Terms），又称贸易条件、价格术语（Trice Terms），它是用一个简短的概念（Shorthand Expression），例如"Free on Board"，或三个字母的缩写"FOB"，来说明交货地点、商品的价格和买卖双方有关费用、风险和责任的划分，以确定买卖双方在交货和接货过程中应尽的义务。国际贸易的买卖双方在规定价格时使用了贸易术语，既可以节省交易磋商的时间和费用，又可以简化交易过程和买卖合同的内容，这就有利于交易的达成和贸易的发展。

国际贸易具有路线长、涉及面广、环节多、风险大的特点，货物从生产者手里转到国外消费者手中，中间要经长途运输、过多道关卡，牵扯银行、商检、海关、保险等方方面面的工作，货物遭遇自然灾害或意外事故的可能性大。因此，交易双方在洽商交易、订立合同时，必然要考虑以下几个重要问题：

（1）卖方在什么地方，以什么方式办理交货；

（2）货物发生损坏或灭失的风险何时由卖方转移给买方承担；

（3）由谁负责办理货物的运输、保险以及通关过境的手续；

（4）由谁承担办理上述事项时所需的各种费用；

（5）买卖双方需要交接哪些有关的单据。

在具体交易中，以上问题都是必须明确的，贸易术语正是为了解决这些问题，在实践中产生和发展起来的。

在上述问题中，交货地点是核心问题，它的确定往往对其他问题有决定作用。交货地点不同，卖方承担的风险、责任和费用也不相同。至于如何规定，要由买卖双方协商。贸易术语直接关系到商品的价格构成，这也是许多人将贸易术语称为价格术语的原因。

综上所述，可见贸易术语是在长期的国际贸易实践中产生的，它是用来表示商品的价格构成，说明交货地点，确定风险、责任、费用划分等问题的专门用语。

3. 国际贸易术语的作用

贸易术语在国际贸易中起着积极的作用，主要表现在下列几个方面。

（1）有利于买卖双方洽商交易和订立合同

由于每种贸易术语都有其特定的含义，而且一些国际组织对各种贸易术语也做了统一的解释与规定，这些解释与规定，在国际上被广为接受，并成为惯常奉行的做法或行模式。因此，买卖双方只需商定好按何种贸易术语成交，即可明确彼此在交接货物方面所应承担的责任、费用和风险，这就简化了交易手续，缩短了洽商交易的时间，从而有利于买卖双方迅速达成交易和订立合同。

（2）有利于买卖双方核算价格和成本

由于贸易术语表示价格构成因素，所以买卖双方确定成交价格时，必须要考虑采用的贸易术语包含哪些费用，如运费、保险费、装卸费、关税、增值税和其他费用。这些都有利于买卖双方进行比价和加强成本核算。

（3）有利于解决履行过程中的争议

买卖双方商订合同时，如对合同条款考虑欠周，使某些事项规定不明确或不完备，致使履约当中产生的争议不能依据合同的规定解决在此情况下，可以援引起有关贸易术语的一般解释来处理，因为，贸易术语的一般解释，已成为国际惯例，并被子国际贸易界从业人员和法律界人士所理解和接受，从而成为了国际贸易中公认的一种类似行为规范的准则。

5.1.2 有关贸易术语的国际惯例

在国际贸易活动中，当事人的行为规范并非仅限于合法，除此之外，他们往往还要顾及有关的国际贸易惯例。

1. 国际贸易惯例的含义

要了解国际贸易惯例的含义，首先应了解什么是惯例。关于“惯例”一词，不同的国家、学者有不同的提法。虽然是众说纷纷，但不管如何解释，都有一个较接近的看法，即在某地区、某种行业或整个世界范围内被人们反复运用和普遍承认的习惯做法和特定方式。这种习惯做法和特定方式我们称为“惯例”。

“国际贸易惯例”不外乎属于“惯例”的组成部分，是按照国际的含义而言。国际贸易惯例是国际贸易法的一个重要渊源。它是指在长期的国际贸易实践中，在一个地区或一个行业逐步形成的一种被人们所承认和适用的习惯做法，久而久之，推而广之，在越来越大的范围内被越来越多的人们所理解所接受，从而对国际贸易实际业务发生深刻影响，成为国际贸易中大家所遵循的一种类似于行为规范的准则，对国际贸易业务的进行和发展起着一定指导作用或制约作用。严格地说，国际贸易惯例本身不是法律，没有法律的强大约束力，但是，它是在当事人意思自治的基础上制定出来的，因此，对贸易双方当事人具有约束力。

通过以上定义，我们可以得出以下结论帮助我们理解国际贸易惯例。

(1)国际贸易惯例产生于国际实践，是在长期实践中逐步形成的；

(2)是在某一特定领域内的习惯性做法；

(3)上述习惯做法为许多国家和地区所认可；

(4)具有普遍的适用性。

2. 国际贸易惯例的表现形式

国际贸易惯例的表现形式概括起来主要包括以下几种形式。

(1)国际经济组织收集编纂、制订的国际贸易统一条件。如国际商会《2000 年国际贸易术语解释通则》、《1994 年跟单信用证统一惯例》等，这方面的内容是惯例成文化的表现，其目的是统一惯例的含义，克服因对惯例解释的不统一所带来的适用上的困难，但并非严格意义上的成文国际法；

(2)国际经济组织制订的提供给当事人选用的标准合同；

(3)一般交易条件。它一般是在没有交易的统一条件又没有标准合同的情况下，由当事人协商选定的，即当事人发出要约或签订合同时，在报价单、价目表或合同上记载的交易条件，一经对方当事人认可，即为有效；

(4)在某些行业中长期流行的惯例。如“纺织品一经开剪即不考虑赔偿”的原则，是国际纺织品贸易的一项惯例；

(5)特定贸易方式下形成的一些习惯性做法。如拍卖中的“击槌成交方式”；

(6)港口、码头惯例。世界主要港口在装运货物等方面都有自己的惯例，如果当事人在协商中未对有关风险、费用和责任等做出规定，一般按其相关港口、码头惯例处理；

(7)国际商事仲裁机构做出的典型仲裁裁决案例。

3. 国际贸易惯例的法律效力

严格地说，国际贸易惯例并不是法律，但它具有准法律的性质。国际贸易惯例对当事人并不当然地产生法律约束力，除极少数的惯例具有强制性外，绝大多数是任意性的，但它们在下列情况下产生法律约束力。

(1)通过合同或协议约定按某项国际惯例办事

在当事人之间，如果事先约定按某项国际惯例行事，且在双方合同或协议中明确规定，那么该项国际惯例将对当事人各方产生法律效力，具有强制性。但这种约束力并不是来自国际惯例本身，而是来自双方当事人的约定，来自于“约定必须遵守”的原则。例如，在一张来自于国外开来的信用证中已注明：除本信用证另有规定外，本信用证按国际商会《跟单信用证统一惯例》(UCP500)办理。如果受益人对此没有异议，这张信用证的所有各方当事人，包括开证申请人、开证行、受益人、通知行、付款行等各方的权利、义务，均受 UCP500 惯例的约束。

(2)司法或仲裁实践中引用国际贸易惯例

这是国际上比较普遍的做法，如果当事人对某一问题没有在合同中做出明确规定，也未注明适用某一项国际惯例，在合同的执行中发生争议时，受理该争议的司法机构或仲裁机构也往往会引用某一国际贸易惯例进行判决或裁决。如果此项判决或裁决是终局的，那么，被引用的国际惯例对当事人具有法律约束力，这种约束力也不是来自于国际惯例本身，而是来自于判决或裁决。

(3)国内法、公约或条约中准用国际惯例

如果某项国际惯例已被吸收进当事人所在国家的法律或当事人所在国参加的国际公约或条约中，则此项国际贸易惯例对当事人产生约束力。中国的许多立法均明确规定了国际惯例可以予以适用，如：我国民法通则第 124 条第 3 款规定："中华人民共和国法律和中华人民共和国缔结或参加的国际条约没有规定的，可以适用国际惯例。"

4. 有关贸易术语的国际贸易惯例

目前，在国际上有较大影响的与贸易术语有关的国际贸易惯例主要有以下三种。

(1)《1932 年华沙—牛津规则》

《华沙—牛津规则》是由国际法协会(International Law Association)专门为解释 CIF 合同而制定的。19 世纪中叶，CIF 贸易术语在国际贸易中被广泛采用，但由于各国对其解释不一，从而影响到 CIF 买卖合同的顺利履行。为了对 CIF 合同双方的权利和义务做出统一的规定和解释，国际法协会于 1928 年在波兰首都华沙制订了 CIF 买卖合同的统一规则，共计 22 条，称为《1928 年华沙规则》。此后，在 1930 年的纽约会议、1931 年的巴黎会议和 1932 年的牛津会议上，又相继将此规则修订为 21 条，称为《1932 年华沙—牛津规则》(Warsaw - Oxford Rules 1932)。该规则对于 CIF 的性质、买卖双方所承担的风险、责任和费用的划分以及所有权转移的方式等问题都做了比较详细的解释。

《华沙—牛津规则》自 1932 年公布后，一直沿用至今，并成为国际贸易中颇有影响国际贸易惯例。因为此项规则在一定程度上反映了各国对 CIF 合同的一般解释，不仅如此，其中某此规定的原则还可适用于其他合同。例如《华沙—牛津规则》规定，在 CIF 合同中，货物所有权称转于买方的时间，应当是卖方把装运单据(提单)交给买方的时刻，即以交单时间作为所有权移转的时间，此项原则，虽是针对 CIF 合同的特点制订的，但一般认为也可适用于卖方有提供提单义务的其他合同。可见《华沙—牛津规则》的制订和公布，不仅有利于买卖双方订立 CIF 合同，而且也利于解决 CIF 合同履行当中出现的争议，当合同当事人发生争议时，一般都参照或引用此项规则的规定和解释来处理。

(2)《1941 年美国对外贸易定义修订本》

《美国对外贸易定义》是由美国几个商业团体制定的。早在 1919 年,美国几个商业团在纽约共同制定了有关对外贸易定义的统一解释,供外贸人员参考使用,原称为《美国出口报价及其缩写条例》。后来,因贸易习惯发生了很多变化,在 1940 年举行的美国第 27 届全国对外贸易会议上对该条例做了修订,并于 1941 年经美国商会、美国进口商协会和美国全国对外贸易协会组成的联合委员会正式通过,定名《1941 年美国对外贸易定义修订本》(Revised American Foreign Trade Definitions 1941)。该修订本对六种贸易术语做了解释,分别为:

① Ex(Point of Origin)(产地交货);

② FOB(Free on Board)(在运输工具上交货);

③ FAS (Free Along Side)(在运输工具旁交货);

④ C&F(Cost and Freight)(成本加运费);

⑤ CIF(Cost,Insurance and Freight)(成本加保险费、运费);

⑥ Ex Dock(Named Port of Importation)(目的港码头交货)。

(3)《2000 年国际贸易术语解释通则》

《国际贸易术语解释通则》(以下简称《通则》)原文为 International Rules for the Interpretation of Trade Terms,缩写形式为 INCOTERMS,它是国际商会(International Chamber of Commerce,简称 ICC)为了统一各种贸易术语的解释而制定的。最早的《通则》产主于 1936 年,后来为适应国际贸易业务发展的需要,国际商会先后于 1953 年、1967 年、1976 年、1980 年和 1990 年对《通则》做了五次部分修订和补充。现行的《2000 年通则》是国际商会于 1999 年 9 月公布的对《1990 年通则》作过修订的新版本,成为国际商会第 560 号出版物(INCOTERMS 2000,ICC Publication No. 560),并于 2000 年 1 月 1 日起生效。《2000 年通则》是目前包括内容最多、使用范围最广和影响最大的一种有关贸易术语的国际贸易惯例。

①《通则》的修订

在 1936 年,国际商会收集整理了贸易术语并做了解释,定名为《1936 年国际贸易术语解释通则》。此后,随着国际贸易的发展和形势的变化,几经修订,现行的《2000 年国际贸易术语解释通则》是在《1990 年国际贸易术语解释通则》的基础上修订公布的,国际商会修订《1990 年通则》的主要原因是:为了适应电子数据交换(Electronic Data Interchange,简称 EDI)日益频繁运用的需要;为了适应运输技术发展和运输方式变革的需要。

《2000 年通则》的公布和生效,标志着国际贸易惯例的重大发展,它不仅有着重要的现实意义,而且会产生深远的影响。随着《2000 年通则》的实施和推广,不仅有利于国际贸易的发展,而且对国际贸易法律的进一步发展也有促进作用。

②《2000 年通则》的变化

《2000 通则》和《1990 通则》相比较，主要有三个重要修改：

A. 在 FAS 贸易术语中，办理出口清关手续的义务由《1990 年通则》下由买方承担改为由卖方承担；

B. 在 DEQ 贸易术语中，办理进口清关手续的义务由《1990 年通则》下的卖方承担改为由买方承担；

C. 在 FCA 贸易术语中，《2000 年通则》对 FCA 术语下卖方的交货、装货和卸货义务做了进一步明确规定。《2000 年通则》对在 FCA 术语下卖方交货义务的规定概括为，如果合同种所规定的指定交货地为卖方所在处，则当货物被装上由买方指定的承运人的收货运输工具上，卖方即完成了交货义务；在其他情况下，当货物在买方指定的交货地，在卖方的送货运输工具上，被交由买方指定的承运人处置时，卖方即完成了交货义务。《2000 年通则》对在 FCA 术语下卖方装货和卸货义务的规定概括为，如果在卖方所在处所交货，卖方负责将货物装上由买方指定的承运人的收货运输工具；如果在其他指定地交货，卖方不负责将货物从其送货运输工具上卸下。

③《2000 年通则》对贸易术语的分组

《2000 年通则》是一套国际商业用语，主要用于国际货物买卖，也可用于国内货物买卖。适用于货物买卖合同中交易双方关于交货、收货权利义务的规定，而不涉及买方或卖方为履行合同而与有关方订立的运输合同、保险合同和支付与融资合同。《2000 年通则》共有 13 个贸易术语，依次分为 E、F、C、D 四组，主要涉及货物的运输、风险划分、投保义务、交货地点、出口进口结关手续及费用负担、装卸货义务及适用的运输方式等内容。

① E 组（启运）

E 组仅包括一种术语——EXW（工厂交货）。当卖方在其所在地或其他指定的地点（如工厂、工场或仓库等）将货物交给买方处置时，即完成交货。卖方不负责办理货物的出口清关手续或将货物装上任何运输工具。EXW 术语时卖方承担责任最小的术语。

② F 组（主要运费未付）

F 组包括 FCA（货交承运人）、FAS（装运港船边交货）和 FOB（装运港船上交货）三种贸易术语。在采用装运地或装运港交货而主要运费未付的情况下，即要求卖方将货物交至买方指定的承运人或指定装运港时，应采用 F 组术语。F 组术语包括两个“分界点”，即“风险划分点”与“费用划分点”是分离相互重合的。按 F 组术语签订的买卖合同属于装运合同。

在 F 组术语中，FOB 术语的风险划分与 C 组中的 CFR 和 CIF 术语是相同的，均以装运港船舷为界。但如合同当事人无意采用越过船舷交货，可相应采用 FCA、CFR 和 CIP 术语。

③ C组(主要运费已付)

C组包括CFR(成本加运费)、CIF(成本、保险费加运费)、CPT(运费付至目的地)和CIP(运费、保险费付至目的地)四种贸易术语。按此类术语成交,卖方必须订立运输合同,并支付运费,但对货物发生丢失或损坏的风险以及货物发运后所产生的费用,卖方不承担责任。C组术语包括两个"分界点",即"风险划分点"与"费用划分点",它们是分离的。按C组术语签订的买卖合同也属于装运合同。

从上述可以看出,C组术语和F组术语具有相同的性质,即卖方都是在装运国完成交货义务。因此,按C组术语和F组术语订立的买卖合同都属于装运合同。

④ D组(到达)

D组包括DAF(边境交货)、DES(目的港船上交货)、DEQ(目的港码头交货)、DDU(未完税交货)和DDP(完税后交货)五种贸易术语。按此类术语成交,卖方必须负担将货物运往买方指定的交货地点,并承担货物运至该地以前的全部风险和费用。按D组术语订立的买卖合同属于到达合同。在D组术语下,DDP还需办理进口清关手续。

在《2000年通则》中,对各种贸易术语采用了分类排列方法,更为科学合理,一目了然,便于理解和使用。为了便于查找和使用各种贸易术语,现将贸易术语分类排列,如表5-1所示。

表5-1 四组贸易术语

E组(Group E):启运(Departure) (1)EXW(Ex works)工厂交货
F组(Group F):主要运费未付(Main Carriage Unpaid) (1)FCA(Free Carrier)货交承运人 (2)FAS(Free Alongside Ship)装运港船边交货 (3)FOB(Free on Board)装运港船上交货
C组(Group C):主要运费已付(Main Carriage Paid) (1)CFR(Cost and Freight)成本加运费 (2)CIF(Cost,Insurance and Freight)成本、保险费加运费 (3)CPT(carriage Paid To)运费付至目的地 (4)CIP(Carriage and Insurance Paid To)运费、保险费付至目的地
D组(Group D):到达(Arrival) (1)DAF(Delivered at Frontier)边境交货 (2)DES(Delivered Ex Ship)目的港船上交货 (3)DEQ(Delivered Ex Quay)目的港码头交货 (4)DDU(Delivered Duty Unpaid)未完税交货 (5)DDP(Delivered Duty Paid)完税后交货

与《INCOTERMS1990》相同,为了便于查阅和使用,在《INCOTERMS2000》中,所有术语下当事人各自的义务均用10个项目列出,卖方在每一项目中的地位"对应"了买方在同一项目中相应的地位,如表5-2所示。

表 5-2　买卖双方义务对照表

卖方义务(卖方必须)	买方义务(买方必须)
A1 提供符合合同规定的货物	B1 支付货款
A2 许可证、其他许可及手续	B2 许可证、其他许可及手续
A3 运输合同与保险合同	B3 运输合同与保险合同
A4 交货	B4 受领货物
A5 风险转移	B5 风险转移
A6 费用划分	B6 费用划分
A7 通知买方	B7 通知卖方
A8 交货凭证、运输单据或同等作用的电子信息	B8 交货凭证、运输单据或同等作用的电子信息
A9 查对包装、标记	B9 货物检验
A10 其他义务	B10 其他义务

5.2　贸易术语

第一组为"E 组"(EX WORKS)。指卖方仅在自己的地点为买方备妥货物;第二组"F 组"(FCA、FAS 和 FOB),指卖方须将货物交至买方指定的承运人或船上;第三组"C 组"(CFR、CIF、CPT 和 CIP),指卖方须订立运输合同,但对货物灭失或损坏的风险以及装船和启运后发生意外所发生的额外费用,卖方不承担责任;第四组"D 组"(DAF、DES、DEQ、DDU 和 DDP),指卖方须承担把货物交至目的地国所需的全部费用和风险。

5.2.1　E 组贸易术语

1. 对 EXW 术语的解释

根据《2000 年通则》的规定,E 组唯一的术语是 EXW 即工厂交货,其原文为 Ex Works(. . . named place)工厂交货(……指定地),是指卖方在其所在处所(如工场、工厂或仓库等)将货物置于买方处置之下时,即履行了交货义务。按此贸易术语成交,卖方即不承担将货物装上买方备妥的运输车辆,也不负责办理货物出口结关手续,除另有约定外,买方应承担自从卖方所在地将货物运至预期目的地的全部费用和风险。可见工厂交货是卖方承担责任和费用最小的贸易术语。

工厂交货,可按国内贸易的办法进行交货,但也可用于国际贸易,特别是陆地接壤国家之间应用得比较普遍。工厂交货的适用范围很广,它适用于任何运输方式,其中包括国际多式联运方式。

交易双方按工厂交货条件成交,办理货物出口结关手续,不是卖方负责,而由买方承担,在此情况下,买方必须了解出口国家政府是否接受一个不住在该国的当事人或其代表在该国办理出口结关手续，以免蒙受不必要的损失。如果在买方不能直接或间接地办理货物出口手续的情况下，就不应使用这一术语，而应选用 FCA 术语。

2. 使用 EXW 术语应注意的问题

（1）作为买方要认真了解有关惯例对这一术语的具体规定，认真核算成本和价格，充分考虑风险的大小，并要了解能否直接或间接办理货物的出口手续。

（2）注意安排好货物的交接工作。由于按 EXW 成交，卖方负责在产地备好货，由买方前来接运货物。一般情况下，由卖方将交接货物的具体时间和地点通知买方。但有时双方约定，买方有权确定在一个规定的期限或地点收领货物时，买方要及时通知卖方。如果买方未能及时通知卖方，由此引起的额外费用要由买方承担。

（3）注意明确货物的包装费用负担问题。因为按照许多国家的习惯做法，采用产地交货方式时，卖方可只提供惯常包装。如果买方要求对方提供适宜的出口包装，应在订约前通知卖方，并在合同中做出明确规定，在包装上还要做适当的标记。对于提供出口包装所需的费用，一般应由卖方负担，如果双方有相反的约定，则应在合同中订明。

5.2.2 F 组贸易术语

1. FAS 术语

FAS 术语的中译名为装运港船边交货（……指定装运港），其原文为 Free Alongside Ship(... named port of shipment)。装运港船边交货，是指卖方在装运港把货物放置码头或驳船上靠船边，即完成了交货。这是指买方必须自该时刻起，负担一切费用和货物灭失或损坏的一切风险。

FAS 术语要求卖方办理货物出口结关手续。按装运港船边交货条件成交，买卖双方费用和风险的划分是以船边为界，货物交至船边前的一切费用和风险（其中可能包括驳运费用和驳运过程中发生的货物风险损失）概由卖方负担，当货物有效地交到船边后，一切费用和风险即由卖方转移给买方，因此 FAS 术语在 INCONTERMS 先前的版本都规定：在 FAS 术语下，货物出口结关手续需由买方负责办理。但是，《2000 年通则》对此做了与上述相反的规定，其原因是，在实际业务中，货物出口清关由买方办理较为方便。

FAS 术语的适用于海运或内河航运。

使用 FAS 术语时应该注意的问题有以下几点。

（1）运输方式问题。根据《2000 年通则》的解释，FAS 只适合于包括海运在内的水上运输方式。但是按照《美国对外贸易定义》的解释 FAS 代表 Free Along Side，即指交到各种运输工具旁边，因而，含义较广泛。只有在 FAS 后面加上 Vessel 字样，才能表示“船边交货”对此，要加以注意。

(2)要注意船货衔接问题。因为FAS条件下,从装运港至目的港的运输合同要由买方负责订立,买方要及时将船名、要求装货的具体时间、地点通知卖方,以便卖方按时做好备货出运工作。卖方也应将货物交至船边的情况及时通知买方,以利于买方办理装船事项。如果买方所指派的船只未按时到港接收货物,或比规定的时间提前停止装货,或者买方未能及时发出派船通知,只要货物已被清楚地划出,或以其他方式确定为合同项下的货物,由此产生的风险和损失均由买方承担。

2. FOB术语

FOB也称"离岸价",实践中的使用通常为"FOB……港(出发地)按FOB成交,由买方负责派船接运货物,卖方应在合同规定的装运港和规定的期限内,将货物装上买方指定的船只,并及时通知买方。货物在装船时越过船舷,风险即由卖方转移至买方。

在FOB条件下,卖方要负担风险和费用,领取出口许可证或其他官方证件,并负责办理出口手续。采用FOB术语成交时,卖方还要自费提供证明其已按规定完成交货义务的证件,如果该证件并非运输单据,在买方要求下,并由买方承担风险和费用的情况下,卖方可以给予协助以取得提单或其他运输单据。

一些国家鼓励出口使用CIF术语,进口使用FOB术语,由本国保险公司和承运人保险或承运,这种做法对于我国进出口企业来说也是很具有参考价值。

根据《2000年通则》的解释,FOB术语只适用于海运和内河运输。

FOB术语应该注意以下问题。

(1)"船舷为界"的确切含义。"船舷为界"表明货物在装上船之前的风险,包括在装船时货物跌落码头或海中所造成的损失,均由卖方承担。货物上船之后,包括在运输过程中所发生的损坏或灭失,则由买方承担。"船舷为界"是一种历史遗传的贸易规则,由于其界限分明,易于理解和接受,故沿用至今。严格地讲,以船舷为界只是说明风险划分的界限,而如果把它作为划分买卖双方承担的责任和费用的界线就不十分确切了。因为装船作业是一个连续过程,它包括货物从岸上起吊、越过船舷、装入船舱。如果卖方承担了装船的责任,他必须完成上述作业,而不可能在船舷办理交接。关于费用负担问题,按照《INCOTERMS2000》中有关FOB术语的A6条中规定卖方"支付有关货物的一切费用,直至货物在指定装运港已越过船舷时为止",这实际上是指,一般情况下,卖方要承担装船的主要费用,而不包括货物上船后的整理费用,即理舱费和平舱费。但是,如双方有相反的规定除外。因此,在实际业务中,有关装船费用负担问题并非都按此统一模式规定,而是出于不同考虑,可有不同规定方法,这在下面会具体论述。所以,关于责任和费用的规定并非强制性的,交易双方可根据实际需要协商确定。

(2)船货衔接问题。按照FOB术语成交的合同属于装运合同,这类合同中卖方的一项基本义务是按照规定的时间和地点完成装运。然而,由于FOB条件下是由买方负责安排运输工具,即租船订舱,所以这就存在一个船货衔接问题,处理不当,自然会影响到合同的顺利执行。根据有关法律和惯例,如果买方未能按时派船,这包括未经对方同意提前将船派到和延迟派到装运港,卖方都有权拒绝交货,而且由此产生的各种损失,如空舱费(Dead Freight)滞期费(Demurrage)及卖方增加的仓储费等均由买方负担。如果买方指派的船只按时到达装运港,而卖方却未能备妥货物,那么,由此产生的上述费用则由卖方承担。有时双方按FOB价格成交,但买方又委托卖方办理租船订舱,卖方也可酌情接受。但这属于代办性质,其风险和费用仍由买方承担,就是说运费和手续费由买方支付,如果卖方租不到船,他不承担后果。买方无权撤销合同或索赔。总之,按FOB术语成交,对于装运期和装运港要慎重规定,订约之后,有关备货和派船事宜,也要加强联系,密切配合,保证船货衔接。

(3)装船费用的负担问题。按照FOB(Free On Board)的字面意思(船上交货)来看,卖方要负责支付货物装上船之前的一切费用。但由于该术语历史较悠久,各个国家和地区在使用时对于"装船"的概念没有统一明确的解释。在装船作业的过程中涉及的各项具体费用,如将货物运至船边的费用,吊装上船的费用,理舱、平舱的费用等,究竟由谁负担,各国的惯例或习惯做法也不完全一致。为了说明装船费用的划分问题,往往需在FOB术语后加列附加条件,这就形成了FOB的变形,它们主要有。

① FOB Liner Terms—FOB班轮条件。这一变形是指装船费按照班轮的做法来办,即卖方不负担装船的有关费用。

② FOB Under Tackle—FOB吊钩下交货。指卖方将货物交到买方指定船只的吊钩所及之处,即吊装入舱以及其他各项费用概由买方负担。

③ FOB Stowed—FOB船上交货并理舱。指卖方负责将货物装入船舱并承担包括理舱费在内的装船费用。理舱费是指货物入舱后进行安置和整理的费用。

④ FOB Trimmed—FOB船上交货并平舱。指卖方负责将货物装入船舱并承担包括平舱费在内的装船费用。平舱费是指对装入船舱的散装货物进行平整所需要的费用。

⑤ FOB Stowed and Trimmed—FOB船上交货并理舱和平舱。表明卖方承担包括理舱费和平舱费在内的各项装船费用,常写为FOBST。

FOB的上述变形只是为了表明装船费用由谁负担问题而产生的,并不改变FOB的交货地点以及风险划分的界限。

(4)与《1941年美国对外贸易定义修订本》(以下简称《定义修订本》)的区别问题。

① 所使用的运输方式不同。《2000年通则》中的FOB仅适用水上运输;而《定义修订本》中的FOB适用于任何运输方式。

② 出口手续及费用不同。《2000年通则》是卖方负责办理出口清关手续;而《定义修订本》则解释为,卖方根据买方的请求,在买方负担费用的情况下,协助买方取得出口所需要的证件,并由买方支付出口税和其他出口税费。

显然,这个案例说明美商在使用《定义修订本》中的FOB条件。

③交货地点不同。《定义修订本》申的FOB是交通工具上交货,有六种情况,仅第五种情况与《2000年通则》相同,是船上交货。所以在与美国及北美进行贸易往来时,若采用船上交货应在FOB和港名之间加"Vessel"(船)字样,如"FOB Vessel New York"证明是在纽约港交货。若只写"FOB New York",可能是纽约城内的某地交货。

5.2.3 C组贸易术语

1. CFR术语

CFR是指卖方必须在合同规定的装运期内,在装运港将货物交至运往指定目的港的船上,负担货物越过船舷为止的一切费用和货物灭失或损坏的风险,并负责租船或订舱,支付抵达目的港的正常运费。

使用CFR术语时应注意以下问题。

(1)关于装船通知的问题。按CFR术语成交,卖方安排运输。但由买方办理货运保险,如卖方装船后不及时通知买方,买方就无法及时办理保险,甚至有可能出现漏办货运保险的情况。如因卖方疏忽致使买方未能投保,那么卖方不能以风险在船舷转移为由免除责任,要承担货物在运输途中的风险。

(2)关于费用划分与风险划分的分界点问题。按CFR条件成交,风险转移的界限是在装运港货物越过船舷时为分界点,所以属于装运港交货的贸易术语,卖方只保证按时装运,并不保证货物按时抵达目的港,也不承担把货物送到目的港的义务。在费用划分方面,卖方只支付承运人从装运港至目的港的正常运费,途中发生意外事故而产生的额外费用应由买方负担。

(3)卸货费用负担问题。按照CFR条件成交,卖方负责将合同规定的货物运往合同规定的目的港,并支付正常的运费。至于货到目的港后的卸货费用由谁负担也是一个需要考虑并加以明确的问题。如果使用班轮运输,由于装卸费用已打入班轮运费之中,故在卸货费由谁负担上不会引起争议。而大宗商品一般采用租船运输。在租船运输情况下,卸货费用应由谁负担呢?由于世界各港中的惯例不同,对卸货费用有不同的规定。为了解决这个问题,就产生CFR贸易术语的各种变形。

① CFR Liner Terms—CFR班轮条件。这一变形是指卸货费用按照班轮的做法来办。就是说,卸货费不由买方负担,而由卖方负担。

② CFR Landed—CFR卸到岸上。是指由卖方承担货物卸到码头上的各项有关费用,包括驳船费和码头捐税(这一条我国不采用)。

③ CFR EX Tackle—CFR吊钩下交货。指卖方负责将货物从船舱卸到轮船吊钩可及之处(码头上或驳船上)的费用。在轮船不能靠岸的情况下,驳船费及货物从驳船卸到岸上的费用,概由买方负担。

④ CFR EX Ship's Hold—CFR 舱底交货。指货物运达目的港后,自船舱底起一切卸货费用由买方承担。

CFR 的变形只是为了说明卸货费用的负担问题,并不改变 CFR 的交货地点和风险划分的界限。

2. CIF 术语

CIF 术语的中译名为成本加保险费加运费,(指定目的港,其原文为 Cost, Insurance and Freight(...named port of destination)按此术语成交,货价的构成因素中包括从装运港至约定目的地港的通常运费和约定的保险费,故卖方除具有与 CFR 术语的相同的义务外,还就为买方办理货运保险,交付保险费,按一般国际贸易惯例,卖方投保的保险金额应按 CIF 价加成 10%。如买卖双方未约定具体险别,则卖方只需取得最低限的保险类别,如买方要求加保战争险,在保险费由买方负担的前提下,卖方应予加保,卖方投保时,如能办到,应以合同货币投保。

使用 CIF 术语时应注意以下问题。

(1)交货的性质问题。从交货方式上来看,CIF 是一种典型的象征性交货(Symbolic Delivery)。所谓象征性交货是相对实际交货(Physical Delivery)而言的,前者指卖方只要按期在约定地点完成装运,并向买方提交合同规定的、包括物权凭证在内约有关单据,就算完成了交货义务,而无须保证到货。后者则是指卖方要在规定的时间和地点将符合合同规定的货物提交给买方或其指定的人,而不能以交单代替交货。

可见,在象征性交货方式下,卖方是凭单交货,买方是凭单付款。只要卖方如期向买方提交了合同规定的全套合格单据(名称、内容和份数相符的单据),即使货物在运输途中损坏或灭失,买方也必须履行付款义务。反之,如果卖方提交的单据不符合要求,即使货物完好无损地运达目的地,买方仍有权拒付货款。所以 CIF 实际上是一种单据买卖。

但是,必须指出,按 CIF 术语成交,卖方履行其交单义务只是得到买方付款的前提条件,除此之外,他还必须履行交货义务。如果卖方提交的货物不符合要求,买方即使已经付款,仍然可以根据合同的规定向卖方提出索赔。

(2)风险划分的界限问题。CIF 尽管是卖方负责运费及全程的保险费,但风险转移仍然发生在装运港货物越过船舷之时。货物越过船舷后,卖方不再承担任何责任及除运费和保险费之外的任何额外费用,运输中即使货物受损、灭失,卖方仍可凭单收款。

(3)保险性质及保险险别问题。按 CIF 条件成交,卖方应负责订立保险合同,按约定的险别和金额投保货物运输险,支付保险费,提交保险单。但卖方是为买方的利益办理的保险,属代办性质。货物在运输途中的灭失和或损坏的风险由买方负担。如发生意外,买方凭保险单直接向保险公司索赔,能否得到赔偿卖方概不负责。

(4)租船订舱问题。按 CIF 术语买卖双方的责任划分,卖方应在合同规定的时间内将货物装运出口,并且必须按通常条件及惯驶的航线。自费订立运输合同,使用通常类型可供运输合同货物的海船。除非双方另有约定,对于买方提出的关于限制载运船舶的国籍、船龄、船型、船级以及指定装载某班轮公会的船只等各项要求,卖方均有权拒绝接受。

在实际业务中,如买方提出了上述要求,在能办到而又不增加费用的情况下,可以考虑接受,因买方提出的某些要求也有它一定的道理。

(5)卸货费用负担问题。CIF 与 CFR 术语除了在保险由卖方自费办理外,在其他方面买卖双方的基本责任相同,在前面所阐述的 CFR 术语时所提到的目的港卸货费的负担问题同样适用于 CIF 术语,即也有相同的变形,这里不予赘述。

(6)CIF 不是到岸价。采用 CIF 术语时卖方的基本义务是负责按通常条件租船订舱,支付到达目的港的运费,并在规定的装运港和规定的期限内将货物装上船。装船后及时通知买方。卖方还要负责办理从装运港到目的港的海运货物保险,并支付保险费。一般有人误认为 CIF 为"到岸价",其实,按 CIF 条件成交时,卖方仍然是在装运港交货,卖方承担的风险也是在装运港装船时,货物越过船舷以后风险由买方承担。货物在装船后自装运港到目的港的运费、保险费以外的费用也要由买方负担。除此之外,买方还要自负风险和费用取得进口许可证和其他官方证件、办理进口手续并按合同规定支付货款。而到岸价卖方承担的风险和费用应该是到达目的港,交货的地点也应该是在目的港,应属于目的港实际交货贸易术语。

3. CPT 术语

CPT 是 Carriage Paid To(... named place of destination)的缩写,即"运费付至(……指定目的地)"。它是指卖方应向其指定的承运人交货,支付将货物运至目的地的运费,办理出口清关手续。亦即买方承担交货之后一切风险和其他费用。按照《2000 年国际贸易术语解释通则》规定,CPT 术语适用于各种运输方式,包括多式联运。CPI 对双方的权利和义务以及责任都有明确划分。

使用 CPT 术语时应注意以下的问题。

(1)风险划分的界限问题。CPT 的字面意思是运费付至指定目的地。然而卖方承担的风险并没有延伸到指定目的地,因为,根据《2000 年通则》的解释,货物自交货地点运至目的地的运输途中的风险是由买方承担,而不是卖方,卖方只承担货物交给承运人控制之前的风险。在多式联运情况下,涉及两个以上的承运人,卖方承担的风险自货物交给第一承运人控制时即转移给买方。

(2)责任和费用划分问题。按 CPT 术语成交时,首先应由买卖双方在合同中规定装运期和目的地,以便于卖方选定承运人,自费订立运输合同,将货物运往指定目的地。如果双方约定由买方确定交货时间和目的地时,买方应及时给予卖方充分的通知,以利于卖方履行交货义务。卖方将货物交给承运人后,应向买方发出货已交付的充分通知以利于买方在目的地受领货物。如果具体交货地点没有确定或习惯上未确定,卖方可在指定目的地选择最适合其要求的地点。从交货地点到指定目的地的正常运费由卖方负担,正常运费之外的其他有关费用,一般由买方负担。货物的装卸费用可以包括在运费之中,统一由卖方负担,也可由双方在合同中另行约定。

(3)注意 CPT 与 CFR 的异同点。CPT 这一贸易术语与 CFR 有相似之处,这主要表现在它们都是风险转移在先、责任费用转移在后。卖方承担的风险都是在交货地点随着交货义务的完成而转移。但卖方都要负责它自交货地至目的地的运输,负担运费,并在价格构成中体现出来。另外,按这两种术语签订的合同,都属于装运合同,卖方只需保证按时交货,并不保证按时到货。

CPT 与 CFR 的不同之处在于 CFR 只适用于水上运输方式,因此交货地点只能是在装运港;CPT 适用于各种运输方式,交货地点根据运输方式的不同,由双方加以约定。CFR 条件下,风险划分以装运港船舷为界;CPT 则以货交承运人为界。另外,在不同术语下,因运输方式、交货地点的不同,卖方承担的责任、费用以及需提交的单据等也自然不同。

4. CIP 术语

CIP 是指卖方向其指定的承运人交货,但卖方必须支付将货物运至目的地的运费,买方承担卖方交货之后的一切风险和额外费用。但是,按照 CIP 术语,卖方还必须办理买方货物在运输途中灭失或损坏风险的保险。

使用 CIP 术语时应注意以下问题。

(1)关于风险和保险问题。按照 CIP 术语成交的合同,卖方要负责办理货运保险,并支付保险费,但是货物在从交货地运往目的地的运输途中的风险部由买方承担,所以,卖方的投保仍属代办性质。根据《2000 年通则》的解释,则由卖方按惯例投保最低的险别。保险金额一般是在合同价格的基础上加以 10% 办理,并应采用合同中的货币投保。卖方一般无义务加保战争、罢工、暴乱及民变险。但是在买方的要求下,并由买方承担额外费用的情况下,卖方也可予以办理。

(2)CIP 与 CIF 的异同点。CIP 与 CIF 的相同点主要是它们的价格构成中都包括了通常的运费和约定的保险费,所以,按这两种术语成交,卖方都要负责安排运输和保险并支付有关的运费和保险费。另外,CIP 合同和 CIF 合同均属于装运合同。风险转移和责任费用的转移问题,也同 CPT、CFR 一样,是分两步进行的。

CIP 和 CIF 的不同点,主要是适用的运输方式的范围不同。CIF 仅适用于水上运输方式,而 CIP 则适用于包括多式联运在内的各种运输方式。采用不同运输方式时,其交货地点、风险划分界限以及有关责任和费用的划分自然也不相同。以运输和保险问题为例,按 CIF 术语成交,卖方负责租船订舱,支付从装运港到目的港的运费,并且办理水上运输险,支付相关的保险费。按照 CIP 术语成交,卖方要办理从交货地点到指定目的地的运输事项。如果采用多式联运，卖方就要和多式联运承运人签订运输合同，支付全程运费。另外，卖方要办理货运保险、支付保险费。在多式联运方式下的货运险要包括各种运输险，而不仅仅是水上运输险。

5.2.4 D组贸易术语

1. DAF术语

DAF术语的中译名为边境交货(……指定地点)，其原文为Delivered At Frontier (... named place)。按DAF条件成交卖方应负责办理货物出口结关手续。卖方备妥货物后，将出售的货物运至边境上的指定地点，在毗邻国家海关关境之前，履行其交货义务。在此术语下，买卖双方费用风险的划分，以边境交货地点为界，卖方承担货物运抵指定边境交货地点以前的一切费用和风险，买方则承担交货后的一切费用风险。

根据《2000年通则》的规定，买卖双方按边境交货条件成交时，"边境"一词可用于任何边境，可以是出口国边境，也可以是进口国边境，还可以是途中经过的第三国边境。因此，在采用本术语时，指明具体的地点以准确定义边境是至关重要的。为了明确交货责任和避免履约当中引起争议，买卖双方应事先准确地规定边境交货的具体地点，假如在边境上被指定的交货地的具体地点未约定或习惯上未确定的话，则卖方可以指定交货地为最适合其要求的具体地点。

此外，按DAF条件成交，在边境交货后，风险即由卖方转移给买方，卖方无订立保险合同的义务，但是，如买方要求卖方提供办理保险所必要的信息时，卖方应予以提供。

DAF术语可适用于任何运输方式，但主要用于铁路或公路运输。

使用DAF术语时应注意以下问题。

(1)交货地点的选择问题。当两国边界上有几个可供交货的地点时，买卖双方应明确商定一个具体的交货地点，以免在履约时引起争执。但如果双方未能就具体的交货地点做出明确规定，卖方则可以自行选择最适宜的边境地点作为交货地点。

(2)责任、费用风险的划分问题。这是买卖双方责任、费用和风险约略相当的一个贸易术语，卖方要将符合合同规定的货物按时交至边境指明的地点，置于买方的控制之下，买方受领货物，接合同规定支付货款。货置于买方控制之下，卖方就完成了交货责任。以此为界线，以前的一切责任、费用和风险由卖方承担，以后则完全由买方承担，即买卖双方各自办理自己国境内的进出口手续、货运保险手续、通关手续，并支付费用。如果货物已置于买方控制之下而买方没有立即受领，则须负担由此产生的一切风险和额外费用。如果合同没有特殊规定，卖方无办理直至进口国最终目的地的联运手续和保险手续的责任。

2. DES术语

DES术语的中译名为目的港船上交货(……指定目的港)，其原文为Delivered Ex

Ship(...named port of destination)。按 DES 术语成交,卖方应将货物运至指定的目的港,但不办理货物进口结关手续,在船上将货物置于买方支配之下即完成交货。买卖双方责任、费用和风险的划分,以目的港船上办理交接手续为界。卖方承担在目的港船上将货交由买方处置以前的一切费用和风险,买方则承担船上货物交由其处置以后的一切费用和风险,其中包括负责卸货费和办理货物进口结关手续。

采用 DES 术语时,卖虽无订立保险合同的义务,但因货物在运输途中的风险由卖方承担,故卖方必须通过向保险公司投保来转嫁这方面的风险。可见,卖方及时办理货运保险是关系到其自身利益的一项不可缺少的重要工作。卖方投保时,应根据船舶所驶航线的风险程度和货物特性,投保适当的险别。

上述内容表明,这一术语同 CIF 术语存在原则差异,具体表现在下列几个方面:第一,交货地点不同,即 CIF 是装运港船上交货,而 DES 是目的港船上交货;第二,风险划分不同,即在 CIF 中的风险由买方负担,而在 DES 中的风险由卖方负担;第三,交货方式不同,即 CIF 属象征性交货,而 DES 属实际交货;第四,费用负担不同,即在 CIF 条件下,卖方只负责正常的运费和约定的保险费,而在 DES 条件下,卖方则须负担货物运抵目的的港交货前的一切费用。

DES 术语仅适用于海运、内河航运及多式联运。

使用 DES 术语时应注意以下问题。

(1)货物交接问题。对于卖方来讲,要及时将船舶预计到港时间通知买方,使买方做好接货的准备工作。此外,卖方要及时将提货单或通常的运输单据(提单或海运单等)提交给买方,使其得以受领货物。对于买方来讲,要自负风险和费用取得进口许可证,当买方有权决定到货时间和具体地点时,他要及时通知卖方。如果买方未能及时通知卖方或未能及时受领货物,那么,就要承担由此而产生的额外费用和风险。当卖方已按上述规定做好了交货准备工作时,买方要及时在船上受领货物。

(2)DES 与 CIF 的区别问题。在海轮能直接靠岸的情况下,DES 术语是名符其实的"到岸价",它与常被误称为"到岸价"的 CIF 存在原则上的差别。首先,二者的交货地点不同。CIF 是装运港船上交货,DES 是目的港船上交货。因此,CIF 是装运合同,卖方只保证按时装运,不保证货物按时到达;而以 DES 条件成交的合同属于"到达合同",卖方要保证货物在约定的交货期内到达目的港。如果货物不能按时到达,买方可根据合同拒收或索赔。其次,交货方式不同。CIF 属于象征性交货,而 DES 属于实际交货。再次,风险划分不同。在 CIF 条件下买方负担运输途中风险,卖方代办保险;而在 DES 条件下,运输途中的风险由卖方负担,其办理保险完全为自己的利益。最后,费用负担不同。在 DES 条件下,买方不仅负担正常的运费和约定的保险费,还要负担诸如转船、绕道等产生的额外费用,以及根据需要加保各种附加险的保险费。在实际业务中,应明确两种术语的区别,以免改变合同性质。

3. DEQ 术语

DEQ 术语的中译名为目的港码头交货(……指定目的港),其原文为 Delivered Ex Quay (... named port of destination)。按此术语成交,一般由卖方在约定目的港的码头,将未经进口结关的货物置于买方支配之下事,完成交付。卖方应承担货物运至目的港并卸到码头前的一切责任、费用和风险,买方则承担卖方在目的港码头交货后一切责任、费用和风险。

DEQ 术语要求买方办理进口结关手续,包括办理一切海关手续,并支付关税、税捐和进口时所需的其他费用。这与 INCOTERMS 先前版本的规定相反。INCOTERMS 先前版本规定,DEQ 合同的卖方须负责办理进口结关手续。《2000 年通则》做了与上述相反的规定,要求买方负责办理进口结关手续。

如同 DES 术语一样,该术语仅适用于海运、内河航运及多式联运。

货物的交接问题,与 DES 相同,为了便于买方接货,卖方应及时将船舶预计到港的时间通知买方。

4. DDU 术语

DDU 术语的中译名为未完税交货(……指定目的港),其原文为 Delivered Duty Unpaid (... named place of destination)。它是国际商会为适应贸易集团(欧洲联盟和其他自由贸易区)内部成员国之间的贸易需要而在《1990 年通则》中新增加的一种贸易术语。采用此术语时,卖方必须承担货物运至指定地点的一切费用及风险(不包括关税,捐税及进口时应支付的其他费用)以及办理海关手续的费用和风险,买方则须承担因其未能及时办理货物进口结关而引起的额外费用和风险。但如果当事人希望卖方承担货物进口时应支付某项费用(如增值税)的义务,则应订明"未完税交货,增值税已付(……指定目的地)"。

在国际贸易实践中,一般地说,外国公司在许多国家不仅很难取得进口许可证,而且也很难获得关税及增值税等税捐的减免。而采用未完税交货术语,则免除了卖方这些义务。当卖方在目的地国家准备交货,而且办理了进口结关手续并支付了关税的情况下,可使用此术语,例如,欧洲共同市场各国货物进口结关一般不会遇到什么困难,故使用此术语非常合适。但是,对办理进口结关困难的国家,卖方在结关以后承担交货义务可能会遇到风险,尽管按此术语成交,买方应承担因其未能及时办理进口结关手续而产生的额外费用和风险,但对那些可能存在办理货物进口结关手续困难的国家,卖方最好还是不要采用 DDU 术语。

DDU 术语适用于各种运输方式。

使用 DDU 术语时应注意以后问题,有以下几个方面。

(1)货物交接问题。DDU 是指卖方将货物运至进口国内的指定目的地。卖方的基本义务是以通常条件自费订立运输合同,将货物按通常路线和方式运达指定目的地的约定地点,及时通知买方。如果买方未能按规定取得进口许可证或其他官方证件,并办理货物进口所需的海关手续,那么,就要承担由此引起的货物损坏或灭失等一切额外风险。另外,如果买方有权确定在规定的期间内收到货物的具体时间或地点时,他未能给予卖方有关这方面的充分通知,那么,自规定的交货日期或期限届满时起,他要承担货物损坏或灭失的一切风险。

(2)订立保险合同的义务问题。按照《2000年通则》的解释,在DDU条件下,卖方并无订立保险合同的义务,这主要是因为DDU属于实际交货。交货前的风险由卖方自己承担,他订立保险合同与否完全取决于自己。但由于国际贸易中存在着各种难以预料的风险,特别是在DDU条件下,卖方要负责将货物从出口国运到进口国内目的地,这往往涉及许多环节和长距离运输,货物遭遇自然灾害或意外事故导致损失的可能性很大。因此,卖方应通过投保的方式转移风险。至于投保何种险别,要根据货物的性质以及运输方式和路线来决定。

5. DDP术语

DDP术语的中译名为完税后交货(……指定目的港),其原文为Delivered Duty Paid(... named place of destination)。按此术语成交,卖方要负责把货物运至进口国指定的目的地并交由买方支配,以履行其交货义务。此术语与EXW相反,是卖方承担责任、费用和风险最大的一种贸易术语。在货物交由买方处置以前的所有责任、费用和风险,其中包括关税、税捐和其他费用,在运输途中发生灭失、损坏的风险以及办理货物出口和进口手续的费用风险概由卖方承担。

如果当事人希望买方办理货物进口结关并支付关税,则应使用DDU术语;如果当事人希望排除卖方承担货物进口时需支付某此费用(如增值税)的义务,则应明确规定:"完税后交货,增值税未付(……指定目的地)。"

按DDP术语成交,卖方应自行承担取得进口许可证或其他官方批准证件的费用和风险,也可以在卖方承担费用和风险的情况下,要求买方协助,以间接取得这些证件。如卖方不能直接或间接地取得进口许可证,就不应当采用DDP术语。

如同DDU术语一样,它可适用于各种运输方式。

使用DDP术语时应注意以下问题。

(1)订立保险合同的义务问题。DDP和D组中的其他术语一样,卖方本无必须办理保险的义务,但由于按DDP术语成交,卖方要承担过大的风险,为了能在货物受损或灭失时及时得到经济补偿,卖方应该办理货运保险。选择投保的险别时,也应考虑货物的性质、运输方式以及运输路线等问题。

(2)办理进口清关手续的能力问题。在DDP交货条件下,卖方是在办理好进口报关手续后在指定目的地交货的,这实质上是卖方已将货物运进了进口方的国内市场,他与其他在当地市场就地销售货物的卖方并无多大区别。如果卖方不能直接或间接地取得进口许可证,则不应使用 DDP 术语。如果双方当事人愿意由买方办理货物的进口手续和支付关税,则应使用 DDU。

5.3 贸易术语的变形及选用

在国际贸易中,合理地选用贸易术语,对促进成交,提高经济效益和顺利履行合同,都具有重要意义,因此,买卖双方都希望采用对自身有利的贸易术语成交。由于贸易术语涉及买卖双方的利害得失,故洽商交易时,彼此应就采用何种贸易术语成交取得一致意见,并在买卖合同中具体订明。

1.选用贸易术语需要考虑的因素

买卖双方洽商交易时,为了选用适当的贸易术语,需要考虑的因素很多,其中主要有下列几点。

(1)体现平等互利和双方自愿的原则

在国际贸易中,按何种贸易术语成交,买卖双方应本着平等互利的原则。从方便贸易和促进成交出发,在彼此自愿的基础上商订,不宜强加于人。一般来说,在装运地或装运港交货情况下,是否按照带保险的条件成交,根据国际贸易的一般习惯,原则上应着重买方的意见,由买方选择。

(2)考虑运输条件

《2000 年通则》对每种贸易术语适用于何种运输方式,都分别做了明确具体的规定。因此,买卖双方采用何种贸易术语,首先应考虑采用何种运输方式。此外,买卖双方还应考虑本身的运输力量以及安排运输有无困难。在本身有足够运输能力或安排运输无困难的情况下,可争取按由自身安排运输的条件成交,如按 FCA. FAS 或 FOB 进口,按 CIP、CIF 或 CFR 出口),否则,则应酌情争取按由对方安排运输的条件成交,如按 FCA. FAS 或 FOB 出口,按 CIP、CIF 或 CFR 进口。

(3)考虑货物运输要求

国际贸易中的货物品种很多,不同类别的货物具有不同的特点,它们在运输方面各有要求,所以安排运输的难易不同,运费开支大小也有差异。这是先用贸易术语应考虑的因素。此外,成交量的大小,也直接影响运输是否有困难,经济上是否合算。当成交量太小,又无班轮通航的情况下,负责安排运输的一方,势必会增加运输成本,故选用贸易术语时,也应予以考虑。

(4)考虑运费因素

运费是货价构成因素之一,在选取用贸易术语时,应考虑货物经由路线的运费收取情况和运价变动趋势。一般地说,当运价看涨时,为了避免承担运价上涨的风险,可以选取用由对方安排运输的贸易术语成交,如按 C 组中的某种术语进口,按 F 组中的某种术语出口,在运价看张的情况下,如因某种原因不得不采用由自身安排运输条件,则应将运价上涨的风险考虑到货价中去以免承担运价变动的风险损失。

(5)考虑运输途中的风险

在国际贸易中,交易的商品一般需要经过长途运输,货物在运输过程中可能遇到各种自然灾害、意外事故等风险,特别是当遇到战争或正常的国际贸易遭到人为障碍与破坏的时期和地区,运输途中的风险更大。因此,买卖双方洽商交易时,必须根据不同时期、不同地区、不同运输路线和运输方式的风险情况结合购销意图来选用适当的贸易术语。

(6)考虑办理进出口货物结关手续有无困难

在国际贸易中,关于进出口货物的结关手续,有些国家规定只能由结关所在国的当事人安排或代为办理,有些国家则无此项限制。因此,买卖双方为了避免承担办理进出口结关手续可能存在困难的风险,在洽商交易之前,必须了解有关政府当局关于办理进出口货物具体规定,以便酌情考虑选用适当的贸易术语。例如,当某出口国政府当局规定,买方不能直接或间接办理出口结关手续,则不宜按 EXW 条件成交,而应选 FCA 术语成交。

(7)考虑船舷为界有无实际意义

在装运港交货条件下,按照一般传统的解释,关于货物费用和风险的划分,以装运港船舷为界,但按《2000 年通则》规定,如要求卖方在船舶到港前即将货物交到货站时,由于费用和风险以航舷为界来划分已失去实际意义,在此情况下,就不宜采用 FOB. CFR 或 CIF 术语成交,而应分别选用相应的 FCA,CPT 或 CIF 术语来成交更为适宜。

2. 贸易术语与买卖合同的关系

贸易术语与买卖合同的关系密切,体现在以下几个方面。

(1)由当事人自愿选定买卖合同中的贸易术语

在国际贸易中,交易双方采用何种贸易术语成交,应在买卖合同中具体明确。由于有关贸易术语的国际贸易惯例是建立在当事人"意思自治"的基础上,具有任意法的性质,故当事人选用何种贸易术语及其所采用的术语受何种惯例管辖完全根据自愿的原则来确定,如交易双方愿意采用《2000 年通则》中的 FOB 术语,并愿受该《2000 年通则》的管辖,则可在买卖合同中明确规定:FOB Incoterms2000。即使交易双方同意采用《2000 年通则》中的规定作为买卖合同的基础条件,也可同时在买卖合同中酌情做出某些不同于该《2000 年通则》的具体规定,在实际履行买卖合同时,仍然应以买卖合同规定为准。

(2)贸易术语是确定买卖合同性质的一个重要因素

一般地说,采用何种贸易术语成交,则买卖合同的性质也相应可以确定。有时,甚至以某种贸易术语的名称来给买卖合同命名,如 FOB 合同、CIF 合同等。在通常情况下，贸易术语的性质与买卖合同的性质是相吻合的，如按F组和C组术语成交时，卖方都是在启运国或装船国履行其交货义务，这两组术语都具有装运地或装运港交货的性质。因此，按这两组术语签订的买卖合同，其性质都属于装运合同的类别。但是如按D组术语成交时，卖方必须承担货物运至目的地的所有费用和风险，即在目的地履行其交货义务，故按D组术语签订的买卖合同，其性质属于到达合同的类别。装运合同与到达合同的性质是完全不同的，我们必须予以区别。由于C组术语存在费用划分和风险划分两个分界点，也由于有些人对贸易术语与合同性质的关系缺乏正确的理解，所以按C组术语签订的买卖合同，容易被人们误认为是“到达合同”，如按CIF条件成交的价格，往往被人们误认为是“到岸价格”，这种误解，对实际工作会产生不利的影响，应当引起人们高度的重视。

(3)贸易术语并不是决定买卖合同性质的唯一因素

贸易术语通常虽确定买卖合同的性质，但它并不是决定合同性质唯一的因素，决定买卖合同性质的还有其他因素，例如，交易双方约定使用CIF术语，但同时又约定：“以货物到达目的港作为支付货款的前提条件”，按此条件签订的合同，就不是装运合同，而应当是到达合同，因为，在这里支付条件是确定合同性质的决定因素。由此可见，确定买卖合同的性质，不能单纯看使用何种贸易术语，还应看买卖合同中的其他条件是如何规定的。

(4)注意买卖合同中的贸易术语要与运输合同中的术语互相衔接

《2000年通则》中的有关规定仅适用于买卖合同中的贸易术语，而绝不适用于运输合同中的术语(有时它们用同样类似的词表示)，尤其不适用于各种租船合同中的贸易术语。由于租船合同的术语对于装卸时间和装卸费用的限定更为严格，故交易的双方应在买卖合同中就这些问题做出明确具体的规定。也就是说，交易双方签订买卖合同时，应尽可能考虑运输合同的要求，以便为随后订立的合同打下良好的基础，从而有利于买卖合同的履行，如忽略运输条件，使买卖合同中的运输条件订得不适当，这不仅会给运输造成困难，而且会影响买卖合同的履行，但另一方面运输合同是为履行买卖合同而签订的，因此，负责安排运输的买方或卖方在商定运输合同时，务必以买卖合同为依据，使运输合同与买卖合同互相衔接，以保证买卖合同的顺利履行。例如，交易双方按CIF Liner Terms条件签订买卖合同，即约定买方不负担卸货费，则卖方签订运输合同时，就应考虑卸货费的负担问题，即应按由船方负担卸货费的条件洽谈租赁船舶，以便使运输合同与买卖合同互相衔接。

(5)避免贸易术语与买卖合同中的其他条件相矛盾

为了明确买卖合同的性质和分清买卖双方的义务，以免引起争议，交易双方选用的贸易术语应与买卖合同的性质相吻合。也就是说，买卖双方应根据交货等成交条件选用相应的贸易术语，防止出现贸易术语与买卖合同的其他条件不吻合，甚至互相矛盾的情况，尤其在选用C组术语成交时，在涉及增加卖方义务的规定时，更应审慎从事，以免出现与贸易术语含义相矛盾的内容。

综上所述，在贸易术语的选用方面，不仅要考虑各种有利害关系的因素，而且还要正确理解和处理贸易术语与合同的关系，只有这样，才能把生意做精，买卖做活，从而有效地提高对外贸易经济效益。

3. 贸易术语的选用

在实际出口业务中使用CIF及CFR术语，有利于船货衔接和促进我国远洋运输和保险事业的发展。目前，买方要求采用FOB术语成交日益增多。主要原因如下：一是采用FOB术语外商可以清晰了解价格构成；二是外商可以从船方获取运费优惠；三是多式联运促进了综合物流系统的发展，外资货代的综合物流承运人全方位地提供了短途运输、报验、报关、货物集港、投保、监装等服务项目，将全程运输作为一个完整的单一运输过程来安排，满足了贸易商对物流服务新的要求，因此，外商多将货物指定给国外综合物流承运人办理。我国货运代理提供的服务地域、服务内容、服务价格、服务质量上还做得不够，需要尽快提高服务水平，争取更多地使用CIF或CFR术语。

在实际进口业务中，大多采用FOB术语，可以节省运费、保险费，促进我国航运、保险业的发展。另外，保险单在手，一旦货出风险可请求保险公司赔偿。如采用CFR术语，卖方指定的船舶不当或与船方勾结出具假提单，可能使我方蒙受损失，应谨慎对待。

目前，集装箱、多式联运被广泛采用，有必要扩大选用FCA. CPT、CIP术语，以替代仅适用于水上运输的FOB. CFR、CIF术语。这对卖方有两个好处：一是货交承运人风险即转移买方，减轻我方责任；二是提前取得运输单据，缩短交单收汇时间，加快资金周转速度和减少利息支出。

5.4 2010年国际贸易术语解释通则

1. 2010通则与2000通则的不同之处

《2010年国际贸易术语解释通则》(International Rules for the Interpretation of Trade Terms 2010，缩写Incoterms2010）是国际商会根据国际货物贸易的发展，对《2000年国际贸易术语解释通则》的修订，2010年9月27日公布，于2011年1月1日实施。《2010年国际贸易术语解释通则》删去了《2000年国际贸易术语解释通则》4个术语：DAF (Delivered at Frontier)边境交货、DES (Delivered Ex Ship) 目的港船上交货、DEQ (Delivered Ex Quay)目的港码头交货、DDU (Delivered Duty Unpaid)未完税交货，新增了2个术语：DAT(delivered at terminal)在指定目的地或目的港的集散站交货、DAP (delivered at place)在指定目的地交货。即用DAP取代了DAF、DES和DDU三个术语，DAT取代了DEQ，且扩展至适用于一切运输方式。

DAT(delivered at terminal)为目的地或目的港的集散站交货,类似于取代了的 DEQ 术语,指卖方在指定的目的地或目的港的集散站卸货后将货物交给买方处置即完成交货,术语所指目的地包括港口。卖方应承担将货物运至指定的目的地或目的港的集散站的一切风险和费用(除进口费用外)。本术语适用于任何运输方式或多式联运。

DAP(delivered at place)为目的地交货,类似于取代了的 DAF、DES 和 DDU 三个术语,指卖方在指定的目的地交货,只需做好卸货准备无须卸货即完成交货。术语所指的到达车辆包括船舶,目的地包括港口。卖方应承担将货物运至指定的目的地的一切风险和费用(除进口费用外)。本术语适用于任何运输方式、多式联运方式及海运。

修订后的《2010 年国际贸易术语解释通则》取消了"船舷"的概念,卖方承担货物装上船为止的一切风险,买方承担货物自装运港装上船后的一切风险。在 FAS、FOB、CFR 和 CIF 等术语中加入了货物在运输期间被多次买卖(连环贸易)的责任义务的划分。考虑到对于一些大的区域贸易集团内部贸易的特点,规定 Incoterms2010 不仅适用于国际销售合同,也适用于国内销售合同。

2.2010 通则贸易术语类别

《2010 年国际贸易术语解释通则》共有 11 种贸易术语,按照所适用的运输方式划分为两大类。

第一组:适用于任何运输方式的术语七种:EXW、FCA、CPT、CIP、DAT、DAP、DDP。

EXW(ex works)工厂交货

FCA(free carrier) 货交承运人

CPT(carriage paid to)运费付至目的地

CIP(carriage and insurance paid to)运费/保险费付至目的地

DAT(delivered at terminal)目的地或目的港的集散站交货

DAP(delivered at place)目的地交货

DDP(delivered duty paid)完税后交货

第二组:适用于水上运输方式的术语四种:FAS、FOB、CFR、CIF。

FAS(free alongside ship)装运港船边交货

FOB(free on board)装运港船上交货

CFR(cost and freight)成本加运费

CIF(cost insurance and freight)成本、保险费加运费

3.2010 通则的应用现状

虽然 2010 年国际贸易术语解释通则已经于 2011 年 1 月 1 日正式生效,但是 2010 通则实施后并非意味着 2000 通则就自动作废。因为国际贸易术语贸易惯例,不是法律,因此对国际贸易当事人不产生必然的强制性约束力,进出口贸易当事人仍然可以选择使用 2000 通则。

事实上由于外贸企业长期习惯于2000通则的贸易术语应用，因此迄今为止大部分外贸企业仍然使用2000通则。2010通则的普及应用仍需要一个过程。

本章小结

国际贸易术语是在长期的国际贸易实践中逐渐形成和发展起来的专门术语，它是用一个简短的概念或三个字母的缩写来说明交货地点、商品的价格和买卖双方有关费用、风险和责任的划分，以确定买卖双方在交货和接货过程中应尽的义务。它具有表示交货条件和表示成交价格构成因素两个基本性质，并在国际贸易中发挥着重要作用。在国际上有较大影响的有关贸易术语的国际贸易惯例主要有《1932年华沙—牛津规则》、《1941年美国对外贸易定义修订本》和《2000年通则》三种，其中《2000年通则》是目前包括内容最多、使用范围最广和影响最大的一种有关贸易术语的国际贸易惯例。

在实际业务中，经常使用的贸易术语是《2000年通则》中FOB、CFR和CIF三种。近年来，随着集装箱运输和国际多式联运业务的发展，采用FCA、CPT和CIP贸易术语的也日益增多，因此，这六种贸易术语是主要的贸易术语。《2000年通则》对其他七种贸易术语即EXW、FAS、DAF、DES、DEQ、DDU和DDP也做了相应解释。在实际业务中，买卖双方要注意考虑选用贸易术语的因素和与买卖合同的关系。出口大多采用CIF和CFR术语，进口大多采用FOB术语。目前，集装箱、多式联运被广泛采用，扩大选用FCA、CPT和CIP三种术语。

习题

1. 单选题

1. 下列术语中卖方不负责办理出口手续及支付相关费用的是(　　)。

A. FCA　　B. FAS　　C. FOB　　D. EXW

2. 我方出口大宗商品，按CIF新加坡术语成交，合同规定采用租船运输，如我方不想负担卸货费用，我方应采用的贸易术语变形是(　　)。

A. CIF Liner Terms Singapore　　B. CIF Landed Singapore

C. CIF Ex Ship's Hold Singapore　　D. CIF Ex Tackle Singapore

3. 在以CIF和CFR术语成交的条件下，货物运输保险分别由卖方和买方办理，运输途中货物灭失和损坏的风险(　　)。

A. 前者由卖方负担，后者由买方负担　　B. 均由卖方负担

C. 前者由买方负担，后者由卖方负担　　D. 均由买方负担

4. 按照《2000年通则》的规定，以 FOBST 贸易术语的变形成交，买卖双方风险的划分界限是（　）。

A. 货交承运人　　B. 货物在装运港越过船舷

C. 货物在目的港卸货后　　D. 装运港码头

5.《1932年华沙—牛津规则》是国际法协会专门为解释（　）合同而制定的。

A. FOB　　B. CFR　　C. CIF　　D. FCA

2. 多选题

1. CIF 术语与 DES 术语的区别是（　）。

A. 适用的运输方式不同

B. CIF 为凭单交货，DES 为凭实物交货

C. 不但风险划分界线不同，而且费用划分也不同

D. CIF 合同属于装运合同，DES 合同属于到达合同

2. 若买卖双方以 CFR 卸至岸上术语成交，以下答案正确的是（　）。

A. 卖方应承担货物运至目的港以前的一切风险

B. 当货物卸至目的港，卖方的交货完毕

C. 装运港的船舷是买卖双方风险划分的界限

D. 卖方在装运港船上完成交货义务

3. 贸易术语的性质是（　）。

A. 表示交货条件　　B. 表示成交价格的构成因素

C. 表示付款条件　　D. 表示运输条件

4. 有关贸易术语的国际贸易惯例有（　）。

A.《2000年通则》　　B.《1932年华沙—牛津规则》

C.《1990年美国对外贸易定义修订本》　　D.《汉堡规则》

5. FOB、CFR、CIF 和 FCA、CPT、CIP 术语的主要区别是（　）。

A. 适用的运输方式不同　　B. 风险转移的地点不同

C. 装卸费用的负担不同　　D. 运输单据不同

3. 判断题

1. 国际贸易惯例已得到各国的公认，因此，它对于买卖合同中的当事人都具有普遍的法律约束力。（　）

2. 买卖双方以 CIF 条件成交，若双方在洽商合同时未规定具体的险别，则卖方投保时，只有义务投保最低限度的险别。（　）

3. 按 CIF 贸易术语成交，只要货物已在运输途中灭失，即使出口方提供全套正确的货运单据，进口方也是有权拒收单据和拒付货款的。（　）

4. 以 FAS 术语成交,若装运港口吃水线浅使船舶不能靠岸,则货物从码头驳运到装运船只船边的一切风险及费用,应由买方负担。(　　)

5. FOB 价格术语的变形是因装货费用的负担问题而产生的;而 CIF 价格术语的变形则是因卸货费用的负担问题而产生的。(　　)

4. 案例分析题

(1)我某进出口公司对日本某客户发盘,供应棉织浴巾 4000 打,每打 CIF 大阪 80 美元,装运港大连;现日商要求我方改报 FOB 大连价。问:①我出口公司对价格应如何调整?②如果最终按 FOB 大连条件签订合同,买卖双方在所承担的责任、费用和风险方面有何不同?

(2)我某出口公司就钢材出口对外发盘,每公吨 2 500 美元 FOB 广州黄埔,外商要求我方将价格改为 CIF 伦敦。问:①我出口公司对价格应如何调整?②如果最终按 CIF 伦敦条件签订合同,买卖双方在所承担的责任、费用和风险方面有何不同?

(3)我方以 CFR 贸易术语与 B 国的 H 公司成交一批消毒碗柜的出口合同,合同规定装运时间为 4 月 15 日前。我方备妥货物,并于 4 月 8 日装船完毕。由于遇星期日休息,我公司的业务员未及时向买方发出装运通知,导致买方未能及时办理投保手续,而货物在 4 月 8 日晚因发生了火灾被火烧毁。问:货物损失责任由谁承担?为什么?

第6章 品质、数量及包装

教学目的和要求

通过本章的学习，要求了解货物买卖合同中的品名、品质条款的意义；掌握货物买卖合同中的品名、品质条款的内容；了解制定商品品名、品质条款时应注意的事项；掌握品质的表示方法；了解货物买卖合同中的数量、包装条款的意义；掌握货物买卖合同中的数量、包装条款的内容；了解制定商品数量、包装条款时应注意的事项。

学习重点与难点

1. 签订品名条款应注意的事项；
2. 品质的表示方法；
3. 签订品质条款应注意的事项；
4. 数量、包装条款的内容；
5. 计量单位和计量方法；

引子

在国际贸易买卖双方商定合同时，必须列明品名、品质、数量和包装条款，具体条款所涉及的内容有哪些？通过本章的学习，可以得出结论。

典型案例

我方出口苹果酒一批，国外开来信用证上货物的名称为："Apple Wine"，于是为了单证一致，所有单据上均用了"Apple Wine"，不料货到国外后被海关扣留罚款，因该批酒内外包装上均写的是"Cider"字样，结果外商要求我方赔偿其罚款损失。请问我方对此有无责任？

某出口公司与国外成交红枣一批，合同与开来的信用证上均写的是三级品，但到发货装船时发现三级红枣库存已无，于是改以二级品交货，并在发票上注明"二级红枣仍按合同中的三级红枣计价"。问：这种做法妥当吗？是否可行？

我方某外贸公司向某外国公司出口一批货物，双方在签订合同中，明确规定了商品的规格、等级等品质标准。我方业务员在合同签订后，又给对方寄了一个样品。后我方货物运抵对方时，外方认为我方售给的商品只符合合同的品质标准，而与样品不符，要求我方赔偿。问我方是否承担赔偿？诸如此类的问题在我们的贸易往来中经常会碰到，那究竟如何处理这类问题？

《联合国国际货物销售合同公约》规定,合同的建议“如果写明货物并照明示或暗示地规定数量和价格或规定如何确定数量和价格,即为十分确定”。可见,商品的品名品质,数量和价格,为交易中必不可少的条件。

6.1 商品的品名

品名是指使某种商品区别于其他商品的一种称呼或概念。品名描述是双方交接货物的基本依据,关系到双方的权利、义务。卖方交付的货物不符合约定的品名或说明,买方有权提出赔偿要求,直至拒收货物或取消合同。品名条款是合同的主要条款。

国际贸易与国内贸易不同,在很多情况下,买卖双方在洽谈交易和签订合同的过程中,往往看不到具体的商品,只是凭借对拟进行买卖的商品进行必要的描述来确定交易的标准。商品的品名,又叫商品的名称,是对该商品的自然属性、用途及特性等的一种称呼。按照国际贸易法规和惯例,对商品的具体描述是有关商品的说明的一个主要部分,是货物交收的重要依据之一。从业务角度看,这项规定是交易的物质基础和前提。

商品品名是合同中不可缺少的主要交易条件。品名也代表了商品通常应具有的品质。在合同中,应尽可能使用国际上通用的名称。对新商品的定名,应力求准确,符合国际上的习惯称呼。

6.1.1 品名条款及其意义

从上述描述中我们得知,在合同中规定商品的具体名称是合同的要件。这项规定是买卖双方在货物交收方面的一项基本权利和义务。从业务角度看,这项规定是交易的物质基础和前提,只有在确定了商品名称的前提下,才能肯定买卖双方交易的物质基础,并在此基础上对其他条款进行磋商。

在国际贸易中,买卖双方商订合同时,必须列明商品名称,品名条款是买卖合同中不可缺少的一项主要交易条件。按照有关的法律和惯例,对成交商品的描述,是构成商品说明的一个主要组成部分,是买卖双方交接货物的一项基本依据,它关系到买卖双方的权利和义务。若卖方交付的货物不符合约定的品名或说明,买方有权提出损害赔偿要求,直至拒收货物或撤销合同。因此,列明成交商品的具体名称,具有重要的法律和实践意义。

6.1.2 品名条款的内容

合同中的品名条款一般比较简单,通常都是在“商品名称”或“品名”(Name of

Commodity)的标题下,列明交易双方成交商品的名称。有时为了省略起见,也可不加标题,只在合同的开头部分列明交易双方同意买卖某种商品的名称。

品名条款的规定,往往取决于成交商品的品种和特点。就一般商品来说,有时只要列明商品的名称即可。但有的商品,往往具有不同的品种、等级和型号。因此,为了明确起见,也有把有关具体品种、等级或型号的概括性描述包括进去,作进一步限定。此外,有的甚至把商品的品质规格也包括进去,作更进一步限定,在此情况下,它就不单是品名条款,而是品名条款与品质条款的合并。在规定此项条款时,应尽可能使用国际上通用的名称,若使用地方性的名称,交易双方应事先就其含义取得共识。对于某些新商品的定名及其译名,应力求准确、易懂,并符合国际上的习惯称呼。同时还应注意选用适合的品名,以利减低关税、方便进出口和节省运费开支。品名条款包括三方面内容:

(1)一般性货物,在"Name of Commodity"、"Name of the goods"只列明商品的名称即可,例如 Man's T-shirts,bicycles etc;

(2)具有不同型号、规格、等级的商品,要把规格、型号或等级加列进去;

(3)有些合同把品质规格加列其中,称为商品的描述(Description of Goods)。

6.1.3 规定品名条款的注意事项

品名条款虽然简单,但也要予以足够的重视,否则也会产生贸易纠纷。在确定品名时应注意下列事项。

1. 明确、具体,适合商品特点

商品的名称在一定程度上体现了商品的自然属性、用途以及主要性能特征。加工程度低的商品,其名称一般较多地反映该商品的自然属性,而加工程度越高,商品的名称也越多地反映该商品的性能特征。

好的商品名称,不仅能高度概括商品的特征,而且能促进消费者的消费心理,诱发消费者的购买欲望,为使自己的商品与其他同类商品相区别,常常将商品品名与牌号联系起来,构成商品描述的一部分。例如,apple cider:苹果汁、苹果酒。

2. 尽可能使用国际上通用的名称

有些商品的名称,各地叫法不一,为了避免误解,应尽可能使用国际上通用的称呼。若使用地方性的名称,交易双方应事先就其含义取得共识。对于某些新商品的定名及其译名,应力求准确、易懂,并符合国际上的习惯称呼。

3. 注意选用对我方有利的名称

如果一种商品可以有不同的名称,则在确定名称时,必须注意有关国家的海关关税和进出口限制的有关规定,在不影响国家有关政策的前提下,从中选择有利于减低关税或方便进口的名称作为合同的品名。同时，还必须注意品名与运费、仓储费的关系，因为目前一些仓库和班轮运输是按商品等级规定收费标准的。由于商品名称不统一，存在着同一商品因名称不同而收取的费率不同的现象。从这个角度看，选择合适的品名，也是降低运费的一个方法。

4. 针对商品实际做出实事求是的规定

条款中规定的品名，必须是卖方能够供应而买方所需要的商品，凡做不到或不必要的描述性词句都不应列入，以免给履行合同带来困难。

6.2　商品的品质

商品品质（Quality of Goods），就是商品的内在素质（包括物理的、化学的、生物的构造、成分和性能）和外表形态的综合，是决定商品使用效能的重要因素。就国际贸易而言，它还包括包装和市场适应性等社会属性。商品品质的优劣对商品价格高低起重要作用。在磋商交易时，买卖双方都要针对一定商品，按质论价。为了使我国进出口商品的品质适应国内社会主义建设和国际市场的需要，保证顺利完成我国对外贸易所担负的任务。我国的出口商品要适应国外市场的消费习惯和消费水平；我国的出口商品要适应国外政府颁布的法律要求；出口商品的品质要适应国外自然条件和季节变化。我国进口商品也应符合国际市场和自然条件以及贸易法规的要求，真正符合社会主义经济建设、科学研究、提高人民生活和保证人民健康的需要，凡品质不符合这些要求的商品都不应进口。

《联合国国际货物销售合同公约》规定："卖方交付的货物，必须符合约定的质量。如果卖方交货不符合合同的规定，买方有权要求损害赔偿，拒收货物，甚至撤销合同，商品的品质影响到买卖双方的权利义务"。商品品质关系到买卖双方的利益，同时还决定商品价格。我国出口商品要同全世界广大用户和消费者见面，为了适应他们的需要，我们必须贯彻"以销定产"方针和坚持"质量第一"的原则，大力提高出口商品质量，使其符合下列具体要求。

（1）针对不同市场和不同消费者的需求来确定出口商品质量。由于世界各国经济发展不平衡，各国生产技术水平、生活习惯、消费结构、购买力和各民族的爱好互有差异，因此，我们要从国外市场的实际需要出发，搞好产销结合，使出口商品的品质、规格、花色、式样等适应有关市场的消费水平和消费习惯。

（2）不断更新换代和精益求精。凡质量不稳定或质量不过关的商品，不宜轻易出口，以免败坏名誉。即使质量较好的商品，也不能满足现状，要本着精益求精的精神不断改进，提高出口商品质量，加速更新换代，以赶上和影响世界的消费潮流，增强商品在国际市场上的竞争能力。

(3)适应进口国的有关法令规定和要求。各国对进口商品的质量都有某些法令规定和要求,凡质量不符合法令规定和要求的商品,一律不准进口,有的还要就地销毁,并由货主承担由此引起的各种费用。因此,我们必须充分了解各国对进口商品的法令规定和管理制度,以便使我国商品能顺利地进入国际市场。

(4)适应国外自然条件、季节变化和销售方式。由于各国自然条件和季节变化不同,销售方式各异,商品在运输、装卸、存储和销售过程中,其质量可能起某种变化。因此,注意自然条件、季节变化和销售方式的差异,掌握商品在流通过程中的变化规律,使我国出口商品质量能适应这些方面的不同要求,这样做也有利于增强我国出口商品的竞争能力。

在进口时,要货比三家,使其品质、规格不低于国内的实际需要,切实把好质量关。同时,也应注意不要超越国内实际需要,以免造成不应有的浪费。总而言之,对进口商品品质的要求,要从我国现阶段的实际需要出发,根据不同情况,实事求是地予以确定。品质是商品买卖最重要的因素。合同中的品质约定,是买卖双交接货物的依据。在国际贸易中,通常用两种方式表示商品的品质。

1. 用文字说明表示品质

这种方式称为"凭文字说明销售",具体可分为以下几种。

(1)规格(Specification)。规格是指一些足以反映商品品质的主要指标。合同中规定商品的品质指标,如化学成分、长短粗细、含量等。这是广为采用的既方便又准确的一种表示品质的方法。特点是简单易行,明确具体,可以根据每批成交货物的具体品质状况灵活调整,广泛使用。凭规格买卖的技巧是卖方只需要在合同中列入主要指标,而对商品品质无重大影响的次要指标不要过多罗列。例如,我国出口大豆的规格:水分(max)15%,含油量(min)17%,杂质(max)1%,不完善粒(max)7%。

(2)等级(Grade)。为买卖双方都熟悉的商品,在某些情况下可采用凭等级买卖:一是按商品的不同规格,分成不同的等级,既简化了品质表示,又易于比较优劣;二是有些商品不能用规格描述,或不能完整地用规格描述,特别是一些土特产品,比如茶叶、水果等,可用双方都认可的等级来表示品质。

(3)标准(Standard)。商品的标准,是指标准化了的规格和等级。标准有的由国家或有关政府部门制订也有的是由商品交易所、同业工会或有关国际组织制订。公布了的标准经常需要修改变动。所以,当采用某种标准说明商品品质时,应注明采用标准的版本和年份。

(4)商标和牌名(Trade Mark and Brand)。某些商品在市场上行销已久,品质优良稳定,知名度高,且品种单一,则往往可以其商标和牌名表示其品质。如可口可乐、大白兔奶糖。另外,许多著名品牌由于其产品品种多样性和复杂性,是不可能单凭商标品牌成交的,比如IBM、SONY等。这些产品,必须具有完整确切的品质指标或技术说明。

(5)产地名称(Name of Origin)。此类描述局限于土特产品,如苏绣、四川榨菜,用以表示产品的传统工艺或特色风味。

(6)说明书和图样(Description and Illustrations)。对于结构性能比较复杂的商品,通常以说明书和图样加以完整的描述,以此作为买卖双方认定的品质标准。凭说明书和图样成交的合同,往在附有品质保证条款和技术服务条款。适用于机器,电器,仪表等技术密集型产品。为保证交货品质符合说明书所规定指标,应加列"品质保证条款和技术服务条款"。

2. 用实物表示品质

(1)看货买卖(Sale by Actual Quality)

看货买卖是根据现有商品的实际品质进行买卖。通常由买方或其代理人在商品所在地验看货物,达成交易后,卖方按照验看过的商品交付。只要卖方交付的是验看过的商品,买方就不得对商品质量提出异议。有些特殊商品,既无法用文字概括其质量,也没有品质完全相同的样品可以作为交易的品质依据,如珠宝、首饰、字画、特种工艺品(牙雕、玉雕、微雕),只能看货洽商,按货物的实际情况成交。交易一般在固定场所进行,多用于寄售、拍卖和展卖业务中。

(2)凭样品买卖(Sale by Sample)

样品是指从一批商品中抽取出来的或由生产、使用部门设计加工的,足以反映和代表整批商品品质的少量实物。凭样品买卖是指买卖双方按约定的足以代表实际货物的样品作为交货的品质依据的交易。凡以样品表示商品质量并以此作为交货依据的这种方式,称为"凭样品买卖"。样品构成合同不可分割的一个部分。

在国际贸易中,凭样品买卖的种类较多,根据样品提供方的不同可分为以下三种。

① 凭卖方样品买卖(Sale by Seller's Sample)。以卖方提供的样品作为双方交货的依据,卖方所交货物必须与样品一致。因此,卖方提供的样品必须具有足够的代表性,能够代表整批货物的平均品质。

② 凭买方样品买卖(Sale by buyer's Sample)。以买方提供样品品质作为交货的品质依据进行的买卖,称凭买方样品买卖。为减少贸易纠纷,一般应在合同中明确规定,若发生由买方来样引起的工业产权第三者权益问题时,与卖方无关,由买方负责。

③ 凭对等样品买卖。卖方按买方提供的样品,复制出经买方确认的样品,这个样品称"对等样品"(Counter Sample)或"回样",也有称之为"确认样品"(Confirmed Sample)。若买方或卖方所寄的样品仅仅作为交货品质的参考,而不是交货的依据,则应表明"参考样品",它不具备法律地位。凭样品成交中的一些做法有以下几个方面。1)对等样品,凭买方样品成交。有时会因仿制产品与买方来样不符而招致退货索赔。卖方往往会按买方样品先做一个复制品交买方确认,经确认后即以该复制品作为交货品质的依据,这种经确认的复制品,称为"对等样品"或"回样"。这种做法,实际上是

用卖方样品取代了买方样品,使卖方在交货时取得主动。2)封样。卖方在寄发样品或发运商品前,由公证机构或会同买方,抽取若干份样品加以封存,万一买卖双方在履约过程中发生质量争议,即可使用封样以作核对之用。3)合同中保障条款、凭买方来样成交时,应注意防范侵权行为产生。如不能十分确定,可在合同中加保障条款,即万一发生由买方来样而导致侵犯第三者权益(如专利、商标侵权),应由买方负责。

应用案例 6-1

我生产企业向马来西亚客户出口汽车配件,品名为 YZ - 8303R/L,但生产企业提供了 YZ - 8301R/L,两种型号的产品在外型上非常相似,但却用在不同的车型上,因此客户不能接受,要求我方要调换产品或降低价格。我方考虑到退货相当麻烦,费用很高,因此只好降低价格 15%,了结此案子。

案例分析题

商品的质量是国际货物买卖合同中十分重要的条款。卖方属于重大违约,因此赔偿对方损失是不可避免的。

6.2.1 品质条款及其表示方法

1. 品质条款

品质条款(quality Clause)的基本内容是商品的品名、规格或等级、商标或牌号等。在国际贸易中,凭说明书和图样买卖时,应标明说明书的编号和图样编号等。在凭样品买卖时,应列明样品的编号,寄送日期或有关样品的说明。采用凭商标牌号或凭产地买卖时,应在品质条款中列明所用的商标、牌号或产地名称等。

(1)品质条款的基本内容

品质条款的基本内容是货物品名、规格、等级、标准或商标、牌名或产地等。具体条款可因商品不同而采取不同做法。在凭样品买卖时,一般应列明样品的编号或寄送日期,有时还加列交货品质与样品大致相符或完全相符的说明。在按照标准买卖时,一般应列明所引用的标准和标准的版本年份。对于某些品质规格、性能比较复杂的货物,订立品质条款时要特别慎重。

【例 1】9371 China Green Tea Special

【例 2】Sample No 612 Cloth Doll

(2)品质机动幅度与品质公差

订立品质条款时,一般要求明确、具体、切合实际。以防产生不必要的争议。但也不能订得过死,因此要注意条款的科学性和灵活性,并有一定的回旋余地。

例如,将某农产品的杂质率在合同中定为 1%,这在实际业务中是难以做到的,因为卖方所交货的杂质率不能高于1%，也不得低于1%，只能等于1%，实际上在订立合同品质条款时就已肯定了卖方违约的必然性；因此，为了防止上述情况的发生，在合同中可采用订立品质机动幅度和品质公差的方法。

品质机动幅度是指允许卖方所交货物的品质指标可以在一定的幅度范围内的差异。只要卖方所交货物的品质没有超出机动幅度的范围，买方就无权拒收货物，这一方法主要适用于初级产品。品质机动幅度的规定方法主要有以下三种。

①规定范围。对某项货物的品质指标规定允许有一定差异范围。例如，漂布，幅阔35/36英寸。即布的幅阔在35英寸到36英寸的范围内，均为合格。

②规定极限。对有些货物的品质规格，规定上下极限。规定极限的表示方法，常用约有：最大；最高；最多(Maximum，Max)；最小；最低；最少(Minimum，Min)。

③规定上下差异。规定上下差异也是使货物的品质规定具有必要的灵活性的有效方法，如：灰鸭毛，含绒量18%，上下1%。

在品质机动幅度内，一般不另行计算增减价，即按照合同价格计收价款。但有些货物，如果经买卖双方协商同意，也可在合同中规定按交货的品质情况加价或减价，这就是所谓的品质增减价条款。

对于工业制成品交易，则往往通过订立品质公差来掌握交货的品质。品质公差是指由于科学技术水平，生产水平的限制而导致某些工业品在该行业质量上的公认的误差。但只要卖方所交货物的品质差异在品质公差范围内，就被认为达到了合同中的品质要求。这种误差的存在是绝对的，它的大小反映着品质的高低是由科学技术发展程度所决定的。品质公差的允许值可由买卖双方商定，也可按国际同行业所公认的幅度掌握。在品质公差范围内买方无权拒收货物，也不得要求调整价格。卖方交货品质在机动幅度允许的范围内，货物价格一般按合同计算，不再另作调整，一般也不另行增减价格。例如，出口手表，允许每48小时误差1秒；出口棉布，每匹可以有0.1米的误差。

2. 品质条款的表示方法

买卖双方为了保证交易的商品符合一定的质量要求，都要在协商一致的基础上，在买卖合同中订立品质条款，就商品的品质及双方当事人在这方面的权利和义务做出具体规定。国际贸易中常用来表示商品品质的方法有两大类。

(1)以实物表示商品的品质

① 看货买卖

看货买卖即买卖双方根据成交商品的实际品质进行交易。

② 凭样品买卖

样品(Sample)是买卖双方交易磋商后一致同意商品交货的代表，通常是从一批商品中抽取出来或由生产和使用部门加工设计出来的能够代表商品品质的少量实物。

凭样品买卖(Sale by Sample)是指买卖双方约定凭样品作为交货的品质依据的交易，衡量交货品质的样品称为标准样品。

凭样品买卖应在合同中订明："该样品应视为本合同不可分割的部分，所交货物的品质不得低于样品"。

凭样品买卖有两项基本要求：一是以样品作为交货品质的唯一依据；二是卖方所交货物必须与样品完全一致。

A. 凭卖方样品买卖（Sale by Seller' s Sample）。在磋商和订立合同中，以卖方样品作为交货品质的依据，称"凭卖方样品买卖"。在此情况下，在买卖合同中应订明："品质以卖方样品为准"（Quality as per Seller' s Sample）。当采用这种办法成交时，应特别注意对外寄送的样品必须具有代表性，避免由于样品和实物的品质不一致，给日后工作带来困难造成损失。同时，在卖方提供代表性样品时，应留存一份或数份同样的样品，以备日后交货或处理争议时核对之用，该样品称为复样（Duplicate Sample）。寄发样品和保存复样，应注意编上相同的号码和注明提供的日期，以便日后使用时查找。

B. 凭买方样品买卖（Sale by Buyer' s Sample），是指由买方提供样品，经卖方认可同意，并以此样品作为品质依据进行的买卖。在这种场合，买卖合同中应注明："品质以买方样品为准"（Quality as per buyer' s Sample）。日后该方所交整批货的品质，必须与买方样品相符。采用买方样品买卖时，可提高出口货物的适应性和竞争力，但应注意不能侵犯其他工业产权。

C. 对等样品（Counter Sample），又称"回样"。在国际贸易中，谨慎的卖方往往不愿意承接凭买方样品交货的交易，以免因交货品质与买方样品不符而招致买方索赔甚至退货的危险。在此情况下，卖方收到买方的来样后，照来样加工复制出与之相似的样品，提供于买方确认，经确认的样品称"对等样"，有时还称"确认样"（Confirming Sample）。此外，按样品的用途不同还可分品质样品（Quality Sample）——用以表示商品的品质；色彩、型式样品（Pattern Sample）——用以表示商品的花样型态；装船样品（Shipping Sample）——用以表示装船时的货物品质。

鉴于凭样品买卖多属品质难以标准化的商品，在合同条款中应相应做出灵活规定，可在买卖合同中特别注明："品质与样品大致相同"（Quality Shall be About Equal to the Sample）或"品质与样品近似"（Quality is Nearly Same the Sample）。对以介绍商品为目的而寄出的样品只是被用来说明该种商品品质的一般状态，供对方参考。对于订约时如未注明以该项样品为准，那么这种样品对双方均无约束力，不过，在寄送样品时，应标明"仅供参考（For Reference Only）"字样，以免造成误会。在当前国际贸易中，除了一些不能用科学方法表示品质的商品（如工艺美术品、服装、某些土特产品、少数轻工产品和个别矿产品）外，一般较少采用这种方式。

（2）以说明表示商品品质

凡是通过文字、图表或照片等方式说明商品的品质者，均属于凭说明（Description）表示商品品质的范畴。

① 凭规格买卖(Sale by Specification)。商品的规格指能够反映商品品质的一些主要指标,如成分、含量、纯度、性能、长短、粗细等。用具体指标表示商品品质的交易称为凭规格买卖。这种方法科学、准确、方便、简易,因而在国际贸易中应用较为广泛。

② 凭等级买卖(Sale by Grade)。商品的等级是指同类商品,按其规格的不同,分为不同的等级,一般按其品质差异、重量、成分、外观和效能的不同,用文字、数码或符号所作的分类表示。凭等级买卖,在交易中一般只表明商品的等级即可,但也可具体说明。

③ 凭标准买卖(Sale by Standard)。商品的标准是指由政府机关或商业团体对某一商品统一其规格或等级予以公布。换言之,是由政府机关或商业团体对某一商品的某一规格或等级予以标准化。

在国际贸易中采用的各种标准,有些具有法律上的约束力,凡品质不符合标准要求的商品,不许进口或出口。但也有些标准不具有法律上的约束力,仅供交易双方参考使用,买卖双方洽商交易时,可另行商定对品质的具体要求。

在国际贸易中,除了部分商品能以科学方法确定其品质规格外,还有些农副产品品质变化较大,较难确定统一的标准,通常可采用良好平均品质和上好可销品质两种标准。良好平均品质(Fair Average Quality,简称 FAQ)。按照一些国家的解释:良好平均品质是指一定时期内某地出口商品的平均品质,即平均中等品质,俗称“大路货”。这种标准含义非常笼统,实际上并不代表固定和确切的品质规格,我国在农副产品出口业务中,有时也用“F. A. Q.”来表示品质,并且还要标明某些具体规格。

上好可销品质(Good Merchantable quality,简称 GMQ)。一般是指卖方所交付的货物“品质上好,合乎商销”。这种标准含义更为笼统,不易掌握,一般不要采用为好。

④ 凭说明书买卖(Sale by Illustration)。

⑤ 凭商标或牌名买卖(Sale by Trade Mark or Band)。

⑥ 凭产地名称买卖(Sale by Name of Origin)。

上述国际贸易中一些常见的表示品质的方法,根据商品的特点和市场或交易习惯,可以单独运用,也可几种方式结合运用。

6.2.2 规定品质条款的注意事项

(1)应根据不同的产品特点,确定表示商品品质的方法。一般地说,凡能用科学的指标说明其质量的商品,则适于凭规格、等级或标准买卖;有些难以规格化和标准化的商品,如工艺品等,则适于凭样品买卖;某些质量好,并具有一定特色的名优产品,适于凭商标或品牌买卖;某些性能复杂的机器、电器和仪表,则适于凭说明书和图样买卖;凡具有地方风味和特色的产品,则可凭产地名称买卖。上述这些表示品质的方法,不能随意滥用,而应当合理选择。此外,凡能用一种方法表示品质的,一般就不宜用两种或两种以上的方法来表示。如同时采用既凭样品、又凭规格买卖,则要求卖方交货时，既要与样品一致，又要与规格一致。例如，我方某公司向德国出口大麻一批，合同规定水分最高为15%，杂质不得超过3%。但在成交前我方曾向买方寄过样品，订约后我方又电告对方所交货物与样品相似。货到德国后，买方提出货物的质量比样品低7%的检验证明，并据此要求我方赔偿15 000英镑的损失。

此问题的焦点在于究竟是凭规格还是凭样品买卖，或是既凭规格又凭样品。从合同规定来看并非凭样买卖。遗憾的是约前所寄样品未声明是参考样品，约后又通知对方货物与样品相似。这就授人以柄，对方完全可以认为此笔业务是既凭规格又凭样品。联合国《国际货物销售合同公约》规定，凡属凭样买卖，卖方所交之货必须与样品一致，否则买方有权拒收并提出索赔。因此在这种情况下很难以这笔业务仅仅是凭规格买卖为理由而推脱责任。假若卖方能以留存的复样为根据，反证我方所交之货与样品并无不符，则就又当别论了。由此可见，正确运用各种表示品质的方法是很重要的。

(2)条款内容和文字，要做到简单、具体、明确，既能分清责任，又能方便检验。应避免使用"大约"、"左右"、"合理误差"等含糊笼统的字眼。

(3)凡能采用品质机动幅度或品质公差的商品，应订明幅度的上下限或公差的允许值。如所交货物的品质超出了合同规定的幅度或公差，买方有权拒收货物或提出索赔。

(4)要注意各质量指标之间的内在联系和相互关系。各项质量指标是从各个不同的角度来说明品质，各项指标之间有内在的联系，在确定品质条款时，要通盘考虑，注意它们之间的一致性，以免由于某一质量指标规定不科学和不合理而影响其他质量指标，造成不应有的经济损失。例如，在荞麦品质条款中规定："水分不超过17始，不完善粒不超过6%，杂质不超过3始，矿物质不超过0.15%"。显然，此项规定不合理，因为对矿物质的要求过高，这与其他指标不相称。为了使矿物质符合约定的指标，则需反复加工，其结果，必然会大大影响杂质和不完善粒的指标，从而造成不应有的损失。

(5)要从生产实际出发，实事求是。品质条款要根据国际市场的需求并结合国内生产的实际来订立，不能订得过高，以免造成生产和对外履约的困难；也不能订得过低，以免影响售价和销路。

(6)要有科学性和灵活性。品质条款的内容和文字应注意科学性、严密性、准确性。但对有些货物，特别是品质规格不易做到完全统一的商品，如某些农副产品、轻工业品及矿产品等，要有一定的灵活性，规定合理的品质机动幅度或品质公差。

6.3 商品的数量

《联合国国际货物销售合同公约》规定，按约定的数量交付货物是卖方一项基本义务，如卖方交货数量大于约定的数量，买方可以拒收多交的部分，也可以收取多交部分中的一部分或全部，但应按合同价格付款。如卖方交货数量少于约定的数量，卖方应在规定的交货期届满前补交,但不得使买方遭受不合理的不便或承担不合理的开支,即使如此,买方也有保留要求损害赔偿的权利。

由于交易双方约定的数量是交接货物的依据,因此,正确掌握成交数量和订好合同中的数量条款,具有十分重要的意义。买卖合同中成交数量的确定,不仅关系到进出口任务的完成,而且还涉及对外政策和经营意图的贯彻。正确掌握成交数量,对促进交易的达成和争取有利的价格,也具有一定的作用。

商品的数量是国际货物买卖合同中不可缺少的主要条件之一。按照某些国家的法律规定,卖方交货数量必须与合同规定相符,否则,买方有权拒收。

6.3.1 数量条款及度量衡制度

1. 数量条款

数量条款的基本内容是规定交货的数量和使用的计量单位。如果是按重量计算的货物,还要规定计算重量的方法,如毛重、净重、以毛作净、公量等。

在买卖合同的数量条款中,一般需写明成交商品的数量和计算单位,在成交商品的数量需要以重量计量时,还必须明确计量的办法。同时,适应某些交易商品的特点,有时在某些合同中也规定交货数量的机动幅度,包括:(1)溢短装,一般用于副产品和工矿产品的交易中,在这些交易中,往往由于商品的特性、生产能力、船舶舱位、装载技术和包装等原因,比较难以准确地按合同规定的数量交货,因此买卖双方可以在合同中明确规定溢短装条款,即卖方在交货时可以多交或者少交合同数量的百分之几;(2)"约"量,即交易双方也可在合同的商品数量前加一个"约"字,从而表示卖方交货的数量可以有一定范围的灵活性。

订立数量条款应注意以下几方面问题。(1)正确掌握成交货物的数量。(2)数量条款要明确具体,机动幅度要合理适当。为了便于履行合同和避免引起争议,进出口合同中的数理条款应当明确具体,数量机动幅度的大小要适当,机动幅度选择权的规定要合理,溢短装数量的计价方法要公平合理。

2. 度量衡制度

常见的度量衡制度有以下四种。

(1)公制(The Metric System)。基本单位为千克和米。为欧洲大陆及世界大多数国家所采用。

(2)国际单位制(The International System)。是国际标准计量组织在公制基础上制定公布的。其基本单位包括千克、米、秒、摩尔、坎德拉、安培和卡七种,是我国的法定计量单位。

(3)英制(The British System)。基本单位为磅和码。为英联邦国家所采用,但因英国因加入欧盟,在一体化进程中已宣布放弃英制,采用公制。

(4)美制(The US System)。基本单位和英制相同,为磅和码,但有个别派生单位不一致。如英制为长吨等于2200磅,而美制为短吨等于2000磅。此外,容积单位为加仑和蒲式耳,英美制名称相同,大小不同。

目前,国际上度量衡制度有国际单位制(International System of Units),公制又称米制(The Metric System)、英制(The British System)、美制(The US System)等。

我国的基本计量制度是公制,今后发展方向是逐步采用国际单位制。

应用案例6-2

大连某出口公司向日本出口一批大米,在洽谈时,谈妥出口2000公吨,每公吨US＄280FOB大连口岸。但在签订合同时,在合同上只是笼统地写了2000吨,我方当事人认为合同上的吨是指公吨,而发货时日商要求按长吨供货。请问外商的要求是否合理,应该如何处理此项纠纷?

案例分析题

这是一起外商利用合同中对计量单位的规定不严格而要求多付货物的纠纷事件。由于双方在洽商时采用的单位是公吨,同时作为计量单位的吨还有公吨、长吨和短吨等不同的解释,因此外商提出的是不合理的要求。处理此买卖纠纷可以采用两种方法,一种是将合同中笼统规定的吨改为公吨,仍维持原合同价格,另一种是按外商要求将合同中的吨改为长吨,但原合同中的价格也要按照长吨和公吨之间的比例作相应调整。

6.3.2 计量单位和计量方法

1.计量单位

商品计量单位是表示商品数量的方法。在国际贸易中,由于商品的种类和性质不同。计量的方法也不相同,又由于各国采用的度量衡制度不一,计量的单位名称和其表示的实际数量也不一样。

国际贸易中通常使用的计量单位有以下几类。

(1)按重量(Weight)。常用重量单位有:公吨(Metric Ton)、长吨(Long Ton)、短吨(Short Ton)、千克(Kilogram)、克(Gram)、磅(Pound)、盎司(Ounce)、克拉(Carat)。

(2)按个数(Number)。常用个数计量单位有:件(Piece,)、套(Set)、打(dozen)、罗(Gross)、令(Ream)、卷(Roll)、袋(Bag)、箱(Case)。

(3)按长度(Length)。常用长度单位有:米(Meter)、英尺(Foot)、码(Yard)寸、(Inch)。

(4)按面积(Area)。主要有:平方米(Square Meter)、平方英尺(Square Foot)、平方码(Square Yard)等。

(5)按体积(Volume)计算。主要有:立方米(Cubic Meter)、立方英尺(Cubic Foot)、立方码(Cubic Yard)等。

(6)按容积(Capacity)计算。主要有:公升(Liter)、加仑 Ga11on)、蒲式耳(Bushel)等。在洽谈交易和签订合同时,必须明确规定使用何种度量衡制度,以防造成误会和纠纷。同时,还要掌握各国度量衡制度之间的换算方法。

由于世界各国的度量衡制度不同,以致造成同一计量单位所表示的数量不一。在国际贸易中,通常采用公制、英制、美制和国际标准计量组织在公制基础上颁布的国际单位制。根据《中华人民共和国计量法》规定:"国家采用国际单位制。国际单位制计量单位和国家选定的其他计量单位,为国家法定计量单位"。目前,除个别特殊领域外,一般不允许再使用非法定计量单位。我国出口商品,除照顾对方国家贸易习惯约定采用公制、英制或美制计量单位外,应使用我国法定计量单位。我国进口的机器设备和仪器等应要求使用法定计量单位。否则,一般不许进口。如确有特殊需要,也必须经有关标准计量管理部门批准。

上述不同的度量衡制度导致同一计量单位所表示的数量有差异。例如,就表示重量的吨而言,实行公制的国家一般采用公吨,每公吨为 1000 千克;实行英制的国家一般采用长吨,每长吨为 1016 千克;实行美制的国家一般采用短吨,每短吨为 907 千克。此外,有些国家对某些商品还规定有自己习惯使用的或法定的计量单位。

2. 计量方法

在国际贸易中,按重量计量的商品很多。根据一般商业习惯,通常计算重量的方法有下列几种。

(1)毛重(Gross Weight)。毛重是指商品本身的重量加上包装物的重量,即加上皮重的重量。有些商品单位价值较低(如谷物等)或以净重计量有困难,用"以毛作净"的方法计算重量,作为计价和交易的依据。

(2)净重(Net Weight)。净重是指商品本身的实际重量,即除去包装物后的商品实际重量。它是按净重计算时,必须由毛重扣除皮重。计算皮重的办法有四种:

①按实际皮重(Actual Tare or Real Tare),即按包装的实际重量计算;

②按平均皮重(Average Tare),即按照部分商品包装的实际重量求出平均包装重量,在包装物的重量大致相同的情况下,取若干件包装的实际重量,计算包装的平均重量;

③按习惯皮重(Customary Tare)即对规格化的包装按市场上公认的包装重量计算,有些较规格化的包装,市场公认其重量,即习惯皮重;

④按约定皮重(Computed Tare),即按买卖双方事先约定的皮重计算。在国际贸易中,大部分按重量交易的商品,都是以净重作价,只有少数商品或因包装物品与商品价格差不多,或因包装本身不便计量,就以毛重讨价,习惯上称为"以毛作净(Gross for Net)"。

在国际贸易中,买卖双方选取何种计算净重的标准,由双方约定写入合同,以防引起争议,造成履约困难。按国际惯例,如果没有在合同中明确规定采用毛重还是净重计价的,应以净重计价。

(3)公量(Conditioned Weight)。公量是指因科学方法抽掉商品中的水分后,再加上标准含水量所求的重量。国际上公认羊毛、生丝的标准回潮率为11%。

公量 = 干量 + 标准含水量 = [实际重量(1 + 标准回潮率)/1 + 实际回潮率]

(4)理论重量(Theoretical Weight)。理论重量是指某些有固定规格和尺寸的商品,如马口铁、钢板等,只要规格一致,尺寸符合,其重量大致相同,根据其件数即可推算它的重量。

(5)法定重量(Legal Weight)和实物净重(Net Weight)。按一些国家海关法的规定,在征收从量税时,商品的重量是以法定重量计算的。所谓法定重量是商品重量加上直接接触商品的包装材料,如销售包装等重量。而除去这部分重量所表示出来的纯商品重量,则称为实物净重。

为了便于履行合同和避免引起争议,进出口合同中的数量条款应当明确具体。一般不宜采用“大约”、“近似”、“左右”(About, Circa, Approximate)等带伸缩性的字眼来表示。

6.3.3 规定数量条款的注意事项

1. 数量条款

合同中的数量条款(Quantity Clause)的基本内容包括买卖双方成交商品的数量、计量单位、计量方法,若以重量计算的方法,还要表明按毛重还是按净重计算等。商品数量条款是合同中不可缺少的主要条件。《联合国国际货物销售合同公约》规定:按约定数量交货是卖方的一项基本义务。如卖方交货数量大于约定的数量,买方可以拒收多交的部分,也可收取多交部分中的一部分或全部,但应按实际收取数量付款。如卖方交货数量少于约定的数量,卖方应在规定的交货期届满之前补交,且不得使买方遭受不合理的损失、买方可保留要求赔偿的权利。因而,正确订立合同中的数量条款,对买卖双方都是十分重要的。

2. 正确利用数量机动幅度

在实际履约过程中,由于商品特性、生产条件、运输工具的承载能力,以及包装方式的限制,卖方要做到严格按量交货确有一定困难。对于大宗散装商品,如农副产品和工矿产品,由于商品特点和运输装载的缘故,难以严格控制装船数量。为了避免因卖方实际交货不足或超过合同规定而引起的法律责任,方便合同的履行,对于一些数量较难严格控制的商品,可以在合同中加订一个数量机动幅度条款,通常称“溢短装”条款。溢短装条款(more or less clause)是在买卖合同的数量条款中,明确规定卖方允许多装或少装的百分比，其幅度不超过规定的百分比为限。如 100 公吨，卖方可溢短装 5%（100M/T，with 5% more or less at seller's option），即卖方交货量可在 95M/T ~ 105M/T。具体内容有以下几点。(1)可溢短装的百分比。视商品的特点、数量、交易习惯、运输工具等情况确定。(2)溢短装的选择权在买方或卖方。(3)溢短装的计价，一般按合同价格计算，也可以按装船日期或到货日的国际市场价格计算。例如 20 000 米，卖方可溢短装 5%。在以信用证支付方式成交时，按《跟单信用证统一惯例》的规定，在金额不超过信用证规定时，对于仅用度量衡制单位表示数量的，可有 5% 的增减幅度。如果在数量上加有"大约"一类的词语，则可有 10% 的增减幅度。

对在机动幅度内多交或少交的数量，一般可按合同价格结算。如果双方考虑到交货时市场价格可能有较大变化，则可事先在合同中规定。对于溢短装部分接货物装船时的市价计算。

3. 注意事项

规定数量条款时应该注意的事项有以下几点。

(1)正确掌握成交货物的数量

① 对于出口商品数量的掌握，应考虑以下几个方面。

A. 国外市场的供求情况。

要正确运用市场供求变化规律，按照国外市场实际需要合理确定成交量，以保证我国出口商品卖得适当的价钱，对于我主销市场和常年稳定供货的地区与客商，应经常保持一定的成交量，防止因成交量过小，或供应不及时，使国外竞争者乘虚而入，使我们失去原来的市场和客户。

B. 国内货源情况。在有生产能力和货源充足的情况下，可适当扩大成交量。反之，则不应盲目成交，以免给生产企业和履行合同带来困难。

C. 国际市场的价格动态。当价格看跌时，应多成交，快脱手；价格看涨时，不宜急于大量成交，应争取在有利时机出售。

D. 国外客户的资信状况和经营能力，对资信情况不了解和资信欠佳客户，不宜轻易签订成交数量较大的合同，对小客户也要适当控制成交数量，而大客户成交数量过小，将缺少吸引力。总之要根据客户的具体情况确定适当的成交数量。

② 对进口商品数量掌握，要考虑以下 3 个因素。

A. 国内的实际需要。应根据实际需要确定成交量，以免盲目成交。

国内的支付能力。当外汇充裕而国内又有需要时，可适当扩大进口商品数量。如外汇短缺，应控制进口，以免浪费外汇和出现不合理的贸易逆差。

B. 市场行情的变化。当行情对我有利时，可适当扩大成交数量，反之应适当控制成交数量。

(2)数量条款的各项内容应订的明确具体

在数量条款中,对计量单位的规定,以"吨"计量时,要订明是长吨、短吨还是公吨;以罗为单位时,要标注清楚每"罗"的打数,力求避免使用含糊不清和笼统的字句,以免引起争议。对于"溢短装"和"约"量必须在合同中订明增减或伸缩幅度的具体百分比。

6.4 商品的包装

1. 包装的定义

进出口商品一般都需要经过长距离辗转运输,有时还需要多次装卸、搬运和存储。因此大多数商品都需要适当的包装。包装不仅能起到保护商品、保障运输的作用,而且还能美化、宣传商品,同时包装本身还是货物说明的组成部分。商品包装的要求科学、经济、牢固、美观和适用。有些国家的法律把商品包装作为货物说明的重要组成部分。在国际贸易中,包装条件是合同的一项主要交易条件。

根据国标《包装通用术语》定义,商品包装是指在流通过程中保护商品,方便运输,促进销售,按一定的技术方法而采用的容器、材料及辅助等的总体名称。也指为了上述目的而在采用容器材料和辅助物的过程中施加一定技术方法的操作活动。

商品包装的四大要素包括:包装材料:包装材料是包装的物质基础,是包装功能的物质承担者;包装技术:包装技术是实现包装保护功能、保证内装商品质量的关键;包装结构造型:包装结构造型是包装材料和包装技术的具体形式;表面装潢:表面装潢是通过画面和文字美化、宣传和介绍商品的主要手段。

2. 包装的作用

货物包装作用有:保护商品在流通过程中品质完好和数量完整;便于货物的储存、保管、运输、装卸、计数;坚固的货物包装可以防盗和减少损失;合理货物包装可以减少舱容,节省运输费用。销售包装有利于购买者挑选和携带商品;销售包装可以美化商品,扩大销售,增加外汇收入。

3. 包装的分类

商品包装种类繁多,常见的商品包装的分类和包装种类如下。

(1)按商业经营习惯分类

①内销包装:是为适应在国内销售的商品所采用的包装,具有简单、经济、实用的特点。

②出口包装:是为了适应商品在国外的销售,针对商品的国际长途运输所采用的包装。在保护性、装饰性、竞争性、适应性上要求更高。

③特殊包装:是为工艺品、美术品、文物、精密贵重仪器、军需品等所采用的包装,一般成本较高。

(2)按流通领域中的环节分类

① 小包装:是直接接触商品,与商品同时装配出厂,构成商品组成部分的包装。商品的小包装上多有图案或文字标识,具有保护商品、方便销售、指导消费的作用。

② 中包装:是商品的内层包装,通称为商品销售包装。多为具有一定形状的容器等。它具有防止商品受外力挤压、撞击而发生损坏或受外界环境影响而发生受潮、发霉、腐蚀等变质变化的作用。

③ 外包装:是商品最外部的包装,又称运输包装。多是若干个商品集中的包装。商品的外包装上都有明显的标记。外包装具有保护商品在流通中安全的作用。

(3)按包装形状和材料分类

以包装材料为分类标志,商品包装可分为纸类、塑料类、玻璃类、金属类、木材类、复合材料类、陶瓷类、纺织品类、其他材料类等包装。

(4)按防护技术方法分类

商品包装可分为贴体、透明、托盘、开窗、收缩、提袋、易开、喷雾、蒸煮、真空、充气、防潮、防锈、防霉、防虫、无菌、防震、遮光、礼品、集合包装等。

4. 商品包装的基本要求

(1)商品包装的总体要求

① 适应各种流通条件的需要。要确保商品在流通过程中的安全,商品包装应具有一定的强度,坚实、牢固、耐用。对于不同运输方式和运输工具,还应有选择地利用相应的包装容器和技术处理。总之,整个包装应适应流通领域中的储存运输条件和强度要求。

② 适应商品特性。商品包装必须根据商品的特性,分别采用相应的材料与技术,使包装完全符合商品理化性质的要求。

③ 适应标准化的要求。商品包装必须推行标准化,即对商品包装的包装容(重)量、包装材料、结构造型、规格尺寸、印刷标志、名词术语、封装方法等加以统一规定,逐步形成系列化和通用化,以便有利于包装容器的生产,提高包装生产效率,简化包装容器的规格,节约原材料,降低成本,易于识别和计量,有利于保证包装质量和商品安全。

④ 包装要“适量、适度”。对销售包装而言,包装容器大小与内装的商品相宜,包装费用,应与内装商品相吻合。预留空间过大、包装费用占商品总价值比例过高,都有损消费者利益,误导消费者的“过分包装”。

⑤ 商品包装要做到绿色、环保。商品包装的绿色、环保要求要从两个方面认识:首先,材料、容器、技术本身应是对商品、对消费者而言,是安全的和卫生的;其次,包装的技法、材料容器等对环境而言,是安全的和绿色的,在选材料和制作上,遵循可持续发展原则,节能、低耗、高功能、防污染,可以持续性回收利用,或废弃之后能安全降解。

(2)商品包装的技术要求

① 商品包装技术的概念。商品包装技术是指为了防止商品在流通领域发生数量损失

和质量变化,而采取的抵抗内、外影响质量因素的技术措施,又称为商品包装防护方法。

②商品包装技术的要求。影响商品质量变化的外部因素分为物理、化学、生物等因素。商品包装防护技术正是针对以上影响商品质量的内、外因素而采取的具体防范措施。

6.4.1 包装的种类

由于运输、堆存、销售、陈列、保护商品等的不同要求,产品的包装设计产生了不同的种类和形式。有些包装只供生产计数和装运、堆存之用,并不一定都与消费者见面。有些包装则附随产品一起卖给消费者。由于作用与用途的区别,根据我国贸易实践和国际贸易的统一规定,我们把包装划分为运输包装和销售包装两大类。

1. 运输包装

运输包装(Transport Package)通常称为大包装或外包装。外包装,又称大包装。生产部门为了方便计数、仓储、堆存、装卸和运输的需要,必须把单体的商品集中起来,装成大箱,这就是运输包装。它要求坚固耐用,不使商品受损,并要求提高使用率,在一定的体积内合理地装更多的产品。由于它一般不和消费者见面,故较少考虑它的外表设计。为方便计数及标明内在物,只以文字标记货号、品名、数量、规格、体积,以及用图形标出防潮、防火、防倒、防歪等要求即可。外包装的材料最常用的是瓦楞纸箱,麻包,竹篓,塑料筐,化纤袋,铁皮等。

中包装,也属运输包装一部分(视用途而定),它是为了计划生产和供应,有利于推销,计数和保护内包装而设计的。如10包香烟为一条,8个杯子为一盒,20罐易拉罐啤酒为一箱等。一般设计比较简要,单纯,这要根据是否与消费者直接见面来确定设计。但在包装本身的制作上由于不是个体的小包装,因此,必须考虑制作结实。

随着带有中包装的产品适应超级市场的销售,因此对于中包装在要求制作结实的基础上,设计也越来越受到重视。它起到的作用往往与小包装是同等的。它的外形,图形,色彩,标记,符号同样构成了产品的外貌,代表着某种特定的商品,成为直接与消费者交流的桥梁。

运输包装有单件运输包装和集合运输包装(集装箱包装和托盘包装)。

(1)单件运输包装

①箱装(Case)。分木箱、纸箱、铁箱、塑料箱等,适用于不能积压的货物,如服装等。

②袋装(Bag)。分纸袋、塑料袋、布袋、麻袋等,适用于农产品和化学肥料等货物。

③桶装(Drum)。分木桶、铁桶、塑料桶等。适用液体、粉状物等货物的包装。

④捆(Bundle)或包(Bale)形式的包装。将货物用棉布、麻袋包装、在外面加铁箍和塑料袋的包装方式。适用于羊毛、棉花等可压紧的货物。

(2)集合运输包装

将单件运输包装组成一个大的包装,在国际贸易中常见的集合运输包装有:集装袋或集装包(Flexible Container)、集装箱(Container)、托盘(Pallet)等。国际贸易商品采用的运输包装要求严格。应符合商品的特点,满足运输方式的要求,符合交易方的贸易规则,便于货物装运、方便操作。国际贸易商品的运输包装比国内贸易商品的运输包装要求更高,在实际工作中应当体现下列要求:(1)必须适应商品的特性;(2)必须适应各种不同的运输方式的要求;(3)必须考虑有关国家的法律规定和客户的要求;(4)要便于各环节有关人员进行操作;(5)在保证包装牢固的前提下节省费用。

随着环保意识的增强,包装及其废弃物对生态环境的破坏和污染问题已引起各国的高度重视。进口国为了保护本国环境和资源,防止包装材料中夹带或隐藏病虫害传播蔓延,纷纷采取严格的卫生防疫措施。一般地讲,在包装材料方面,进口国主要禁止或限制某些原始包装材料和部分回收复用的包装材料,如木材、稻草、竹片、柳条、原麻、泥土和以此为基础的包装制品,如木箱、草袋、竹篓、柳条筐篓、麻袋、布袋等,以及篓、柳条筐篓、麻袋、布袋等,回收复用品的使用。在包装辅料方面,禁止或限制的主要对象是作为填充料的纸屑、木丝,作固定用的衬垫、支撑件等。对上述包装材料及辅料一般要求率先进行消毒、除鼠、除虫或进行其他必要的卫生处理。

2. 销售包装

销售包装(Selling Packing)又称小包装或内包装。销售包装除了保护商品外,还可以美化商品、宣传商品、介绍商品。是紧贴产品的按一定的数量包装好的,直接进入市场与消费者见面的产品包装。它的特点是在市场上陈列展销,不需要重新包装,分配和衡量。消费者可以直接选购自己所需要和喜爱的商品。例如,化妆盒、清洁剂、香水瓶、酒瓶、牙膏盒、香皂盒、礼品盒等,这类产品包装都起着包裹盛装产品的作用,从产品生产出来直至消费完毕始终起着保护、宣传、识别、携带,使用和体现产品个性、特性的作用,并赋予了商品与消费者对话,联络沟通思想的感情。所以销售包装是我们设计师设计的主要对象,并且它的种类很多。有盒、瓶、袋、筒、罐、听、帖、吊牌、包装纸、腰封等。而这些盒、瓶、袋、筒、罐等可以用纸张、玻璃、塑料、铁皮、铅皮等不同材料制作,并且同一类型的包装还可以有方、圆、多角、不规则变化及长、扁、高、矮等多种形式。根据产品销售地区的特点划分,包装还可以分类为:

(1)内销包装:包括运输包装,销售包装两大类;

(2)外销包装:在具备运输包装,销售包装两大类的同时,包装必须要适应进口国或地区的特点及需要,并要考虑长时间的海上运输等;

(3)特需包装:这是针对一些军用品,工艺品,珍贵文物的特殊包装,它不但比一般包装更需要增加抗压、防震的保护产品的功能,还需要考虑到防盗的功能。

并不是所有包装都需要大、中、小三种包装,应视需要而定。包装的目的都是为了保护产品,尤其是内包装及部分中包装,往往已经成为产品销售的一个部分,更应该保证其完美无损地到达消费者手里。消费者往往以包装是否破损来作为鉴定商品是否完好的一个标准。商品的销售包装应适应国际市场的需要,便于陈列展销、识别商品、携带和使用,另外,包装还要有艺术吸引力,以吸引顾客、提高售价和扩大销售。为了使销售包装适应国际市场的需要,在设计和制作销售包装时,应体现下列要求:便于陈列展销;便于识别商品;便于携带和使用和要有艺术吸引力。

6.4.2 包装标识

为了在运输过程中便于识别货物和计数,常常在运输包装上刷制一定的包装标志,包装标志有时也会在合同中加以规定。包装标志分两种:一种为运输标志;另一种为指示性、警告性标志。

1. 运输标志

运输标志(Shipping Mark)通常称为"唛头"或"唛",是由一个简单的几何图形和字母、数字以及简单文字所组成。运输标志通常是由三部分组成:

(1)收货人及发货人名称的代用简字、代号和简单的几何图形(有时不用几何图形);

(2)目的港(地)名称;需经过某地(港口)转运的,在目的地(目的港)下面加上转运地(港)名称,便于运输部门正确装运。

(3)件号,一般每件货物上应刷有表示顺序的件号。在实际业务中,经常既刷顺序件号又刷总件号,有的仅刷统号(例如 NOS. 1-100,每件包装上均刷此统号)。有的运输标志还按照买方的要求列入合同号码、信用证号码或进口许可证号码等。

为了便于计算机在运输和单证流转方面的应用,国际标准化组织向各国推荐使用标准化运输标志,其基本内容如下:

① 收货人或买方的名称字首或简称;

② 参照号码;

③ 目的地;

④ 件数号码。

例如,ABC 收货人名称缩写;SC-200505 参考号;HAMBURG 目的地(目的港) NO. 1-100 件数及箱号。包装上采用的运输标志,按合同规定,如合同和信用证都没有规定具体要求,由卖方决定。

2. 指示标志

指示标志(Indicative Mark)是针对一些易碎、易损、易变质货物,用醒目的图形或简单文字提示有关人员在装卸、搬运和储存时应注意的标志。

3. 警告标志

警告标志(Warning Mark)又称危险品标志,是对装有危险品、易燃品、有毒气体、腐蚀性物品和放射性物品等的运输包装上用文字或图形表示各种危险品的标志,提示工作人员警惕、采取安全措施,保护工作人员、货物的安全。

联合国海事协商组织规定,在出口危险品的外包装上要刷写"国际海运危险品标志"。在制作危险品标志时,我国颁布有《包装储运标志》和《危险货物包装标志》。

指示性、警告性标志经常使用文字说明,例如,关于货物性质方面的标志。有"有毒品"(Poison)、"爆炸物"(Explosive)、"易燃物品"(Inflatable)等。

关于操作方面的标志。"小心轻放"(Handle with care)、"请勿用钩"(Use No Hook)、"此端向上"(This Side Up)、"保持干燥"(Keep Dry)等。

为了避免因各国文字不同而造成的识别文字标识的困难,指示性、警告性标志还用简单、醒目、易懂的图样以弥补文字标志的不足。

6.4.3 中性包装和定牌

1. 中性包装

中性包装(Neutral Packing)是指商品和内外包装上均无生产国别和生产厂商名称。主要是为了适应国外市场的特殊要求,如转口销售,有可能你的买家不是最终的买家,只是一个中间商,所以要使用中性包装,或者为了打破某些进口国家的关税和非关税壁垒。这种中性包装的做法是国际贸易中常见的方式,在买方的要求下,可酌情采用。对于我国和其他国家订有出口配额协定的商品,则应从严掌握,因为万一发生进口商将商品转口至有关配额国,将对我国产生不利影响。出口商千万不能因图一己之利而损害国家的声誉和利益。

常用的中性包装有两种:一是无牌中性包装,这种包装既无生产国别、地名、厂名,也无商标牌号;二是有牌中性包装,这种包装不注明商品生产国别、地名、厂名,但要注明买方指定商标或牌号。无牌主要为了降低成本,节省费用,多用于半制成品或低值易耗品。定牌是为了扩大商标、牌名的知名度,扩大商品的销售市场,用于国外长期性、大数额的订货。

中性包装的做法是国际贸易中常见的方式,在买方的要求下,可酌情采用。因为中性包装外面没有任何信息所以对于里面的产品信息的查验就比较麻烦所以才要严格把关。不过要特别注意的是,因为各国的海关规定不同,所以在有的国家做的是中性包装,但是一定要上 MADE IN CHINA 才可以进去的,这样做是要求进口商明示这批货物是来自中国,如果不显示,有可能会拒绝放行,或者退回,比如科威特、埃及、尼日利亚、叙利亚、约旦、孟加拉国等。

2. 定牌

定牌是指按买方要求在出口国的商品和包装上使用买方指定的商标或牌名。定牌是为了扩大商标、牌名的知名度，扩大商品的销售市场，用于国外长期性、大数额的订货。在定牌业务中，要特别注意买方指定的商标的合法性和商标侵权行为。定牌主要有以下三种情况。

(1) 对某些国外大量的长期的稳定的定货，为了扩大销售，可以接受买方指定的商标，不附加生产国别的标志，即定牌中性包装。

(2) 接受国外买方指定的商标或牌名，但在商标或牌名下标明“中华人民共和国制造”或“中国制造”。

(3) 接受国外买方指定的商标或牌名，同时在商标或牌名下注明由买方所在国家工厂制造，即定牌生产地。

我国目前接受外商定牌的出口产品很多，大部分均标明“中国制造”。在做定牌业务时要注意买方指定的商标是否存在侵权行为。为了避免定牌业务中造成被动，可以在合同中规定：“买方指定的商标，当发生被第三者控告侵权时，应由买方与控告者交涉，与卖方无关。由此引起给卖方所造成的损失应由买方负责赔偿”。在国际市场上，中性包装已成为国际贸易中的一种习惯做法，它是推销出口商品的一种手段。我们接受中性包装，主要是为了打破某些国家和地区对我国商品实行高关税和不合理的配额限制，以便我国商品能顺利进入这类国家市场。但中性包装的做法在贸易中常引起争议，应慎用。

6.4.4 规定包装条款的注意事项

1. 包装条款

包装条款（Parking Clause）是指包括包装的种类和性质、包装材料、包装尺寸、包装费用和运输标志等内容。按照国际贸易习惯和某些国家的法律规定，包装条款是合同的主要条款，是货物说明的组成部分。如果货物的包装与合同规定或行业习惯有重大不符，则属于违约，买方有权索赔损失，甚至拒收货物。因此，买卖双方必须在合同中明确规定包装条款。

包装条款是买卖合同的主要条款。按照各国法律规定买卖双方对包装条款一经确定，卖方所交货物的包装必须符合合同的约定。在我国外贸合同中，常常对合同包装条款的签订不够重视，以“习惯出口包装”或“习惯包装”这种用语加以约定的做法，往往在日后履行合同时容易产生争议。

由于商品的品种、商品的特性不一，运输方法以及运输距离又不相同，包装条款的内容及繁简也不尽相同。包装条款一般包括包装材料、包装方式、包装规格、包装标志和包装费用的负担等内容。包装材料和包装方式应按合同中订立的内容进行包装，若合同中没有规定,卖方应按同种商品的惯常的方式进行包装。违反了合同中的包装规定即是违反了包装条款,买方可以拒收货物。

运输包装的方式与包装用料、辅料由不同商品的特性决定。与运输包装有关的内容,如费用、包装标志以及包装提供者的责任与义务等有时也必须在合同中明确规定。合同的包装条款一般包括以下主要内容。

(1)包装方式

箱(Case)。凡价值较高,容易受损的货物一般用箱装。箱可以分为木箱、夹板箱和钙塑箱,供不同特点的商品选择使用。为解决木材资源和便于处理废弃包装物,目前趋向以纸箱取代木箱。有些贵重商品目前仍在使用金属箱。箱内一般衬用防潮纸或塑料薄膜,有时则衬用锌箔(Zinc Lined)或锡箔(Tin Lined)。箱外通常包有打包铁皮或塑料带。

包(Bale)。凡可紧压且品质不受损害的货物,常见的有棉布或麻布,可以机压打包。包外用铁皮打包或塑料带扎紧。

桶(Drum;Barrel)。液体、半液体以及粉状货物可用桶装。制桶的材料与箱的材料类似,有木材、夹板、纸板、铁皮、塑料等。

袋(Bag)。一些农产品和化学原料常用袋装。袋的制作材料通常是棉制、麻制的物质。有时也用纸制和塑料的材料。为加强包装牢度,经常采用纸塑复合、多层塑料复合和编织袋。

集装箱(Container)。目前,不少商品可直接装入集装箱进行运输。

此外,还有篓、坛、罐等包装方式。

(2)包装的垫料及辅料

运输包装使用的衬垫物(Filling and Lining Materials)是包装条款应该包含的内容,不容忽视。衬垫物的作用是防震、防摔、防潮、防锈等。衬垫物一般用纸屑、纸条、防潮纸和各种塑料。在进出口贸易中应该注意,我国出口包装不准用报纸类物品作衬垫物。有些进口国家不准用稻草、干草、棉絮等物品作衬垫物。

2. 包装条款的注意事项

国际贸易合同的包装条款主要规定商品包装方式、包装材料、包装规格、包装标志和包装费用的负担。在规定合同的包装条款时,应注意下列问题。

(1)要根据具体商品作具体明确的规定,而不宜只笼统规定"适合海运包装"、"习惯包装"等模糊的包装条款,避免双方对上述术语内涵存在法律解释分歧。

(2)要充分考虑有关国家的现行法律,根据法律的规定选择合适的包装条款。如有的国家禁止或限制某种包装物料,或对运输标志有严格的规定,或对于不同商品的单件包装采用不同税率等,都应根据不同法律规定不同的包装条款;同时,对于危险品应规定包装符合《国际海上危险货物运输规定》的有关要求。

(3)明确包装由哪一方提供,在这一问题上,有由卖方提供包装、由卖方提供包装并收回和由买方提供包装三种情况。①由卖方供应包装,包装连同商品一块交付买方。②由卖方供应包装,但交货后,卖方将原包装收回,关于原包装返回给卖方的运费由何方负担,应作具体规定。③由买方供应包装或包装物料,采用此种做法时,应明确规定买方提供包装或包装物料的时间,以及由于包装或包装物料未能及时提供而影响发运时买卖双方所负的责任。

关于包装费用,一般包括在货价之中,不另计收,但也有不计在货价之内而规定由买方另行支付的,究竟由何方负担,应在包装条款中做出明确的规定,以利合同的履行。

本章小结

货物的品质是国际货物买卖合同的主要条件之一,是买卖双方交接货物的重要依据。而货物的品质又是内在质量和外观形态的综合,它必须借助于一定的方法表示出来。常见的表示方法主要有两类:一是以实物样品表示;二是以文字说明表示。

货物数量是指以国际通用或买卖双方约定的一定度量衡表示货物的重量、个数、长度、面积、容积等的量。当双方以一定数量的货物与一定金额的货款互换,就构成一笔交易。货物数量大小是计算单价、总额的重要依据,也是洽商交易的主要条件之一。

货物包装是商品的盛载物、保护物与宣传物。它包括运输包装和销售包装。它不仅具有保护商品的性能,而且拥有宣传、美化商品的魅力。选用理想的包装应结合客户的需求、商品的特性及国外的有关规定,达到科学、经济、牢固、美观、适销的要求。包装标志主要包括运输标志、指示性和警告性标志及其他标志等。包装条款是进出口合同中的重要交易条件,主要包括包装材料、包装方式、包装件数、包装标志及包装费用负担等内容,订立时应统筹考虑双方利益与要求,制订明确、具体、完整、周密的包装条款。

习题

1. 名词解释

(1)样品　(2)品质机动幅度　(3)溢短装条款　(4)以毛作净　(5)唛头

2. 填空题

(1)国际货物买卖中,商品质量的表示方法主要分为以________表示,以________表示。

(2)在凭样品买卖业务中,卖方寄出标准样品后,应在原样和留存的复样上编制相同的________,注明样品提交买方的________,以便日后联系、洽谈交易时参考。

(3)对于“货”、“样”难以做到一致的产品,应在合同中加列“________”的字样或类似条款。

(4)物品条码表示一定的信息,通过它可以判断该货物的________、地区、生产厂家、品种规格及________等。分配给我国的国别号为________、________、________。

(5)在我们做出口商品运输包装时,应适应________的特性,考虑________的要求,便于________的操作。

(6)以重量单位作为计量单位的货物有________、________、________等。

(7)合同中的数量条款主要由________和________两部分构成。

(8)合同订有溢短装条款并按合同计价的条件下,交货时市价下跌,多装对________有利,如市价上升,多装对________有利。

3. 单选题

(1)凡货物与样品无法做到完全相同的产品,一般不宜采用(　　)。

A. 凭规格买卖　　B. 凭标准买卖

C. 凭等级买卖　　D. 凭样品买卖

(2)珠宝、字画等具有独特性质的商品,在确定其品质时(　　)。

A. 最好用文字说明　　B. 应该既用样品,又用文字说明

C. 最好用样品磋商　　D. 只能看样品洽谈成交

(3)“标的物”条款就是合同的(　　)。

A. 品名条款　　B. 品质条款

C. 数量条款　　D. 包装条款

(4)适用于在造型上有特殊要求或具有色、香、味方面特征的商品,表示品质方式是(　　)。

A. 凭等级买卖　　B. 凭商标买卖

C. 凭说明书买卖　　D. 凭样品买卖

(5)在国际贸易中,对于某些品质变化较大而难以规定统一标准的农副产品,其表示品质的方法常用(　　)。

A. 看货买卖　　B. 凭样品买卖

C. 良好平均品质　　D. 上好可销品质

(6)在国际货物买卖中,唛头一般由(　　)。

A. 运输部门设计并刷制　　B. 买方提供

C. 卖方决定　　D. 生产经营单位设计并刷制

(7)按照国际惯例,包装费用(　　)。

A. 不应包括在货物价格之内,并在合同中列示

B. 应包括在货物价格之内,但必须在合同中另外列示

C. 包括在货物价格之内,一般不在合同中另外列示

D. 不应包括在货物价格之内,也不必在合同中列示

(8)在合同中如果未规定用何种方法计算重量和价格的,按照国际惯例应以(　　)计价。

A. 净重　　B. 理论重量　　C. 毛重　　D. 公量

4. 判断题

(1)为了争取国外客户,便于达成交易,应尽量选择质量最好的样品请对方确认。(　　)

(2)在国际货物买卖合同中规定:"中国大豆,水分14%,含油量18%"有利于明确货物品质,是正确的。(　　)

(3)在品质机动幅度和品质公差范围内,交货品质如有上下,一般不另行计算增减价。(　　)

(4)凭文字说明买卖,又提供参考样品的,卖方所交货物的品质,既要完全符合文字说明,又要与样品完全一致。(　　)

(5)为了防止在市价波动时享有溢短装权利的一方故意多装或少装货物,可以在合同中规定按装船时的市场价格计算溢装或短装部分的价格。(　　)

(6)运输包装上的标志都应在货运单据上表示出来。(　　)

5. 问答题

(1)在凭买方样品洽谈业务时应注意哪些问题?

(2)凭样成交有哪两项基本要求?

(3)包装标志有哪些?制作包装标志时应注意哪些问题?

(4)我方出口某种化工原料,共500公吨。合同与来证均规定为麻袋装。但到装船时才发现麻袋装货物只够450公吨,剩下50公吨便以塑料袋装的同样货物充抵。问这样有无问题?

(5)为什么要在国际货物买卖合同中规定数量机动幅度条款?数量机动幅度是如何规定?

(6)我方向阿联酋出口冻羊肉20公吨,每公吨FOB400美元。合同规定数量可增减10%。国外按时开来信用证,证中规定金额为8000美元,数量约20公吨。结果我方按22公吨发货装运,持单到银行办理议付时遭到拒绝。请问原因何在?

6. 案例分析题

(1)我出口公司与美国商人凭样成交一批高档瓷器。复验期为70天,货到目的港复验后未提出任何异议。但事隔一年买方来电称:瓷器全部出现"釉裂",只能削价

处理,因此要求我方按原成交价赔偿 60%,我方接电后立即查看留存的复样,发现其釉下亦有裂纹。我方应如何处理?

(2)出口合同规定:糖水桔子罐头,每箱 24 听,每听含五瓣桔子,每听罐头上都要用英文标明"MADE IN CHINA"。买方为了讨个吉利,每听装了六瓣桔子,装箱时,为了用足箱容,每箱装了 26 听。在刷制产地标志时,只在纸箱上注明了"MADE IN CHINA"。卖方以包装不符合同规定为由,向卖方要求赔偿,否则拒收货物。请问买方的要求是否合理?为什么?

(3)一笔出口矿砂的合同规定:"25000M/T 3% more or less at seller's option."卖方准备交货时,矿砂的国际市场价格上涨,作为卖方你准备交付多少?为什么?如果站在买方的立场上,磋商合同条款时,应注意什么?

第7章 进出口商品价格

教学目的和要求

通过本章的学习,要求学生了解进出口商品价格的构成,熟悉不同的作价方法,理解不同作价方法的利弊,能够结合现实背景选择正确作价方法报价;掌握进、出口商品价格的核算方法,能够正确核算进出口活动的经济效益;了解佣金和折扣的概念,掌握正确表示佣金和折扣的方法。

学习重点与难点

1. 商品的各种作价方法;
2. 价格条款的约定;
3. 出口商品的价格核算;
4. 进口商品的价格核算。

引子

在国际贸易中商品的价格始终是买卖双方最关心的问题,商品的价格条款是国际货物买卖的主要交易条件。因此,正确掌握进出口商品的价格,合理运用作价方法,正确核算进出口活动的经济效益,明确买卖合同中的价格条款,是完成进出口任务的一个关键环节。作为一名外贸业务员可以选用哪些方法进行报价?在考虑经济效益的前提下怎样核算价格?价格又是如何表示的?通过本章的学习,这些问题将迎刃而解。

7.1 国际贸易价格条款

商品的价格,通常是指商品的单价(Unit Price)。国际贸易的单价较国内贸易的单价复杂,一般需要由计量单位、单位价格金额、计价货币和贸易术语四项内容组成。例如,EUR400 per metric ton CIF New York。各部分对应如下:

每公吨	400	欧元	CIF 纽约
计量单位	单位价格金额	计价货币	贸易术语

7.1.1 作价办法

国际货物买卖的作价方法中以固定作价方法为主,有时也采用待定价格、暂定价格、部分固定价格部分非固定价格的方法作价。不同的作价方法各有优劣,在国际贸易实际工作中应结合实际情况选择恰当的方法作价。

1. 固定作价

固定价格是指交易双方在协商一致的基础上,对合同价格予以明确、具体地规定。

按照《联合国国际货物销售合同公约》的规定,合同中的价格可以由当事人用明示的方法规定,也可以用默示的方法规定。只要当事人根据合同或事先约定,可以将价格明确、具体地确定下来,即可称为固定价格。按各国法律规定,合同价格一经确定,就必须严格执行,任何一方都不得擅自改变。

例如"每公吨500美元,CIF纽约",如合同中无其他规定,则被认为是固定价格。

采用固定价格是国际市场上较常用的做法。其优点主要表现在:明确、具体和肯定,便于核算与执行。但是固定作价不灵活,这种作价方法意味着买卖双方要承担从订约到交货付款以至转受时价格变动的风险,行情变动剧烈时不利于合同的顺利履行。因此,对属于远期交货、成交量大、市场行情起伏不定的商品,不宜采用固定作价的方法成交。

2. 非固定价格

在国际贸易中,为减少价格变动的风险、促成交易和提高履约率,在规定合同价格时,往往采用一些灵活变通的做法,即按非固定价格成交。非固定价格的作价方法包括以下几种。

(1)待定价格

① 明确约定定价时间与定价方法

例如,"在装船月份前45天,参照当地及国际市场价格水平,协商议定正式价格";"按提单日期国际市场价格计算"。

② 只规定作价时间

在合同价格条款中只规定作价的时间,例如,"由双方在×年×月×日协商确定价格"。

注意:由于这种方式未对作价方式进行规定,可能因缺乏明确的作价标准而给商定价格带来困难,导致合同无法执行。所以,这种方法一般只适用于双方有长期业务往来关系,彼此熟悉相互交易习惯的情况。

(2)暂定价格

在合同中先约定一个初步价格,作为开立信用证和初步付款的依据,待双方确定最后价格后,再进行最后清算,多退少补。

例如,"单价暂定CIF神户,每公吨1000美元,定价方法:以××交易3个月期货,按装船月份平均价加5美元计算。买方按本合同规定的暂定价格开立信用证"。

(3)部分固定价格,部分非固定价格

为了照顾双方的利益,也可以采用部分固定价格、部分非固定价格的做法,或是分批定价的办法。交货期近的价格在订约时固定下来,余者在交货前一定时期内定价。

3. 价格调整条款(price adjustment clause)

国际上,对于某些商品,如成套设备、大型机械,从订约到合同履行完毕需时较长,可能因原材料、工资等变动而影响生产成本,价格的波动幅度可能较大。因此,为了避免承担过大的价格风险,保证合同的顺利履行,有的国际贸易合同除了规定具体价格外,还规定有不同的价格调整条款,把价格变动的风险限定在一定的范围内。

常见的做法是:订约时只规定初步价格(initial price),根据工资和原料价格的变动进行相应调整,从而确定最后价格。

例如,The above basic price will be adjusted according to the following formula based on the wage and price indexes published by ...(organization) in Oct. 2000

价格调整条款中通常使用下列公式来调整价格:

$$P = P_0 \times (A + BM/M_0 + CW/W_0)$$

其中:

P——商品交货时的最后价格;

P_0——签合同时约定的初步价格;

M——计算最后价格时引用的有关原料的平均价格或指数;

M_0——签合同时引用的有关原料的价格或指数;

W——计算最后价格时引用的有关工资的平均数或指数;

W_0——签合同时引用的工资平均数或指数;

A——经营管理费用和利润在价格中占的比重;

B——原料在价格中占的比重;

C——工资在价格中占的比重;

A、B、C 所分别代表的比例,在签合同时确定后固定不变。

这种价格调整条款,是按原料价格和工资变动来计算合同的最后价格。在通货膨胀的情况下,它实质上是出口厂商转嫁国内通货膨胀,确保利润的一种手段。这种做法已经被联合国欧洲经济委员会纳入它所制定的一些标准合同之中,适用于机械设备交易和一些初级产品交易,具有一定的普遍性。

7.1.2 计价货币的选择

在国际贸易中,计价货币通常与支付货币为同一种货币,但也可以是不同的货币。这些货币可以是出口国的货币或进口国的货币,也可以是第三国的货币,由买卖双方协商确定。在国际金融市场普遍实行浮动汇率制的情况下,买卖双方都将承担一定的汇率变化的风险。因此,进出口贸易的双方当事人不得不考虑汇价风险,选择使用货币。

计价货币(Money of Account)是指买卖双方约定用来计算价格的货币。如合同中规定成交商品的价格用双方当事人约定的货币(美元)来表示,则合同中规定的美元就是计价货币。支付货币(Money of Payment)是指买卖双方约定的用来支付的货币。如合同中规定买方用英镑向卖方结算货款,则英镑就是支付货币。需要说明的是,在一个合同中,计价货币和支付货币既可以是同一种货币,也可以是不同的货币。

一般进出口合同都是采用可兑换的、国际上通用的或双方同意的货币进行计价和支付。但是由于各种货币在国际市场上的地位和发展趋势不同,有软币(指实行浮动汇率的情况下汇率下浮的货币)和硬币(指实行浮动汇率的情况下汇率上浮的货币)之分。理论上,在出口交易中,采用硬币计价对卖方有利;在进口交易中,采用软币计价对买方有利。

在合同中规定计价货币与支付货币不同时,由于两种货币在市场上的地位不同(有的为硬币,有的为软币),则两种货币按什么时候的汇率进行结算,将直接关系双方的厉害得失。若两种货币的汇率按付款时的汇率结算,不论计价和支付用的是什么货币,都可以按计价货币的量收回货款。对卖方来说,若计价用硬币,支付用软币,基本上不会受损失;若计价用软币,支付用硬币,其收入的硬币就会减少,对卖方不利,而对买方有利。

若两种货币的汇率按订约时的汇率结算。对卖方而言,计价用硬币,支付用软币,卖方在结算时收入的软币代表的货值往往要少于按约定日的汇率应收入的软币所代表的货值,对卖方不利而对买方有利。反之,计价用软币,支付用硬币,则对卖方有利而对买方不利。

但是,在实际业务中,以什么货币作为计价货币,还应视双方的交易习惯、经营意图和具体价格而定。如果为了达成交易而不得不采用不利于自己的货币成交,可以采用一定的补救措施。

1. 根据该币种今后可能的变动幅度,相应调整对外报价。若在商定进口合同时使用当时视为"硬币"的货币为计价货币和支付货币,可在确定价格时,将该货币可能上浮的幅度考虑进去,将进口价格相应压低。如果在商定出口合同时使用当时被视为"软币"的货币计价和支付,则在确定价格时将出口价格相应提高。

2. 争取订立保值条款。交易双方签订买卖合同时约定合同货币与其他一种货币的汇率,付款时若汇率发生变动,即按比例调整合同价格。

在出口合同中常用三种方法,订立外汇保值条款(exchange clause)。

第一,计价货币和支付货币均为同一"软币"。确定订约时这一货币与另一"硬币"的汇率,按支付时当日汇率折算成原货币支付。例如,本合同项下的加拿大元金额,按合同成立日中国银行公布的加拿大元和瑞士法郎买进牌价之间的比例折算,相当于××瑞士法郎。在议付之日,按中国银行当天公布的加拿大元和瑞士法郎买进牌价之间的比例，将应付之全部或部分瑞士法郎金额折合成加拿大元支付。

The amount in Canadian Dollars under this contract is equivalent to Swiss Francs ... as calculated according to the ratio between the buying rate of Canadian Dollar and that of Swiss Franc published by the Bank of China on the day of concluding this contract. On the date of negotiation, the amount in Swiss Francs shall be converted into Canadian Dollars for full or part payment according to the ratio between the buying rates of Canadian Dollar and Swiss Franc published by the Bank of China on that date.

第二，"软币"计价，"硬币"支付。将商品价格金额按照计价货币与支付货币当时的汇率，折合成另一种"硬币"，按另一种"硬币"支付。例如，

本合同项下每一加拿大元相等于××瑞士法郎。发票和汇票均须以瑞士法郎开立。

Under this contract, one Canadian Dollar is equivalent to Swiss Franc ... Both invoice and draft shall be made out in Swiss Francs.

第三，"软币"计价，"软币"支付。确定这一货币与另几种货币的算术平均汇率，或用其他计算方式的汇率，按支付当日与另几种货币算术平均汇率或其他汇率的变化做相应的调整，折算成原货币支付。这种保值可称为"一揽子汇率保值"。几种货币的综合汇率可有不同的计算办法，例如采用简单平均法、加权平均法等等。这需要由交易双方协商同意。例如，

本合同项下的美元币值，系按×年×月×日中国银行公布的瑞士法郎、欧元和日元对美元买卖中间价的算术平均汇率所确定。所确定的算术平均汇率作为调整的基数。如中国银行在议付日公布的瑞士法郎、欧元和日元对美元买卖中间价的算术平均汇率与上述基数发生差异上下超过2%时，本合同项下的货款支付将按上述算术平均汇率的实际变动作比例调整。买方所开出的有关信用证必须对此做出明确规定。

The value of US Dollars under this contract is determined by the arithmetic average of the mean buying and selling rates of US Dollar against Swiss Franc, Euro and Japanese Yen published by the Bank of China on × × × (date). The arithmetic average so determined shall be taken as the basic figure for the purpose of adjustment. Should the arithmetic average of the mean buying and selling rates of US Dollar against Swiss Franc, Euro and Japanese Yen published by the Bank of China on the date of negotiation differ from the above basic figure more than 2%, the amount for payment under this contract shall be Credit opened by the Buyer must bear express stipulation to this effect.

7.1.3 贸易术语的选用

贸易术语是国际贸易报价中的重要组成部分，交易双方都希望选用对自己有利的贸易术语。如果在洽商交易的过程中，一方对另一方提出的贸易术语不同意，往往需

要改用其他的贸易术语重新报价，这就必须选用恰当的贸易术语进行报价，同时掌握主要贸易术语间的价格换算。在贸易过程中，贸易术语的选用应结合以下几方面的要求认真考虑。

首先，需要考虑增收节支外汇运保费因素。在我国外贸业务中，FOB、CFR 和 CIF 是最常用的贸易术语。一般说来，在出口业务中，我外贸企业应争取选用 CIF 和 CFR 术语，而少用 FOB 术语；反之，在进口业务中，应争取多选用 FOB 术语，少用 CFR 和 CIF 术语。对 FCA、CPT 和 CIP 术语的选用，在出口和进口业务中，也应分别按上述原则，予以掌握。因为，这样可为国家增加收入和节省支出外汇运费和保险费，并有利于促进我国对外运输事业和保险事业的发展。

其次，要考虑所使用的运输方式。按照相关国际贸易惯例，每种贸易术语各有其适用的运输方式。例如，FOB、CFR 和 CIF 术语只适用于海洋运输和内陆运输，而不适用于空运、铁路和公路运输。不适当地选用贸易术语，不考虑所使用的运输方式，将使该术语的解释产生困难。目前，集装箱运输和多式联运正在被广泛运用，而且还将进一步扩大与发展。为了这一趋势，我外贸企业应该按具体交易的实际情况，适当扩大选用 FCA、CPT 和 CIP 术语，以替代仅适用于水运的 FOB、CFR 和 CIF 术语。尤其在出口业务中，采用 FCA、CPT 和 CIP 术语较采用 FOB、CFR 和 CIF 术语，对买方而言将更加有利，主要原因在于能够更早地实现风险由卖方向买方的转移。

最后，要考虑安全收汇、收货的要求。在外贸交易进程的各个环节中，都可能存在对经营者造成损害的风险，应提前预防。贸易术语的选用，与保障出口收汇和进口收货的安全有密切联系。在我国出口业务中，国外买方往往要求按 FOB 术语向我购货，主要原因在于国外买方希望通过由其指定承运人、自办保险，以便向承运人和保险公司获取较低的运价和保险费。但是少数不法商人也可能与承运人相勾结，越过向银行付款赎单的正常环节，向承运人事先无单提货，随后采用逃逸或宣告破产的手段，骗取货物，造成我出口企业货款两空的不利局面。在进口业务中，如果采用 CRF 术语，应为由国外卖方租船或订舱，货物装船后的风险转由我方进口企业承担，而货物运输保险也由我方办理，如果国外卖方所安排的船舶不当，或与船方勾结出具假提单，就可能是我方蒙受付了款却收不到货物的损失。类似的诈骗案件在外贸实际业务中时有发生。因此，我外贸企业须提高警惕，调查了解可会资信状况，选用恰当的贸易术语成交，保证收汇或收货的安全。

在国际贸易中可供选用的贸易术语有多种，其中以 FOB、CFR 和 CIF 最为常用，但是这三种贸易术语只能使用于运输方式为水运的交易。由于采用 FCA、CPT 和 CIF 术语报价的价格构成分别与 FOB、CFR 和 CIF 类似，并且可以适用于各种运输方式下的交易，因此随着国际贸易的发展和运输方式的变化 FCA、CPT 和 CIF 术语的使用也日益增多。

1. FOB、CFR 和 CIF 三种价格的换算

不同的贸易术语表示的价格构成因素不同。FOB 术语的报价中不包括从装运港直至目的港的运费和保险费；CFR 术语的报价中则包括从装运港直至目的港的通常运费；CIF 术语的报价中既包括了上述通常运费，又包括通常保险费。

(1) CIF 价换算为其他价格

$$\text{CIF 价} = \text{FOB 价} + \text{国外运费} + \text{保险费}$$

注意：保险费是以 CIF 价为基础计算的，保险加成 = 1 + 保险加成率，通常情况下的保险加成率为 10%。

$$\text{CIF 价} = \text{FOB 价} + \text{国外运费} + \text{CIF 价} \times \text{保险加成} \times \text{保险费率}$$

$$\text{FOB 价} = \text{CIF 价} \times (1 - \text{保险加成} \times \text{保险费率}) - \text{国外运费}$$

$$\text{CFR 价} = \text{CIF 价} \times (1 - \text{保险加成} \times \text{保险费率})$$

(2) FOB 价格换算为其他价格

$$\text{CFR 价} = \text{FOB 价} + \text{国外运费}$$

$$\text{CIF 价} = (\text{FOB 价} + \text{国外运费}) / (1 - \text{保险加成} \times \text{保险费率})$$

(3) CFR 加换算为其他价格

$$\text{FOB 价} = \text{CFR 价} - \text{国外运费}$$

$$\text{CIF 价} = \text{CFR 价} / (1 - \text{投保加成} \times \text{保险费率})$$

应用例题 7-1

我某出口商品对外报价为每公吨 1200 英镑 FOB 黄埔，对方来电要求改报 CIFC5 伦敦。试求：CIFC5 伦敦价为多少？（已知保险费率为 1.68%，运费合计为 9.68 英镑）

解答 先利用 CIF 价 = (FOB 价 + 运费)/(1 - 保险加成 × 保险费率) 可求得 CIF 价：

$$\text{CIF 价} = (1200 + 9.68) / (1 - 110\% \times 1.68\%) = 1232.46 (\text{英镑})$$

再利用：含佣价 = 净价/(1 - 佣金率) 可求得 CIFC5 的价格

$$\text{CIFC5} = \text{CIF 价} / (1 - \text{佣金率}) = 1232.46 / (1 - 5\%) = 1297.32 (\text{英镑})$$

故，CIFC5 伦敦价为 1297.32 英镑。

2. FCA、CPT 和 CIP 三种价格的换算

随着国际贸易的发展，FCA、CPT 和 CIP 术语称为了与 FOB、CFR 和 CIF 术语相对应的一组重要的贸易术语。其中：

$$\text{CIP 价} = \text{FCA 价} + \text{国外运费} + \text{保险费}$$

类似于 CIF 术语报价中的保险费的计算基础，CIP 术语报价中的保险费是以 CIP 价格为基础加成计算的。

CPT 价 = FCA 价 + 国外运费

CIP、CPT 和 FCA 之间的价格换算类似于 CIF、CFR 和 FOB 之间的价格换算：

(1) CIP 价换算为其他价格

CIP 价 = FCA 价 + 国外运费 + CIP 价 × 保险加成 × 保险费率

FCA 价 = CIP 价 × (1 − 保险加成 × 保险费率) − 国外运费

CPT 价 = CIP 价 × (1 − 保险加成 × 保险费率)

(2) FCA 价格换算为其他价格

CPT 价 = FCA 价 + 国外运费

CIP 价 = (FCA 价 + 国外运费)/(1 − 保险加成 × 保险费率)

(3) CPT 加换算为其他价格

FCA 价 = CPT 价 − 国外运费

CIP 价 = CPT 价/(1 − 投保加成 × 保险费率)

7.1.4 价格条款的约定

国际货物买卖合同的价格通常由计量单位、单位金额、计价货币和贸易术语四部分组成。合同中的价格条款同样需要包括这四项内容；买卖双方达成交易后，必须在合同中正确无误地订立价格条款。除了上述四项内容外，如买卖双方在交易中还涉及佣金和折扣的规定时，在规定价格条款时，也应做出相应的规定。现举例说明价格条款的规定方法如下：

每公吨 400 美元 FOB 伦敦；

US $ 400 M/T FOB London

每台 120 美元 CIF 新加坡；

US $ 120 per set CIF Singapore

每码 20 美元 CIF 纽约包含 5% 佣金；

US $ 20 per yard CIF New York including commission 5%

或 US $ 20 per yard CIFC5% New York

每公吨 400 美元 CIP 纽约见折扣 2%；

US $ 400 M/T CIP New York less 2% discount

佣金和折扣通常需要在合同中作明确表示，但有时部分代理商要求在交易磋商的报价中不显示其应得的佣金，此时，一般也可以予以配合，但在内部的合同管理中应作及时具体的记录，以便按代理协议如期向其支付佣金。佣金与折扣的具体内容在本章 7.2 中有详细介绍。

7.2 佣金和折扣

7.2.1 佣金(Commission)

在国际贸易中,有些交易是通过中间代理商进行的。中间代理商因介绍生意或代卖而收取一定的酬金。佣金具有劳务费的性质。佣金直接关系到商品的价格,货价是否包括佣金和佣金比例的大小,都影响到商品的价格。

含佣价(Price Including Commission),在报价中已经包含了佣金的价格成为含佣价。

如:① USD 500 per M/T CIF HONGKONG including 2% commission——规定佣金比例

② Commission USD 100 per M/T——规定佣金绝对额

③ USD 500 per M/T CIFC2% HONGKONG——规定佣金比例

净价,在报价中不包含佣金,佣金在报价外另行支付,这样的报价称为净价。

与佣金有关的计算:

$$\text{单位货物佣金额} = \text{含佣价} \times \text{佣金率}$$

$$\text{净价} = \text{含佣价} - \text{单位货物佣金额} = \text{含佣价} \times (1 - \text{佣金率})$$

$$\text{含佣价} = \text{净价}/(1 - \text{佣金率})$$

注意:通过规定佣金的百分比计算佣金,计算基数直接影响佣金的多少。如,计算基数可以是FOB价格,也可以是成交价格,由双方约定。

应用例题7-2

1000公吨货物,CFRC3%每公吨1000美元,每公吨运费100美元。若以成交价格为计算基数,佣金额为多少?若以FOB价格为计算基数,佣金额又应为多少?

解答 ① $1000 \times 1000 \times 3\% = 30\ 000$ 美元

② $1000 \times (1000 - 100) \times 3\% = 27\ 000$ 美元

买卖双方在洽谈交易时,如果将佣金明确表示出来并写入价格条款中,称为明佣。如果交易双方对佣金已达成协议,但却约定不在合同中表示出来,约定的佣金由一方当事人按约定另行支付,则称为暗佣。

7.2.2 折扣(Discount)

折扣指卖方给买方一定的价格减让,它属于价格优惠的性质。有数量折扣(Quantity Discount)、特别折扣(Special Discount)和年终折扣(Turnover Bonus)等。

国际贸易中折扣通常在约定价格条款时用文字明确表示出来，折扣有明扣和暗扣之分。

明扣指在价格中明确规定折扣率的折扣。

暗扣指交易双方就折扣问题已达成协议，而在价格条款中却不明示折扣率的折扣。

折扣的表示：通常用文字表示，一般不用缩写。

例如，USD200 per metric ton CIF London including 3% discount

USD200 per metric ton CIF London less 3% discount

Discount USD6 per metric ton

折扣通常是以成交额或发票金额为基础计算的。计算方法如下：

$$单位货物折扣额 = 原价(含折扣价) \times 折扣率$$

$$卖方实际净收入 = 原价 - 单位货物折扣额$$

折扣一般是在买方支付货款时预先予以扣除的。也有的折扣金额不直接从货价中扣除，而按双方当事人暗中达成的协议，以卖方给暗扣或回扣的方式另行支付给买方。

7.3 出口商品的价格核算

正确的价格计算是正确出口报价的前提条件，没有准确的计算，就无法正确报价。从事进出口业务的人员，应熟练掌握各种报价、还价和成交价格的计算方法。本节将详细介绍出口报价核算（成本核算、运费核算、保险费核算、出口税收核算、佣金核算、银行费用核算、利润核算、出口报价核算）、出口还价核算、出口成交核算、出口商品盈亏核算（出口商品盈亏率、出口商品换汇成本）、进口商品盈亏核算和价格核算等内容。

7.3.1 出口报价核算

出口报价核算一般包括以下几部分内容：成本核算、运费核算、保险费核算、出口税收核算、佣金核算、银行费用核算、利润核算、出口报价核算。

1. 成本核算

值得注意的是，在成本核算时将涉及实际成本、采购成本和出口退税收入三个概念，采购成本并不是企业的实际成本，由于国家鼓励企业出口，故给出口企业退还一定比例的增值税，这样，企业实际发生的成本比采购成本要低，这一换算关系在本章第二节已对此公式做出了推导，这是计算时非常容易出错的地方，应予以注意，其公式为：

$$实际成本 = \frac{购货成本}{1 + 增值税率}(1 + 增值税率 - 出口退税率)$$

近年来，由于国际贸易形势发生变化，商务部宣布取消了一些出口商品的退税优惠政策，出口相关产品的企业应注意这一政策的变化，以免引起不必要的损失。

成本包括生产成本（制造商生产某一产品所需的投入）、加工成本（加工商对成品、半成品加工所需的成本）和采购成本（贸易商向供应商采购商品的支出）。

出口商品价格中费用所占的比重虽然不大但名目繁多，包括包装费（Packing Charges）、仓储费（Warehouse Charges）、国内运输费（Inland Transport Charges）、认证费（Certification Charges）、港区杂费（Port Charges）、商检费（Inspection Charges）、捐费（Duties and Taxes）、银行费用（Banking Charges）、出口运费（Freight Charges）、保险费（Insurance Premium）和佣金（Commission）等。

出口商品价格中除成本、费用外还必须包括预期利润。对出口商而言成本即是采购成本，一般供货商所报的价格就是采购成本。购货成本（供货商的报价）一般都包括增值税。增值税是以商品进入流通环节所发生的增值额为课税对象的一种流转税。由于国家鼓励出口，往往对出口商品采取按增值税款金额或按一定比例退还的做法（即出口退税），因而核算成本时应将出口退税减去。

购货成本 = 货价 + 增值税额 = 货价 + 货价 × 增值税率 = 货价 ×（1 + 增值税率）

货价 = 购货成本/（1 + 增值税率）

实际成本 = 购货成本 − 出口退税额

= 货价（1 + 增值税率）− 货价 × 出口退税率

= 货价（1 + 增值税率 − 出口退税率）

= 购货成本（1 + 增值税率 − 出口退税率）/（1 + 增值税率）

购货成本 = 实际成本（1 + 增值税率）/（1 + 增值税率 − 出口退税率）

退税收入 = 货价 × 出口退税率

= 购货成本/（1 + 增值税率）× 出口退税率

应用例题 7-3

某商品每件购货成本是 200 元人民币，其中包括 17% 的增值税，若该商品出口退税率为 9%，那么该商品（每件）的实际成本为多少？

解答 实际成本 = 购货成本（1 + 增值税率 − 出口退税率）/（1 + 增值税率）

= 200 ×（1 + 17% − 9%）/（1 + 17%）

= 184.6 元人民币

故该商品每件的实际成本为 184.6 元。

2. 保险费的核算

保险金额（Insured Amount）是保险人对保险标的实际投保金额，是保险公司所承担的最高赔偿金额，也是保险费的计算基础，一般由买卖双方商订。

除非信用证另有规定，保险单据必须表明最低投保金额应为货物 CIF 或 CIP 价格的总值加成10%，即投保最低金额为发票的CIF或CIP价加一成。

$$保险金额 = CIF(CIP)货价 \times (1 + 保险加成率)$$

$$保险费 = 保险金额 \times 保险费率$$

中国人民保险公司还制订了一份保险费率常数表，该表是以CFR或CPT价计算CIF或CIP价的速算表，只需用CFR或CPT价直接乘以表内常数，便可算出CIF或CIP价，可以简化计算。

我国进口货物的保险金额原则上也是按进口货物的CIF或CIP价格计算，但实务中大部分进口合同采用FOB或CFR贸易术语，在向中国人民保险公司投保时，均按估算出的CIF或CIP价作为投保金额而不必加成，其中的运费率和保费率用平均值计算。

3. 出口税收核算

对出口货物，海关将根据《中华人民共和国关税条例》的规定和《中华人民共和国海关进出口商品税则》规定的税率，从价征收关税。按规定，出口商品应交纳有关税金。特别是在WTO自由贸易的框架下，许多国家只对关系国计民生、本国稀有储备或高科技产品的出口通过关税或其他手段予以限制，而对大部分正常出口的商品是不予征税的。

出口货物应纳关税 = 出口货物完税价格 × 出口货物关税税率

出口完税价格是海关征收关税所依据的价格，目前我国海关征收出口关税是以商品的离岸价格为基础的。

FOB价成交时

$$出口完税价格 = FOB价/(1 + 出口税率)$$

以CFR或CIF价成交时，应先将运费、保险费从中减去。

CFR价成交时

$$出口完税价格 = (CFR价 - 运费)/(1 + 出口税率)$$

CIF价成交时

$$出口完税价格 = (CIF价 - 运费 - 保险费)/(1 + 出口税率)$$

应用例题7-4

某公司出口一批化学原料1000千克，出口关税为30%，成交价格为每千克100美元CFR科威特，假设从上海到科威特的运费为4000美元，汇率为100美元兑换751元人民币。计算应缴关税是多少？

解答 完税价格为(100 × 1000 - 4000)/(1 + 30%) = 73 846美元

出口应缴关税为：73 846 × 30% × 7.51 = 166 375.04元人民币

4. 佣金核算

通过前面一节的学习我们知道，佣金是中间商因介绍买卖而取得的报酬。折扣是卖方按原价格给买方一定比例的减让。凡价格中包含佣金的称之为含佣价。含佣价的表示方法，用文字说明，例如，250 美元/t CIF 伦敦包括佣金 3%（USD250 per Metric ton CIF London including 3% commission）；在贸易术语后加佣金的缩写英文字母和所给佣金的百分率表示。例如，200 美元/t CIF 伦敦（USD 200 per Metric ton CIFc2% London）折扣一般用文字表示，例如，200 美元/t CIF 伦敦减 1% 折扣（USD200 Per Metric ton CIF London Less 1% discount）。

我国的进出口业务中，一般是以发票金额（即含佣价）为基数计算佣金的，即发票金额乘以佣金率。

$$净价 = 含佣价 - 佣金$$

$$佣金 = 含佣价 \times 佣金率$$

$$含佣价 = 净价/(1 - 佣金率)$$

应用例题 7-5

我国某出口公司向英国某商人出售一批货物，中方原报价为 CIF 伦敦 C3% 850 美元，后英商要求改报 CIFC5%，问：我方在净收益不便的情况下应如何报价？

解答 本题已知含佣价 CIFC3% 为 850 美元，佣金率为 3%，可首先计算净价：

$$\begin{aligned}净价 &= 含佣价 - 佣金\\ &= 含佣价 - 含佣价 \times 佣金率\\ &= 含佣价 \times (1 - 佣金率)\\ &= 850 \times (1 - 3\%)\\ &= 824.5 \text{ 美元}\end{aligned}$$

净收益不便，即 824.5 美元，佣金率为 5% 时：

$$含佣价 = 净价/(1 - 佣金率) = 824.5/(1 - 5\%) = 867.9 \text{ 美元}$$

故我方在净收益不便的情况下改报 5% 的含佣价为 867.9 美元。

5. 银行费用核算

不同的结汇方式，银行收取的费用不同，同一结汇方式不同银行收取的费用也不尽相同，一般来说，L/C 费率收取 1.5%，D/A 费率 0.15%，D/P 费率为 0.17%，T/T 费率 0.1%。银行在收取费用时是按报价总金额来计收的。

$$银行费用 = 报价总金额 \times 银行费率$$

有时企业因周转资金短缺，无法向国内供应商采购货物，此时企业会向银行提出融资申请，这样就会出现银行给企业垫款，企业必须向银行支付垫款利息，由于垫款利息是用于出口商向国内供应商购买货物而发生的，所以垫款利息的计算是按照采购总成本来计算的。

6. 利润核算

核算利润时应注意计算基数，可以以成本为基数，也可以以售价为基数。

（1）以成本作为计算基础

如某产品的收购成本为100元人民币，利润率为20%，则利润为100×20%＝20元人民币，销售价格为100＋20＝120元人民币。

（2）以销售价格为计算基础

如上例中，利润为销售价格的20%

$$销售价格=收购成本+利润$$

$$利润=销售价格\times 20\%$$

则

$$销售价格=收购成本+销售价格\times 20\%$$

$$销售价格=收购成本/(1-20\%)=100/0.8=125\ 元人民币$$

$$利润=125\times 20\%=25\ 元人民币$$

7. 出口报价核算实例分析

出口报价首先要明确其价格构成，主要包括成本、各项费用、利润。就具体的贸易术语而言，FOB/FCA价包括成本、国内费用和预期利润；CFR/CPT价包括成本、国内费用、出口运费和预期利润；CIF/CIP价包括成本、国内费用、出口运费、出口保险费和预期利润。对于出口报价可以按以下概括性的公式进行核算：

$$出口报价=\frac{货物实际成本+出口各项费用之和}{1-出口各项费用率之和-利润率}$$

应用例题7-6

利用上海新龙股份有限公司向美国CRYSTAL KOBE LTD.的报价进行核算，报价资料如下。

每打CIFC3% NY，共400打女式衬衫。含增值税17%的成本是24.88CNY/PIECE，退税率为9%。国内费用包括运杂费860元人民币，商检报关费150元人民币，港区杂费600元人民币，认证费80元人民币，业务费1000元人民币，其他费用800元人民币。海洋运输费用为2070美元。海运保险按CIF价格价10%投保中国人民保险公司海运货物保险条款中的一切险和战争险，其保险费率合计为0.85%。客户佣金为出口报价的3%，利润为报价的10%，当时的汇率为7.51元人民币兑换1美元。请核算CIFC3% NY价是多少？

解答

成本：

含税成本：24.88元人民币/件

退税收入：24.88 ÷（1＋17%）×9%＝1.9138元人民币/件

实际成本＝24.88－1.9138＝22.9662元人民币/件

费用：

国内费用：$(860+150+600+80+1000+800)\div 4800=0.7271$ 元/件

出口运费：$2070\times 7.51\div 4800=3.2387$ 元/件

客户佣金：报价 ×3%

保险费：CIF 报价 ×110% ×0.85%

利润：

CIF 报价 = 成本 + 费用 + 利润

　　= 22.9662 + 0.7271 + 3.2387 + CIF 报价 ×3% + CIF 报价 ×110% ×0.85% + CIF 报价 ×10%

CIFC3% = (22.9662 + 0.7271 + 3.2387)/(1 − 3% − 110% ×0.85% − 10%)

　　= 26.932/0.8607

　　= 31.2908 元/件

　　= 31.2908 ÷7.51(汇率)

　　= 4.1666 美元/件

故，每打报价 = 4.1666 ×12 = 49.9992 = 50 美元/打。

7.3.2 出口还价核算

在激烈的市场竞争环境中，一方发盘，另一方总是要还盘。实际业务中，出口商首先要对还盘进行必要的分析和核算，了解对方要求价格对自己预期利润的影响程度，其次分析价格构成中的哪些要素是可以调整的，比如能否减少费用开支，降低采购成本等。总之，在进行出口还价核算时，出口商应考虑如果按客户的还价，自己是否还有利润，利润是多少？只有经过这样的核算，才能知道能否接受对方的还价。

应用例题 7-7

美国 CRYSTAL KOBE LTD. 收到上海新龙股份有限公司发盘后，对其报价进行了还价。还价要求：每打 USD45 CIFC3% NY，共 400 打女士短衫。那么，上海新龙股份有限公司能否接受此还价？

解答

利润 = 销售收入 − 实际购货成本 − 国内费用 − 海洋运费 − 保险费 − 佣金

　　= 45 ×7.51 ÷12 − 22.966 − 0.7271 − 3.2387 − 45 ×7.51 ÷12 ×(110% ×0.85% +3%)

　　= 28.1625 − 22.9662 − 0.7271 − 3.3287 − 1.1082

　　= 0.1223 元人民币/件

总利润 = 0.1223 ×400 ×12 = 587.04 元人民币

利润率 = 0.1223 ×12 ÷(45 ×7.51) ×100% = 0.434%

由以上分析可知，对方的还价上海新龙股份有限公司无法满足，因其利润率太低。所以上海新龙股份有限公司应向对方说明由于国内原材料价格和物价水平上涨，45美元每打的报价无利可图，并经过仔细核算报出48.5美元CIFC3%NY的最低报价。

7.3.3 出口成交核算

出口成交核算与还价核算的过程基本相同，不同的是成交核算是在双方达成交易后出口方对其成交结果的总结，核算企业的利润和利润率。

应用例题7-8

上例中，美国CRYSTAL KOBE LTD.于8月24日来函追加订购100打，按每打48.50美元CIFC3%NY的价格成交。请按相关资料，按每打48.50美元CIFC3%NY的报价进行核算。

购货成本 = 24.88 × 500 × 12 = 149 280 元人民币

出口退税收入 = 149280 ÷ (1 + 17%) × 9% = 11 483.08 元人民币

国内费用总额 = 860 + 150 + 600 + 80 + 1000 + 800 = 3490 元人民币

出口运费总额 = 2070 × 7.51 = 15 545.7 元人民币

合同利润总额 = 销售收入 + 出口退税收入 − 出口运费 − 出口保险费 − 客户佣金 − 采购成本 − 国内费用

= 48.5 × 7.51 × 500 + 11 483.08 − 15545.7 − 48.50 × 7.51 × 500 × 110% × 0.85% − 48.5 × 7.51 × 500 × 3% − 149 280 − 3490

= 18118.56 元人民币

利润率 = 18 118.56 ÷ 182 117.5 × 100% = 9.95%

7.3.4 出口商品盈亏核算

出口商品在国际市场上的竞争日益激烈，商品的价格因素是商品竞争力的重要影响因素。因此，对出口商品的价格要进行准确的核算，做到既有竞争力又有一定的盈利水平。出口商品盈亏率、出口换回成本是衡量出口商品盈利水平的常用指标。

1. 出口商品盈亏率

出口商品盈亏率是指出出口商品盈亏额与出口商品总成本的比率。比率为正表示盈利，为负则意味着亏本。

出口商品盈亏率 = 出口商品盈亏份额/出口商品总成本 × 100%

出口商品总成本(退税后) = 出口商品采购成本(含增值税) + 定额费用 − 出口退税收入

其中:定额费用 = 出口商品采购定价 × 费用定额率(5% ~10%)。定额费用一般包括生产加工费、银行利息、交通费用、管理费用和仓储费用等。

FOB 报价:出口商品盈亏额 = 出口销售人民币总收入 - 出口总成本

CIF 报价:出口商品盈亏额 = 出口销售人民币总收入 - 国际运费 - 保险费 - 出口总成本

应用例题 7-9

某服装进出口公司对外报价为每打 USD280.00CIF NEW YORK,总计 300 打,原料采购成本(含 17% 增值税)为 CNY300 000.00,生产加工费 CNY200 000.00,加工损耗为 2%,管理费用为 10%,仓储费用为 6%,退税率为 12%,运费每打 USD10.00,保险费费为每打 USD1.00,若暂不考虑及其损耗和其他杂费,以买入价 USD1 = CNY8.2 计算该出口商品盈亏率。

(注意:计算时应先将货币统一)

解答

出口销售人民币总收入 = 280 × 300 × 8.2 = 688 800CNY

出口商品总成本 = [300 000 + 200 000 + 300 000 × (2% + 10% + 6%) - 300 000 ÷ (1 + 17%) × 12%]

= 523 231CNY

出口商品盈亏额 = 出口销售人民币总收入 - 出口总成本 - 运费 - 保险费

= 688 800 - 523 231 - (3000 + 300) × 8.2

= 138 509CNY

出口商品盈亏率 = 138 509/523 231 × 100% = 26%

值得注意的是,出口商品盈利不仅与生产过程的成本有关,而且还与本币和进口过货币的比价有直接关系。

2. 出口商品换汇成本

出口商品换汇成本是指通过商品出口,用多少本币可以换回一个单位外币的比率。这项指标较为直观,在实际业务中常被采用。

换汇成本 = 出口商品总成本(本币)/ 出口商品的外汇净收入(FOB 价)

换汇成本核算盈亏的方法是将计算出来的换汇成本与银行外汇买入价进行比较,如果计算出的换汇成本大于外汇买入价,则表示亏损,反之则意味着盈利。

应用例题 7-10

同上例。

解答

出口商品的外汇净收入 = USD84 000 - USD3000 - USD300

= USD80 700

出口总成本 = CNY523 231

换汇成本 = 523 231/80 700 = 6.5CNY/USD

通过出口该商品，没换回 1 美元用 6.5 元人民币，而外汇牌价为每买入 1 美元用 8.2元人民币，因此每换回 1 美元可盈利：8.2 − 6.5 = 1.7 元人民币，盈利率为：1.7/6.5 × 100% = 26%，与前面的计算结果相吻合。

3. 出口商品盈亏额核算实例分析

以上海新龙股份有限公司向美国 CRYSTAL KOBE LTD. 的报价为例，核算上海市新龙股份有限公司的出口商品盈亏率和出口商品换汇成本。

出口商品盈亏率的核算如下：

出口销售人民币总收入 = 48.5 × 7.51 × 500 = 182 117.50CNY

出口商品总成本 = 149 280 + 3490 − 11 483.08 = 141 286.92CNY

出口商品盈亏额 = 出口销售人民币总收入 − 运费 − 保险费 − 出口总成本

= 182 117.50(1 − 3%) − 15 545.57 − 1702.8 − 141 286.92

= 18 118.68CNY

出口商品盈亏率 = 18 118.68/141 286.92 × 100% = 12.82%

出口商品换汇成本的核算如下：

出口商品的外汇净收入（FOB 价）

= 24 250(1 − 3%) − 2070 − 24 250 × 110% × 0.85%

= 23 522.50 − 2070 − 226.74

= 21 225.76USD

出口总成本 = 141 286.92CNY

换汇成本 = 141 286.92CNY/21 225.76USD = 6.6564CNY/USD

通过以上分析可以发现，上海新龙股份有限公司通过该笔出口交易，每换 1 美元用 6.6564 元人民币，而外汇牌价为每买入 1 美元用 7.51 元人民币，因此每换回 1 美元可盈利：7.51 − 6.6564 = 0.8536 元人民币，盈利率为 0.8536/6.6564 × 100% = 12.82%，与前面的计算结果相一致。

7.4 进口商品的价格核算

7.4.1 进口商品价格核算

进口商品价格核算是指外贸公司对进口商品的进口价格、进口关税以及各项费用的核算，以确定合理的利润流程，制定正确的销售价格。

进口价格核算在业务费用、海运费、保险费的核算与出口报价核算基本相似，但在进口关税核算和进口环节代征税的计算方面存在差异。关税税款以人民币计征，如果进口货物的价格及有关费用以外币计价的，海关按照货物适用税率之日起所适用的计征汇率折合为人民币。关税以及进口环节增值税、消费税、滞纳金、滞报金的起征点是人民币50元。

1. 进口关税

进口关税税额的计算可分为从价关税和从量关税的计算，从价关税税额 = 完税价格 × 适用的进口关税税率，从量关税税额 = 进口货物数量 × 适用的单位税额。另外还有采用复合关税的做法。

加入WTO后，我国降低了大部分商品的进口税率，并取消了部分商品的关税。和出口关税的征收方法一样，进口关税大都是从价计征的。

我国进口商品完税价格一般是以CIF价作为完税价格，因此若是CFR价或FOB价时，将折算为CIF价，即：

(1)CIF价成交：成交价即完税价格

(2)CFR价成交：完税价格 = CFR价/(1 − 保险费率)

(3)FOB价成交：完税价 = (FOB价 + F)/(1 − 保险费率)

2. 进口环节代征税的计算

根据《海关法》的规定，在进口环节，海关代征的国内税主要涉及消费税和增值税。增值税的计征采用从价税，而消费税的计征标准包括从价标准、从量标准和复合标准。

(1)消费税

消费税是针对进口烟酒、化妆品、护肤护发品、贵重首饰等商品征收的。

从价消费税额的计算公式为：

应纳税额 = 计税价格 × 消费税率

计税价格 = (关税完税价格 + 关税)/(1 − 消费税率)

从量消费税额的计算公式为：

应纳税额 = 应纳税商品数量 × 消费税单位税额

(2)增值税

在我国，增值税的税率有三种：第一种是出口货物适用的零税率；第二种是属于特定货物适用的低税率13%；第三种是一般货物适用的基本税率17%。

增值税的相关计算公式：

计税价格 = 关税完税价格 + 关税 + 消费税

应纳税额 = 计税价格 × 增值税率

应用例题 7-11

某进出口公司计划从美国进口美容器械 2 台，每台价格是 3000 美元 FOB 纽约，海运运费估计为 2500 美元，保险费 300 美元，进口关税税率为 33%，增值税应缴 17%，进口的其他杂费，如领证费、报关费、商检费和国内运费总计 1800 元人民币，消费税率为 17%，如果该公司期望的利润率为 20%，则国内销售价格应至少制定为多少？（若外汇牌价为 USD1 = CNY8.2）

解答

(1) 计算关税

关税完税价格 = FOB 价 + 运费 + 保险费

= (3000 × 2 + 2500 + 300) × 8.2 = 72 160 元人民币

关税 = 关税完税价格 × 关税税率 = 72 160 × 33% = 23 812.8 元人民币

(2) 计算消费税和增值税

消费税的计税价格 = (关税完税价格 + 关税)/(1 − 消费税率)

= (72 160 + 23 812.8)/(1 − 17%)

= 115 630 元人民币

消费税 = 计税价格 × 消费税率 = 115 630 × 17% = 19 657.1 元人民币

增值税计费价格 = 关税完税价格 + 关税 + 消费税

= 72 160 + 23 812.8 + 19 657.1 = 115 630 元人民币

应纳增值税税额 = 计税价格 × 增值税率

= 115 630 × 17% = 19 657.1 元人民币

(3) 计算进口总成本

进口总成本 = FOB 价 + 海运运费 + 保险费 + 关税 + 消费税 + 增值税 + 杂费

= 49 200 + 20 500 + 2460 + 23 812.8 + 19 657.1 + 19 657.1 + 1800

= 137 087 元人民币

(4) 计算国内销售价格

国内销售价格 = 进口总成本 × (1 + 利润率)

= 137 087 × (1 + 20%)

= 164 504.4 元人民币

故，每台应售 82 252.2（即 164 504.4 ÷ 2）元人民币。

3. 关于滞报金和滞纳金的核算

(1) 滞报金

滞报金是海关依法对未在法定期限内申报进口货物的收货人采取的加收款项，属于经济惩罚性质。

加收滞报金的目的在于加速口岸疏运，提高海关通关效率，促使进口货物收货人按规定时限申报。根据《海关法》的规定：进口货物申报期限为自载该货物的运输工具进境之日起14日内，逾期申报的，由海关征收滞报金，申报期限的最后一天是法定节假日或休息日的，顺延至法定节假日或休息日后的第一个工作日。滞报金日征收额按规定以进口货物完税价格的0.5‰征收：

应纳滞报金=进口货物完税价格×0.5‰×滞报天数

(2)滞纳金

按照《海关法》和《关税条例》的规定：进出口货物的纳税义务人，应当自海关填发税款缴款书之日起15日内缴纳税款；逾期缴纳的，由海关征收滞纳金。对于应纳关税的单位和个人，因在规定期限内未向海关缴纳依法应交纳的税款，海关依法在原应纳税款的基础上，按照日加收滞纳税款的0.5‰的滞纳金。滞纳金的起征额为50元：

应征滞纳金金额=滞纳应征税税额×0.5‰×滞纳天数

7.4.2 进口商品盈亏核算

进口商品盈亏核算主要采用进口商品盈亏率加以核算，进口商品盈亏率是指进口盈亏额和进口总成本之间的比率，即：

进口盈亏率=进口盈亏额/进口总成本

进口盈亏额=进口销售收入-进口总成本

应用例题7-12

我某外贸公司进口面料，共800码，进口价格为每码6美元CIF上海，进口税为12%，其他国内费用以人民币计为：报关费200元，货物检验费150元，国内运费300元，杂费100元，进口面料净国内加工后成衣出口总计可获得净收入为7000美元，若当时中国银行的外汇牌价为USD1=CNY8.20，则该批进口商品的盈亏率计算如下：

进口总成本=进口原料价格+各种费用

=800×6(1+12%)+(200+150+300+100)/8.2

=5376+91.46=5467.46美元

进口销售收入=7000美元

进口盈亏额=进口销售收入-进口总成本

=7000美元-5467.46美元

=1532.54美元

进口盈亏率=进口盈亏额/进口总成本×100%

=1532.54/5467.56×100%

=28.03%

本章小结

本章首先介绍了国际贸易商品价格条款，包括固定作价与非固定作价的两类作价方法，报价时计价货币的选择以及贸易术语的选用等内容。佣金是中间代理商因介绍生意或代卖而收取的一定的酬金，佣金具有劳务费的性质。包含佣金的价格称为含佣价，不包含佣金的价格称为净价。折扣则是指卖方给买方一定的价格减让，它属于价格优惠的性质。作为出口业务员必须能够熟练掌握出口商品的价格核算技能，能够正确进行出口报价核算、出口还价核算、出口成交核算以及出口商品盈亏核算；作为进口业务员需要熟练掌握进口商品的价格核算技能，包括进口商品的价格核算和进口商品盈亏核算。

习题

1. 选择题（不定项）

（1）以下进出口商品的单价，（　　）的表达是正确的。

A. 250 美元/桶　　B. 250 美元/桶 CIF 伦敦

C. 250 美元/桶 CIF 广州　　D. 250 美元/桶 CFR 德国

（2）本国货币对外贬值一般（　　）。

A. 对本国出口商有利　　B. 对本国进口商有利

C. 都有利　　D. 都不利

（3）佣金的表示方法有（　　）。

A. 在价格中表明所含佣金的百分比　　B. 用字母“C ”来表示

C. 用“R”表示　　D. 用字母“D”来表示

（4）支付给中间商的酬金叫（　　）。

A. 预付款　　B. 折扣　　C. 佣金　　D. 订金

（5）下列表示商品单价的方法正确的是（　　）。

A. 每公吨 CFR 大阪 800 美元

B. 每公吨 CFR800 美元

C. 每公吨 CFR 大阪 800

D. 每公吨 CFR 大阪含 5% 佣金 800 美元净价

（6）在进出进出口业务中，非固定价格的规定方法主要有（　　）。

A. 只规定作价的方式而具体价格留待后确定

B. 暂定价

C. 部分固定价格 部分非固定价格

D. 支付一定的订金,余款后付

(7)在国际贸易中,含佣价的计算公式是(　　)。

A. 单价×佣金率　　B. 含佣价×佣金率

C. 净价×佣金率　　D. 净价/(1－佣金率)

(8)凡货价中不包含佣金和折扣的被称为(　　)。

A. 折扣价　　B. 含佣价　　C. 净价　　D. 生产成本价

(9)(　　)是含佣价。

A. FOBS　　B. FOBT　　C. FOBC　　D. FOB

(10)以下我国某进口商品的单价,只有(　　)的表达是正确的。

A. 250 美元/桶　　B. 250 美元/桶 CIF 伦敦

C. 250 美元/桶 CIF 大连　　D. 250 美元/桶 CFR 德国

2. 计算题

(1)我出口某商品对外报价为 480 欧元/公吨 FOB 湛江,现外商要求将价格改报 CIF 旧金山,试求:我方的报价应为多少才能使 FOB 净值不变?(设运费是 FOB 价的 3%,保险费为 FOB 价的 0.8%)

(2)设我方以 50 美元/袋 CIF 新加坡出口某商品 1000 袋,货物出口前,由我方向中国人民保险公司投保水渍险、串味险及淡水雨淋险,水渍险、串味险及淡水雨淋险的保险费率分别为0.6%、0.2%和0.3%,按发票金额110%投保,问:该批货物的投保金额和保险费各是多少?

(3)我某进出口公司向国外某商人询购某商品,不久,我方收到对方 8 月 15 日的发盘,发盘有效期至8 月 22 日。我方于 8 月 20 日向对方复电:“若价格能降至 56 美元/件,我方可以接受。”对方未作答复。8 月 21 日我方得知国际市场行情有变,于当日又向对方去电表示完全接受对方8 月 15 的发盘。问:我方的接受能否使合同成立?为什么?

(4)某批商品的卖方报价为每打60 美元 CIF 香港,若该批商品的运费是 CIF 价的 2%保险费是 CIF 价的 1%,现外商要求将价格改报为 FOBC3%。问:FOBC3%应报多少?

(5)我出口某商品,原报价为 350 美元/桶 CIF 纽约,现外商要求将价格改报为 CFRC5%。已知保险费率为 0.6%,试求:我方应将价格改报为多少?

(6)我方按 CFR 迪拜价格出口洗衣粉 100 箱,该商品内包装为塑料袋,每袋 0.5 千克外包装为纸箱,每箱 100 袋,箱的尺寸为:长 47cm、宽 30cm、高 20cm,基本运费为每尺码吨 HK＄367,另加收燃油附加费 33%,港口附加费 5%,转船附加费 15%,计费标准为 M,试计算:该批商品的运费为多少?

(7)美国对 X 商品的进口征收混合税,从量税税率为每磅 0.2 美元,从价税率为 50%,若美国一公司从其他国家进口 50 万磅折合为 40 万美元的 X 商品,关税税额为多少?

(8)我某出口商品对外报价为每公吨 1200 英镑 FOB 黄埔,对方来电要求改报 CIFCS% 伦敦,试求:CIFC5% 伦敦价为多少?(已知保险费率为 1.68%,运费合计为 9.68 英镑)

(9)我方某公司向东京某进口商出口自行车 100 箱,每箱一件,每箱体积是 20cm × 50cm × 120cm,计收运费的标准为 M,基本运费为每运费吨 280HK $,另加收燃油附加费 30% 港口拥挤费 10%,问:该批商品的运费是多少?

(10)某公司向香港客户报水果罐头 200 箱,每箱 132.6 港元 CIF 香港,客户要求改报 CFR 香港含 5% 佣金价.假定保险费相当 CIF 价的 2%,在保持原报价格不变的情况下,试求:1)CFRC5% 香港价应报多少? 2)出口 200 箱应付给客户多少佣金?

第8章 国际货物运输

教学目的和要求

通过学习，要求学生了解国际贸易中的各种运输方式、运输单据的种类；理解并掌握班轮运输特点及其运费的计算方式，重点掌握海运提单的内容及种类；熟悉装运条款的内容和装运条款的各项规定。

学习重点与难点

1. 各种运输方式及其特点；
2. 运费的计算；
3. 运输单据种类；
4. 装运条款内容和规定。

引子

如果你有一批货物要出口到国外去，你是不是会为采用哪种运输方式而发愁呢？你该选择什么样的运输公司替你办理运输业务？运输过程中出现意外事件（如货物延期到达）该怎么办？你该注意哪些重要单据呢？通过本章内容的学习，这些问题将会得到解决。

典型案例

我国某公司与美国某公司签订出售某农产品 3500 公吨的合同，每公吨 CIF 鹿特丹 24 英镑，总值为 84 000 英镑。装船日期为当年 12 月至次年 1 月，对方以不可撤销的即期信用证进行支付。我国某公司在租船装运时，由于原订货船突然发生故障，不能在预定时间到达我国口岸装货，临时改派香港某公司期租船装运，又因连日风雪，迟至 2 月 11 日才装运完毕，2 月 13 日开航。我某公司为了取得符合信用证所规定的装船日期（即当年 12 月 1 日至次年 1 月 31 日）的提单，要求外轮代理公司按 1 月 31 日签发提单，并凭借此提单向银行办理了议付手续。货物到达鹿特丹，外商对装船日期发生怀疑，聘请律师上船查阅航海日志，查实提单的签发日期是伪造的，立即向当地法院起诉，法院发出扣船通知。在审理过程中，我方经四个月的谈判，争取庭外和解，后达成协议：由我方支付赔偿金 20 600 英镑，外商撤销起诉。我方不仅损失了外汇，还在国际上造成了不良的影响。关于本案例，涉及国际货物运输的许多细节知识，通过本章的学习，我们应该能够会对此案例进行一个正确的分析和认识。下面将详细介绍国际货物运输的有关知识。

在国际贸易中，货物的交付需要通过国际间的长途运输来实现。《中华人民共和国国家标准物流术语》规定：运输（Transportation）是指用设备和工具，将物品从一个地点向另一地点运送的物流活动，其中包括集货、分配、搬运、中转、装入、卸下、分散等一系列操作。国际货物运输是指与一国进出口货物贸易相关的货物运送活动。没有国际货物运输无法实现进出口商品在空间上的移动和跨国交付，国际贸易活动也就不能最终实现。国际货物运输是一项涉外工作，政策性很强，而且国际货物运输的运作环境相对比较复杂，时间和空间距离较大，气候条件较为复杂，物品在不同国家之间的流动和转移往往需要不同运输方式承运人的参与和相互协作，经过多次转运才能完成，故国际货物运输的风险较大。国际贸易使用的运输方式有很多，主要有海洋运输、铁路运输、航空运输、公路运输、国际多式联运和大陆桥运输等。其中，海运是我国最重要的国际货物运输方式。具体使用哪一种运输方式，由买卖双方在交易磋商时约定。

8.1 海洋运输

8.1.1 海洋运输的特点

海洋运输（Ocean Transportation）是国际贸易中使用最为广泛的一种运输方式，其运量在国际货物运输总量中约占80%以上，海洋运输方式具有以下优点。

1. 运量大

海洋运输船舶的运载能力远大于铁路运输和公路运输车辆，而且现在的船舶都朝着大型化发展，比如50万吨以上的巨型油船、16万吨的散装船，以及集装箱船的大型化。

2. 通过能力大

海洋运输可以利用四通八达的天然航道，不像火车、汽车受轨道和道路的限制，故其通过能力要超过其他各种运输方式。如果因政治、经济、军事等条件的变化，还可随时改变航线驶往有利于装卸的目的港。

3. 运费低

海洋运输量大、航程远，分摊于每吨货物的运输成本也就少，故其运价也相对低廉，这对于从事国际贸易企业来说具有很大的吸引力。

另外，海洋运输对货物的适应能力也强，如石油井台、火车、机车车辆等超重大货物，其他运输方式是无法装运的，但船舶一般都可以装运。当然，海洋运输也存在着不足之处,如航速较慢、容易受到气候和自然条件影响、航期不易准确等,故海洋运输方式具有较大的风险,这些风险一般可以通过投保的方式来规避。

8.1.2 国际货物海运航线

1. 海运航线分类

(1)国际货物海运航线按船舶营运方式分为定期航线与不定期航线两类。定期航线是指使用固定的船舶,按固定的船期和港口航行,并以相对固定的运价经营客货运输业务的航线。定期航线又称班轮航线,主要装运杂货物。不定期航线是临时根据货运的需要而选择的航线,船舶、船期、挂靠港口均不固定,是以经营大宗、低价货物运输业务为主的航线。

(2)国际货物海运航线按航程的远近分为远洋航线、近洋航线与沿海航线三类。远洋航线(Ocean-going Shipping Line)是指航程距离较远、船舶航行跨越大洋的运输航线,如远东至欧洲和美洲的航线。我国习惯上以亚丁港为界,把去往亚丁港以西,包括红海两岸和欧洲以及南北美洲广大地区的航线划为远洋航线。近洋航线(Near-sea Shipping Line)是指本国各港口至邻近国家港口间的海上运输航线的统称,我国习惯上把航线在亚丁港以东地区的亚洲和大洋洲的航线称为近洋航线。沿海航线(Coastal Shipping Line)是指本国沿海各港之间的海上运输航线,如上海—广州、青岛—大连等航线。

(3)国际货物海运航线按航行的范围可分为大西洋航线、太平洋航线、印度洋航线和环球航线等世界主要大洋航线。

2. 太平洋航线

(1)远东—北美西海岸航线。该航线包括从中国,朝鲜,日本苏联远东海港到加拿大,美国,墨西哥等北美西海岸各港的贸易运输线。从我国的沿海地各港出发,偏南的经大隅海峡出东海;偏北的经对马海峡穿日本海后,或经过清津海峡进入太平洋,或经过宗谷海峡,穿过鄂霍茨克海进入北太平洋。

(2)远东—加勒比、北美东海岸航线。该航线常经夏威夷群岛南北至巴拿马运河后到达,从我国北方沿海港口出发的船只多半经大隅海峡或经琉球庵美大岛出东海。

(3)远东—南美西海岸航线。该航线从我国北方沿海各港出发经过琉球庵美大岛、硫磺列岛、威克岛、夏威夷群岛之南的莱恩群岛穿越赤道进入南太平洋,至南美西海岸各港。

(4)远东—东南亚航线。该航线是中、朝、日货船去东南亚各港,以及经马六甲海峡去印度洋、大西洋沿岸各港的主要航线。东海、台湾海峡、巴士海峡、南海是该航线船只的必经之路,该航线比较繁忙。

(5)远东—澳大利亚、新西兰航线。远东至澳大利亚东南海岸分两条航线。中国北方沿海港口经朝、日到澳大利亚东海岸和新西兰港口的船只,需走琉球久米岛、加罗林群岛的雅浦岛进入所罗门海、珊瑚湖;中澳之间的集装箱船需在香港加载或转船后经南海、苏拉威西海、班达海、阿拉弗拉海,后经托雷斯海峡进入珊瑚海。中、日至澳大利亚西海岸航线从菲律宾的民都洛海峡、望加锡海峡以及龙目海峡进入印度洋。

(6)澳大利亚,新西兰—北美东西海岸航线。该航线由澳大利亚、新西兰至北美海岸多经苏瓦、火奴鲁鲁等太平洋上重要航站到达。至北美东海岸则取道社会群岛中的帕皮提,过巴拿马运河而至。

3. 大西洋航线

(1)西北欧—北美东海岸航线。该航线是西欧,北美两个世界工业最发达地区之间的原燃料和产品交换的运输线,运输极为繁忙,船舶大多走偏北大西洋航线。该航区冬季风浪大,并有浓雾、冰山,对航行安全有威胁。

(2)西北欧—加勒比航线。西北欧—加勒比航线多半出英吉利海峡后横渡北大西洋,它同北美东海岸各港出发的船舶一起,一般都经莫纳、向风海峡进入加勒比海。除去加勒比海沿岸各港外,还可经巴拿马运河到达美洲太平洋岸港口。

(3)西北欧—地中海—苏伊士运河航线。该航线属世界最繁忙的航段,它是北美,西北欧与亚太海湾地区间贸易往来的捷径。该航线一般途经亚速尔、马德拉群岛上的航站。

(4)西北欧—地中海—南美东海岸航线。该航线一般经西非大西洋岛屿加纳利、佛得角群岛上的航站。

(5)西北欧—好望角—远东航线。该航线一般是巨型油轮的油航线,佛得角群岛、加拿利群岛是过往船只停靠的主要航站。

(6)好望角—远东航线。这是一条以石油,矿石为主的运输线,该航线处在西风漂流海域,风浪较大,一般西航偏北行,东航偏南行。

4. 印度洋航线

印度洋航线以石油运输线为主,此外有不少是大宗货物的过境运输。

(1)波斯湾—好望角—西欧、北美航线。该航线主要由超级油轮经营,是世界上最主要的海上石油运输线。

(2)波斯湾—东南亚—日本航线。该航线东经马六甲海峡(20 万吨载重吨以下船舶可行)或龙目,望加锡海峡(20 万载重吨以上超级油轮可行)至日本。

(3)波斯湾—苏伊士运河—地中海—西欧、北美运输线。该航线目前可通行载重大成 30 万吨级的超级油轮。

除了以上三条油运线之外的印度洋其他航线还有:远东—东南亚—东非航线;远东—东南亚、地中海—西北欧航线;远东—东南亚—好望角—西非、南美航线;澳新—地中海—西北欧航线;印度洋北部地区—欧洲航线。

5. 世界集装箱海运干线

目前,世界海运集装箱航线主要有:远东—北美航线;北美—欧洲、地中海航线;欧洲、地中海—远东航线;远东—澳大利亚航线;澳大利亚、新西兰—北美航线;欧洲、地中海—西非、南非航线。

6. 我国对外贸易主要海运航线

我国对外贸易的主要海运航线有近洋航线和远洋航线。其中,近洋航线包括:中国—朝鲜航线;中国—日本航线;中国—越南航线;中国—香港航线;中国—独联体远东航线;中国—菲律宾航线;中国—新马航线;中国—北加里曼丹航线;中国—泰国湾航线;中国—印度尼西亚航线;中国—孟加拉湾航线;中国—斯里兰卡航线;中国—波斯湾航线与中国—澳大利亚、新西兰航线等。远洋航线包括:中国—红海航线;中国—东非航线;中国—西非航线;中国—地中海航线;中国—西欧航线;中国—北欧、波罗的海航线;中国—北美航线与中国—中南美航线。

8.1.3 海洋运输的经营方式

海洋运输按经营方式不同,可分为班轮运输(Liner Transport)和租船运输(Shipping by Chartering)两种。

1. 班轮运输(Liner Transport)

班轮运输又称定期船运输,简称班轮(Liner),是指船舶在固定航线上和固定港口之间按事先公布的船期表和运费率往返航行,从事客货运输业务的一种运输方式。班轮运输比较适合于运输小批量的货物。

(1)班轮运输的特点

班轮运输具有以下四个特点。

① “四固定”的基本特点。船舶按照固定的船期表(Sailing Schedule)沿着固定的航线和港口(如表8-1)来往运输,并且按照相对固定的运费率收取运费。

② “一负责”的特点。即货物由班轮公司负责配载和装卸,运费内已包括装卸费用,班轮公司和托运人双方不计滞期费和速遣费。

③ 班轮公司和货主双方的权利、义务和责任豁免等全部以班轮公司签发的提单条款为依据。

④ 班轮承运货物的品种、数量比较灵活,货运质量有保证,交接货物一般在码头仓库,这为货主提供了较为便利的条件。

(2)班轮运费(Liner Freight)

班轮运费是班轮公司为运输货物而向货主收取的费用。其中包括基本运费和附加费用两部分。

表 8-1　新港—釜山—世界各地

船名航次 出口/进口	新港抵	新港集	新港离	釜山抵离	港序
天元 VAN PHONG 020E/W	1 – Nov	1 – Nov	2 – Nov	4 – 6/Nov	XG/BS
天元 VAN PHONG 021E/W	8 – Nov	8 – Nov	9 – Nov	11 – 13/Nov	XG/BS
天元 VAN PHONG 022E/W	15 – Nov	15 – Nov	16 – Nov	18 – 20/Nov	XG/BS
天元 VAN PHONG 023E/W	22 – Nov	22 – Nov	23 – Nov	25 – 27/Nov	XG/BS
天元 VAN PHONG 024E/W	29 – Nov	29 – Nov	30 – Nov	2 – 4/Dec	XG/BS

① 基本运费。是指货物从装运港到目的港所应收取的费用,其中包括货物在港口的装卸费用,它是构成全程运费的主要部分。其计算标准主要有 6 种。

A. 按货物毛重计收。即以重量吨(Weight Ton)计收,在运价表中以"W"表示。

B. 按货物的体积计收。即以尺码吨(Measurement Ton)计收,在运价表中以"M"表示。按重量吨或尺码吨计收运费的单位统称运费吨(Freight Ton)。

C. 按货物的价格计收,又称从价运费。在运价表中以"AV" 或"Ad Val"表示。一般按货物 FOB 价值的一定百分比收取。

D. 按收费高者计收。选择较高的一种作为计算运费的标准。例如在运价表上注有"W/M or A. V. "或"W/M"的,指在重量吨或尺码吨或从价运费三种,或在重量吨与尺码吨两种标准中,选择高的收费。此外,还有使用"W/M Plus AV"的,是指先按货物重量吨或尺码吨从高计收后,另加收一定百分率的从价运费。

E. 按货物的件数计收。如车辆按辆(Per Unit),活牲畜按头(Per Head)。

F. 由船、货双方议定。在运价表中,注有"open"字样。临时议定运价的办法,适用于运量较大、货价较低、装卸方便而快速的诸如粮食、矿石等货物的运输。临时议定的运费一般比较低。

② 附加费。班轮运费中的附加费是指针对某些特定情况或需作特殊处理的货物在基本运费之外加收的费用。附加费名目很多,主要有:超重附加费、超长附加费、直航附加费、转船附加费、港口附加费等。

③ 班轮运费的计算方法

班轮公司运输货物所收取的运送费用,是按照班轮运价表(Liner' s Freight Tariff)的规定计收的。按制定者不同,班轮运价表可分为班轮公会运价表、班轮公司运价表、双边运价表、货方运价表;按运价表的结构可分单项费率运价表和等级费率运价表。目前,我国海洋班轮运输公司使用的是等级运价表。

等级费率运价表包括有:货物分级表(Classification of Commodities)、航线费率表、附加费率表、冷藏货费率表及活牲畜费率表。我国将货物分为 20 个等级,1 ~ 20 级,每一个等级的货物有一个基本费率。其中 1 级费率最低,20 级最高,运费随等级逐渐增加。运费的计算公式为:

运费 = 基本运费率×(1 + 各种附加费率)×应计费数量

运费 = [基本运费率×(1 + 各种附加费率) + 各种附加费的金额]×应计费数量

班轮运费的计算方法如下。

A. 先根据商品的英文名称在货物分级表中查出该商品所属等级及其计费标准。货物分级表是班轮运价表(liner's freight tariff)的组成部分,它有"货名"、"计算标准"和"等级"三个项目。如表 8-2。

表 8-2 货物分级表

货 名	计算标准	等级
农业机械(包括拖拉机)	W/M	9
棉布及棉织品	M	10
小五金及工具	W/M	10
玩具	M	20

B. 根据商品的等级和计费标准,在航线费率中查出这一商品的基本费率,如棉布及棉织品到东非港口的费率为 443.00 港元。(详见表 8-3:中国—东非航线等级费率表)

表 8-3 中国—东非航线等级费率表(港币:元)

等级(Class)	费率(Rates)	等级(Class)	费率(Rates)
1	243.00	8	367.00
2	254.00	9	404.00
3	264.00	10	443.00
4	280.00	11	477.00
5	299.00	20	1120.00
6	314.00	Ad Val	290.00
7	341.00		
基本港口:路易港(毛里求斯)			
达累斯萨拉姆(坦桑尼亚)蒙巴萨(肯尼亚)等。			

C. 查出该商品本身所经航线和港口的有关附加费率。

D. 商品的基本费率和附加费率之和为该商品每一运费吨的单位运价。以该商品的计费重量和体积乘以单位运价即得总运费金额。

应用例题 8-1

上海运往肯尼亚蒙巴萨港口"门锁"(小五金)一批计 100 箱。每箱体积为 20 厘米×30 厘米×40 厘米。每箱重量为 25 千克。当时燃油附加费为 40%。蒙巴萨港口拥挤附加费为 10%,试计算该货物的运费。

解答

步骤 1:查阅货物分级表。门锁属于小五金类,其计收标准为 W/M,等级为 10 级。

步骤2:计算货物的体积和重量。100箱的体积为:(20厘米×30厘米×40厘米)×100箱=2.4(立方米)。100箱的重量为25×100箱=2.5(公吨)。由于2.4立方米小于2.5公吨,因此计收标准为重量。

步骤3:查阅"中国—东非航线等级费率表",10级费率为443港元,则基本运费为:443×2.5=1107.5(港元)。

步骤4:附加运费为:1107.5×(40%+10%)=553.75(港元)。

步骤5:根据班轮运费的组成,从上海运往肯尼亚蒙巴萨港的100箱门锁,其应付运费为:1107.50+553.75=1661.25(港元)。

应用例题8-2

我某公司以CFR价向加拿大温哥华出口一批水果汁罐头,毛重为8公吨,尺码为10立方米。求该批货物的总运价。

解答

步骤1. 正确地译出商品名称"Fruit Juice"。

步骤2. 从运价本中的"货物分级表"查出水果汁为8级货,计算标准为M。

步骤3. 再查中国—加拿大航线的等级费率表(Scale of Class Rates for China - Canada Service),从该表中可以查出8级货的基本费率为每运费吨219.00港元。

步骤4. 查附加费率表,查知燃油附加费20%,港口拥挤附加费为10%。

步骤5. 总运费=219.00×(1+20%+10%)×10=2847(港元)。

(3)班轮运输货运程序

① 揽货

揽货是指从事班轮运输经营的船公司为使自己所经营的班轮运输船舶能在载重量和舱容上得到充分利用,力争做到"满舱满载",以期获得最好的经营效益而从货主那里争取货源的行为。

② 订舱

订舱是指托运人或其代理人向承运人,即班轮公司或它的营业所或代理机构等申请货物运输,承运人对这种申请给予承诺的行为。承运人与托运人之间不需要签订运输合同,而是以口头或订舱函电进行预约,只要船公司对这种预约给予承诺,并在舱位登记簿上登记,即表明承托双方已建立有关货物运输的关系。

③ 装船

装船是指托运人应将其托运的货物送至码头承运船舶的船边并进行交接,然后将货物装到船上。如果船舶是在锚地或浮筒作业,托运人还应负责使用自己的或租用的驳船将货物驳运至船边办理交接后将货物装到船上,亦称直接装船。对一些特殊的货物,如危险品、冷冻货、鲜活货、贵重货多采用船舶直接装船。而在班轮运输中,为了提高装船效率,减少船舶在港停泊时间,不致延误船期,通常都采用集中装船的方式,集中装船是指由船公司在各装货港指定装船代理人，在各装货港的指定地点（通常为码头仓库）接受托运人送来的货物，办理交接手续后，将货物集中并按货物的卸货次序进行适当的分类后再进行装船。

④ 卸货

卸货是指将船舶所承运的货物在卸货港从船上卸下，并在船舶交给收货人或代其收货的人和办理货物的交接手续。船公司在卸货港的代理人根据船舶发来的到港电报，一方面编制有关单证联系安排泊位和准备办理船舶进口手续，约定装卸公司，等待船舶进港后卸货；另一方面还要把船舶预定到港的时间通知收货人，以便收货人及时作好接受货物的准备工作。在班轮运输中，为了使分属于众多收货人的各种不同的货物能在船舶有限的停泊时间内迅速卸完，通常都采用集中卸货的办法，即由船公司所指定的装卸公司作为卸货代理人总揽卸货以及向收货人交付货物的工作。卸货时，船方和装卸公司应根据载货清单和其他有关单证认真卸货，避免发生差错，然而由于众多原因难免会发生将本应在其他港口卸下的货物卸在本港，或本应在本港卸下的货物遗漏未卸的情况，通常将前者称为溢卸，后者称为短卸。溢卸和短卸统称为误卸。关于因误卸而引起的货物延迟损失或货物的损坏转让问题，一般在提单条款中都有规定，通常规定因误卸发生的补送、退运的费用由船公司负担，但对因此而造成的延迟交付或货物的损坏，船公司不负赔偿责任。如果误卸是因标志不清、不全或错误，以及因货主的过失造成的，则所有补送、退运、卸货和保管的费用都由货主负担，船公司不负任何责任。

⑤ 交付货物

实际业务中船公司凭提单将货物交付给收货人的行为。具体过程是收货人将提单交给船公司在卸货港的代理人，经代理人审核无误后，签发提货单交给收货人，然后收货人再凭提货单前往码头仓库提取货物并与卸货代理人办理交接手续。交付货物的方式有仓库交付货物、船边交付货物、货主选择卸货港交付货物、变更卸货港交付货物、凭保证书（Guarantee）交付货物等。货主选择卸货港交付货物是指货物在装船时货主尚未确定具体的卸货港，待船舶开航后再由货主选定对自己最方便或最有利的卸货港，并在这个港口卸货和交付货物。变更卸货港交付货物是指在提单上所记载的卸货港以外的其他港口卸货和交付货物。

凭保证书交付货物是指收货人无法以交出提单来换取提货单提取货物，按照一般的航运惯例，常由收货人开具保证书，以保证书交换提货单，然后持提货单提取货物。保证书即为保函，为了方便，船公司及银行都印有一定格式的保证书。其作用包括凭保函交付货物、凭保函签发清洁提单、凭保函倒签预借提单等。在凭保函交付货物的情况下，收货人保证在收到提单后立即向船公司交回全套正本提单，承担应由收货人支付的运费及其他费用的责任；对因未提交提单而提取货物所产生的一切损失均承担责任，并表明对于保证内容由银行与收货人一起负连带责任。凭保函签发提单则使得托运人能以清洁提单、已装船提单顺利地结汇。关于保函的法律效力，海牙规则和维斯比规则都没有做出规定，考虑保函在海运业务中的实际意义和保护无辜的第三方的需要，汉堡规则第一次就保函的效力问题做出了明确的规定，保函是承运人与托运人之间的协议，不得对抗第三方，承运人与托运人之间的保函，只是在无欺骗第三方意图时才有效；如发现有意欺骗第三方，则承运人在赔偿第三方时不得享受责任限制，且保函也无效。

2. 租船运输(Shipping by Chartering)

租船运输又称不定期船(Tramp)运输，是相对于班轮运输，即定期船运输而言的另一种远洋船舶营运方式。它和班轮运输不同，没有预制定的船期表，没有固定的航线，停靠港口也不固定，无固定的费率本。船舶的营运是根据船舶所有人与需要船舶运输的货主双方事先签订的租船合同来安排的。

(1)租船运输的特点

① 租船运输是根据租船合同组织运输的，租船合同条款由船东和租方双方共同商定；

② 一般由船东与租方通过各自或共同的租船经纪人洽谈成交租船业务；

③ 不定航线，不定船期。船东对于船舶的航线、航行时间和货载种类等按照租船人的要求来确定，提供相应的船舶，经租船人同意进行调度安排；

④ 租金率或运费率是根据租船市场行情来决定；

⑤ 船舶营运中有关费用的支出，取决于不同的租船方式，并要在合同条款中标明。例如，装卸费用条款 FIO 表示租船人负责装卸费，若写明 Liner Term，则表示船东负责装卸费；

⑥ 租船运输适宜大宗货物运输；

⑦ 各种租船合同均有相应的标准合同格式。

(2)租船运输种类

① 定程租船(Voyage Charter)

定程租船又称程租船或航次租船，是指由船舶所有人负责提供一艘船舶在指定的港口之间进行一个航次或几个航次运输指定货物的租船，是租船市场上最活跃、且对运费水平波动最为敏感的一种租船方式。在国际现货市场上成交的绝大多数货物(主要包括液体散货和干散货两大类)都是通过程租船方式运输的。程租船的“租期”取决于航次运输任务是否完成，由于航次租船并不规定完成一个航次或几个航次所需的时间，因此船舶所有人对完成一个航次所需的时间是最为关心的，他特别希望缩短船舶在港停泊时间。而承租人与船舶所有人对船舶的装卸速度又是对立的，所以在签订租船合同时，承租双方还需约定船舶的装卸速度以及装卸时间的计算办法，并相应的规定延滞费和速遣费率的标准和计算方法。

程租船的特点主要表现在：A. 船舶的营运调度由船舶所有人负责，船舶的燃料费、物料费、修理费、港口费、淡水费等营运费用也由船舶所有人负担；B. 船舶所有人负责配备船员，负担船员的工资、伙食费；C. 程租船的"租金"通常称为运费，运费按货物的数量及双方商定的费率计收；D. 在租船合同中需要订明货物的装、卸费由船舶所有人或承租人负担。在租船合同中需要订明可用于装、卸时间的计算方法，并规定延滞费和速遣费的标准及计算办法。

② 定期租船（Time Charter）

定期租船又称期租船，是指由船舶所有人按照租船合同的约定，将一艘特定的船舶在约定的期间，交给承租人使用的租船。这种租船方式不以完成航次数为依据，而以约定使用的一段时间为限。在这个期限内，承租人可以利用船舶的运载能力来安排运输货物；也可以用以从事班轮运输，以补充暂时的运力不足；还可以以航次租船方式承揽第三者的货物，以取得运费收入。当然，承租人还可以在租期内将船舶转租，以谋取租金差额的收益。关于租期的长短，完全由船舶所有人和承租人根据实际需要洽商而定。

定期租船的主要特点如下。

A. 船长由船舶所有人任命，船员也由船舶所有人配备，并负担他们的工资和给养，但船长应听从承租人的指挥，否则承租人有权要求船舶所有人予以撤换。

B. 船舶的营运调度由承租人负责，并负担船舶的燃料费、港口费、货物装卸费、运河通行费等与营运有关的费用，而船舶所有人则负担船舶的折旧费、维修保养费、船用物料费、润滑油费、船舶保险费等船舶维持费。

C. 租金按船舶的载重吨、租期长短及商定的租金率计算。

D. 租船合同中订有关于交船和还船，以及关于停租的规定。

E. 较长期的定期租船合同中常订有"自动递增条款（Escalation Clause）"以保护船舶所有人在租期中因部分费用上涨而使船舶所有人的盈利减少或发生亏损的损失。由于租金一经确定，通常在租期内不再变动，如果合同中订有"自动递增条款"，在规定的费用上涨时，按约定租金即可按相应的比例提高。

③ 光船租船（Bare Boat Charter）

光船租船又称船壳租船。这种租船不具有承揽运输性质，它只相当于一种财产租赁。光船租船是指在租期内船舶所有人只提供一艘空船给承租人使用，而配备船员，供应给养，船舶的营运管理以及一切固定或变动的营运费用都由承租人负担。也就是说，船舶所有人在租期内除了收取租金外，不再承担任何责任和费用。因此，一些不愿经营船舶运输业务，或者缺乏经营管理船舶经验的船舶所有人也可将自己的船舶以光船租船的方式出租。虽然这样的出租利润不高，但船舶所有人可以取得固定的租金收入，这对回收投资是有保证的。

光船租船的特点是：

A. 船舶所有人只提供一艘空船；

B. 全部船员由承租人配备并听从承租人的指挥；

C. 承租人负责船舶的经营及营运调度工作，并承担在租期内的时间损失，即承租人不能“停租”；

D. 除船舶的资本费用外，承租人承担船舶的全部固定的及变动的费用；

E. 租金按船舶的装载能力、租期及商定的租金率计算。

④ 光船租购(Bareboat Charter Party with Hire Purchase)

光船租购合同是光船租赁合同的一种特殊形式，是指船舶出租人向承租人提供不配备船员的船舶，在约定的期间内，由承租人占有和使用，并在约定期间届满时将船舶所有权转移给承租人，而由承租人支付租购费的合同。光船租购实际上相当于分期付款购买船舶，船东在收到全部付款前对船舶拥有正式的所有权，租船人支付每期租金相当于分期付款，租期结束船价全部付清，船舶就属于租船人所有。当然光船租购的租金率要比光船租赁的租金率高，这是因为光船租购下，租期届满时承租人无须将船舶交还船东，船东要在租期内收回船舶的成本和利润。由此，光船租购合同所要达到的目的是买卖船舶，光船租购是实现船舶买卖的途径，因此光船租购具有船舶融资租赁的性质，在多数情况下，光船租购相比较传统的贷款购买船舶是更为经济的一种融资方式。光船租购一般租期相对较长，承租人负担租赁物的维修、保养、保险及纳税费用，出租人拥有租赁物的所有权，承租人拥有使用权，原则上不得中途解约，租期届满时承租人有购买、续租的优先权。

⑤ 包运合同租船(Contract of Affreightment)

包运合同租船又称为运量合同。包运合同租船是指船舶所有人以一定的运力，在确定的港口之间，按事先约定的时间，航次周期，每航次以较均等的运量，完成全部货运量的租船方式。包运合同租船区别于其他租船方式的特点有以下几个方面。

A. 包运租船合同中不确定船舶的船名及国籍，仅规定船舶的船级、船龄和船舶的技术规范等，船舶所有人只需比照这些要求提供能够完成合同规定每航次货运量的运力即可，这对船舶所有人在调度和安排船舶方面是十分灵活、方便的。

B. 租期的长短取决于货物的总量及船舶航次周期所需的时间。

C. 船舶所承运的货物主要是运量特别大的干散货或液体散装货物，承租人往往是业务量大和实力强的综合性工矿企业、贸易机构、生产加工集团或大石油公司。

D. 船舶航次中所产生的时间延误的损失风险由船舶所有人承担，而对于船舶在港装、卸货物期间所产生的延误，则通过合同中订有的“延滞条款”的办法来处理，通常是由承租人承担船舶在港的时间损失。

E. 运费按船舶实际装运货物的数量及商定的费率计收，通常按航次结算。

从上述特点可见，包运合同租船在很大程度上具有“连续航次租船”的基本特点。

8.2 其他运输方式

我国的进出口货物,除通过海洋运输外,还有通过铁路运输、公路运输、航空运输和邮政运输等方式。

8.2.1 铁路运输(Rail Transport)

铁路运输具有运行速度快、载运量较大、受气候影响小、准确性和连续性强等优点。在国际贸易中,铁路运输在国际货运中的地位仅次于海洋运输。在我国对外贸易运输中,铁路运输占有一定比重。

我国对外贸易货物使用铁路运输可分为国内铁路运输和国际铁路联运两部分。供应港、澳地区的货物由内地利用铁路运往香港九龙,或运至广州南部转船至澳门,即属国内铁路运输。国际铁路联运是指在两个或两个以上国际铁路运送中,使用一份运送票据,并以连带责任办理货物的全程运送,在由一国铁路向另一国铁路移交货物时,无须发货人、收货人参加的运输方式。

我国对周边国家,如朝鲜、越南、蒙古、俄罗斯等国家的进出口货物,大部分采用铁路运输。通过国际铁路联运,使欧亚大陆连成一片,对发展我国与欧洲、亚洲国家的国际贸易提供了有利的条件。

8.2.2 航空运输(Air Transport)

航空运输有其他运输无法比拟的优越性。运送速度快,运输安全准确,可简化包装节省包装费用。航空运费按 W/M 方式计算,但其重量体积比为6000 立方厘米比1千克(相当于6 立方米/公吨),故而实际运费计算以千克为单位。尽管航空运费一般较高,但对体积大,重量轻的货物,采用空运反而有利。且空运计算运费的起点比海运低,运送快捷、准点。所以小件货物、鲜活商品、季节性商品和贵重商品适宜采用航空运输。航空运输方式主要有班机运输、包机运输、集中托运和航空快递业务。

1. 班机运输

班机运输(Scheduled Airline)指具有固定开航时间、航线和停靠航站的飞机。通常为客货混合型飞机,货舱容量较小、运价较贵,但由于航期固定,有利于客户安排鲜活商品或急需商品的运送。

2. 包机运输

包机运输(Chartered Carrier)是指航空公司按照约定的条件和费率,将整架飞机租给一个或若干个包机人(包机人指发货人或航空货运代理公司),从一个或几个航空站装运货物至指定目的地。包机运输适合于大宗货物运输,费率低于班机,但运送时间则比班机要长些。

3. 集中托运

集中托运(Consolidation)可以采用班机或包机运输方式,是指航空货运代理公司将若干批单独发运的货物集中成一批向航空公司办理托运,填写一份总运单送至同一目的地,然后由其委托当地的代理人负责分发给各个实际收货人。这种托运方式,可降低运费,是航空货运代理的主要业务之一。

4. 航空快递业务

航空快递业务(Air Express Service)是由快递公司与航空公司合作,向货主提供的快递服务,其业务包括:由快速公司派专人从发货人处提取货物后以最快航班将货物出运,飞抵目的地后,由专人接机提货,办妥进关手续后直接送达收货人,称为“桌到桌运输”(Desk to Desk Service)。这是一种最为快捷的运输方式,特别适合于各种急需物品和文件资料。

外贸企业办理航空运输,需要委托航空运输公司作为代理人,负责办理出口货物的提货、制单、报关和托运工作。委托人应填妥国际货物托运单,并将有关报关文件交付航空货运代理、空运代理向航空公司办理托运后,取得航空公司签发的航空运单,即为承运开始。航空公司需对货物在运输途中的完好负责。货到目的地后,收货人凭航空公司发出的到货通知书提货。

8.2.3 邮政运输(Post Transport)

邮政运输是利用邮政部门来办理货物运输的方式,也称为邮包运输(Parcel Post Transport)。这种运输方式手续简便,费用较低,适用于重量轻、体积小的商品,如药品、样品、配件、资料等。各国邮政部门之间订有协定和公约,通过这些协定和公约,各国的邮件包裹可以互相传递,从而形成一个国际性的邮政运输网。

目前快递业务主要有国际特快专递(International Express Mail Service 简称 EMS)和信使专递(DHL Courier Service)

8.2.4 联合运输(Combined Transport)

联合运输是指采用两种或两种以上的运输方式,以完成某项运输任务的综合运输方式。其中,集装箱运输、大陆桥运输与国际多式联运是目前国际货物运输使用较多的三种新型的运输方式。

1. 集装箱运输(Container Transport)

集装箱运输是以集装箱为运输单位进行运输的一种现代化的先进的运输方式,它可适用于各种运输方式的单独运输和不同运输方式的联合运输。集装箱运输的优点是加速货物装卸,提高港口吞吐能力,加速船舶周转,减少货损货差,节省包装材料,减少运杂费用,降低营运成本,简化货运手续和便利货物运输等。集装箱运输是运输方式上的一大革命,它的出现和广泛运用,对国际贸易产生了很大的影响。

(1)集装箱租赁(Container Leasing)

集装箱租赁是指所有人将空箱租给使用人的一项业务。集装箱所有人为出租的一方集装箱,与使用人,一般是船公司或货主,为承租的一方,双方签订租赁合同。由出租人提供合格的集装箱交由承租人在约定范围内使用。集装箱的租赁,国际上有多种不同的方式,总括起来有:程租、期租、活期租用和航区内租赁等。

(2)集装箱后方堆场(Container Yard)

集装箱后方堆场(Container Yard)是指集装箱重箱或空箱进行交接、保管和堆存的场所。有些国家对集装箱堆场并不分前方堆场或后方堆场,统称为堆场。集装箱后方堆场是集装箱装卸区的组成部分。是集装箱运输"场到场"交接方式的整箱货办理交接的场所(实际上是在集装箱卸区"大门口"进行交接的)。

(3)集装箱货运站(Container Freight Station,简称 CFS)

集装箱货运站为拼箱货装箱和拆箱的船、货双方办理交接的场所。承运人在一个港口或内陆城市只能委托一个集装箱货运站的经营者。由它代表承运人办理下列主要业务:拼箱货的理货和交接;对货物外表检验如有异状时,就办理批注;拼箱货的配箱积载和装箱;进口拆箱货的拆箱和保管;代承运人加铅封并签发收据;办理各项单证和编制等。

(4)装箱方式

货物的集散方式有两种形态,一种叫整箱货(FCL);另一种叫拼箱货(LCL)。所谓整箱货系指由货主负责装箱,填写装箱单,并加海关封志的货物,习惯上整箱货只有一个发货人,一个收货人。所谓拼箱货系指由集装箱货运站负责装箱,填写装箱单,并加海关封志的货物,习惯上拼箱货涉及几个发货人,几个收货人。

(5)货物交接方式(Receiving and Delivery System)

集装箱运输中,根据整箱货、拼箱货的不同,其主要的交接方式有以下几种。

① 门到门交接(Door to Door)

门到门交接形式习惯上只有一个发货人、收货人,由承运人负责内陆运输,也就是说在发货人工厂或仓库接收货箱后,负责将货箱运至收货人的工厂或仓库,门到门交接的货物系整箱货。

② 门到场交接(Door to CY)

门到场交接形式是指:在发货人的工厂或仓库接收货箱后,由承运人负责运至卸船港集装箱码头堆场交货,目的地的内陆运输则由收货人自己负责安排。

③ 门到站交接(Door to CFS)

门到站交接形式是指:在发货人的工厂或仓库接收货箱后,由承运人负责运至目的地集装箱货运站交货,即整箱货接收、拼箱货交付。

④ 场到门(CY to Door)

场到门交接形式是指:货箱由起运地或装箱港的集装箱装卸区堆场至收货人的货仓或工厂仓库。

⑤ 场到场(CY to CY)

场到场交接形式是指:货箱由起运地或装箱港的集装箱装卸区堆场至目的地或卸箱港的集装箱装卸区堆场。

⑥ 场到站(CY to CFS)

场到站的交接形式是指:货箱由起运地或装箱港的集装箱装卸区堆场至目的地或卸箱港的集装箱货运站。

⑦ 站到门(CFS to Door)

站到门的交接形式是指:货箱由起运地或装箱港的集装箱货运站至收货人的货仓或工厂仓库。

⑧ 站到场(CFS to CY)

站到场的交接形式是指:货箱由起运地或装箱港的集装箱货运站至目的地或卸箱港的集装箱装卸区堆场。

⑨ 站到站(CFS to CFS)

站到站的交接形式是指:货箱由起运地或装箱港的集装箱货运站至目的地或卸箱港的集装箱货运站。

(6)集装箱类别

标准化的集装箱类别主要有 20 和 40 英尺两种(图 8-1、图 8-2)

图 8-1　20″GP 标准干货集装箱(20″GP ISO DRY CARGO STEEL CONTAINER)

1)20″TEU(TWENTY -- FOOT EQIVALENTUNIT)容积为 32.88 立方米(标准箱),尺寸为 5.904 ×2.34 ×2.38 立方毫米,自重为 2.5 吨,载重吨为 17.5 吨。

2)40″TEU 容积为 67.2 立方米,尺寸:12.192 ×2.434 ×2.591 立方毫米,自重为 4 吨,载重吨为 25 吨。

表 8-4　20″GP 标准干货集装箱技术规范(Specifications)

项目	度量 Dimensions	毫米 MM	FT - IN
箱外 External	长度 Length	6,058	19′ - 10 1/2″
	宽度 Width	2,438	8′
	高度 Height	2,591	8′ - 6″
箱内 Internal	长度 Length	5,899	19′ - 4 13/64″
	宽度 Width	2,352	7′ - 8 19/32″
	高度 Height	2,393	7′ - 10 7/32″
开门尺寸 Door Opening	宽度 Width	2,340	7′ - 8 1/8″
	高度 Height	2,280	7′ - 5 49/64″
容积 Inside Cubic Capacity		CU. M	CU. FT
		33.2	1,170
项目		千克 KG	LBS
最大总重 Maximum Gross Weight		24,000	52,910
自重 Tare Weight		2,220	4,890
最大载重 Maximum Payload		21,780	48,020
允许堆码重量 Allowable Stacking Weight(1.8G)		192,000	423,280

图 8-2　40″GP 标准干货集装箱(40″GP ISO DRY CARGO STEEL CONTAINE)

2. 大陆桥运输

大陆桥(Land Bridge)运输是指以集装箱为媒介,大陆上铁路或公路运输系统为中间桥梁,把大陆两端的海洋连接起来的运输方式。这种运输方式构成海、陆、海的连贯运输,一般以集装箱为媒介,它具有集装箱运输和国际多式联运的优点,并且大陆桥运输更能体现利用成熟的海、陆运输条件,行程合理的运输路线,缩短营运时间,降低营运成本的优点。

表 8-5 40″GP 标准干货集装箱技术规范(Specifications)

项目	度量 Dimensions	毫米 MM	FT-IN
箱外 External	长度 Length	12,192	40′
	宽度 Width	2,438	8′
	高度 Height	2,591	8′ - 6′
箱内 Internal	长度 Length	12,032	39′ - 5 45/64″
	宽度 Width	2,352	7′ - 8 19/32″
	高度 Height	2,393	7′ - 10 7/32″
开门尺寸 Door Opening	宽度 Width	2,340	7′ - 8 1/8″
	高度 Height	2,280	7′ - 5 49/64″
容积 Inside Cubic Capacity		CU. M	CU. FT
		67.2	2,373
项目		千克 KG	LBS
最大总重 Maximum Gross Weight		32,500	71,650
自重 Tare Weight		3,800	8,380
最大载重 Maximum Payload		28,700	63,270
允许堆码重量 Allowable Stacking Weight(1.8G)		192,000	423,280

世界上主要的大陆桥线路有三条:新亚欧大陆桥、西伯利亚大陆桥和北美大陆桥。新亚欧大陆桥东起我国连云港,西至荷兰鹿特丹,沿途经哈萨克斯坦、白俄罗斯、波兰、德国等,覆盖70多个国家与地区。1992年起正式开办国际多式联运。全长10 800千米运输里程较绕道印度洋的海运缩短1万多千米,与西伯利亚大陆桥相比,缩短3000多千米,节约时间50%。西伯利亚大陆桥以西伯利亚铁路作为桥梁全长9300多千米,航程较绕行好望角缩短5%,比经苏伊士运河缩短1/3,运价较纯海运低20—30%。北美大陆桥包括美国大陆桥和加拿大大陆桥。美国大陆桥运输开始于1967年,它包括两条线路,一是连接太平洋和大西洋的线路,一是连接太平洋和墨西哥的线路。加拿大大陆桥运输开始于1979年,与美国大陆桥平行,是连接太平洋和大西洋的通道。

3. 国际多式联运

国际多式联运(International Combined Transport,简称 ICT)是在集装箱运输的基础上产生的一种综合性连贯运输方式,它一般是以集装箱为媒介,把海、陆、空各种传统的单一运输方式有机地结合起来,组成一种国际间连贯的运输。《联合国国际货物多式联运公约》对国际多式联运所下的定义是:“国际多式联运是指按照多式联运合同,以至少两种不同的运输方式,由多式联运经营人把货物从一国境内接运货物的地点运至另一国境内指定交付货物的地点”。根据此项定义,说明构成国际多式联运应具备下列条件:

(1)必须有一个多式联运合同;

(2)必须使用一份包括全程的多式联运单据;

(3)必须至少有两种不同运输方式的连贯运输;

(4)必须是国际间的货物运输;

(5)必须由一个多式联运经营人对全程运输负总责;

(6)必须是全程单一的运费费率。

多式联运合同是指用两种以上不同的运输方式将旅客或货物运抵目的地,旅客和托运人支付运输费用的合同。多式联运合同与一般运输合同相比具有以下特点。

① 多式联运合同的承运人一般为 2 人以上。虽然多式联运合同涉及多个承运人,但托运人或旅客只需与多式联运经营人签订运输合同。其他承运人根据多式联运经营人代理自己与托运人或旅客订立的联运合同在自己的运输区段内完成运输任务。

② 多式联运合同的运输方式为 2 种以上。例如空运加水运,如果数个承运人用同一方式运输,则为相继运输。

③ 旅客或托运人一次性交费并使用同一凭证。旅客或货物由一承运人转到另一承运人时,不须另行交费或办理有关手续。

多式联运的第一承运人在合同法上称为多式联运的承运人,其他承运人在合同法上称为各区段承运人。开展国际多式联运是实现“门到门”运输的有效途径,它简化了手续,减少了中间环节,加快了货运速度,降低了运输成本,并且提高了货运质量。货物的交接地点也可以做到门到门、门到站、站到站等。

除了以上介绍的运输方式外,还有内河运输(Inland Water Transportation)和管道运输(Pipe Line Transportation)等运输方式。

8.3 合同中的运输条款

国际货物买卖合合同中的运输条款通常包括装运时间、装运港(地)和目的港(地)分批装运和转运、装运通知、滞期和速遣条款等内容。

8.3.1 装运时间

装运时间(Time of Shipment)又称装运期,是指在启运地卖方将合同规定的货物装上运输工具或交给承运人的期限。装运时间是买卖合同的主要交易条件,卖方必须严格按照规定时间装运货物,如果提前或延迟,均构成违约,买方有权拒收货物、解除合同,同时提出损害赔偿要求。目前常用的有以下几种规定方法。

1. 明确规定具体装运时间

明确规定具体的期限,如“Shipment during March 2003”,或规定跨月、跨季度装运。这种规定,卖方可有一定时间进行备货和安排运输,因此,在国际贸易中应用较广。

2. 规定在收到信用证后一定时间内装运

如规定"Shipment within 30 days after receipt of L/C"。对某些外汇管制较严的国家和地区,或专为买方制造的特定商品,为了防止买方不按时履行合同而造成损失,可采用这种规定方法。

3. 笼统规定近期装运

这种规定方法不规定具体期限,只是用"立即装运"、"尽速装运"等词语表示。由于这类词语在国际上无统一解释,为了避免不必要的纠纷,应尽量避免使用。

总之,装运时间的规定应明确具体,应注意船货衔接的问题,以免造成有货无船或有船无货的局面。

8.3.2 装运港和目的港

在进出口合同中,一般要订明装运地和目的地。相对于海洋运输,要订明装运港(Port of Shipment)和目的港(Port of Destination)。装运港是指开始装货的港口,目的港是指最终卸货的港口。关于装运港和目的港的规定方法,有以下两种。

1. 在通常情况下,合同中只规定一个装运港和一个目的港,例如"FOB 上海",表示装运港是上海;"CIF 香港",表示目的港为香港。

2. 在订立合同时,如果难以明确规定一个或几个装运港和目的港,还可采用按选择港口(Optional Ports)的规定方法,即从合同列明的港口中任选一个。例如,"FOB 青岛/大连,任选(FOB Qingdao/Dalian Optional)",表示装运港可在青岛和大连两个港口中任意选择一个。选择港(Optional Ports)的数目不能超过 3 个,且必须在同一航线上,能班轮停靠。例如,CIF London/Hamburg/Rotterdam Optional,买方必须在承载船舶到达第一个选择港前若干小时(一般为 48 小时)将最后确定的卸货目的港通知该港的船代理。否则,船方有权在任何备选港卸货。运费应按备选港中最高的费率与附加费计算,对于选择卸货港所增加的费用,应由买方负担。

另外,规定装运港(地)和目的港(地)应该注意以下五事项:

(1)对装运港或目的港规定应力求明确具体,不宜使用"EMP"或"AMP"等笼统规定;

(2)注意规定的港口有无重名;

(3)不能接受内陆城市为装运港或目的港的条件;

(4)必须考虑装运港和目的港的具体条件;

(5)不得以我国政府不允许进行贸易往来的国家或地区的港口作为目的港。

8.3.3 分批装运和转船

1. 分批装运

分批装运(Partial Shipment)又称分期装运(Shipment by Installment),是指一个合

同项下的货物分若干期或若干次装运。凡数量较大,或受运输、市场销售、资金等条件的限制,都可在买卖合同中规定分批装运条款。

根据国际商会《跟单信用证统一惯例》规定,"运输单据表面上已注明是使用同上运输工具装运并经同一路线运输,即使运输单据上注明的装运日期不同及域装货港、接受监管地或发运地点不同,只要运输单据注明是同一目的地,将不视为分批装运"。该惯例还规定:"如信用证规定在指定的时期内分期支款及/或分期装运,任何一期未按信用证所规定期限支款/或装运时,信用证对该期及以后各期均告失效"。对这类条款受益人应严格遵守,必须按信用证规定的时间装运货物。

允许分批装运,一般于卖方有利。如合同中未明文规定允许分批,一般应理解为必须一次交货或装运按《UCP500》的规定,"除非信用证另有规定,允许分批装运"例如:2004 年 8/9/10 月份装运,允许分批装运和转运 Shipment during Aug./Sep./Oct. 2004, with partial shipments and tran-shipment allowed。

2. 转运

转运(Transshipment)是指货物从装运港(地)到目的港(地)的运输过程中,从一运输工具卸下,再装上同一运输方式的另一运输工具;或在不同运输方式情况下,从一种方式的运输工具卸下,再装上另一种方式的运输工具的行为。

允许转运,一般对卖方有利。按《UCP500》的规定,除非信用证条款禁止转运,否则银行将接受表明货物将被转运的运输单据。

应用案例 8-1

我国向日本一公司出口羊毛 800 公吨,合同规定 5 至 7 月份内分批装运。后日本来证要求"Shipment during May/June, first Shipment 200M/T, second shipment 300 M/T, third Shipment 300M/T"。我方为了尽快议付,在 5 月份装 400M/T,6 月份又装了 400M/T,货发后遭银行拒付。请问银行拒付是否有道理?为什么?

案例分析

有道理。按原合同规定我方这样装运是可以的,但后来信用证上具体明确了每月装运的数目,这样装运就违背了信用证的规定。日方如此开证是定量分运,其用意在于约束每次的装货数量。我方收证后未提出异议,每次就应按照信用证规定的数量发货,既不能多装运也不能少装运;否则,银行不予议付。

3. 装运通知

装运通知(Shipping Advice)主要是为了在采用租船运送大宗进出口货物的情况下,明确买卖双方的责任,促使买卖双方互相配合,共同做好船货衔接工作。如在 FOB 条件下,卖方应在约定的装运期开始前(一般为 30 或 45 天),向买方发出货物备妥通知，以利买方及时派船接货。买方接到卖方的通知后，应按约定的时间，将船名、船舶到港受载日期等通知卖方，以利卖方及时安排货物出运与准备装船。卖方装船后应及时通知买方以便办理运输保险，装运通知如表8-6所示。

表8-6 装运通知(Shipment Advice)

Contract no.	: CH/99/66.809
L/C no.	: LC84E0074/99
SHIPPING ADVICE	
To	Dalian Weida Trading Co., Ltd. No. 10 Yunming Road Xigang District Dalian China
From	Deling Tradeby P. O. Box 100 3700 GC Bunsten Holland
Commodity	DEMINERALIZED WHEY POWDER
Packing conditions	As called for by the L/C 476025kg in 4 – ply paper sacks with inner polyethylene liner and big bags in 7x 20' containers
Quantity	119.00 Mt
Gross weight	121 380 kgs
Net weight	119 000 kgs
Total value	USD1 118 860.00
Please be informed that these goods have been shipped from Rotterdam to Dalian with mv Sea Nordica and Lindoe Maersk. Shipment date September 15, 1999.	
B/L no.	SEAU871107101
We herewith certify this message to be true and correct.	
Deling Trade bv as beneficiary	
Bunsten, September 17, 1999	

8.3.4 其他条款

1. 装卸时间、装卸率

装卸时间指装货和卸货的期限。常使用连续24小时好天气工作日和港口习惯速度装卸来表示。

连续24小时好天气工作日——适用于昼夜作业的港口，它指在好天气条件下，昼夜连续作业24小时算作一个工作日的表示装卸时间的办法。

2. 滞期、速遣条款

在国际贸易中，大宗商品在程租船运输的情况下，买卖合同中应规定滞期、速遣条款。在合同规定的装卸时间内，如果租船人未能完成装卸作业，给船方造成经济损失，为了补偿船方由此而产生的损失，应由租船人向船东支付一定的罚金，此项罚金称为滞期费（Demurrage）。

反之，如果租船人在合同规定的时间内提前完成了装卸，给船方节约了船期，从而降低了费用成本增加了收益，船方对所节约的时间要给租船人一定金额的奖励，这种奖金称为速遣费（Dispatch Money）。在实际业务中，速遣费通常为滞期费的一半。

应用例题 8-3

某公司出口 10 000 公吨货物，与船方签订的程租船合同中规定：F. I. O，装卸率为 500 公吨/工作日，滞期费为 600 美元/工作日，速遣费为 300 美元/工作日。实际装完用了 22 日 6 小时，问该公司应该支付滞期费还是应该获得速遣费？金额为多少？

解答

由于按照装卸率应该 $10\,000/500 = 20$ 天装完，所以，该公司应该支付滞期费。滞期费 $= (22.25 - 20) \times 600 = 1350$ 美元。

3. OCP 条款

在对美国出口贸易中，有时采用 OCP（Overland Common Points）运输条款，意即陆上运输通常可到达的地点。OCP 地区，是以落基山山脉为界，其以东地区，均定为内陆地区范围。从远东地区向美国 OCP 地区出口货物，如按 OCP 运输条款达成交易，出口商可以享受较低的 OCP 海运优惠费率，进口商在内陆运输中也可享受 OCP 优惠费率。陆运的运费率也可降低 5% 左右。

采用 OCP 条款时，注意的问题：货物的最终目的地必须在 OCP 地区范围，货物必须经美国的西海岸港口中转。提单上必须标明 OCP 字样，并在目的港一栏中填上港口名称并加注内陆地区的城市名称。

8.4 国际货物运输单据

不同的运输方式使用的运输单据也各有不同，主要有海运提单、铁路运单、航空运单和多式联运单据等。

8.4.1 海运提单

海运提单（Ocean Bill of Lading, B/L），简称提单，是由船长或船公司或其代理人签发的，用以证明货物已由承运人接管或装船，以及承运人保证运抵目的地并据以交付货物的单据。如表 8-7 为一海运提单样本。

表8-7 单证样本—海运提单(B/L)

SEA－LAND SERVICE, INC.	INTERNATIONAL BILL OF LADING NOT NEGOTIABLE UNLESS CONSIGNED “TO ORDER” (SPACES IMMEDIATELY BELOW FOR SHIPPER'S MEMO-RANDA)
SHIPPER/EXPORTER(COMPLETE NAME AND ADDRESS) DELINGTRADE BV P. O. BOX 100 3700 GC BUNSEN HOLLAND	BOOKING NO HLS410700	BILL OF LADING NO SEAU871107100 EXPORT REFERENCES
CONSIGNEE(COMPLETE NAME AND ADDRESS) TO ORDER	FORWARDING AGENT/F M C NO. ESPOO FINLAND POINT AND COUNTRY OF ORIGIN FINLAND
NOTIFY PARTY(COMPLETE NAME AND ADDRESS)	ALSO NOTIFY－ROUTING & INSTRUCTIONS FINAL DESTINATION(OF THE GOODS NOT THE SHIP)

VESSEL VOY FLAG LINDOE MAERSK 711E DE	PORT OF TRANSHIPMENT ROTTERDAM, HOLLAND	LOADING PIER/TERMINAL	ORIGINAL(S) TO BE RE-LEASED AT HELSINKI, FINLAND
PORT OF DISCHARGE DALIAN	PLACE OF DELIVERY BY ON－CARRIER	TYPE OF MOVE(IF MIXED, USE BLOCK 20 AS APPROPRIATE) CONTAINER YARD TO CONTAINER YARD	

PERTICULARS FURNISHED BY SHIPPER

MKS. & NOS/ CONT. NOS	NO. OF PKGS	DESCRIPTION OF PACKAGES AND GOODS	GROSS WEIGHT	MEASUREMENT
CH/99/66.908 — DALIAN CHINA	4760	7 X 20'DC CONTAINERS S. T. C. BAGS DEMINERALIZED WHEY POWDER AS PER CONTRACT NO. CH/99/66.908 AS PER SPECIFICATION SHIPPER ON BOARD SEA NORDICA 15.09.1999 FROM HELSINKI SHIPPER LOAD STOWAGE & COUNT FREIGHT PREPAID	121380.00K	

DECLARED VALUE	IF SHIPPER ENTERS A VALUE. CARRIERS “PACKAGE LIMITATIONS OF LIABILITY DOES NOT APPLY AND THE AD VALOREM RATE WILL BE CHARGED	FREIGHT PAYABLE AT/BY

FREIGHT CHARGES	RATED AS PER	RATE	PREPAID	COLLECT	CURRENCY	RATE OF EXCHANGE
TOTALS						

（续表）

<table>
<tr><td colspan="2">THE RECEIPT CUSTODY, CARRIAGE AND DELIVERY OF THE GOODS ARE SUBJECT TO THE TERMS APPEARING ON THE FACE AND BACK HEREOF AND TO CARRIER'S APPLICABLE TARIFF.</td><td rowspan="2">* APPLICABLE ONLY WHEN USED FOR MULTIMODEL OR THROUGH TRANSPORTATION
* INDICATE WHETHER ANY OF THE CARGO IS HAZARDOUS MATERIAL UNDER DOT. IMCO OF OTHER REGULATIONS AND INDICATE CORRECT COMMODITY NUMBER IN BOX 20.</td></tr>
<tr><td colspan="2">In witness where of 3 original bills of lading all the same tenor and date one of which being accomplished the others to stand void, have been issued by Sea - land Service. Inc. or its designated agent on behalf of itself, other participating carriers, the vessel, her master and owners or charters.</td></tr>
<tr><td>SEAU871107110</td><td>15/09/99</td><td rowspan="2">AT...............HELSINKI..........................
BY...
FOR SEA - LAND SERVICE, INC. AS CARRIER.</td></tr>
<tr><td>BILL OF LADING NO</td><td>DATE</td></tr>
</table>

1. 海运提单的性质

提单的性质主要体现在以下三个方面。

（1）它是承运人或其代理人签发的货物收据，证实承运人已经按提单内容收到货物。

（2）它是代表货物所有权的凭证，收货人或提单的合法持有人有权凭提单向承运人提取货物。由于提单是一种物权证件，因此在国际市场上，提单可以在载货船舶到达目的港交货前办理转让，或凭此向银行办理抵押贷款。

（3）它是承运人与托运人之间运输协议的证明，提单明确规定了承运人和托运人之间的权利和义务，因此，它成为承运人与托运人履行在运输过程中的权利和义务的主要依据，一方违约，另一方可依此进行索赔。

2. 海运提单的内容

提单的格式很多，每个船公司都有自己的提单格式，但基本内容大致相同，一般包括提单正面的记载事项和提单背面的运输条款。提单正面的内容主要有：承运人名称、托运人名称、收货人名称、被通知人名称及地址、船名和船次、装运港、目的港、货物的品名、货物的标志、货物的件数及货物的重量和体积、运费及其他费用、提单签发地点、签发日期及份数、承运人或其他代理人签字。

提单背面内容是印就的运输条款，是处理承运人与托运人或收货人之间争议的依据。其内容主要有：承运人的责任和义务条款、承运人免责条款、索赔与诉讼条款、托运人的责任与义务条款、有关特殊货物运输的条款、有关货物留置权条款、运费条款等。

3. 海运提单的种类

（1）从不同角度加以划分，提单主要分为以下几类。

照货物是否已装船分类：

① 已装船提单（On board B/L; Shipped B/L），是指承运人向托运人签发的货物已经装船的提单；

② 备运提单(Received For Shipment B/L),是指承运人虽已收到货物但尚未装船时签发的提单。

(2)按照货物外表状况有无不良批注分类:

① 清洁提单(Clean B/L),是指货物交运时,表面情况良好,承运人签发提单时未加任何货损、包装不良或其他有碍结汇批注的提单;

② 不清洁提单(Unclean B/L or Foul B/L),货物交运时,其包装及表面状态出现不坚固完整等情况,船方可以批注,即为不清洁提单。

(3)根据提单抬头的不同分类:

① 记名提单(Straight B/L),只有提单上指名的收货人可以提货的提单,记名提单一般不具备流通性;

② 指示提单(Order B/L),通常有未列名指示(仅写 ORDER),列名指示(ORDER OF SHIPPER 或 ORDER OF CONSIGNEE * * COMPANY;ORDER OF * * BANK),此种提单通过指示人背书后可转让;

③ 不记名提单(Bearer B/L),不记名提单单内没有任何收货人或 ORDER 字样,即提单的任何持有人都有权提货。

(4)按照运输过程中是否转船分类:

① 直达提单(Direct B/L),是指货物自装货港装船后,中途不经换船直接驶到卸货港卸货而签发的提单;

② 转船提单(Transshipment B/L),也称联运提单(Through B/L),是指承运人在装货港签发的中途得以转船运输而至目的港的提单。

(5)按提单内容繁简分类:

① 全式提单(Long form B/L),也称繁式提单,指背面列有承运人和托运人权利、义务等详细条款的提单;

② 略式提单(Short form B/L),也称简式提单,指略去背面运输条款,只列出正面内容的提单。

(6)按船舶的经营方式不同分类:

① 班轮提单(Liner B/L),是指班轮公司承运货物后签发给承运人的提单;

② 租船提单(Charter Party B/L),是指承运人根据租船合同,签发给托运人的提单。这种提单应列有“受到 ×× 租船合同的约束”的字样,银行或买方在接受这种提单时,通常要求卖方提供租船合同的副本。

(7)根据提单使用效力可分为正本提单和副本提单。

① 正本提单(Original B/L),指提单上有承运人、船长或其代理人签名盖章并注明签发日期的提单。这种提单上注明了“正本”(Original)的字样。这是一种有完整法律效力的提单。根据《跟单信用证统一惯例》的规定,银行接受仅有一份的正本提单,如签发

一份以上正本提单时,应包括全套正本提单。收货人在目的港提取货物时,必须提交正本提单。

② 副本提单(Copy B/L)是指提单上没有承运人、船长或其代理人签字盖章的提单。这种提单上一般注有"Copy"的字样。副本不具有完整的法律效力,所以银行一般不接受副本提单。

(8)其他种类提单

① 过期提单(Stale B/L),是指错过规定的交单日期或者晚于货物到目的港日期的提单。前者是指卖方超过提单签发日期后21天才交到银行议付的提单。根据《跟单信用证统一惯例》规定,如信用证无特殊规定,银行将拒绝接受在运输单据签发日后超过21天才提交的单据。后者是指在运输中,由于运输路线较短,提单往往不能在船到目的港前到达,从而形成过期提单。因而在邻近国家的贸易中,常将"过期提单可以接受"列入合同条款。

② 倒签提单(Antedated B/L),是指实际的装船日期迟于信用证的规定,但承运人仍按信用证规定的日期签署的提单。签发倒签提单属于违法行为,收货人可以以伪造提单为由向法院起诉。

就拿本章开头的案例来说,是一个典型的"倒签提单"案例。我方的错误在于没有将提单等同于合同,认为只要签发提单的时间与合同条款相一致就可掩盖违约事实和延迟交货的责任。从国际货物买卖合同看,列有"装运日期"的条款为合同要件,因此违背"要件"的一方不仅会遭到对方索赔,甚至会被对方强行废除合同。此例中,我方正确的做法应该是:在货轮发生故障时,及时与外商联系,并提出补救措施,可能会得到谅解,即使得不到谅解,也只付违约金,而不是赔偿金。

③ 预借提单(Advanced B/L),预借提单也是提前签发提单,是指海运货物尚未装完或根本未装船托运人就请求承运人提前签发提单。这时的货物已处于承运人的管理之下,也是因信用证装船日期和交单结汇日期均已到期,经托运人请求而即时签发清洁提单。究其实质也是使对方对其未按时装货产生错误认识,以为就是按照信用证项下规定的时间来的,因此也不提出任何异议,使欺骗者得以顺利结汇。预借提单行为明显带有欺诈性,扰乱海上货物运输和国际贸易秩序,侵害收货人的利益,属于违法行为,收货人可以以伪造提单为由向法院起诉。

④ 甲板提单(On Deck B/L),甲板提单又称舱面提单,是指承运人将货物装载于甲板上而签发的提单。由于货物在甲板上更易灭失和损坏,所以一般收货人不接受甲板提单,按照惯例,除非信用证特别授权,银行也不接受甲板提单。

⑤ 海上货运单(Sea Waybill,Ocean Waybill),是证明海上货物运输合同和货物由承运人接管或装船,以及承运人保证据以将货物交付给单证所指明的收货人的一种单据。这种单据由于不是物权凭证,所以不可转让。

8.4.2 其他运单

1. 国际铁路联运运单(Railway Bill)

国际铁路货物联运所使用的运单是铁路与货主间缔结的运输契约。该运单从始发站随同货物附送至终点站并交给收货人,它不仅是铁路承运货物出具的凭证,也是铁路同货主交接货物、核收运杂费用和处理索赔与理赔的依据。国际铁路联运运单副本,在铁路加盖承运日期戳记后发还给发货人,它是卖方凭此向银行结算货款的主要证件之一。

2. 承运货物收据(Cargo Receipt)

承运货物收据(Cargo Receipt)是承运人出具的货物收据,也是承运人与托运人签订的运输契约。我国内地通过铁路运往港、澳地区的出口货物,一般多委托中国对外贸易运输公司承办。当出口货物装车发运后,对外贸易运输公司即签发一份承运货物收据给托运人,以作为对外办理结汇的凭证。

3. 航空运单(Airway Bill)

航空运单(Airway Bill)是承运人与托运人之间签订的运输契约,也是承运人或其代理人签发的货物收据。航空运单还可作为承运人核收运费的依据和海关查验放行的基本单据。但航空运单不是代表货物所有权的凭证,也不能通过背书转让。收货人提货不是凭航空运单;而是凭航空公司的提货通知单。在航空运单的收货人栏内,必须详细填写收货人的全称和地址,而不能做成指示性抬头。

海运提单与铁路运单和航空运单的异同:海运提单与铁路运单和航空运单都是承运人在收到托运人的货物后签内河运输、管道运输、发给托运人的货物收据。不同之处在于:铁路运单和航空运单本身是运输合同,而海运提单只是运输合同的证明;铁路运单和航空运单本身不是物权凭证,不可以转让,而海运提单是物权凭证,可以转让。

4. 邮政收据(Parcel Post Receipt)

邮包收据(Parcel Post Receipt)是邮包运输的主要单据,它既是邮局收到寄件人的邮包后所签发的凭证,也是收件人凭此提取邮件的凭证,当邮包发生损坏或丢失时,它还可以作为索赔和理赔的依据。但邮包收据不是物权凭证。

5. 多式联运单据(Multimode Transport Documents,简称 MTD)

多式联运单据是多式联运合同的证明,也是多式联运经营人收到货物的收据和凭此交付货物的凭证。根据发货人的要求,它可以做成可转让的,也可做成不可转让的。多式联运单据如签发一份以上的正本单据,应注明份数,其中一份完成交货后,其余各份就失效了。

本章小结

本章首先介绍了各种国际货物运输方式的概念和特点。国际货物运输则是指与一国进出口货物贸易相关的货物运送活动。国际贸易使用的运输方式有海洋运输、铁路运输、航空运输、公路运输、国际多式联运和大陆桥运输等。其中海运是我国最重要的国际货物运输方式。海洋运输的特点主要是运量大、通过能力大和运费低。另外,本章还对国际货物海运航线和我国对外贸易主要海运航线做了介绍。海洋运输按经营方式不同,可分为班轮运输和租船运输两种。班轮运费是班轮公司为运输货物而向货主收取的费用。其中包括基本运费和附加费用两部分。租船运输又称不定期船运输,是相对于班轮运输,即定期船运输而言的另一种远洋船舶营运方式,它和班轮运输不同,没有预制定的船期表,没有固定的航线,停靠港口也不固定,无固定的费率本。我国的进出口货物,除通过海洋运输外,还有通过铁路运输、公路运输、航空运输和邮政运输等方式。此外,运输条款的介绍也是本章的一个重点。国际货物买卖合合同中的运输条款通常包括装运时间、装运港(地)和目的港(地)分批装运和转运、装运通知、滞期和速遣条款等内容。本章最后介绍运输单据,不同的运输方式使用的运输单据也各有不同,主要有海运提单、铁路运单、航空运单和多式联运单据等,并对提单的种类及其特点做了详细的说明和分析。

习题

1. 填空题

(1)_____ 是国际贸易中使用最广泛运输方式,其运量占国际货物运输总量的 80%以上。

(2)班轮运输方式下,由________负责装卸及装卸费。

(3)我国海运货物保险的基本险分为______、________、________。

(4)班轮运费主要包括________和________两部分。

(5)班轮运输具有固定的________、________、________和______ 等“四固定”的特点。

2. 单选题

(1)海运提单日期应理解为(　　)。

A. 货物开始装船的日期　　B. 货物装船过程中任何一天

C. 货物装船完毕的日期　　D. 签订运输合同的日期

(2)班轮运费应该(　　)。
A. 包括装卸费,但不计滞期费、速遣费
B. 包括装卸费,但应计滞期费、速遣费
C. 包括装卸费和滞期费,但不计速遣费
D. 包括装卸费和速遣费,但不计滞期费

(3)国际贸易中最主要的运输方式是(　　)。
A. 航空运输　　B. 铁路运输
C. 海洋运输　　D. 公路运输

(4)在定程租船方式下,对装卸费收取较为普遍采用的办法是(　　)。
A. 船方不负担装卸费　　B. 船方负担装卸费
C. 船方负担装货费,而不负担卸货费　　D. 船方只负担卸货费,而不负担装货费

(5)在国际买卖合同中,使用较普遍的装运期规定办法是(　　)。
A. 明确规定具体的装运时间　　B. 规定收到信用证后若干天装运
C. 收到信汇、电汇或票汇后若干天装运　　D. 笼统规定近期装运

3. 多选题

(1)《UCP500》对分批装运所作的规定主要有(　　)。
A. 运输单据表明货物是使用同一运输工具并经由同一路线运输的,即使运输单据注明装运日期及装运地不同,只要目的地相同,也不视为分批装运
B. 除非信用证另有规定,允许分批装运
C. 除非信用证另有规定,不允许分批装运
D. 如信用证规定在指定的时间内分批装运,若其中任何一批未按约定的时间装运,则信用证对该批和以后各批均告失效

(2)海运提单的性质与作用是(　　)。
A. 它是海运单据的唯一表现形式
B. 它是承运人或其代理人出具的货物收据
C. 它是代表货物所有权的凭证
D. 它是承运人与托运人之间订立的运输契约的证明

(3)班轮运输最基本的特点是(　　)。
A. 一种灵活的运输方式　　B. 权利义务以提单为准
C. 四固定　　D. 船公司负责装卸作业和费用承担

(4)以下(　　)属于运输包装的标志。
A. 运输标志　　B. 条形码　　C. 指示性标志　　D. 警告性标志

(5)租船运输包括(　　)。
A. 定期租船　　B. 集装箱运输　　C. 班轮运输　　D. 定程租船

4. 计算题

(1)我方出口商品共 11 箱,每箱的体积为 30cmx60cmx50cm,毛重为 40 千克,查运费表得知该货为 9 级,计费标准为 W/M,基本运费为每运费吨 109HK \$. 另收燃油附加费 20%,港口拥挤费 20%,货币贬值附加费 10%,试计算:该批货物的运费是多少港元?

(2)某公司出口货物共 200 箱,对外报价为每箱 438 美元 CFR 马尼拉,菲律宾商人要将价格改报为 FOB 价,试求每箱货物应付的运费及应改报的 FOB 价为多少?(已知该批货物每箱的体积为 45cm × 35cm × 25cm,毛重为 30 千克,商品计费标准为 W/M,每运费吨基本运费为 100 美元,到马尼拉港需加收燃油附加费 20%,货币附加费 10%,港口拥挤费 20%)

(3)我方某公司向东京某进口商出口自行车 100 箱,每箱 1 件,每箱体积是 20cm × 50cm × 120cm,计收运费的标准为 M,基本运费为每运费吨 280HK\$,另加收燃油附加费 30% 港口拥挤费 10%,问:该批商品的运费是多少?

第9章 国际货物运输保险

教学目的和要求

通过本章的学习，要求学生理解并掌握海运风险及海上损失的划分、共同海损与单独海损的区别、共同海损的分摊计算、海洋货物运输保险中的主要基本险别与各类附加险的不同之处；了解伦敦保险协会的海洋运输货物保险条款、其他货物运输保险险别、海洋货物运输进出口保险做法及相关程序。

学习重点与难点

1. 海上货物运输保险中的风险、损失和费用；
2. 共同海损与单独海损的区别、共同海损的构成条件；
3. 海洋货物运输保险的险别、保险公司的责任起讫条款；
4. 保险金额的确定、保险费的计算以及保险索赔。

引子

如果你是一名外贸业务员，当你和外商签订进出口合同时，是否会考虑国际运输中常出现的各种风险和损失因素？是否考虑该为进出口货物投海洋运输保险呢？保险的程序又如何？保险金额和保险费用又是如何计算的？通过本章内容的学习，你可以得出结论。

典型案例

某货轮从天津新港驶往新加坡，在航行途中船舶货舱起火，大火蔓延到机舱，船长为了船、货的共同安全，决定采取紧急措施，往舱中灌水灭火。火虽被扑灭，但由于主机受损，无法继续航行，于是船长决定雇用拖轮将货船拖回新港修理。检修后重新驶往新加坡。事后调查，这次事件造成的损失有：① 1000 箱货被火烧毁；② 600 箱货由于灌水灭火受到损失；③ 主机和部分甲板被烧毁；④ 拖船费用；⑤ 额外增加的燃料和船长、船员工资。试分析：以上损失中哪些属于共同海损？哪些属于单独海损？为什么？关于本案例，涉及国际货物运输保险的一个重要知识点，就是对于共同海损和单独海损的区别认定。通过本章的学习，我们应该能够回答本案例提出的问题。下面我们将详细介绍国际货物运输保险的有关知识。

货物运输保险是指投保人,或称被保险人(Insured)就其所发运的货物按一定金额向承保人,或称保险人(Insurer),即保险公司投保一定的险别,并缴纳保险费,由承保人出具保险单。承保后,若保险货物在运输过程中发生承保责任范围内的损失,承保人应按照其出具保险单的规定给予投保人经济上的补偿。在国际贸易中,货物的交接要经过长途运输、装卸和存储等环节,遇到各种风险而遭受损失的可能性比较大。为了在货物遭受损失时能得到经济补偿,就须办理货物运输保险。国际货物运输保险的种类因运输方式的不同而有所不同;主要有海上运输保险、铁路运输保险、航空运输保险、邮包运输保险等。

9.1 海上货物运输保险

在海运货物保险中,保险人的承包范围包括可保障的风险、可补偿的损失和可为保险公司承担的费用三个方面。国际保险市场对上述风险和损失都有特定的解释。

9.1.1 海上货物运输保险风险

由于商船在海运中风险很大,海运事故频繁,因此海上货物运输保险发展较早。

1. 海上风险(Marine Risks)

海上风险又称海难(Perils of the Sea),是指船舶或货物在海上运输过程中所发生的风险,包括自然灾害和意外事故。

(1)自然灾害

按国际保险市场的一般解释,自然灾害(Natural Calamities)是指不以人的意志为转移的、人类不可抗拒的非一般自然力量所造成的灾害,例如海啸、洪水、地震、火山爆发、雷电以及恶劣气候等人力不可抗拒的灾害等。

(2)意外事故

意外事故(Fortuitous Accidents)是指由于非意料中的原因所造成事故如船舶搁浅、触礁、沉没、碰撞、失踪、失火、爆炸或其他类似事故。

2. 外来风险(Extraneous Risks)

外来风险一般指由于外来原因引起的风险,即除了海上风险以外的,来自于保险标的物外部的,对保险标的物产生损害的风险。如果因为保险标的物的自然属性或内在缺陷所引起的自然损害就不属于外来风险导致的损失。

外来风险包括一般外来风险和特殊外来风险两种类型。一般外来风险是指由于一般外来原因所造成的风险,通常是指偷窃、玷污、渗漏、破碎、受热受潮、串味、生锈、淡水雨淋、短少和提货不着、碰损等。特殊外来风险是特殊的外来原因如由于军事、政治、国家政策法令等原因所造成的风险，包括战争、罢工、类似战争的行为、敌对行为、武装冲突或海盗行为，以及由此引起的捕获、拘留、管制或扣押等。

海上货物运输保险中的风险分类如图 9-1 所示。

风险
|--海上风险
    |--自然灾害
    |--意外事故
|--外来风险
    |--一般外来风险
    |--特殊外来风险

图 9-1 海上货物运输风险分类

9.1.2 海上损失(Marine Losses)

海上损失(简称海损)是指被保险货物在海运过程中，由于海上风险所造成的船或货的损坏或灭失。

根据国际保险市场的一般解释，凡与海陆连接的陆运过程中所发生的损坏或灭失，也属海损范围。就货物损失程度而言，海损可分为全部损失和部分损失；就货物损失的性质而言，海损又可分为共同海损和单独海损。

1. 全部损失(Total Losses)

全部损失简称全损。是指运输途中的整批货物或不可分割的一批货物的全部损失。全损有实际全损(Actual Total Loss)和推定全损(Constructive Total Loss)之分。

(1)实际全损。

实际全损是指被保险货物完全灭失或完全变质，或者货物实际上已不可能归还被保险人而言的损失。构成被保险货物"实际全损"的情况有以下几种。

① 被保险货物的实体已经完全灭失。例如，船只遭遇海难后沉没，货物同时沉入海底。

② 被保险货物遭到了严重损失，已失去原有用途和价值。例如，茶叶经过水浸泡后，虽然没有灭失，但是已经不能饮用，失去商业价值。

③ 被保险人对保险货物的所有权已无可挽回地被完全剥夺。例如，船只被海盗抢劫走，货物被敌方扣押等。虽然，船、货本身并未遭受损失，但是被保险人已经失去了这些财产，无法复得。

④ 载货船舶失踪达到一定时期仍无音讯。例如船舶丢失不见半年仍无音讯，则视为全部灭失。

(2)推定全损。

推定全损是指货物在海上运输途中遭遇承保风险后，虽未达到完全灭失的状态，但是进行施救、整理和恢复原状所需的费用，或者再加上续运至目的地的费用总和估计要超过货物在目的地的完好状态的价值。在这种情况下，被保险人可以要求保险人按部分损失赔偿，也可要求按全损赔偿。如果要求按全损赔付，被保险人必须向保险人发出委付通知。所谓委付(Abandonment)是指被保险人表示愿意将保险标的物的全部权利和义务转移给保险人，并要求保险人按全损赔偿的行为。委付必须经保险人同意接受后才能生效。

2. 部分损失(Partial Losses)

部分损失是指被保险货物的损失没有达到全部损失的程度。部分损失又可分为共同海损(General Average)与单独海损(Particular Average)。

(1)共同海损(General Average,简称 GA)

共同海损是指载货的船舶在海上遇到灾害、事故,威胁到船货等各方面的共同安全,为了解除这种威胁,维护船货安全,使航程得以继续完成,船方有意识地、合理地采取措施,造成某种某些特殊损失或者支出特殊额外费用。造成共同海损最主要的原因是自然灾害和意外事故。还有其他原因,例如船员不适于途中某地气候而生病,使船无法继续航行。构成共同海损必须具备下列条件。

① 共同海损的危险必须是真实存在的。只凭主观臆测可能会有危险发生而采取某些措施或可以预测的常见事故所造成的损失都不能构成共同海损。

② 共同海损的危险必须是船、货双方共同的。例如船在航行中搁浅,涉及船主和货主的共同利益。

③ 所支付的费用必须是额外的,即支付的费用是船舶运营所应支付费用以外的费用。是为了解除危险造成的。

④ 所采取的救助措施必须是有意识的、合理的,牺牲具有特殊性。所谓有意识的,是指共同海损的发生必须是人为的,经过人的周密计划的,不是意外的;所谓合理的,是指在采取共同海损行为时,必须符合当时实际情况的需要,并能在节约的情况下能较好地解除船、货双方面临的危险。例如,为了使搁浅船只浮起,应该抛出质量较重的、价值较低的、便于抛出的货物。

⑤ 共同海损所做的牺牲必须是有效的,即经过抢救之后,船或货的全部或部分应该安全抵达目的港。

(2)共同海损分摊(General Average Contribution)

由于共同海损的牺牲和费用是为了使船、货免于遭受损失而做出或支付的,因此,应该由船方、货方及运费方按解救共同危险最后结算的价值共同按比例分摊。这种分摊一般都称为共同海损分摊(General Average Contribution)。

共同海损的牺牲和费用是由船舶、货物和运费收取方按比例分摊的,如果货方都办理了保险,被保险人仅能就自己分摊的损失索赔。分摊方法是将总损失额除以总财产额求出分摊率,再用分摊率乘以各方财产额既是各方应承担的共同海损的损失,公式为:

$$\text{分摊率} = \frac{\text{总损失额}}{\text{财产总额}} \times 100\%$$

应用例题 9-1

有一载货船舶在航行途中发生共同海损,其中货方甲、乙、丁 10 万、20 万、20 万美元，货方丙没有损失，船体损失25万美元，救助费3万美元，运输损失1万美元。货方甲、乙、丙、丁的货物价值分别为120万、140万、120万、100万美元，载货船舶价值500万美元，承运人运费20美元。各方应分摊多少？

解答

分摊率＝(10＋20＋20＋25＋3＋1)/(120＋140＋120＋100＋500＋20)＝7.9%

船方应分摊额＝500×7.9%＝39.5万美元

货方甲应摊额＝120×7.9%＝9.48万美元

货方乙应摊额＝140×7.9%＝11.06万美元

货方丙应摊额＝120×7.9%＝9.48万美元

货方丁应摊额＝100×7.9%＝7.9万美元

承运人应摊额＝20×7.9%＝1.58万美元

尽管货方丙的货物没有损失，但也需分摊同货方甲同样的损失。如果货方都办理了保险，各自的分摊额就是其索赔金额。

(3)单独海损(Particular Average，简称PA)

单独海损是指船舶在运行过程中发生的，仅仅涉及船或货单方面利益的损失。例如，由于触礁使船体部分撞坏，但船仍可航行。又如，由于暴风雨使海水入舱，机器设备严重锈蚀。单独海损仅涉及某一方面利益，因此，由损失方单独负责。单独海损和共同海损都属于部分损失。

(4)单独海损和共同海损的区别

单独海损和共同海损的主要区别表现在以下三个方面：

① 损失的构成不同；

② 引起损失的原因不同；

③ 损失的承担不同。

实际情况是，单独海损事故往往先于共同海损的行为而发生，两者经常是有联系的。

就拿本章开头的案例来说，①1000箱货被火烧毁和③主机和部分甲板被烧毁是因火灾而造成的直接损失，属于单独海损，货主和船方各自负责自己的损失；②600箱货由于灌水灭火受到损失、④拖船费用、⑤额外增加的燃料和船长、船员工资是因维护船、货共同安全，进行灌水灭火而造成的损失和产生的费用，属于共同海损，费用由各方按比例分摊。

```
海上损失
 |--全部损失
         |--实际全损
         |--推定全损
 |--部分损失
         |--共同海损
         |--单独海损
```

图9-2　海上损失分类

对于海上运输保险承保的海上损失分类，可以概括为如图9-2所示。

9.1.3 海上费用(Expenses & Charges)

海上费用是指由于海上风险而造成的费用上的损失。保险人承担的费用是指保险标的发生保险事故后,为减少货物的实际损失而支出的合理费用。包括施救费用和救助费用。

1. 施救费用(Sue and Labor Expenses)

施救费用是指当保险标的物遭受承保责任范围内的灾害事故时,投保人或其代理人和保险单的受让人,为避免或减少损失所采取措施而支出的合理费用。

2. 救助费用(Salvage Charges)

救助费用是指由保险人和投保人以外的第三者采取有效的救助措施而向其支付的报酬。

3. 特别费用(Special Expenses)

特别费用是指运输工具遭受海难后在避难港卸货所引起的损失,以及由于卸货、存仓、运送货物所产生的费用。

9.2 海运保险险别与条款

我国现行的《海洋运输货物保险条款》使用的是中国人民保险公司制订的"中国保险条款"(China Insurance Clauses,简称CIC),1981年1月1日修订。该条款将海运货物保险险别分为基本险(Basic Insurance Coverage)、附加险(Additional Insurance Coverage)和专门险三类。其中,基本险可以单独投保,而附加险不能独立投保,只有在投保某一种基本险的基础上才能加保附加险。

9.2.1 海运货物保险的基本险别

海运货物保险的基本险别分为平安险、水渍险和一切险三种。

1. 平安险(Free from Particular Average,简称FPA)

平安险是我国保险业务的习惯叫法,其英文愿意是"单独海损不负责赔偿",但随着保险业务的发展和保险条款的修订,平安险的责任范围已并非对所有单独海损均不负责赔偿,平安险是责任范围最小,所缴保险费最少的基本险别。平安险的承保责任范围包括以下几种。

(1)被保险的货物在运输途中由于恶劣气候、雷电、海啸、地震、洪水等自然灾害造成整批货物的全部损失或推定全损。

(2)由于运输工具遭受搁浅、触礁、沉没、互撞、与流冰或其他物体碰撞以及失火、爆炸、意外事故造成货物的全部或部分损失。

(3)在运输工具已经发生搁浅、触礁、焚毁、沉没意外事故的情况下,货物在此前后又在海上遭受恶劣气候、雷电、海啸等自然灾害所造成的全部或部分损失。

(4)在装卸或转动时由于一件或数件货物落海造成的全部或部分损失。

(5)被保险人对遭受承保责任内危险的货物采取抢救、防止或减少货损的措施而支付的合理费用,但以不超过该批被保货物的保险金额为限。

(6)运输工具遭受海难后,在避风港由于卸货所引起的损失以及在中途港、避难港由于卸货、存仓以及运送货物所产生的特别费用。

(7)共同海损的牺牲、分摊和救助费用。

(8)运输契约订有"船舶互撞责任"条款,根据该条款规定应由货方偿还船方的损失。

应用案例 9-1

某公司向欧洲出口一批器材,投保海运货物平安险,载货轮船在航行途中发生碰撞事故,部分器材受到损失。另外,该公司还向美国出口一批器材,由另一船装运,投保了海运货物平安险。船舶在运送途中,由于遭遇暴风雨的袭击,船身相互碰撞,发生部分损失。后船舶不幸又发生搁浅事故,经抢救脱险。试分析上述货物损失是否该由保险公司承担赔偿责任。

案例分析

出口欧洲的器材损失是由运输工具发生碰撞这一意外事故所造成的,根据平安险的承保责任,保险公司理应负责赔偿。而向美国出口货物的损失,是由于船舶遭受自然灾害所引起的损失,根据平安险承保责任的规定,保险公司仅负责自然灾害造成的全部损失,而不负责部分损失。但是平安险承保责任又规定,对于运输工具曾经遭受过搁浅、触礁等意外事故的,在这之前或之后因恶劣气候等自然灾害造成的部分损失由保险公司给予赔偿。所以,出口美国的货物虽然是由于自然灾害造成的部分损失,但因载货船舶在该航程途中曾经遭受过搁浅,且船舶搁浅时保险货物仍然装载在船上,因而保险公司对出口美国的货物所遭受的损失也应给予赔偿。

2. 水渍险(With Particular Average,简称 WPA 或 WA)

水渍险的英文原意为负责赔偿单独海损,其责任范围为平安险的责任范围,加上由于恶劣气候、雷电、海啸、地震、洪水自然灾害所造成的部分损失(此部分是平安险不赔偿的那部分)。因此,水渍险的责任范围比平安险的责任大,保险费率亦高。

水渍险一般适用于不大可能发生碰损、破碎或容易生锈但不影响使用的货物,如铁钉、螺丝等小五金类商品,以及旧汽车、旧机床等货物。

应用案例9-2

我方向澳大利亚出口坯布100包,我方按合同规定加一成投保水渍险。货物在海上运输途中因舱内食用水管漏水,致使该批坯布中的30包浸有水渍。请问:对此损失保险公司是否赔偿?

案例分析

食用水管漏水属于一般附加险中的淡水雨淋险,本案例中因货主投保的是水渍险,而水渍险只对海水浸渍负责而对淡水所造成的损失不负责任。因此,货主不能向保险公司索赔,但可凭清洁提单向船公司交涉。

3. 一切险(All Risks,简称AR)

一切险的承保范围则是水渍险的责任范围,以及由于外来原因所引起的全部或部分损失。即一切险的责任范围包括平安险、水渍险、再加上11种一般附加险。特别附加险不包括在内,需要时须另行加保。一切险的责任范围比水渍险的大,保险费率也比水渍险的高。所以三种基本险的责任范围大小顺序为:一切险 > 水渍险 > 平安险。投保人可根据货物的特点、运输路线等情况选择投保平安险、水渍险和一切险三种险别中的任一种。

4. 除外责任(Exclusions)和责任起讫(W/W Clause)

中国人民保险公司海运保险条款对保险的除外责任(Exclusions)和责任起讫(W/W Clause)做了规定。

(1)除外责任(Exclusions)

所谓除外责任(Exclusions)是指保险公司明确规定不予承保的损失和费用。

① 被保险人的故意行为或过失所造成的损失。

② 属于发货人责任所造成的损失。

③ 在保险责任开始前,就保险货物已存在的品质不良或数量短差所造成的损失。

④ 被保险货物的自然损耗、本质缺陷、特性以及市价跌落、运输延迟所引起的损失和费用。

⑤ 属于海洋运输货物战争险和罢工险条款规定的责任范围和除外责任。

(2)责任起讫(W/W Clause)

基本险承保责任起讫期限或称保险期限。根据中国人民保险公司海洋运输货物保险条款规定,"平安险"、"水渍险"和"一切险"承保责任的起讫,均采用国际保险业中惯用的"仓至仓条款"(Warehouse to Warehouse,简称W/W Clause)规定的办法处理。即保险责任自被保险货物运离保险单所载明的起运地仓库或储存处所开始运输时生效,包括正常运输过程中的海上、陆上、内河和驳船运输在内,直至该项货物到达保险单所载明目的地收货人的最后仓库或储存处所或被保险人用做分配、分派或非正常运输的其他储存处所为止。如未抵达上述仓库或储存处所,则以被保险货物在最后卸载港全部卸离海轮后满60天为止。如在上述60天被保险货物需转运至非保险单所载明的目的地时,则于货物开始转运时终止。

应用案例9-3

有一份FOB贸易合同,货物在装船后,卖方向买方发出了装船通知,买方随即向保险公司投保了仓至仓条款一切险(All Risks with Warehouse to Warehouse Clause),但货物在从卖方仓库运往码头的途中,被暴风雨淋湿了10%的货物。事后卖方以保险单含有仓至仓条款为由,要求保险公司赔偿此项损失,但遭到保险公司拒绝。后来卖方又请求买方以投保人名义凭保险单向保险公司索赔,也遭到保险公司拒绝。试问在上述情况下,保险公司能否拒赔?为什么?

案例分析

对本案例情况,保险公司完全可以拒赔。这是因为:

第一,此案中,尽管保险公司承担"仓至仓条款"的责任,但是卖方只对货损失的货物有所有权,他并未与保险公司签订保险合同,他不是前述保险单的被保险人或合法的受让人,因此,卖方不能向保险公司提赔,保险公司当然可以拒赔;

第二,此案中,买方虽然是前述保险单的被保险人和持有人,但是在保险货物受损时,买方对该货物尚未取得所有权,他对货物装船前发生的风险损失不负任何责任,因此,在货物发生风险损失时,买方对保险标的不具有保险利益,尽管保险单内有"仓至仓条款",保险公司也可对买方拒赔。

5. 基本险的索赔时效

海运保险条款规定,基本险的索赔时效自被保险货物在最后卸载港全部卸离海轮后起算,最多不超过两年。

另外,除上述三类基本险别外,还有海洋运输货物专门保险险别与条款,包括海洋运输冷藏货物保险和海洋运输散装桐油保险。海洋运输冷藏货物保险包括冷藏险和冷藏一切险。

9.2.2 海运货物保险的附加险

附加险是对基本险的补充和扩大。附加险承保的是除自然灾害和意外事故以外的各种外来原因所造成的损失。附加险只能在投保某一种基本险的基础上才可加保。中国保险条款中的附加险有一般附加险和特殊附加险之分。

1. 一般附加险(General Additional Risk)

一般附加险有下列11种险别：偷窃、提货不着险(Theft, Pilferage and Non－Delivery Risk，简称TPND)；淡水雨淋险(Fresh Water and Rain Damage Risk，简称FWRD)；渗漏险(leakage Risk)；短量险(Shortage Risk)；混杂、玷污险(1nternixture and Contamination Risk)；碰损、破碎险(Clash and Breakage Risk)；串味险(Taint of Odour Risk)；受潮受热险(Sweat and Heating Risk)；钩损险(Hook Damage Risk)；包装破裂险(Breakage of Packing Risk)；锈损险(Rust Risk)。

(1)偷窃、提货不着险

保险人对承保的保险货物因偷窃行为所致的损失和整件提货不着等损失，负责按照保险价值赔偿。

(2)淡水雨淋险

保险人对直接遭受雨淋或其他淡水原因所致的损失负责赔偿。淡水包括船上水管漏水、冰雹融化及舱汗等。

(3)渗漏险

保险人对承保的保险货物(通常为流质、半流质的液体物质和油类物质)在运输过程中因容器损坏而引起的渗漏损失，或因液体的渗漏引起的货物腐蚀等损失负责赔偿。

(4)短量险

保险人对承保的保险货物在运输途中因外包装破裂或散装货物发生数量散失和实际重量短缺的损失负责赔偿，但不包括正常的途耗。当然，保险人需查清外包装是否发生异常现象，如破口、破袋、扯缝等。短量的计算一般以装船重量和卸船重量的差额为准。

(5)混杂、玷污险

保险人对承保货物在运输过程中因混进杂质和被玷污所造成的损失负责赔偿。

(6)串味险

保险人对承保的同舱装载保险货物因受其他商品影响而引起的串味损失负责赔偿，如食品在运输过程中受到一起堆放的樟脑等异味影响使品质变化而遭受到损失。

(7)受热受潮险

保险人对承保的保险货物，因船舶航行途中气温骤变，或者由于船上通风设备失灵等使船内水气凝结，导致发潮、发热引起的货物损失负责赔偿。

(8)钩损险

保险人对承保的保险货物在装卸过程中因使用吊钩等工具所造成的损失负责赔偿，并负责对包装进行修补或调换的费用。

(9)包装破裂险

保险人对承保的保险货物因运输途中装运或装卸不慎致使包装破裂所造成的商

品短少和玷污等损失负责赔偿。此外,对运输过程中因安全需要而产生的修补包装或调换包装费用均由保险人负责。

(10)碰损、破碎险

保险人对承保的保险货物在运输过程中因挤压、震动、碰撞所造成的破碎和碰撞损失负责赔偿。

(11)锈损险

保险人对承保的金属或金属制品类货物因运输过程中发生的锈损负责赔偿。

如果投保人投保的险别为平安险或水渍险时,可追加投保上述11种一般附加险。但如果已投保了一切险,由于一般附加险的责任已包含在一切险的范围内,那就不需要再加保一般附加险了。

2. 特殊附加险(Special Additional Risk)

特殊附加险是承保由于特殊外来风险所造成的全部或部分损失。中国人民保险公司承保的特殊附加险共有下列8种,主要有战争险(War Risk)、罢工险(Strikes Risk)、进口关税险(Import Duty Risk)、舱面险(On Deck Risk)、黄曲霉素险(Aflatoxin Risk)、拒收险(Rejection Risk)、交货不到险(Failure to Deliver Risk)、出口货物到香港(包括九龙在内)或澳门存仓火险责任扩展条款(Fire Risk Extension Clause For Storage of Cargo at Destination Hong Kong, Inc1uding Kowloon, or Macao,简称FREC)。

(1)战争险

战争险的承保范围包括:由于战争或类似战争的敌对行为、武装冲突或海盗行为所造成的损失;战争引起的捕获、拘留、扣押行为所造成的损失;各种常规武器(包括水雷、鱼雷、炸弹)所导致的损失;上述责任范围而引起的共同海损牺牲、分摊和救助费用。

战争险的保险责任起讫不采用仓至仓条款,而是从货物装上海轮开始至货物运抵目的港卸离海轮为止,即只负责水上风险。战争险的保险责任起讫点是以水面为准(Waterborne),货物从装运港装上轮船时开始,到货物在目的港卸离轮船时为止,如轮船到达目的港后,货物迟迟未卸船,则保险责任以海轮到达目的港的当日午夜起算满15天自行终止;如装货轮船在中途港转船,不论货物是否卸载,保险责任仍以海轮到达中途港或卸货地点的当日午夜起算满15天自行终止;若再装上轮船续运,保险责任重新有效。

另外,中国人民保险公司对战争险规定的除外责任如下:使用原子或热核制造的武器所导致的损失和费用;执政者或其他武装集团的扣押、拘留引起的承保航程的丧失或挫折而导致的损失和费用。

(2)罢工险

罢工险的承保范围包括:被保险货物由于罢工者、工人被迫停工,参加工潮、暴动等人员的行动或任何人的恶意行为所造成的直接损失,以及上述行为引起的共同海损的牺牲、分摊和救助费用。如果因劳动力短缺或不能正常使用劳动力或没有劳动力搬运货物,或因罢工而引起的劳动力短缺所造成的被保险货物损失,保险人不负赔偿责任。

罢工险对保险责任起讫点的规定仍采取"仓至仓"条款。按国际保险业惯例,投保战争险又加保罢工险,不另行收取保险费,如仅加保罢工险,则按战争险费率收费。

(3)黄曲霉素险

黄曲霉素险是保险人对保险货物因所含黄曲霉素超过进口国的限制标准,被进口国海关拒绝进口、没收或强制改变用途而遭受的损失负责赔偿。

(4)交货不到险

交货不到险是保险人对保险货物从装上船舶时开始,不能在预定抵达目的地的日期起6个月内交货而负责按全部损失赔偿,不管是什么原因造成的。

(5)舱面险

舱面险是保险人对保险货物装放于舱面时,除按保险单载明条款负责赔偿外,还包括被抛弃和被风浪冲击落水在内的损失赔偿。

(6)进口关税险

当被保险货物遭受保险责任范围以内的损失时,被保险人仍须按照完好货物价值完税,保险公司则对损失部分货物的进口关税负责赔偿。

(7)拒收险

被保险货物在进口报关时,被进口国政府或有关管理部门拒绝进口或没收,保险公司则按货物的保险价值负责赔偿。

(8)货物出口到香港(包括九龙在内)或澳门存仓火险责任扩展条款

承保我国内地出口到港澳地区的货物,如果直接卸到保险单载明的过户银行所指定的仓库时,则延长存仓期间的火险责任。这是因为我国内地出口到港澳的货物,有些是向我国在港澳的银行办理押汇。在货主向银行清还货款之前,货物的权益属于银行,因而在这些货物的保险单上注明过户给放款银行。如保险货物抵达目的地后,货物尚未还款,则往往将其存放在过户银行指定的仓库中。为了使货物在存仓期间发生火灾能够得到赔偿,特设立这一险别。被保险货物运抵目的地香港(包括九龙在内)或澳门卸离运输工具后,如直接存放于保单载明的过户银行所指定的仓库,承保对存仓火灾的责任至银行收回押款、解除货物的权益为止,或运输险责任中止时起满30天为止。如在存仓期间,发生了火灾,保险人负责赔偿。

9.2.3 海运货物保险的专门险

专门险条款又称为特种货物保险条款,可以单独投保,属于基本险性质。我国海上保险市场上目前常用的特种货物海运保险条款主要有海洋运输冷藏货物保险条款和海洋运输散装桐油保险条款。

(1)海洋运输冷藏货物保险条款

海洋运输冷藏货物保险条款(Ocean Marine Insurance Clause - Frozen products)包括冷藏险(Risks for Frozen Products)和冷藏一切险(All Risks for Frozen products)。冷藏险与海运货物水渍险的责任范围相同,除了承保冷藏货物在运输途中由于海上自然灾害或意外事故造成的腐败或损失外,还对由于冷藏机器停止工作连续达24小时以上所造成的腐败和损失负责。

冷藏一切险的责任范围是在冷藏险的责任范围基础上,增加承保"一般外来原因所致的腐败和损失"。

海运冷藏货物保险的除外责任包括海洋运输货物保险条款的除外责任,但对以下两种情况不负赔偿责任。

① 被保险货物在运输过程中的任何阶段因未放在有冷藏设备的仓库或运输工具中,或辅助工具没有隔温设备所造成的货物腐败。

② 被保险货物在保险责任开始时未保持良好状态,包括整理加工和包扎不妥,冷冻上不合乎规定及骨头变质所引起的货物腐败和损失。

海洋运输冷藏货物保险的责任起讫与海洋运输货物三种基本险的责任起讫基本相同。然而,货物到达保险单所载明的最后目的港后,如在30天内卸离海轮,并将货物存入岸上冷藏仓库,那么保险责任继续有效,但以货物全部卸离海轮时起算满10天为限。在上述期限内货物一经移出冷藏仓库,保险责任即告终土。如果货物卸离海轮后不存入冷藏仓库,那么保险责任至卸离海轮时终止。

(2)海洋运输散装桐油保险条款

海洋运输散装桐油保险(Ocean Marine Insurance Clause-Wood oil Bulk)除了承保海运货物保险条款的保险责任以外,还承保因任何原因所致保险桐油的短量,渗漏超过免赔率部分损失,被保险桐油的玷污和变质的损失及共同海损、分摊和救助施救费用。

海洋运输散装桐油保险的责任起讫也按"仓至仓"条款负责,但是,如果被保险散装桐油运抵目的港不及时卸载,则自海轮抵达目的港时起满15天,保险责任即行终止。

9.2.4 伦敦保险协会海运货物保险条款

在国际保险市场上,普遍采用的还有1982年1月1日修订完成并于1983年4月1日起正式实行的英国伦敦保险协会的《协会货物条款》(Institute Cargo Clauses, ICC)。我国进出口公司一般按中国保险条款(CIC)投保,但如果客户提出要求按《协会货物条款》(ICC)投保,我国的保险公司也可以考虑接受,并按ICC条款范围予以承保。目前,《协会货物条款》是对世界各国保险业影响最大,应用最为广泛的保险条款,该保险条款共有6种险别。

1. 伦敦保险协会海运货物保险条款的主要内容

(1)ICC 条款的六种险别

① 协会货物(A)险条款,即 ICC(A);

② 协会货物(B)险条款,即 ICC(B);

③ 协会货物(C)险条款,即 ICC(C);

④ 协会货物战争险条款(Institute War Clauses Cargo);

⑤ 协会货物罢工险条款(Institute Strike Clauses Cargo);

⑥ 恶意损害险条款(Malicious Damage Clause)。

上述六种险别中(A)险、(B)险、(C)险属于基本险,其他属于附加险。除恶意损害险外,前五种险别可以单独投保。在 ICC 条款中,上述前五种险别均按条款的性质统一划分为八项主要内容,即:承保范围、险外责任、保险期限、索赔、保险利益、减少损失、防止延迟和法律与惯例。

(2)ICC 条款的特点

ICC 条款的特点主要表现在以下几个方面:

① ICC 条款的战争险和罢工险在需要时能单独投保;

② ICC 条款的各种险别取消了按全部损失与部分损失区分险别的规定;

③ ICC 条款的各种险别赔偿时不计免赔率;

④ ICC 条款规定的保单是一种空白格式的保险单,其内容简洁、明确,不包括保险条件,也取消了附注;

⑤ ICC 条款增加了可保利益条款、续运费条款、增值条款、放弃条款和法律与惯例条款等 5 个条款。

2. 伦敦保险协会海运货物保险条款中的主要险别

(1)ICC(A)险的承保责任范围

ICC(A)险的承保范围较广,采用“一切风险减除外责任”的方式,即除了“除外责任”项下所列的风险保险人不予负责外,其他风险均予负责。因此,只要清楚 ICC(A)的除外责任,就清楚了 ICC(A)的承保风险。

(2)ICC(A)险的除外责任

① 一般除外责任。主要是指被保险人故意的不法行为所造成的损失或费用;保险标的自然渗漏、重量或容量的自然损耗或自然磨损;因包装或准备的不足或不当所造成的损失或费用;因保险标的内在缺陷或特征所造成的损失或费用;直接由于延迟所引起的损失或费用;因船舶所有人、经理人、租船人经营破产或不履行债务所造成的损失或费用;因使用任何原子或热核武器所造成的损失或费用。

② 不适航、不适货除外责任。主要是指被保险人在被保险货物装船时已知船舶不适航,以及船舶、运输工具、集装箱等不适货装运该批货物。

③ 战争除外责任。战争除外责任是指由于战争、内战、敌对行为等所造成的损失和费用,或由于捕获、拘留、扣留等(海盗行为除外)所造成的损失,以及由于漂流水雷、鱼雷等所造成的损失或费用。

④ 罢工除外责任。罢工除外责任是指由于罢工、被迫停工所造成的损失或费用,由于罢工者、被迫停工工人等所造成的损失或费用,以及任何恐怖袭击或因政治动机而行动的人所导致损失或费用。

(3) ICC(B)险的承保责任范围与除外责任

ICC(B)险的承保范围采用除外责任之外"列明风险"的方式,即把其承保的风险一一列举出来。ICC(B)险的除外责任包括ICC(A)险的除外责任以外,保险人对"海盗行为"与"恶意损害险"不负责。ICC(B)列明的承保的风险如下:

① 火灾、爆炸;

② 船舶或驳船触礁、搁浅、沉没、倾覆;

③ 陆上运输工具倾覆或出轨;

④ 船舶、驳船或运输工具同除水以外的任何外界物体碰撞;

⑤ 在避难港卸货;

⑥ 地震、火山爆发、雷电;

⑦ 共同海损牺牲;

⑧ 抛货、浪击落海;

⑨ 海水、湖水或河水进入船舶、驳船、运输工具、集装箱、大型海运箱或贮存处所;

⑩ 货物在装卸时落海或跌落造成整件的全损。

(4) ICC(C)险的承保责任范围与除外责任

ICC(C)对承保风险的规定也是采用"列明风险"的方式,与ICC(B)的风险责任规定方式相同,可是仅对"重大意外事故"所导致的损失负责,对非重大意外事故和自然灾害所导致的损失均不负责。ICC(C)列明的承保的风险如下:

① 火灾、爆炸;

② 船舶或驳船触礁、搁浅、沉没、倾覆;

③ 陆上运输工具倾覆或出轨;

④ 船舶、驳船或运输工具同除水以外的任何外界物体碰撞;

⑤ 在避难港卸货;

⑥ 共同海损牺牲;

⑦ 抛货。

ICC(C)险的除外责任与ICC(B)险的除外责任完全相同。ICC(A)、ICC(B)、ICC(C)险的承保范围类似于我国海洋货物运输中的"一切险"、"水渍险"和"平安险",不同之处在于以下几点:

① 海盗行为所造成的损失ICC(A)险的承保责任范围,而在一切险中是除外责任;

② ICC(A)险包括恶意损害险,而一切险中不包括此种险;

③ ICC(B)、ICC(C)险改变了水渍险与平安险对承保范围中某些风险不明确的弊病,采取"列明风险"的办法,即把承保风险和损失一一列明。

ICC(A)险、ICC(B)险、ICC(C)险条款的责任起讫也采用"仓至仓"条款,但比我国条款规定更为详细。总的来说,伦敦保险协会海运货物保险条款(ICC)与我国(CIC)的不同点有以下几点:

(1)主要的险别用字母表示;

(2)险别的排列是由大到小;

(3)战争险和罢工险可以单独投保;

(4)承保的风险范围采用列明风险和除外责任的方式。

应用案例9-4

某年2月,山东某进出口公司(简称进口公司)与日本某公司(简称出口公司)签订了进口一批医疗器械的合同,价格条款为CIF中国青岛,货值为48 784美元,出口公司按ICC(A)条款在一家日本保险公司投保,目的港为中国青岛。同时,进口公司又与国内某用户公司(简称用户公司)签订国内销售合同,约定货物通关入境后即刻由进口公司将货物运至用户公司驻地北京市,用户公司派人员在约定时间和地点接货。货物抵目的港经检验放行后,进口公司委托某货运公司用汽车运至北京并在约定时间和地点交货。不料运输途中因汽车故障致使到达时间比约定晚了5小时,用户公司接货人员已离去且联络不上。夜幕降临,货运公司驾驶员就近将货车停一旅馆停车场并住宿一夜,次日发现货物部分被盗,价值5628美元。用户公司据此向进口公司索赔,进口公司又向货运公司追偿,而货运公司又与旅馆纠缠不清。本案中进口各方受损,你认为本案发生的主要原因是什么?

案例分析

本案发生的主要原因在于货运保险方面出了问题。(1)保险期限。海运保险的责任期间以"仓至仓"条款为依据。日本出口公司按ICC(A)投保,关于保险的起讫期限未作特殊说明,因此,本合同中的保险期限也就是国际保险业中惯用的"仓至仓"条款。即保险责任自起运地仓库或储存处所开始运输生效,直至到达保险单所载明目的地收货人的最后仓库或储存处所或被保险人用做分配、分派或分散装运时止。本案中,货物安全抵达青岛并交进口公司,由进口公司分派而运输时,日本保险公司的保险责任即告终止,其后发生的损失再无赔偿责任。(2)保险的衔接。本案中,在货物交接时,ICC(A)的保险责任即告终止,国内货物运输缺乏相应的风险保障,出现保险责任脱节现象,不能有效的规避风险。

教训:(1)在处理保险业务时,要明确货物运输保险的责任期限,本案中可通过扩展保险责任期限或适当调整保险的目的地,来确保各方的利益;(2)在进口业务中,应规避进口国内陆运输中出现保险责任的脱节情况,及时有效地衔接好保险责任。

9.3 陆运、空运与邮包运输保险

我国陆、空、邮政运输货物保险是在海运货物保险的基础上发展起来的,但与海运货物保险的险别又有所不同。

9.3.1 陆运货物运输保险

1. 陆上运输货物保险的基本险别

我国《陆上运输货物保险条款》规定,陆上运输货物保险的基本险别分为陆运险(Over1and Transportation Risk)和陆运一切险(Overland Transportation All Risks)两种。

此外,还有适用于陆运冷藏货物的专门保险有陆上运输冷藏货物险(属基本险),以及陆上运输货物战争险(适用于火车)等附加险。下面主要讲述陆运险和陆运一切险。

2. 陆运险和陆运一切险的承保范围

陆运险的承保责任范围与海上运输货物保险条款中的“水渍险”相似。陆运一切险的承保责任范围与海上运输货物保险条款中的“一切险”相似。保险公司除承担上述陆运险的赔偿责任外,还负责保险货物在运输途中由于一般外来原因所造成的全部或部分损失。以上责任范围均适用于火车和汽车运输,并以此为限。

3. 陆上运输货物险的责任起讫、索赔时效和除外责任

陆上运输货物险的责任起讫也采用“仓至仓”责任条款。陆上运输货物险的索赔时效为:从被保险货物在最后目的地车站全部卸离车辆后起算:最多不超过两年。陆上运输货物保险的除外责任主要包括:(1)被保险人的故意行为或过失所造成的损失;(2)属于发货人所负责任或被保险货物的自然消耗所引起的损失;(3)由于战争、工人罢工或运输延迟所造成的损失。

9.3.2 空运货物保险

中国的航空运输货物保险分为航空运输险(Air Transportation Risks)和航空运输一切险(Air Transportation All Risks)两种基本险别。航空运输险的承保责任范围与海洋货物运输保险条款中的“水渍险”相似;航空运输一切险的承保责任范围与海洋运输保险条款中的“一切险”相似,除包括航空运输险的各项责任外,还包括被保险货物由于 一般外来原因所造成的全部或部分损失。空运保险对运输工具的要求仅限于飞机。

航空货物运输保险责任起讫期限也采用“仓至仓”条款，所不同的是如果货物运达保险单所载明的目的地而未运抵保险单所载明收货人仓库或储存处所，则以被保险货物在最后卸载地卸离飞机后满30天保险责任即告终止。

此外，还有航空运输货物战争险、罢工险等附加险。

9.3.3 邮包运输保险

我国《邮包保险条款》规定，邮包保险分为邮包险（Parcel Post Risks）和邮包一切险（Parcel Post All Risks）两种基本险别。

1. 邮包险

邮包险的承保范围包括：保险人对被保险邮包在运输途中由于自然灾害或由于运输工具遭遇搁浅、触礁、沉没、碰撞、出轨、倾覆、坠落、失踪、失火、爆炸等意外事故所造成的全损或部分损失负责赔偿；另外，被保险人对遭受承保责任内的危险货物采取抢救、防止或减少货损的措施而支付的合理费用负责赔偿，但以不超过该批被救货物的保险金额为限。

邮包保险的责任起讫期限是从邮包离开保险单所载起运地寄件人处所运往邮局开始，直至被保险邮包运达保险单所载明的目的地邮局，自邮局签发到货通知书当日午夜起算满15天终止，但在此期限内邮包一经递交至收件人的处所时，保险责任即告终止。邮运保险仅限于邮包。

邮包险是一种基本险，其承保责任范围相当于海运保险中的水渍险。

2. 邮包一切险

邮包一切险的承保范围包括：保险人对邮包险和被保险邮包在运输途中由于一般外来原因所导致的全损或部分损失负责赔偿。邮包一切险也是一种基本险，其承保责任范围相当于海运保险中的一切险。

此外还有邮包战争险、罢工险等附加险。邮包战争险是邮政包裹保险的一种附加险，在投保了邮包险或邮包一切险时可加保邮包战争险，这样保险人士对因战争、敌对行为、武装冲突或罢工所造成的损失负责赔偿，但对自然损耗、被保险人的故意行为、或因使用原子或热核武器所造成的损失不负责赔偿。

邮包险和邮包一切险的起讫责任同样采用“仓至仓”条款，与海运相同。

9.4 国际货物运输保险实务

国际货物买卖双方在洽谈一项交易时，肯定要进行关于保险条款的谈判。在国际货物运输保险的投保过程中，需要涉及诸多环节的内容。一个完整的保险条款应该包括保险险别确定、保险金额计算、保险索赔等一系列内容，买卖双方只有事先对这些内容进行详细而完整的规定，才能尽量有效地避免争议的发生。

9.4.1 出口货物和进口货物运输保险

按 CIF 或 CIP 条件订立的出口合同，由出口方负责投保。按我国保险公司的有关规定，出口货物的投保一般需逐笔填写投保单，向保险公司提出书面申请，投保单经保险公司接受后由保险公司签发保险单。

凡按 FCA、FOB、CPT、CFR 条件订立的进口货物，由进口方负责投保。我国外贸企业为了防止漏保和延误投保，也为了简化手续，大都采用预约保险做法，即由我外贸企业与保险公司事先签订各种不同运输方式的进口预约保险合同（Open Cover），又称预约保单（Open Policy）。按照预约保险合同规定，外贸企业无须逐笔填送投保单。在进口货物时，只需将国外客户的装运通知送交保险公司，即为其办理了投保手续，保险公司对该批货物 自动承担承保责任。对于不经常有货物进口的单位，也可逐笔办理投保。

9.4.2 货物运输保险实务

保险是国际贸易中的主要交易条件之一，关于保险条款的谈判主要会涉及以下内容：货物的投保人、双方同意的保险人（即保险公司）及采用的保险条款、保险的险别、保险的全额以及保险单的形式等。

1. 保险险别的选择

（1）保险投保人

国际货物运输保险的投保人可以是买卖双方中的任何一方，只要本国保险公司手续简单、条件便利，除非对方坚持，买卖双方都会争取由自己办理保险。这样一方面可以促进本国保险业的发展；另一方面可避免因对方提供假保单而造成欺诈现象发生，自己对货物投保可靠性更强。在实际业务中，买卖双方由谁投保须通过双方协商，并在合同中以术语的形式表现出来。根据《2000 年国际贸易术语解释通则》对买卖双方权利和义务的解释，可以通过贸易术语了解谁是一个特定合同项下的投保人。例如，在 CIF 术语中，卖方主要承担包括交货、运输、保险在内的责任，所以，卖方自然就是以该术语成交的所有合同中的投保人；在 FOB 术语中，卖方的责任就是在装运港把货交到买方派来的船上，并没有规定卖方有投保的义务，所以，在以 FOB 术语成交的合同中，买方自然就成为货物的投保人。

但贸易术语本身并不是法律，贸易术语所规定的各项内容是可以变化的。根据“合同优先”的原则，在某些特殊交易中，当买卖双方对术语的某些规定不能接受时，在双方认可的情况下可以任意修改术语内容。例如，在一个以 CIF 术语成交的合同中，买卖双方就可以规定：“以 CIF 术语成交，但保险由买方自理”。这样，合同的规定就改变了贸易术语的内容，买卖双方就要按照合同执行。因此，一般来说，除非合同另有规定，一份合同的投保人以贸易术语的解释确定。但为了更好地明确规定买卖双方的责任，在合同中关于保险的条款上最好还是写明具体投保人为好。

(2)保险公司与保险条款

保险公司的实力和资信直接影响货物投保的安全性和理赔的便利，因此，挑选合适的保险人对于合同的签订和顺利进行十分重要。

根据所使用的贸易术语不同，保险的受益人一般会在保险公司的挑选中掌握决定权。例如，在 CIF 术语成交的合同中，根据《2000 年国际贸易术语解释通则》的解释，卖方投保是为买方采取的行为，最终的受益人是买方，所以，一般是由卖方推荐保险公司，而由买方最终决定；在送货上门的交货条件下，卖方投保是为自身的利益，所以卖方就有选择保险人的决定权。但不论由谁决定，在合同中最好明确写明由某个具体的保险公司作为该合同的保险人。一旦保险公司确定下来，则保险条款也就随之确定了。

(3)保险险别选定原则

在海运货物保险中，都要明确承保责任的范围和保险的险别，这是保险人和被保险人履行权利和义务的依据。保险人制定了多种保险险别供投保人选择，不同的险别意味着货物运输中受损后得到保险公司赔偿的结果不同。即保险人承保的风险越多，投保人所要缴纳的保险费就越多，货损后得到保险人的赔偿就越多；如果保险人承保的风险越小，投保人所缴纳的保险费就越少，货损后得到保险人的赔偿就少。因此，投保人对保险险别的选择要科学，并在合同中加以明确规定，确定投保人和保险人的权利义务关系。我国的进出口公司通常采用的保险条款是中国保险条款，有时也采用伦敦保险协会的货物保险条款。

科学选定保险险别的原则是：货运的风险有保障，保费的支出尽量少。根据货物品性、包装方式、运输工具、运输地区、港口状况等条件来选择保险险别。如五谷杂粮易受水分的影响，经过长途运输，水分可能会蒸发，易导致商品短量；同时也会吸收空气中的水分，或被海水浸入、淡水渗入，易引起霉烂，在对这类商品选择险别时，一般在水渍险的基础上，加保短量险和受潮受热险。以中国保险条款为例，在平安险、水渍险和一切险三个基本险中，平安险的承保范围最小，但费用最低；一切险的保障范围最大，但保险费也最高。保险费直接关系到买方的进口成本，所以也要恰当选择投保的险种。当买卖双方为对方投保时，通常由卖方替买方投保(如在 CIF 术语条件下)，在货物运输保险中存在以下习惯做法：

① 当合同有明确规定时，卖方须按合同规定为买方投保，保险费在索取货款时一并向买方收取；

② 如果合同没有明确规定保险的险别，则卖方通常按最低的险别于以投保，即如

果向中国人民保险公司投保，就可以投平安险；并可以根据商品特点，选择一个或几个针对性强的一般附加险；

③ 不管在什么情况下，卖方没有义务为买方投保战争险等特殊附加险，除非在买方要求并且支付费用的情况下。在这种情况下，双方就需要明确特殊附加险的保险费的支付事宜。

总之，在办理货物运输保险时，当事人应根据货物的性质与特点、货物运输的工具与路线、货物的残损规律、国际上政治经济形势的变化以及自然气候等因素全面考虑，合理选择。

2. 确定保险金额

(1) 保险金额的定义

保险金额是指保险人承担赔偿或者给付保险金责任的最高限额，也是保险人计算保险金的基础。保险金额一般是根据保险价值确定的。保险价值一般包括货价、运费、保险费以及预期利润等。在国际贸易中，保险金额通常还需在发票金额的基础上增加一定的百分率，即保险加成。

《跟单信用证统一惯例》(UCP600) 第 28 条规定：信用证对于投保金额为货物价值、发票金额或类似金额的某一比例的要求，将被视为对最低保额的要求；如果信用证对投保金额未做规定，投保金额必须至少为货物的 CIF 或 CIP 价格的 110%；如果从单据中不能确定是 CIF 或 CIP 价格，投保金额必须基于要求承付或议付的金额，或者基于发票上显示的货物总值来计算，两者之中取金额较高者。

(2) 保险金额的计算公式为：

$$\text{保险金额} = \text{CIF 价} \times (1 + \text{投保加成率})$$

国际贸易合同中仅有 CFR 或 CPT 价格时，应先将该价格转换为 CIF 或 CIP 价格。

$$\text{CIF} = \frac{\text{CFR}}{1 - [\text{保险费率} \times (1 + \text{投保加成率})]}$$

在我国进口贸易中，如果贸易合同中只有 FOB (FCA) 价格，可以按照与保险公司约定的平均运费率和平均保险费率来计算保险金额。

3. 交付保险费

办理投保时，应填写投保单，并交付保险费。投保人交付保险费是保险合同生效的前提条件。保险费是保险公司经营保险业务的基本收入，也是保险公司所掌握的保险基金，即损失赔偿基金的主要来源。计收保险费的公式是：

$$\text{保险费} = \text{保险金额} \times \text{保险费率}$$

如果按照 CIF 或 CIP 价格加成投保，则上述公式应改为：

$$\text{保险费} = \text{CIF(或 CIP)价格} \times (1 + \text{投保加成率}) \times \text{保险费率}$$

保险费率是计算保险费的依据。我国进出口货物保险费率是在货物的损失率与赔付率的基础上,参照国际保险费率水平制定的。出口货物保险费率分为“一般货物费率”与“指明货物加费费率”。进口货物保险费率有“进口货物保险费率”与“特约费率”。“进口货物保险费率”分“一般货费率”与“指明货加费费率”。

应用例题9-2

某出口商品CFR天津新港价为1200美元,投保一切险,保险费率为0.63%,客户要求加一成投保,求保险金额和保险费。

解答

$$CIF = 1200/(1-0.63\% \times 110\%) = 1208.37(\text{美元})$$

$$\text{保险金额} = 1208.37 \times 110\% = 1329.21(\text{美元})$$

$$\text{保险费} = 1329.21 \times 0.63\% = 8.37(\text{美元})$$

应用例题9-3

一批化工原料由大连装船出口至荷兰的阿姆斯特丹,合同性质为CIF合同总金额为58万美元,投保一切险,保险费率为5.5‰,加保战争险,保险费率为0.25‰,保险金额按CIF总金额加10%投保,试问投保人应交付给保险人的保险费是多少?

解答

$$\text{投保金额} = CIF\text{价} \times (1+10\%) = 580\,000 \times (1+10\%) = 638\,000(\text{美元})$$

$$\text{保险费率} = 5.5‰ + 0.25‰ = 0.005\,5 + 0.000\,25 = 0.005\,75$$

$$\text{保险费} = \text{投保金额} \times \text{保险费率} = 638\,000 \times 0.005\,75 = 3668.5(\text{美元})$$

应用案例9-5

有一份CIF合同,卖方甲投保了一切险,自法国内陆仓库起,直到美国纽约的买方仓库为止。合同中规定,投保金额是按发票金额点值另加百分之十。卖方甲在货物装船后,已凭提单、保险单、发票、品质检验证书等单证向买方银行收取了货款。后来,货物在运到纽约港前遇险而全部损失。当买方凭保险单要求保值的百分之十部分,应该属于他,但卖方保险公司的拒绝。问题:卖方甲有无权利要求保险公发票总值10%的这部分金额?为什么?

案例分析

根据本案情况,卖方无权要求这部分赔款,保险公司只能将全部损失赔偿支付给买方。

原因之一:在国际货物运输保险中,投保加成是一种习惯做法。保险公司允许投保人按发票总值加成投保,习惯上是加成百分之十,当然,加成多少应由投保人与保险公司协商约定,不限于百分之十。在国际商会的《国际贸易术语解释通则》中,关于CIF卖方的责任有如下规定"自费向信誉卓著的保险人或保险公司投保有投保有关货物运送中的海洋险,并取得保险单,这项保险,应投保平安险,保险金额包括CIF价另加百分之十。

原因之二:在CIF合同中,虽然由卖方向保险公司投保,负责支付保险费并领取保险单,但在卖方提供符合合同规定的单据(包括提单、保险单、发单等)换取买方支付货款时,这些单据包括保险单已合法、有效地转让给买方。买方作为保险单的合法受让人和持有人,也就享有根据保险单所产生的全部利益。包括超出发票总值的保险价值的各项权益都应属买方享有。因此,在本案中,保险公司有权拒绝向卖方赔付任何金额,也有义务向买方赔付包括加成在内的全部保险金额。

4. 取得保险单证

保险单据是保险人与被保险人之间权利、义务的契约,是被保险人或受让人索赔和保险人理赔的依据,是进出口贸易结算的主要单据之一。在国际货物贸易中,保险单据可以背书转让。我国常用的保险单证主要有保险单、保险凭证、预约保单等。

(1)保险单

保险单(Insurance Policy)俗称"大保单",它是保险人根据被保险人的要求,表示已经接受承保责任而出具的一种正式文件,具有完整独立的承保形式。保险单正面内容包括:保险当事人的名称和地址;保险金额、保险险别和保险期限;保险标的物名称、数量(或重量)和唛头;运输工具;出立保险单的日期和地点;保险人签章;保险人与被保险人约定的其他事项等内容。保险单背面内容包括:保险合同条款、保险人和被保险人的权利义务等方面的保险条款。目前,我国国内的保险公司大都出具大保单。如表9-1。

(2)保险凭证

保险凭证(Insurance Certificate),俗称小保单,是一种简化的保险合同(背面不载明保险人与被保险人之间的权利义务)。在法律上与保险单具有同等法律效力。

保险凭证俗称"小保单",它是保险人根据被保险人的要求,表示已经接受承保责任而出具的一种单据,虽然效力与保险单相同,但它不具有完整独立的承保形式。保险凭证的正面内客与保险单相同,即保险当事人的名称和地址、保险金额和保险险别、保险标的物名称等;但是保险凭证的背面没有列入保险条款,而是规定与同类正式保险单所载明的条款相同,具有同等的法律效力。实际上,保险凭证是简化形式的正式保险单,投保手续简便。按照(跟单信用证统一惯例》(UCP500)规定:除非信用证另有规定,银行应接受保险凭证。当信用证要求提交保险凭证时,可以保险单代之;但是当信用证要求提交正式保险单时,不得以保险凭证代之。保险单的格式见表9-1

表 9-1　保险单

GERLING-KONZERN ALLGEMEINE VERSICHERUNGS- AKTIENGESELLECHAFT	Certificate of Insurance Agency / Open Cover / Number
Address of Agency	GERLING SERVICENEDERLAND N. V. Herengracht 520,1017 cc Amsterdam / The Netherlands Tel. :(20)5249213 Telefax:(20)6268093 Telegrams: Gerlingnet
This is to certify that under the above-named open cover insurance is granted to ORDER For account of whom it may concern. Sum insured: USD123,046(USD one hundred twenty three thousand forty six only) Insured goods	
DEMINERLIZED WHEY POWDER Gross weight: Net weight: Shipping marks: Packing:	121380.00 kgs 119000.00 kgs CH/99/66.908 DALIAN CHINA 4760 25kg in 4-ply paper sacks with inner polyethylene liner and big bags in 7x20' containers as per contract no. CH/99/66.908 and as per LC no. LC8230074/99
Insured Voyage	
Place of commencement of insurance Interior ofHelsinki Finland	To Dalian,P. R. C.
Via Rotterdam the Netherlands	By means of transport With mv Sea Nodica and Lindoe Maersk Shipping date September 15,1999
Conditions 1. Marine Insurance(ADS) and Special Conditions for Cargo(ADS Guterversicherung 1973). 2. Conditions of the above – mentioned open cover. 3. From the conditions overleaf the following are applicable. 4. 9,10,11 5. Cover applies to the voyage between the places of commencement and termination of insurance mentioned above as per Warehouse to of _____ days after discharge from the ocean vessel at the part of destination. 6. In addition: claims payable in China in currency of the draft, covering ocean marine transportation all risks, War risks. Claims are payable to the bearer. The certificate is made out in 3 originals. If a claim is paid against one of them the other(s) with be void.	
Important instructions to be followed in case of loss or damage see overleaf.	
Claims Survey Agent(to be called in when claims exceed the amount of DM2000. -or countervalue in other currency) Huatai Insurance Agency & Consultant Service Ltd. 115 Sidalin Road Dalian China tel(411)2654528,2630872 fax(411)2804558 Telex 86222 picc cn	Date September 12,1999 GERLING-KONZERN ALLGEMEINE VERSICHERUNGS-AKTIENGESELLSCHAFT

(3)预约保险单

预约保险单又称开口保险单(Open Cover),是一种长期性的保险单。它是由保险公司与投保人双方在没有确定船名航次的条件下预先签订的不规定保险总金额,但规定了其他一些保险条件的保险合同。在此范围内的保险标的,一经起运,保险公司即自动承保。投保人每次发运货物后根据具体数据申报,并换取保险人签发的保险凭证,凭此交货或向银行提交。我国目前的进口货物大都使用预约保险单,当货物出运后,被保险人将国外客户的装运通知书送交保险公司即可。这种保险单对于经常进口的单位来说极为方便,这样一方面可以防止漏保造成的损失,另一方面又可以大大简化保险手续。

根据《跟单信用证统一惯例》(UCP500)第 34 条规定:"除非信用证另有规定,银行将接受保险人或其代理人预签的预约保险单下的保险证明书或投保声明书。如果信用证明确要求预约保险单下的保险证明书或投保声明书,银行可接受保险单作为替代"。投保人办理投保时,尚无法确定船舶的名称、航次的,就是船名未定保险单。

(4)联合凭证

联合凭证(Combined Insurance Certificate)又称"联合发票"或"承保证明",是一种将发票和保险单相结合、比保险凭证还要简单的保险单据。联合凭证的具体做法是:保险公司在出口商签发的商业发票上,以加盖印章的方式注明保险人和理赔代理人的名称地址、保险险别、保险金额、保险期限、保险编号、保险运输工具、理赔地点等事项,其他未注明事项均认可商业发票上所列内容,从而使保险公司无须另行出具保险单。联合凭证具有与保险单相同的效力,但是不可转让,使用上受到一定限制。目前,我国内地对港澳地区出口时,时常会使用这种把发票与保险单结合的"联合发票",即联合凭证。

(5)保险批单

保险单出立后,投保人如需要补充或变更其内容时,可根据保险公司的规定,向保险公司提出申请,经同意后即开出一种凭证,注明更改或补充的内容,这种凭证即为批单。保险单据的转让无须取得保险人的同意,也无须通知保险人。即使在保险标的发生损失后,保险单据仍可有效转让。保险单据的出单日期不得迟于运输单据所列货物装船或发运或承运人接受监管的日期。因此,办理投保手续的日期也不得迟于货物装运日期。

5. 保险索赔

保险索赔是指保险标的物在保险责任有效期内发生承保责任范围内的损失,被保险人向保险人提出的损害赔偿要求。当被保险货物到达目的地后,如获悉或发现保险货物已遭受损失,应立即通知保险人,备妥相关索赔单证,如保险单、运输合同、发票、装箱单、检验报告、索赔清单等,提出索赔申请。

其中,共同海损的牺牲和费用是由船舶、货物和运费收取方按比例分摊的,被保险人仅能就自己分摊的损失索赔。单独海损的索赔金额按损失率计算,计算公式为:

$$\text{索赔金额} = \frac{\text{完整货物市场总价} - \text{残余货物市场总价}}{\text{完整货物市场总价}} \times \text{保险金额}$$

另外，对易碎和易短量货物的索赔，还应了解是否有免赔的规定。

（1）无免赔的规定：即不论损失程度，均予以赔偿。

（2）有免赔率的规定：如果损失额没有超过免赔率，保险公司不予赔偿；如果超过免赔率，则分为两种情况：

① 相对免赔率：不扣除免赔率全部予以赔偿。

② 绝对免赔率：扣除免赔率，只赔超过部分（PICC 采用绝对免赔率）。

还有，在保险业务中，为了防止被保险人双重获益，保险人在履行全损赔偿或部分损失赔偿后，在其赔付金额内，要求被保险人转让其对造成损失的第三者责任方要求全损赔偿或相应部分赔偿的权利。这种权利称为代为追偿权，或称为代位权。在实际业务中，保险人需首先向被保险人进行赔付，才能取得代位追偿权。

6. 几点注意事项

（1）如买方委托卖方代办保险，则应明确规定保险金额、投保险别、按什么保险条款保险以及保险费由买方负担。同时规定保险费的支付时间和方法。

（2）以 CIF. CIP 成交的合同，应明确规定由谁办理保险、投保险别、保险金额的确定方法以及按什么保险条款保险，并注明该条款的生效时间。

（3）在保险条款中应避免使用通常险、惯常险或海运保险等笼统的规定方法。

本章小结

本章首先介绍了国际货物运输保险的定义和内容。货物运输保险，是指投保人，或称被保险人就其所发运的货物按一定金额向承保人，或称保险人，即保险公司投保一定的险别，并缴纳保险费，由承保人出具保险单。承保后，若保险货物在运输过程中发生承保责任范围内的损失，承保人应按照其出具保险单的规定给予投保人经济上的补偿。在海运货物保险中，保险人的承包范围包括可保障的风险、可补偿的损失和可为保险公司承担的费用三个方面。根据国际保险市场的一般解释，凡与海陆连接的陆运过程中所发生的损坏或灭失，也属海损范围。就货物损失程度而言，海损可分为全部损失和部分损失；就货物损失的性质而言，海损又可分为共同海损和单独海损。共同海损的牺牲和费用是由船舶、货物和运费收取方按比例分摊的。另外还重点介绍了我国的海洋货物运输保险条款。中国人民保险公司制订的“中国保险条款”，将海运货物保险险别分为基本险和附加险。基本险可以单独投保，而附加险不能独立投保，只有在投保某一种基本险的基础上才能加保附加险。本章对伦敦保险协会海运货物保险条款和我国陆、空、邮政运输货物保险也做了简单介绍。最后介绍了货物运输保险实务：选择保险险别，确定保险金额，交付保险费，取得保险单证、保险索赔、保险金额和保险费的计算。

习题

1. 填空题

(1)海洋运输中的全部损失有________,______两大类。

(2)保险单又称________ ,保险凭证又称________ 。

(3)不能单独投保的险别是________。

(4)________是指保险标的物在保险责任有效期内发生承保责任范围内的损失,被保险人向保险人提出的损害赔偿要求。

(5)________海损的牺牲和费用是由船舶、货物和运费收取方按比例分摊的。

2. 单选题

(1)共同海损是指载货的船舶在海运途中遭受自然灾害或意外事故,船长为解除船与货的共同危险或航程得以继续,有意而合理地做出的特殊牺牲。对于共同海损所做出的牺牲和支出的费用应由(　　)。

A. 船方承担

B. 货方承担

C. 保险公司承担

D. 所有与之有利害关系的受益人按获救船舶、货物、运费获救后的价值比例分摊

(2)有一批出口服装,在海上运输途中,因船体触礁导致服装严重受浸,如果将这批服装漂洗后再运至原定目的港所花费的费用已超过服装的保险价值,这批服装应属于(　　)。

A. 共同海损　　B. 实际全损　　C. 推定全损　　D. 单独海损

(3)按国际保险市场惯例,投保金额通常在CIF总值的基础上(　　)。

A. 加一成　　B. 加二成　　C. 加三成　　D. 加四成

(4)按照中国人民保险公司海洋货物运输保险条款的规定,在三种基本险别中,保险公司承担赔偿责任的程度是(　　)。

A. 平安险最大,其次是一切险,再次是水渍险

B. 水渍险最大,其次是一切险,再次是平安险

C. 一切险最大,其次是水渍险,再次是平安险

D. 一切险最大,其次是平安险,再次是水渍险

(5)根据我国"海洋货物运输保险条款 规定,"一切险"包括(　　)。

A. 平安险 +11 种一般附加险　　B. 一切险 +11 种一般附加险

C. 水渍险 +11 种一般附加险　　D. 11 种一般附加险 + 特殊附加险

(6)在海洋运输货物保险业务中,共同海损(　　)。

A. 是部分损失的一种　　B. 全部损失的一种

C. 有时为部分损失,有时为全部损失　　D. 是推定全损

(7)船舶搁浅时,为使船舶脱险而雇用拖驳强行脱浅而支出的费用,属于(　　)。

A. 实际全损　　B. 推定全损　　C. 共同海损　　D. 单独海损

(8)在海运过程中,被保险物茶叶经水浸后已经不能饮用,这种海上损失属于(　　)。

A. 实际全损　　B. 推定全损　　C. 共同海损　　D. 单独海损

(9)在国际货物保险中,不能单独投保的险别是(　　)。

A. 平安险　　B. 水渍险　　C. 战争险　　D. 一切险

3. 多选题

(1)共同海损与单独海损的区别是(　　)。

A. 共同海损属于全部损失,单独海损属于部分损失

B. 共同海损由保险公司负责赔偿,单独海损由受损方自行承担

C. 共同海损是为了解除或减轻风险而人为造成的损失,单独海损是承保范围内的风险直接导致的损失

D. 共同海损由受益各方接受益大小的比例分摊,单独海损出受损方自行承担

(2)我国对外贸易货运保险可分为(　　)。

A. 海上运输保险　　B. 陆上运输保险

C. 航空运输保险　　D. 邮包运输保险

(3)根据我国海运货物保险条款(即 CIC 条款)的规定,海洋运输货物保险中的基本险可分为(　　)。

A. 平安险　　B. 水渍险　　C. 一切险　　D. 附加险

(4)根据英国伦敦保险协会制定的"协会货物条款"规定,I. C. C. (A)险的除外责任包括(　　)。

A. 一般除外责任　　B. 不适航、不适货除外责任

C. 战争除外责任　　D. 罢工除外责任　　E. 自然灾害除外责任

(5)在海上保险业务中,属于意外事故的有(　　)。

A. 搁浅　　B. 触礁　　C. 沉没　　D. 碰撞　　E. 失踪、失火、爆炸

(6)属于特殊附加险的险别有(　　)。

A. 偷窃提货不着险　　B. 串味险

C. 战争险　　D. 罢工险

4. 计算题

(1)某货主在货物装船前,按发票金额的 110% 办理了货物投保手续,投保一切险加保战争。该批货物以 CIF 成交的总价值为 20.75 万美元,一切险和战争险的保险费率合计为 0.6%。问:该货主应交的保险费是多少?若发生了保险公司承保范围内的风险导致该批货物全部火失,保险公司的最高赔偿金额是多少?

(2)我方出口货物 3000 件,对外报价为 2 美元/件 CFR 纽约。为避免漏保,客户来证要求我方装船前按 CIF 总值代为办理投保手续。查得该货的保险费率为 0.8%,

问:我方对该货投保时的保险金额和应缴纳的保险费是多少?

(3)我某公司对外报价某商品每公吨 10 000 美元 CIF 纽约,外商要求将价格改报为 CFR 纽约,问:我方应从原报价格中减去的保险费是多少?(设该商品投保一切险,保险费率为 1%)。

(4)深圳某公司对某商出口茶叶 200 箱(每箱净重 30 千克),价格条款 CIF 伦敦每箱 50 英镑,向中国人民保险公司投保 FPA 平安险,以 CIF 价格加成 10% 作为投保金额,保险费率为 0.6%。问保险金额及保险费多少?

5. 案例分析题

(1)某远洋运输公司的“东风”号轮在 6 月 28 日满载货物起航,出公海后由于风浪过大偏离航线而触礁,船底划破长 2 米的裂缝,海水不断渗入。为了船货的共同安全,船长下令抛掉 A 仓的所有钢材并及时组织人员堵塞裂缝,但无效果。为使船舶能继续航行,船长请来拯救队施救,共支出 5 万美元施救费。船的裂缝补好后继续航行。不久,又遇恶劣气候入侵海水使 B 舱的底层货物严重受损,放在甲板上的 2000 箱货物因没有采用集装箱装运也被风浪卷入海里。问:以上的损失,各属什么性质的损失?投保什么险别的情况下,保险公司给予赔偿?

(2)某载货船舶在航行途中突然触礁,致使部分货物遭到损失,船体个别部位的船板产生裂缝,急需补漏。为了船货的共同安全,船长决定修船,为此,将部分货物卸到岸上并存仓,卸货过程中部分货物受损。事后统计这次事故造成的损失有:①部分货物因船触礁而损失;②卸货费用、存仓费用以及货物损失。问从上述各项损失的性质来看,属于什么损失?

(3)我国 A 公司与某国 B 公司于 2001 年 10 月 20 日签订购买 52 500 吨化肥的 CFR 合同。A 公司开出信用证规定,装船期限为 2002 年 1 月 1 日至 1 月 10 日,由于 B 公司租来运货的“顺风号”轮在开往某外国港口途中遇到飓风,结果装船至 2002 年 1 月 20 日才完成。承运人在取得 B 公司出具的保函的情况下签发了与信用证条款一致的提单。“顺风号”轮于 1 月 21 日驶离装运港。A 公司为这批货物投保了水渍险。2002 年 1 月 30 日“顺风号”轮途经巴拿马运河时起火,造成部分化肥烧毁。船长在命令救火过程中又造成部分化肥湿毁。

问:①途中烧毁的化肥损失属什么损失,应由谁承担?为什么?②途中湿毁的化肥损失属什么损失,应由谁承担?为什么?

(4)某外贸公司按 CIF 术语出口一批货物,装运前已向保险公司按发票总值 110% 投保平安险,6 月初货物装妥顺利开航。载货船舶于 6 月 13 日在海上遇到暴风雨,致使一部分货物受到水渍,损失价值 2100 美元。数日后,该轮又突然触礁,致使该批货物又遭到部分损失,价值为 8000 美元。问:保险公司对该批货物的损失是否赔偿?为什么?

(5)某公司以 CFR 广州从国外进口一批货物,并据卖方提供的装船通知及时向保险公司投保了水渍险,后来由于国内用户发生变更,进口公司即通知承运人货物卸货地点改为汕头港。在货由汕头装车运往用户所在地途中遇到山洪,致使部分货物受损。进口公司于是据此向保险公司索赔,但遭到拒绝。问:保险公司拒赔有无道理?为什么?

(6)“昌隆”号货轮满载货物驶离上海港。开航后不久,由于空气温度过高,导致老化的电线短路引发大火,将装在第一货舱的1000条出口毛毯完全烧毁。船到新加坡港卸货时发现,装在同一货舱中的烟草和茶叶由于羊毛燃烧散发出的焦糊味而不同程度受到串味损失。其中由于烟草包装较好,串味不是非常严重,经过特殊加工处理,仍保持了烟草的特性,但是登记已大打折扣,售价下跌三成。而茶叶则完全失去了其特有的芳香,不能当做茶叶出售了,只能按廉价的填充物处理。船经印度洋时,不幸与另一艘货船相撞,船舶严重受损,第二货舱破裂,仓内进入大量海水,剧烈的震荡和海水浸泡导致仓内装载的精密仪器严重受损。为了救险,船长命令动用亚麻临时堵住漏洞,造成大量亚麻损失。在船舶停靠泰国港避难进行大修时,船方联系了岸上有关专家就精密仪器的抢修事宜进行了咨询,发现整理恢复十分庞大,已经超过了货物的保险价值。为了方便修理船舶,不得不将第三舱和第四舱的部分纺织品货物卸下,在卸货时有一部分货物有钩损,试分析上述货物损失属于什么损失。

第10章 国际货款结算

教学目的和要求

通过本章的学习，要求学生了解用于国际贸易货款结算的各种支付工具，理解汇票作为国际贸易货款结算的重要工具的原因。理解汇付、托收的含义，掌握汇付、托收的具体种类及业务流程；理解信用证的含义和性质，明确信用证的种类、当事人以及业务流程，熟悉信用证的主要内容；理解国际保理业务的含义，了解国际保理业务的当事人和业务流程；掌握各种支付方式的优缺点，能够根据实际需要恰当选择单一支付方式或综合使用多种支付方式；熟悉国际贸易合同中的支付条款。

学习重点与难点

1. 汇票的含义与种类；
2. 托收的含义、性质、种类、业务流程以及托收方式的注意事项；
3. 信用证的含义、性质、种类、业务流程、主要内容；
4. 国际贸易合同中的支付条款。

引子

国际贸易中，货款的结算，涉及交易双方的权利和义务，直接影响进出口双方的资金周转与融通以及各种金融风险和费用的负担，所以进出口双方在洽商交易时，都力争约定对自己有利的支付条件。国际贸易货款的结算，通常是用外汇来结算的，涉及支付工具、支付方式等问题。进出口双方在洽商交易时必须就支付工具和方式达成共识，并在合同中以相应的合同条款具体列明。

10.1 支付工具

国际贸易货款的结算，很少使用现金，大多使用（金融）票据作为流通手段和信贷工具代替现金作为国际间债权债务的结算工具，并且这些票据往往是可以转让的。票据之所以能够作为支付工具代替现金用于国际货款的结算，是由票据本身的特性决定的。票据具有流通性、无因性和要式性等特性。

（1）票据的流通性。一般的债权转让必须通知债务人方为有效；而票据的转让，按各国票据法规定，可仅凭交付（如系不记名票据）或经背书后交付（如系记名票据）

就能完成，而无须通知债务人；债务人也不能以未收到转让通知为由拒绝向票据权利受让人承担债务。

(2)票据的无因性。票据的无因性包括三层含义：第一，票据的开立是有原因的。如资金的存款（开立支票）；货物的交付等（开立汇票）；第二，票据上的权利义务关系一经确立，即与其原因关系相脱离，不论其原因关系是否存在、是否有效，均不影响票据权利；第三，票据的基础关系与票据的权利义务关系毕竟还存在某种联系，因此基础关系有时也会对票据关系产生影响。

应用案例 10-1

甲向乙购货，给乙签发一张本票，但乙未按约如期交货，当乙提示本票要求甲付款时，甲可以向乙提出同时履行的抗辩，即：你不交货，我拒不付款。但是，如果乙已把票据转让给丙，丙是付了对价的善意受让人，那么当丙凭本票要求甲付款时，甲就不能以乙不交货为由而拒绝向丙支付本票规定的金额。

案例分析

因为甲乙之间的买卖关系是本票的原因关系，甲不能以原因关系有缺陷（乙方不交货）为由来对抗丙，这就是原因关系与票据关系相脱离的具体表现。其主要的作用是保护善意的受让人和票据的流通。

3. 票据的要式性。票据的要式性不仅要求票据的形式和内容必须符合规定，必要项目必须齐全（包括名称），而且对票据处理还必须符合一定的要求，即票据行为要符合一定的要求，如出票、承兑、背书、追索等。

票据在国际货款结算的过程中发挥着三个方面的作用，表现在：

(1)用于汇兑。代替现金转移资金并兑换成其他货币；

(2)支付工具。代替现金作为支付工具清偿债务；

(3)信用工具。如买卖资本货物时采用延期付款，开出远期汇票（支票都是即期的，因此支票仅仅是支付工具而不能充当信用工具）。

票据代替现金作为国际贸易货款结算的工具，在货款结算过程中将根据采用的支付方式的不同涉及不同的当事人，包括：出票人（Drawer），出具票据的当事人；受票人（Drawee）：接受票据的当事人；受款人（Payee），接受款项的当事人；执票人（Holder），最后持有票据的当事人；让与人（Transferor），出让票据权利的当事人；受让人（Transferee），受让票据权利的当事人；背书人（Endorser）；被背书人（Endorsee）；承兑人（Acceptor）等。

10.1.1 汇票

汇票（Bill of Exchange，简称 Draft 或 Bill）是最重要的一种票据，各国都将汇票作为一种重要的票据在其本国的票据法中做出详细、具体的规定。我国《票据法》也将汇票制度作为重要的内容在第 2 章中做了专门规定,并成为整个票据制度中的主体内容。在各国的对外贸易货款结算中,汇票也是使用最多的票据。

1. 汇票的定义

我国对汇票的定义:《中华人民共和国票据法》第 19 条规定,汇票是"出票人(Drawer)签发的,委托付款人(Payer)在见票时或在指定日期无条件支付确定金额给收款人(Payee)或持票人的票据"。

按照各国广泛引用或参考的英国票据法所下的定义,汇票是"由一人签发给另一人的无条件书面命令,要求受票人见票时或于未来某一规定的可以确定的时间,将一定金额的款项支付给某一特定的人或其指定的人,或持票人"。

2. 汇票的主要内容

汇票应当具备必要的形式和内容。我国《票据法》第 22 条规定,汇票必须记载下列事项:(1)标明汇票"Exchange"的字样;(2)无条件支付的委托;(3)确定的付款金额;(4)付款人名称;(5)收款人名称;(6)出票日期;(7)出票人签章。汇票上未记载上述规定事项之一的,汇票无效。

在实际业务中,汇票通常尚需列明付款日期、付款地点和出票地点等内容。对此,我国《票据法》第 23 条也做了具体规定:"汇票上记载付款日期、付款地、出票地等事项的,应当清楚、明确。汇票上未记载付款日期的,为见票即付。汇票上未记载付款地的,付款人的营业场所、住所或者经常居住地为付款地。汇票上未记载出票地的,出票人的营业场所、住所或者经常居住地为出票地"。

除了上述必备项目外,汇票还可以有一些票据法允许的其他内容的记载,例如,利息和利率、付一不付二、禁止转让、免除做成拒绝证书、汇票编号、出票条款等。汇票式样见图 10-1。

BILL OF EXCHANGE

凭
Drawn Under ______ 不可撤销信用证
Inevocable L/C No. ______

日期 ______ 支取 Payable With interest @ ____ % 按 ____ 息 ____ 付款

号码
No ______ 汇票金额
Exchange for ______ 南京
Nanjing ______

见票
at ______ 日后(本汇票之副本未付)付交
sight of this FIRST of Exchange (Second of Exchange

Being unpaid) Pay to the order of

金额
the sum of

此致
To ______

图 10-1 汇票式样

3. 汇票的种类

可以从不同的角度对汇票进行分类。

(1)银行汇票(Banker's Draft)和商业汇票(Commercial Draft)

按照汇票由谁开出分。银行汇票的出票人和付款人都是银行。银行汇票一般为光票,不随附货运单据。商业汇票的出票人是企业或个人,付款人可以是企业、个人或银行。在国际结算中,商业汇票通常由出口人开立,向国外进口人或银行收取款项。商业汇票的出票人不必向付款人寄送付款通知书。商业汇票大都附有货运单据。

(2)光票(Clean Draft)和跟单汇票(Documentary Draft)

按照有无附属单据分。光票指不附带运输单据的汇票。光票的流通全靠出票人、付款人或背书人的信用,在国际贸易中一般用于贸易从属费用、货款尾数、佣金等的结算。跟单汇票是指附有包括运输单据在内的商业单据的汇票。跟单汇票的付款人要取得货运单据提货,必须付清货款,体现了钱款与单据对流的原则,为进出口双方提供了一定的安全保证。国际贸易中,多采用跟单汇票作为结算的工具。

(3)即期汇票(Sight Draft,Demand Draft)和远期汇票(Time Draft,Usance Draft)

按照付款的时间不同分。汇票上付款日期有四种记载方式:见票即付(At Sight)、见票后定期付款(At Days After Sight)、出票后定期付款(At Days After Date)和定日付款(At a Fixed Day)。见票即付的汇票为即期汇票,其他三种记载方式为远期汇票。

(4)商业承兑汇票(Commercial Acceptance Draft)和银行承兑汇票(Banker's Acceptance Draft)

按照承兑人的不同分。前者是经企业或个人承兑的汇票,建立在商业信用的基础之上。后者是由银行承兑的汇票。商业汇票经银行承兑后,银行成为该汇票的主债务人,而出票人则成为从债务人,银行承兑汇票建立在银行信用基础之上。

值得注意的是,一份汇票可以同时具有几种性质,如一份商业汇票可以同时为即期的跟单汇票,或远期的银行承兑跟单汇票,或远期的商业承兑跟单汇票。

4. 汇票的使用

汇票不仅是一种支付命令,而且还是一种可以转让的流通证券。汇票的使用即汇票的票据行为,汇票的使用包括出票、提示、承兑、付款等程序,并可以经过背书转让。当汇票遭到拒付时,还要涉及做成拒绝证书和行使追索等法律权利。

(1)出票(Issue)。指出票人签发汇票并交付给收款人的行为。出票后出票人即承担保证汇票得到承兑和付款的责任。如果汇票遭到拒付,出票人应接受持票人的追索,清偿汇票金额、利息及有关费用。签发汇票时必须逐一写明各项必备内容。对收款人可以根据不同交易的需要,在以下三种方法中选择一种作为汇票的抬头。

① 限制性抬头:例如"仅付×× 公司(Pay ×× Co. Only)"或"付××公司,不准转让(Pay ×× Co.,not Negotiable)"。这种汇票只能由指定的公司收取款项,不能流通转让。

② 指示性抬头：例如“付中国银行或其指定人（Pay to the Order of Bank of China）”。这种汇票除了中国银行可以收款外，还可以经背书转让。

③ 持票人或来人抬头：例如“付给来人（Pay Bearer）”或“付给持票人（Pay Holder）”。这种汇票不需要持票人背书，可以自由转让。

（2）提示（Presentation）是持票人将汇票提交付款人要求承兑或付款的行为，是持票人要求取得票据权利的必备程序。

付款人看到汇票即为见票（Sight）。提示又分为付款提示（Presentation for Payment）和承兑提示（Presentation for Acceptance）。即期汇票的付款提示和远期汇票的承兑提示均应在法定期限内进行。根据我国《票据法》，即期和见票后定期付款汇票自出票日后1个月，定日付款或出票后定期付款汇票应在到期日前向付款人提示承兑；已经承兑的远期汇票的提示付款期限为到期日起10日内。

（3）承兑（Acceptance）指付款人在持票人向其提示远期汇票时，在汇票上签名，承诺于汇票到期时付款的行为。具体做法是付款人在汇票正面写明“承兑（Accepted）”字样，注明承兑日期，签章后交还持票人。付款人一旦对汇票作承兑，即成为承兑人，以主债务人的身份承担汇票到期时付款的责任。而出票人成为汇票的从债务人。

（4）付款（Payment）是付款人在汇票到期时向提示汇票的合法持票人支付汇票金额的行为。持票人取得款项后应在汇票上签收，将汇票注销后交给付款人作为收款证明，汇票代表的债权债务关系即告终止。

（5）背书（Endorsement）指在票据背面或者粘单上记载有关事项并签章的行为。受款人在票据的背面签字或进行一定的批注，表示对票据的权利进行转让。转让人称为背书人（Endorser），被转让人称为被背书人（Endorsee）。被转让人可以再加背书，再转让出去，如此，一张票据可以多次转让。对于受让人来说，所有在他以前的背书人以及原出票人，都是他的“前手”；而对出让人来说，在他让与以后的受让人，都是他的“后手”。前手对后手负有担保汇票必然会被承兑或付款的责任。但是，出票人在汇票上记载“不得转让”字样或以其他文字限定收款人名称时，则汇票不得转让。背书的方式有空白背书和特别背书两种。空白背书又称不记名背书，指背书人只在票据背面签名，不指定被背书人。这种汇票可以交给任何持票人。特别背书又称为记名背书，指背书人签名后并加注该票转让的指定人。受让人在转让远期汇票时，要按照汇票的票面金额扣除相应的利息，这种行为称为贴现。

（6）拒付（Dishonor）指持票人以票据提示时，被承兑人拒绝承兑；或到期被付款人拒绝付款。汇票被拒付后，持票人可以对其“前手”（背书人或出票人）进行追索（Recourse）。在国际贸易中，通常要求持票人及时做成拒绝证书（Protest），作为持票人向其前手追索的法律依据。拒绝证书是由持票人在法定期限内要求付款地法定公证人或其他有权出具证书的机构签发的证明付款人拒绝承兑或拒付的法律文件。持票人在取得拒绝证书后不须再作付款提示，即可向前手背书人行使追索权。如果出票人或背书人在出票或背书时加注“不受追索(Without Recourse)”，则持票人在该汇票遭拒付时就没有追索权。

按国际通行规则，持票人进行追索(Recourse)时，应将拒付事实书面通知其前手，并提供被拒绝承兑或被拒绝付款的证明或退票理由书。在国外，通常要求持票人提供拒绝证书(Protest)。按《日内瓦统一法》和《英国票据法》规定，拒绝证书或称拒付证书是一种由付款地的法定公证人(Notary Public)或其他依法有权作这种证书的机构，例如法院、银行公会等所作的证明付款人拒付的文件。持票人请求公证人做成拒绝证书时，应将票据交出，由公证人持票据向付款人再作提示，如遇拒付，公证人即按规定格式写一张证明书，连同票据交还持票人，持票人凭此向前手追索。按我国《票据法》，持票人提示承兑或者提示付款被拒绝的，承兑人或付款人必须出具拒绝证明或退票理由书。未出具的应当承担由此产生的民事责任。此外，我国《票据法》还规定了因承兑人或付款人死亡、逃匿或其他原因不能取得拒绝证明而依法取得的其他有关证明(例如医院或者有关单位出具的承兑人、付款人死亡的证明，司法机关出具的承兑人付款人逃匿的证明)，承兑人或付款人因违法被责令终止业务活动的有关行政主管部门的处罚决定，承兑人或付款人依法宣告破产的司法文书，均可作为拒绝付款或承兑的证明。持票人不能出示拒绝证明的，丧失对其前手的追索权。在实际业务中，虽然持票人通常向其直接前手进行追索，但是，按国际通行规则，持票人有权自由选择追索的对象，而不一定要逐个按序向前追索。持票人可以不按照票据债务人的先后顺序，对其中一人、数人或者全体行使追索权。被追索人清偿债务后，即享有持票人的权利，可向其他汇票债务人进行追索。追索的金额包括被拒付的汇票金额、自到期日或提示付款日起至清偿日止的利息以及持票人取得拒绝证明和向前手发出被拒绝通知的费用。

10.1.2 本票

1. 本票的定义

按照我国《票据法》第73条给本票(Promissory Note)所下的定义：“本票是出票人签发的，承诺自己在见票时无条件支付确定的金额给收款人或者持票人的票据”。

2. 本票的必备内容

按照我国《票据法》规定，本票必须记载下列事项：(1)表明“本票”的字样；(2)无条件支付的承诺；(3)确定的金额；(4)收款人名称；(5)出票日期；(6)出票人签章。本票上未记载规定事项之一的，本票无效。该法又规定：本票上未记载付款地的，营业场所为付款地；未记载出票地的，出票人的营业场所为出票地。

3. 本票的种类

按照《日内瓦统一法》与《英国票据法》，本票可按出票人（Maker）的不同，分为一般本票和银行本票两种。一般本票（General Promissory Note）的出票人是工商企业或个人，因此又称商业本票；银行本票（Bank's Promissory Note）的出票人是银行。一般本票又可按付款时间分为即期和远期两种。即期本票就是见票即付的本票。而远期本票则是承诺于未来某一规定的或可以确定的日期支付票款的本票。银行本票则都是即期的。按我国《票据法》第 79 条规定，我国只允许开立自出票日起，付款期限不超过 2 个月的银行本票。一般本票和银行本票式样如图 10-2 和图 10-3 所示。

£ 60,000.00　　London, May 15,2006

Three months after date I promise to pay John Tracy or order the sum of SIXTY THOUSAND POUNDS for value received.

William Taylor

图 10-2　一般本票式样

ASIA INTERNATIONAL BANK,LTD.
18 Queen's Road, Hongkong
CASHIER'S ORDER

Hogkong, Aug. 8, 2006

Pay to the order of Dockfield & Co. ……………………………………

the sum of Hongkong Dollars Eighty Thousand and Eight Hundred Only. ……………………………………

For Asia International Bank, Ltd.

HK $ 80,800.00

Manager

图 10-3　银行本票式样

值得注意的是，根据我国《票据法》第 73 条"本法所称本票，是指银行本票"的规定，我国不承认银行以外的企事业、其他组织和个人签发的本票。而且该法第 75 条还规定："本票出票人的资格由中国人民银行审定，具体管理办法由中国人民银行规定”。按此规定，只有符合中国人民银行规定且经其审定的银行方可签发本票。我国《票据法》所以要对本票出票人的资格作如此严格的限制，主要是因为本票属于自付证券，由出票人自己支付本票金额，负绝对的付款责任，签发本票具有提供信用的性质，实质上相当于信用货币。如果各种企事业单位、机关、社会团体和个人都可以签发本票，就等于扩大了流通中的货币量。有可能引发通货膨胀，扰乱金融秩序。而且我国目前尚处于社会主义初级阶段，经济正处于转轨时期，信用基础尚不十分稳固，人们的票据法律意识和信用观念尚待加强。本票的广泛推行和使用还需要一个逐步发展的过程，而签发本票必须具有相应的经济实力和高度的信用。因此，在现阶段对签发本票的主体做出限制是必要的。当然，从长远看，随着市场经济的发展和票据的广泛使用和流通，对本票出票人资格的限制，作适当的放宽，也是可能的。

4. 本票与汇票的区别

本票与汇票除上述定义上的不同外，主要有以下区别。

(1)当事人。汇票是委托式票据，所以，汇票有三个基本当事人，即出票人、付款人和收款人；而本票是承诺式票据，所以本票的基本当事人只有出票人和收款人两个。本票的付款人就是出票人自己。

(2)份数。汇票能够开成一式多份(银行汇票除外)；本票只能一式一份，不能多开。

(3)承兑。远期汇票都要经付款人承兑。规定有具体付款日期的汇票，经承兑后就使付款人做了进一步的付款保证；见票定期付款的汇票，只有在承兑后才能把付款到期日定下来；而本票的出票人就是付款人，远期本票由他本人签发，就等于本人已承诺在本票到期日付款，因此无须承兑。见票后定付款日期的本票，持票人也只需向出票人提示“签见”(即“签字确认见票”)。

(4)责任。汇票在承兑前由出票人负责，承兑后则由承兑人负主要责任，出票人负次要责任；而本票则自始至终由出票人负责到底。

10.1.3 支票

1. 支票的定义

按照我国《票据法》第82条给支票(Cheque；Check)所下的定义：支票是出票人签发，委托办理支票存款业务的银行或者其他金融机构在见票时无条件支付确定的金额给收款人或者持票人的票据。

2. 支票的必备内容

根据我国《票据法》第85条规定，支票必须记载下列事项：(1)表示“支票”的字样；(2)无条件支付的委托；(3)确定的金额；(4)付款人名称；(5)出票日期；(6)出票人签章。未记载上述规定事项之一的，支票无效。

按照我国《票据法》规定，支票上的金额可以由出票人授权补记；支票上未记载收款人名称的，经出票人授权可以补记；支票上未记载付款地的，付款人的营业场所为付款地；支票上未记载出票地的，出票人的营业场所、住所或者经常居住地为出票地。该法又规定：出票人可以在支票上记载自己为收款人。

按照各国票据法的一般规则，支票的出票人必须按照签发的支票金额承担保证向持票人付款的责任。据此，支票的出票人所签发的支票金额不得超过其付款时在付款人处实有的存款金额。如果出票人签发的支票金额超过其付款时在付款人处实有的存款金额的，称为空头支票。签发空头支票是被各国法律禁止的。

3. 支票的种类

支票都是即期的。我国《票据法》第 91 条明确规定："支票限于见票即付，不得另行记载付款日期。另行记载付款日期的，该记载无效"。有些支票虽有时被称为期票，但仍然不是远期的，只是填迟日期，那个日期实际上应被视为出票日期，对那个日期来说，支票仍是见票即付的即期支票。"期票"一词可以理解为远期本票或远期汇票，也可以说是填迟出票日期的支票。

根据我国《票据法》，支票可分为：普通支票、现金支票和转账支票三种。该法第 84 条规定，支票可以支取现金，也可以转账，用于转账时，应当在支票正面注明。这是指普通支票。该条又规定，支票中专门用于支取现金的，可以另行制作现金支票，现金支票只能用于支取现金。支票中专门用于转账的，可以另行制作转账支票，转账支票只能用于转账，不得支取现金。

在国际上，支票一般既可用以支取现金，也可通过银行转账，由持票人或收款人自主选择收款方式。但支票一经划线就只能通过银行转账，而不能直接支取现金。因此就有所谓"划线支票"（Crossed Cheques）和"未划线支票"（Uncrossed Cheques）之分。未划线支票也可称为一般支票；划线支票通常都在其左上角划上两道平行线。视需要，支票既可由出票人划线，也可由收款人或代收银行划线。

收款人收到未划线支票后，可通过自己的往来银行向付款银行收款，存入自己的账户，也可以径自到付款银行提取现款。而收到划线支票，或收到未划线支票自己加上划线后，收款人只能通过往来银行代为收款入账。我国目前也有在普通支票上加划线而使之成为仅限于通过银行转账之用的。

按国际惯例，支票可由付款银行加"保付"（Certified to Pay）字样并签字而成为保付支付款银行保付后就必须付款，支票一经银行保付，出票人及其前手背书人即被解除责任。支票经保付后身价提高，有利于流通。一般支票式样如图 10-4 所示。

4. 支票与汇票、本票的区别

支票、汇票和本票虽然都具有票据的一般特性，其票据行为除票据法特定的以外，均适用汇票的规定，但也存在明显差别。主要表现在以下几个方面。

Cheque for £ 10,000.000 London, 30th, May, 2006

Pay to the order of United Trading Co.

The sum of TEN THOUSAND POUNDS

To: Midland Bank

London

For ABC Corporation

London

(Signed)

图 10-4　一般支票式样

(1)当事人。汇票和支票均有三个基本当事人,即出票人、付款人和收款人;而本票的基本当事人只有两个,即出票人和收款人。本票的付款人即出票人自己。

(2)证券的性质。汇票与支票均是委托他人付款的证券,故属委托支付证券;而本票是由出票人自己付款的票据,故属支付证券或承诺证券。

(3)到期日。支票均为见票即付,而汇票和本票除见票即付外,还可做出不同到期日记载,如定日付款、出票后定期付款和见票后定期付款。在国际货款结算中使用的跟单汇票,还有做运输单据出单日期后定期付款记载。

(4)承兑。远期汇票需要付款人履行承兑手续。本票由于出票时出票人就负有担保付款的责任,因此无须提示承兑,但见票后定期付款的必须经出票人见票才能确定到期日,因此又有提示见票即"签见"的必要。支票均为即期,故也无须承兑。

(5)出票人与付款人的关系。汇票的出票人对付款人没有法律上的约束,付款人是否愿意承兑或付款,是付款人自己的独立行为,但一经承兑,承兑人就应承担到期付款的绝对责任;本票的付款人即出票人自己,一经出票,出票人即应承担付款责任;支票的付款人只有在出票人在付款人处有足以支付支票金额存款的条件下才负有付款义务。

10.2　汇付和托收

汇付和托收是国际货款结算中用到的两种基本的支付方式。

10.2.1　汇付

汇付(Remittance),又称汇款,是最简单的国际货款结算方式,是指付款人通过银行或其他途径主动将款项汇交收款人。

汇付中的资金流向与支付工具的传递方向相同,所以汇付采用的是顺汇方法。在汇付方式下,卖方能否按时按量收回约定的款项,完全取决于买方信誉的好坏,因此汇付的性质为商业信用。国际贸易中,汇付常用于订金、运杂费、佣金、小额货款或货款尾数的支付。

1. 汇付的当事人

在汇付业务中,通常包括下列当事人:

汇款人(Remitter)也称为付款人,在进出口交易中通常是进口商;

收款人(Payee or Beneficiary)在进出口交易中通常是出口商;

汇出行(Remitting Bank)受汇款人委托汇出款项的银行,通常是进口地的银行;

汇入行(Paying Bank)受汇出行委托解付款项的银行,又称为解付行,在进出口交易中通常是出口地的银行。

汇款人委托汇出行办理汇款时,要出具汇款申请书。此项申请书被视为汇款人与汇出行之间的一种契约,汇出行一经接受申请,即有义务按汇款申请书的指示通知汇入行。汇出行与汇入行之间事先订有代理协议,在代理协议规定的范围内,汇入行对汇出行承担解付汇款的义务。

2. 汇付的种类

汇付包括电汇、信汇和票汇三种具体的汇付方式。

电汇(Telegraphic Transfer, T/T)。汇出行接受汇款委托后,以拍发电传或加押电报方式将付款委托通知汇入行,指示解付一定金额给收款人的汇款方式。在实践中电汇有前 T/T 和后 T/T 之分。电汇的特点是:①交款迅速;②费用较高。

信汇(Mail Transfer, M/T)。汇出行接受汇款委托后,通过航空信件方式将付款委托通知汇入行,指示解付一定金额给收款人的汇款方式。信汇的特点是:①收款速度慢;②费用低廉。

电汇和信汇的业务流程如图 10-5 所示。

票汇(Remittance by Bank's Demand Draft, D/D),它是以银行即期汇票为支付工具的一种汇付方式。通常汇出行应汇款人的申请,开立以汇入行的分行或其代理行为解付行的银行即期汇票,交由汇款人自行寄交收款人。票汇的业务流程如图 10-6 所示。

3. 汇付的业务流程

在电汇、信汇和票汇业务中,前两种汇付方式中不涉及支付工具——汇票,而在票汇业务中将涉及汇票,电汇与信汇的业务流程非常相似,但是票汇的业务流程与前两种方式存在较为明显的差异。

电汇、信汇的业务流程,值得注意的是,在电汇或信汇的业务流程中,只有资金流动,没有票据流动。

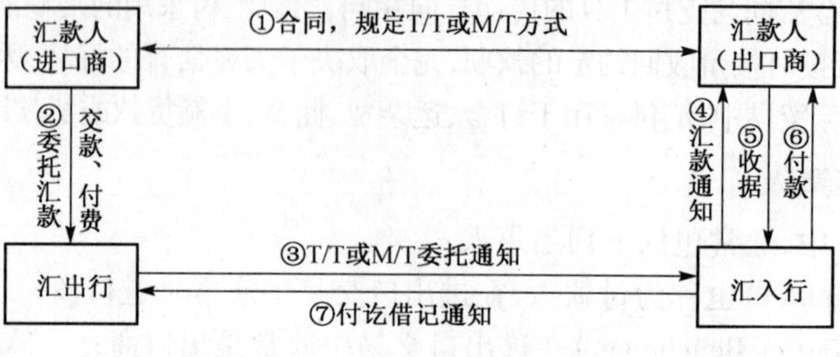

图 10-5　电汇和信汇的业务流程

票汇的业务流程。在票汇业务中，资金与支付工具（汇票）的流动方向一致，属于顺汇方式。

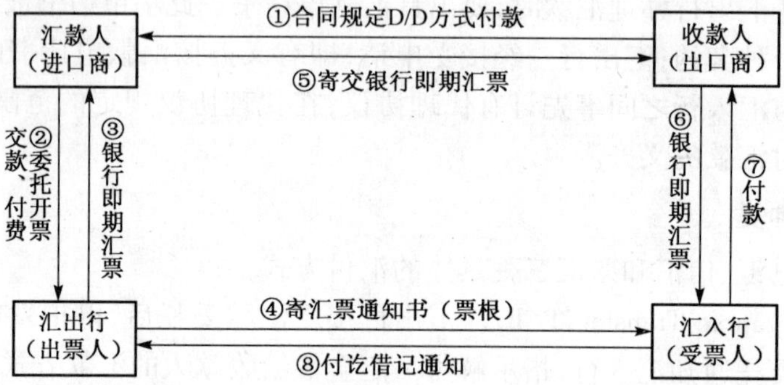

图 10-6　票汇的业务流程

4. 汇付的性质及其在国际贸易中的应用

国际贸易中使用汇付方式结算货款，银行只提供服务不提供信用。因此，使用汇付方式完全取决于买卖双方中的一方对另一方的信任，并在此基础上向对方提供信用和进行资金的融通。所以，汇付方式属于商业信用的性质。由于在通常情况下的商业信用不如银行信用可靠，提供信用的一方所承担的风险很大，所以，汇付方式在我国的外贸实践中，除对本企业的联号或分支机构和个别极可靠的客户用于预付货款（Payment in Advance）、寄售方式（Consignment）以及货到付款（Cash on Delivery，简称COD）、随订单付现（Cash With Order，简称CWO），统称赊账交易（Open Account Trade，O/A）外，主要用于定金、货款尾数，以及佣金、费用等的支付。大宗交易使用分期付款或延期付款办法时，其货款支付也常采用汇付方式。必须指出，目前在我国出口贸易中，由于种种原因使货到（或"单到"）汇付方式收取货款的交易日趋增多。在当前资本主义市场经济不稳、危机频发的情况下，由于国外进口商诚信缺失或破产倒闭以致货物发运后，迟迟收不到货款造成重大损失的事例不断发生。因此，在出口业务中绝不能轻信对方的空口承诺，轻易接受先发货后收款的汇付方式。

在出口业务中，如采用汇付方式预付货款的，应在买卖合同中明确规定使用何种具体方式（电汇、信汇还是票汇）和货款汇到的期限。汇到期限应结合合同中确定的装运期，并留有适当余地，以免影响对外按时交货。

值得注意的是，对于在出口业务中采用票汇预付货款的交易，为保证收汇安全，除确实可靠的银行汇票、银行本票并经我国银行审查认可同意收受的以外，均应先持票向付款银行收取票款，如付款银行在国外的，则应先将收到的票据交给当地银行，并委托其通过国外的代理行向付款行收款，在接到收妥通知后，方可对外发运货物，以防止发生国外不法商人伪造票据（出票行破产倒闭、签发空头支票或其他原因收不到票款而蒙受损失）。

此外，在预付货款的交易中，进口人为了减少预付风险，也有使用凭单付汇的做法。凭单付汇（Remittance Against Documents）是进口人先通过当地银行（汇出行）将货款以信汇或电汇方式汇给出口地银行（汇入行），指示汇入行凭出口人提供的某些指定的单据和装运凭证付款给出口人。汇入行根据汇出行的指示向出口人发出汇款通知书，作为有条件付汇的依据。出口人根据汇款通知书向汇入行提交与通知书规定相符的单据并凭此向汇入行取得汇款。凭单付汇较之一般汇付方式更易为买卖双方所接受。因为，对进口人来说，较之一般的汇付方式预付货款多了一层保障，可以防止出口人支取汇款后不交货、不交单或不按合同规定如期交货、交单的情况。对出口人来说，只要及时按合同交货、交单，便可立即向汇入行凭货运单据支取全部货款。但是，由于汇款在尚未被收款人支取前是可以被撤销的，按一般的银行惯例，汇款人有权在收款人支款前随时通知银行将汇款退回，所以，出口人在收到汇入行的汇款通知书后，应尽快发运货物，并从速向汇入行交单支款，以防货已发运而汇款被撤，造成被动。因此，凭单付汇通常只适用于现货交易。

10.2.2 托收

托收也是国际贸易货款结算中常用的一种结算方式，它是出口人委托银行向进口人收款的一种支付方式。

1. 托收的定义

按照《托收统一规则》（国际商会第 522 号出版物）第 2 条的规定，可对托收作如下定义：托收是指自接到委托指示的银行处理金融单据或商业单据以便取得承兑或付款，或凭承兑或付款交出商业单据，或凭其他条件交出单据。

托收分为光票托收和跟单托收两种。光票托收是指金融单据不附带商业单据的托收，即仅把金融单据委托银行代为收款。在票汇业务中的票据托收即为光票托收。光票托收可以用于货款尾数、小额货款、贸易从属费用和索赔款的收取。跟单托收是指金融单据附带商业单据或不用金融单据的商业单据的托收。跟单托收的基本做法是：出口人据买卖合向先行发运货物，然后开立汇票（或不开汇票），连同有关货运单据(即商业单据)委托出口地银行(托收行)通过其在进口地的代理行(代收行)向进口人收取货款。为区别于凭信用证收付方式,在我国习惯上把托收方式也称为"无证托收"。在国际贸易中,货款结算使用托收方式时,通常均使用跟单托收。

2. 托收的当事人

托收方式的基本当事人有四个,即委托人、托收行、代收行和付款人。

委托人(Principal)是开出汇票(或不开汇票)委托银行向国外付款人收款的出票人(Drawer),通常就是卖方。

托收行(Remitting Bank)是委托人的代理人,是接受委托人的委托转托国外银行向国外付款人代为收款的银行,通常为出口地银行。

代收行(Collecting Bank)是托收行的代理人,是接受托收行的委托代向付款人收款的银行,通常为进口地银行。

付款人(Payer)通常就是买卖合同的买方,即汇票的受票人(Drawee)。

在托收业务中,有时还可能有以下当事人。

提示行(Presenting Bank)。提示行的原意是指向付款人提示汇票和/或单据的银行。在一般情况下,提示行就是与托收行有代理关系的代收行。但有时如果付款人与该代收行不在同一城市或者因无往来关系处理不便时,需转托与付款人在同一城市有业务往来关系的银行代向付款人提示收款。此时,提示行就是付款人所在地的另一银行。在跟单托收情况下,付款人为了便于向银行融通资金,有时也会主动要求指示上述代收行转托与其有业务往来并对其有融资关系的银行担任提示行向其提示汇票或单据。

需要时代理(Principal's Representative in Case of Need)。需要时的代理是委托人指定的在付款地代为照料货物存仓、转售、运回或改变交单条件等事宜的代理人。

按《托收统一规则》规定,委托人如需指定需要时的代理人,应对授予该代理人的具体权限在托收申请书和托收委托书,统称托收指示书(Collection Order)中做出明确和充分的指示。否则,银行对需要时的代理人的任何指示可以不予受理。

托收行可以利用也可以不利用委托人指定的银行担任代收行,如委托人未指定代收行或指定而未被利用,则可由托收行根据情况选择在付款或承兑所在国的任何银行为代收行。

托收行在接受出口人(委托人)的托收申请书后,双方之间就构成了委托代理关系。同样,代收行接受了托收行(委托人)的托收委托书后,双方也就构成了委托代理关系。出口人出具的托收申请书和托收行出具的托收委托书也均为委托代理合同,托收行和代收行分别作为代理人,必须各自按委托的指示办理。若有越权行为致使委托方受到损失,由代理人负全部责任。

3. 托收的种类

根据使用的汇票不同,托收分为光票托收和跟单托收。在国际贸易中多使用跟单托收。根据交单的条件不同，跟单托收又可以分为付款交单和承兑交单。托收分类如图 10-7 所示。

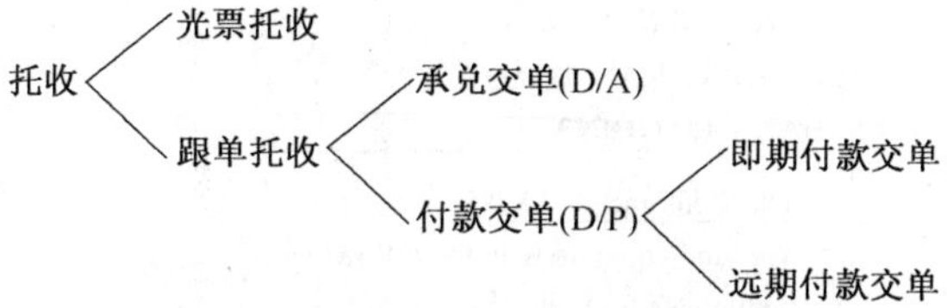

图 10-7 托收的分类

付款交单（Documents Against Payment，D/P），指出口商的交单是以进口商的付款为条件。根据付款时间的不同，付款交单又可以分为即期付款交单（Documents Against Payment at Sight，D/P at Sight）和远期付款交单（Documents Against Payment after Sight，简称 D/P after Sight）。

即期付款交单指银行提示即期汇票和单据，进口商见票时即应付票款，并在付清货款后取得票据。

远期付款交单是指银行提示远期汇票，进口商审核无误后在汇票上进行承兑，于汇票到期日付清货款后再取得货运单据。

在远期付款交单条件下，对于资信较好的进口商，代收行允许其凭信托收据（Trust Receipt）借取货运单据，先行提货。

信托收据是进口商借单时提供的一种书面信用担保文件，用来表示愿意以代收行的受托人身份代为提货、报关、存仓、保险、出售，并承认货物所有权仍归银行。货物出售后所得到的货款应于汇票到期时交银行。这是代收行自己向进口商提供的信用便利，与出口商无关。因此，如果代收行借出单据后，汇票到期不能收回货款，则代收行应对委托人负全部责任。但是，如果是出口商指示代收行借单，即所谓付款交单凭信托收据借单，进口商在承兑汇票后可以凭信托收据先行借单提货。日后，如果进口商在汇票到期时拒付，则银行不负责任，由出口商自己承担风险。

承兑交单（Documents Against Acceptance，D/A）指出口商的交单以进口商在汇票上承兑为条件，进口商在汇票到期时方履行付款义务。承兑交单方式只适用于远期汇票的托收。由于承兑交单是进口商只要在汇票上承兑之后，即可取得货运单据，凭此提取货物，其收款保障依赖进口商的信用，一旦进口商到期不付款，出口商便会遭到货物与货款全部落空的损失。所以，出口商需要慎重选择使用承兑交单的方式收款。

4. 托收的业务流程

由于使用的结算工具的传送方向与资金的流动方向相反，所以，托收方式属于逆汇（to Draw，Reverse Remittance）。跟单托收业务一般按照以下程序进行。

（1）出口人按照合同规定发货后取得运输单据，即连同汇票及发票等商业单据，填写托收申请书一并送交托收行，委托代收货款。

（2）托收行根据出口人的指示，向代收行发出托收委托书连同汇票、单据寄交代收行，要求按照申请书的指示代收货款。

表 10-1　托收指示书式样

Sender:
SHANGHAI NEW DRAGON CO., LTD.
27 ZHONGSHAN ROAD E, 1.
SHANGHAI CHINA

Documentary Collection

Place/Date
SHANGHAI, 12th. September 2007

Our Reference　AK/88
We send you here with the following documents for collection

Registered
BANK OF CHINA SHANGHAI BRANCH
documentary collection
P.O. Box 6006 SHANGHAI

Amount	Maturity	Drawee
USD 15 000	D/P at sight	MAXWELL HAMMERTON INC. 12, BROADWAY NEW YORK.N.Y.10014
		Drawee Bank COMMERCIAL CREDIT BANK NEW YORK

Draft	INV.	CUST. INV.	INS POL.	CERT. ORIG	PKG LIST	B/L	AWB	W/M CERT.	OTHER DOCUMENTS
3		4	2	4	2	3	.		

Goods:　11700 SETS GIRL'ST-SHIRTS
BY:　S/S　GLORIA　From: SHANGHAI　To: N.Y.　On: 31th,Aug. 2007
Please follow the instructions marked"x"

Documents goods to be delivered against			Draft		state the exact due-date
Payment	Acceptance		to be sent back after acceptance		to be collected on due-date
Your charges for drawee's acccut,if refused			waive charges		do not del:ver documents
Your correspondent's charges are for Acount; if refused			waive charges		do not deliver documents
Protest in case of	non-payment	non-acceptance	do not protest in case of	non-payment	non-acceptance
Advise	non-Payment	non-acceptance	by airmail	by cable	giving reason

Please credit the proceeds as follows:
[x] to our　U.S.Dollars　Account No.　298-5678HL-M88
[x] Remit

Remarks:
In case of difficulties, the collecting bank is requested to inforrn our representatives: Messrs. Beach & Co. Inc., Broad Street 485, New York 34, who will be of assistance but who are not allowed to alter the above instructions.

Signature SHANGHAI NEW DRAGON CO.,LTD.

The execution of this order is subject to the *Uniform rules for coilections* issued by the International Chamber of Commerce Publication No.522.

(3)代收行收到汇票和单据后,应及时向进口人作付款或承兑提示。如为即期汇票,进口人应立即付清货款,取得货运单据;如为远期汇票,进口人应立即承兑汇票;如果是付款交单方式,代收行保留汇票及单据,待汇票到期再通知付款赎单;如果是承兑交单方式,则进口人在承兑汇票后即可从代收行取得全套单据。

(4)代收行收到货款后,立即将货款拨付托收行。

(5)托收行收到货款应即转交出口人。

以下分别是即期付款交单、远期付款交单和承兑交单一般业务程序示意图:

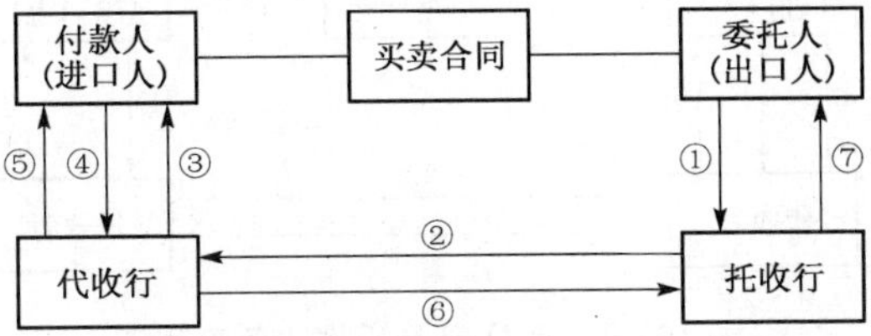

图 10-8　即期付款交单业务流程示意图

说明:

① 出口人按买卖合同规定装货后,填写托收申请书,开立即期汇票,连同货运单据(或不开立汇票,仅将货运单据)交托收行委托代收货款;

② 托收行根据托收申请书缮制托收委托书,连同汇票(或没有汇票)货运单据寄交进口地银行委托代收;

③ 代收行按照委托书的指示向进口人提示汇票与单据(或仅提示单据);

④ 进口人审单无误后付款;

⑤ 代收行交单;

⑥ 代收行办理转账并通知托收行款已收妥;

⑦ 托收行向出口人交款。

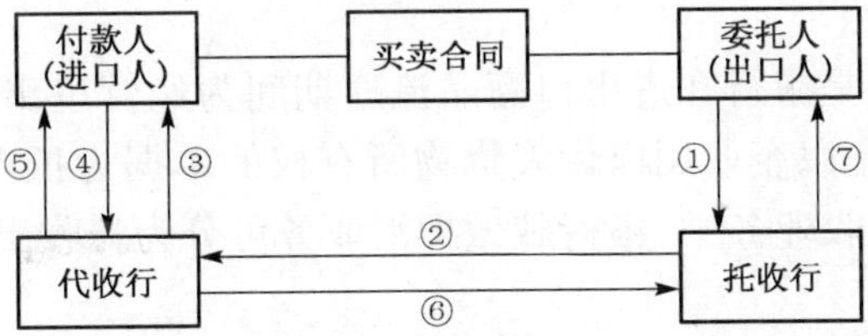

图 10-9　远期付款交单业务流程示意图

说明:

① 出口人按买卖合同规定装货后填写托收申请书,开立远期汇票,连同货运单据交托收行,委托代收货款;

② 托收行根据托收申请书缮制托收委托书,连同汇票、货运单据寄交代收行委托代收;

③ 代收行按照委托书的指示向进口人提示汇票与单据,进口人经审核无误后在汇票上承兑,代收行收回汇票与单据;

④ 进口人到期付款;

⑤ 代收行交单;

⑥ 代收行办理转账，并通知托收行：款已收到；

⑦ 托收行向出口人交款。

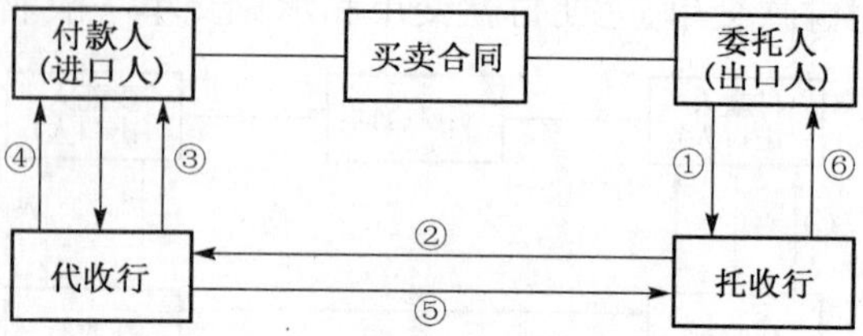

图 10-10　承兑交单托收业务流程图

说明：

① 出口人按卖卖合同规定装货后填写托收申请书，开立汇票，连同货运单据交托收行，委托代收货款；

② 托收行根据托收申请书缮制托收委托书，连同汇票、货运单据寄交代收行委托代收；

③ 代收银行按照托收委托书的指示，向进口人提示汇票和单据，进口人在汇票上承兑，代收行在收回汇票的同时，将货运单据交给进口人；

④ 进口人到期付款；

⑤ 代收行办理转账并通知托收款已收到；

⑥ 托收行向出口人交款。

5. 进出口押汇

进出口押汇业务是银行在进出口商品流通期间为经营进出口商品的企业提供资金融通的一种方式，是以企业用以代表货物所有权的单据为抵押，由银行叙做的一种抵押贷款。在跟单托收业务中，银行叙做押汇业务可分为托收出口押汇与托收进口押汇两种。

(1) 托收出口押汇

托收出口押汇是托收银行通过购买跟单汇票的办法向出口人提供资金融通的一种方式。具体做法是出口商按照合同规定发运货物后，开出以进口商为付款人的汇票，并将汇票及所附全套货运单据卖给托收银行，托收银行将利息和手续费从汇票金额中扣除，将其余款项支付给出口商。此时，托收银行作为汇票的善意持票人，将汇票和单据寄至代收行委托收款。由于银行叙做托收出口押汇时银行承担了较大的风险，所以银行只有在认定进出口商信誉可靠时，才承做此项业务，而且承做时，也不会像信用证出口押汇那样提供全额贷款，一般是酌情发放汇票金额的部分款项。

(2) 托收进口押汇

托收进口押汇是指进口商承兑汇票后出具信托收据向代收行借取货运单据先行

提货。汇票到期时向银行偿还贷款并收回信托收据。这种做法与承兑交单相似，所不同的是，由于代收行持有进口商出具的信托收据，在代收行同意的条件下，出口商可以委托代收行作为当事人的一方，直接向进口商追偿或向法院起诉。

6. 托收统一规则

在托收业务中，银行与委托人之间的关系往往由于各方对权利、义务和责任的解释有分歧，加上不同银行的具体做法也有差异，从而导致误会、纠纷以至争议。国际商会为了协调各有关当事人在托收业务中发生的矛盾，曾于1958年草拟并于1967年作为国际商会第524号出版物公布了《商业单据托收统一规则》(Uniform Rules for Collection of Commercial Paper)，从而在银行托收业务中取得了统一的术语、定义、程序和原则，也使出口人在委托代收货款时有所依循和参考。之后，根据国际贸易的发展并吸收实践中的经验，国际商会于1978年对该规则做了修订，改名为《托收统一规则》，即国际商会第3222号出版物(Uniform Rules for Collections，ICC Publication No. 322)，简称"URC322"。在URC322使用了17年以后，根据使用中的情况和问题，国际商会于1995年4月又一次颁布了新的修订本，作为国际商会第522号出版物。最新修订本对国际间的托收程序、技术和法律等方面均有所修改。新规则已被许多国家的银行采纳，并据以处理托收业务中各方的纠纷和争议。我国银行在接受托收业务时，也遵循该规则办理。《托收统一规则》(Uniform Rules for Collection)现行版本国际商会第522号出版物(ICC Publication No. 522)，简称URC522，已于1996年1月1日起正式实施，全文共26条，分为总则、托收的形式和结构，提示方式、义务和责任、付款、利息和手续费及其他费用、其他规定共七个部分，以下扼要介绍其主要内容。

(1)凡在托收指示书中注明按URC22行事的托收业务，除非另有明文规定或与一国、一州或地方不得违反的法律、法规相抵触，本规则对有关当事人均具有约束力。

(2)银行应以善意和合理的态度谨慎从事。其义务就是要严格按托收指示书的内容与URC522办理。如银行决定不受理所收到的托收或其相关指示，必须用电信通知发出托收指示书一方，不可能用电信方式时则须用其他的最快捷方式。

(3)银行必须确定所收到的单据与托收指示书所列的完全一致，对于单据缺少或发现与托收指示书中所列的单据不一致时，必须毫不迟延地用电讯或其他快捷方式通知发出托收指示书的一方。除此之外，银行没有进一步审核单据的义务。银行对单据的形式、完整性、准确性、真实性或法律效力或对单据上规定的或附加的条件概不负责；银行对单据所代表的货物描述、数量、重量、质量、状况、包装、交货、价值或存在，或对单据有关当事人或其他任何人的诚信或信誉、行为、偿付能力、履行能力以及对由于任何通知、信件或单据在寄送途中的延误、丢失所引起的后果，或由于电讯传递的延误、残缺或其他错误，或对专门术语在翻译或解释上的错误，也不承担义务或责任。

(4)除非事先征得银行同意，货物不应直接运交银行，也不应以银行或其指定人为收货人。如果擅自这样做,银行无提货义务,其风险及责任由发货人承担。

(5)托收不应含有凭付款交付商业单据指示的远期汇票。如果托收含有远期付款的汇票,该托收指示书中应注明商业单据是凭承兑交付(D/A)还是凭付款交付(D/P)。如无此注明,商业单据仅能凭付款交付,代收行对因迟交单据而产生的任何后果不负责任。

(6)如委托人指定一名代表,在遭到拒绝付款和/或拒绝承兑时,作为需要时的代理,则应在托收指示书中明确且完整地注明该代理人的权限。如无此注明,银行将不接受该代理人的任何指示。

(7)托收如被拒绝付款或拒绝承兑,提示行必须毫不迟延地向发出托收指示书的银行送交拒绝付款或拒绝承兑的通知。委托行收到此项通知时,必须对单据处理给以相应的指示。提示行如在发出上述通知后60天以内仍未收到此项指示时,可将单据退回发出托收指示书的银行,且不负任何责任。

此外,URC522还对托收费用、部分付款、拒绝证明、托收情况的通知等问题也做了具体规定。《托收统一规则》是国际商会制定的有重要影响的规则。自公布实施以来,对减少当事人之间在托收业务中的纠纷和争议起了较大作用,很快被各国银行所采用。但由于它只是一项国际惯例,所以只有在托收指示书中约定按此行事时,才对当事人有约束力。

7. 托收方式的性质和作用

按照《托收统一规则》,银行在托收业务中,只提供服务不提供信用。银行只以委托代理人行事,既无保证付款人必然付款的责任,也无检查审核货运单据是否齐全、是否符合买卖合同的义务;当发生进口人拒绝付款赎单的情况后,除非事先经托收银行委托并经代收银行同意,代收银行也没有代为提货、办理进口手续和存仓保管的义务。所以,托收方式与汇付方式一样,也属商业信用性质。出口人委托银行收取的货款能否收到,全凭进口人的信用。而且,由于货物已先期运出,一旦遭到拒付就会使出口人陷入极为被动的境地。例如,在付款交单条件下,进口人在未付清货款前,取不到货运单据,提不走货物,货物的所有权仍属出口人,如进口人到期拒不付款赎单,出口人虽然还可把货物另行处理或运回来,但需要承担一笔额外费用或降价处理等损失,如处理不及时,还有可能被进口国海关视作无主货物加以没收。如果在承兑交单情况下,进口人只需在汇票上履行承兑手续,即可取得单据,把货提走。倘若进口人到期不付款,虽然出口人有权依法向承兑人追偿,但实践证明,此时的进口人多半已无力偿付,或者早已宣告破产,甚至人去楼空。有的进口人要求按承兑交单方式进行交易,其本身可能就是一种预谋的诈骗。在此情况下,出口人就会遭受钱货两空的重大损失。总之,无论是付款交单还是承兑交单,对出口人来说,都存在很大风险。

但是,托收方式对进口人来说却是极为有利的。因为进口人不需要预垫资金,或仅需垫付较短时间的资金。如果采用承兑交单条件,或在付款交单情况下,利用信托收据先把单据借出，进口人还有进一步运用出口人资金的机会，或者仅凭本身的信用进行交易而无须购货资金。所以，以托收方式进行结算，能起到调动进口人的经营积极性，提高交易商品在国际市场上的竞争能力，从而使出口人达到扩大销售的目的。因而，在国际贸易中，托收方式经常被用做一种非价格竞争的手段。

8. 出口贸易中托收方式的应用

综上所述，在国际贸易中采用托收方式结算货款，在实质上是出口人利用对进口人的资金融通以促进成交，扩大出口，提高其出口商品在国外市场上的竞争能力。所以，在我国的出口业务中，也可有选择地、适当地加以运用。但是，由于托收方式纯属商业信用，出口人需承担较大风险，所以必须谨慎从事。一般说来，我外贸企业在出口贸易中采用托收方式时，为确保收汇安全，应注意以下问题。

(1)认真调查和考察进口人的资信情况、经营能力和经营作风，掌握有关商品的市场信息，并在此基础上妥善制定授信额度、控制成交金额与交货进度。一般只使用付款交单，对客户提出按承兑交单条件托收货款时要从严，除非进口人的资信特别良好，收汇确有把握。

(2)国外代收行一般不能由进口人指定，如确有必要应事先征得托收行同意，以防进口人指定的代收行不可靠或往来渠道不畅，造成托收行拒绝托收申请的被动局面，也可能由于代收行信用不佳或产生意外而遭致货款落空。

(3)在托收业务中，银行不承担付款责任，如果买方不付款赎单，卖方可能银货两空，风险很大。因此，卖方在货物装运后，直到买方付清货款前，都要关心货物安全。所以，在出口业务中，使用托收方式的交易，原则上应由我方办理保险，即争取以 CIF 或 CIP 条件成交，订立合同。如限于对方所在国的规定，必须由买方办理保险的交易，除应在货物装运后及时通知对方投保外，为保障我方利益，可由我方另行加保卖方利益险，以防万一货物遇险，买方未投保又不付款赎单时，可由我方自己向保险公司索赔。卖方利益险是货物运输保险业务中的一种特殊的独立险别。依此险别，在买方不支付受损货物的价款时，保险公司对卖方利益承担责任，赔偿保险单载明承保险别的条款责任范围内的货物损失。保险公司在办理此项业务时，保险费按所投保险别正常费率的25%计收。卖方利益险只适用于托收(D/P 和 D/A)或赊销(O/A)的交易。

(4)采用远期付款交单方式要慎重。有的国家的银行当收到托收银行寄来的载明按远期付款交单方式的托收指示书时，习惯上均在付款人承兑汇票后随即将单据交付给付款人，即把远期 D/P 改作 D/A 处理。其理由是付款人一经在汇票上履行承兑手续，就成为汇票的主债务人，承担到期付款的责任，如代收行收回经过承兑的汇票而不将单据交给付款人，就有失公平，而且也不符合当地权利和义务应该相当的法律原则。这种做法虽然与托收指示书的指示相悖，但按《托收统一规则》规定，一国、一州或地方不得违反的法律对托收各当事人有约束力。因而在这个问题上，在实务中很容易产生纠纷与争议。为此，国际商会 URC522 第 7 条中特别指出："托收不应含有凭付款交付商业单据的远期汇票”。其用意就是劝阻出口人采用远期付款交单方式结算货款，如出口人执意要采用远期 D/P，则后果自负。

(5)对贸易管制和外汇管制较严的国家，在使用托收方式时要特别谨慎。对于进口需要领取许可证的商品，在成交时应规定进口人将领得的许可证或已获准进口外汇的证明在发运有关商品前寄达，否则不予发运，以策安全。

(6)填写运输单据时一般应做指示抬头并加背书，如需做代收行抬头时，应先与银行联系并经认可后办理。对此项交易，被通知人一栏，仍须详列进口人的名称和地址，以便承运人到货时及时通知。

(7)严格按照出口合同规定装运货物、制作单据，以防止被买方找到借口拒付货款。

(8)对于资信欠佳和诚信程度无充分把握的客户，如必须采用托收方式结算出口货款的，可要求对方预付不低于货物往返运费、保险费和其他杂费的定金或预付款。也可采用部分付款交单托收、部分信用证，或由进口商同时开立银行保证书或备用信用证担保，以确保托收货款的收汇安全。

总之，在托收业务中出口人的风险很大，资金负担也较重。所以，在出口业务中决定采用托收方式收款时必须慎重。此外，出口企业应对托收业务制定健全的管理制度，定期检查，做好催收工作，发现问题要及时采取措施，避免或减少可能发生的损失，以保证和提高企业的经济效益。

我国外贸企业在进口业务中，也有采用托收方式支付货款的。在进口业务中采用托收方式不仅有利于加速资金周转，而且还可节省费用。但值得注意的是，按照 URC522 第 21 条规定，代收手续费和其他有关费用除托收指示书特别注明者以外，原则上应由发出托收的一方负担。据此，各有关银行受托接办的业务费用，理应由委托人负担。而在实际业务中，常在买卖合同中订明在委托人所在国家以外的银行费用概由付款人负担，因而在托收指示书中也加有类似条款。这样的结果就使我进口企业突然增加了一笔我国银行代收费用的额外支出。为避免此项不该由我方负担的费用支出，在采用托收方式支付货款的进口合同中，不应做出委托人所在国家以外的银行费用由付款人负担的规定，如托收指示书注明托收费用由付款人负担时，我方也可予以拒付。

10.3 信用证

随着供给贸易的发展，在银行参与国际贸易结算的过程中，银行从仅提供服务逐步演变到既提供服务又提供信用，于是信用证这种支付方式出现了。目前，信用证已经发展成为国际贸易货款结算中广泛使用的一种最为重要的结算方式。

10.3.1 信用证的含义与性质

信用证(Letter of Credit,L/C)又称信用证,是出证人以自身名义开立的一种信用文件。就广义而言,它是指由银行或其他人应客户请求做出的一项书面保证(Written Engagement),按此保证,出证人(Issuer)承诺在符合信用证所规定的条件下,兑付汇票或偿付其他付款要求(Other Demands for Payment)。在国际贸易中使用的信用证则都是由银行开立的,是指开证银行应申请人的要求并按其指示,向第三者开具的载有一定金额,在一定期限内凭符合规定的单据付款的书面保证文件。在国际贸易中,信用证通常是开证银行根据进口人的请求和指示,授权出口人凭所提交的符合信用证规定的单据和开立以该行或其指定的银行为付款人的不超过规定金额的汇票,向其或其指定的银行收款,并保证向出口人或其指定人进行付款,或承兑并支付出口人开立的汇票。

《跟单信用证统一惯例》(国际商会第600号出版物)(以下简称UC600)第2条对信用证做了以下定义:“信用证是指按任何安排,不论其如何命名或描述,该安排是不可撤销的,从而构成开证行承付相符交单的确定承诺。承付是指:a. 见单即付,如果信用证为即期付款信用证;b. 承担延期付款的责任和到期付款,如果信用证为延期付款信用证;c. 承兑由受益人出具的汇票和到期付款,如果信用证为承兑信用证。简而言之,信用证就是应开证申请人要求,银行向受益人开立的保证有条件承诺付款的书面文件。

采用信用证方式,只要出口人按信用证的要求提交单据,银行即保证付款。所以,信用证的性质属银行信用,是建立在银行信用基础上的。由于银行信用一般优于商业信用,故较易被出口人接受,有利于交易的达成和国际贸易的发展。但是,进口人开立了信用证,并不等于已经付了款,如果开证行倒闭,失去偿付能力,进口人仍须重新开证或用其他方式付款。因而,实际是出口人获得的是商业信用保证之外又增加了银行信用保证。

采用信用证方式结算,有关当事人可分别得到以下好处。

对出口人来说,只要按信用证规定发运货物,向指定银行提交单据,收取货款就有了保障。而且在货物装运前,有时还可凭信用证向银行申请打包贷款(Packing Credit),在货物装运后将汇票和单据交议付行议付,通过押汇可及时收取货款,有利于加速资金周转。

对进口人来说,申请开证时只需缴纳少量押金或凭开证行授予的授信额度开证。有些国家的银行对信誉良好的开证人还可免收押金。大部分或全部货款,待单据到达后再行支付,这就减少了资金的占用。如开证行在履行付款义务后,进口人筹措资金有困难,还可开立信托收据要求开证行准予借单先行提货出售或使用,以后再向开证行付款。而且,通过信用证上所列条款,可以控制出口人的交货时间,以及所交货物装运前的质量和数量等检验要求,并按规定的方式交付货物和所需的单据和证件,以保证收到的货物符合销售和使用时令和买卖合同的规定。

对银行来说,开证行只承担保证付款责任,它贷出的只是信用而不是资金,在对出口人或议付行交来的跟单汇票偿付前,已经掌握了代表货物的单据,加上开证人缴纳的押金,故并无多大风险,即使尚有不足仍可向进口人追偿。至于出口地的议付行,议付出口人提交的汇票及/或单据有开证行担保,只要出口人交来的汇票、单据符合信用证条款规定,就可以对出口人进行垫款、叙做出口押汇,还可从中获得利息和手续费等收人。此外,通过信用证业务,可带动其他客户往来保险、仓储等业务,为银行增加收益。

总之,信用证方式在国际贸易结算中可起到以下两个方面作用:一是安全保证作用。通过信用证方式可缓和买卖双方互不信任的矛盾。二是资金融通作用。在信用证业务中,银行不仅提供信用和服务,而且还可以通过打包贷款、叙做出口押汇(即议付)向出口人融通资金,可以通过凭信托收据借单、叙做进口押汇向进口人进行资金融通。

但是,信用证方式在国际贸易结算中并不是完美无缺的。例如,买方不按时开证、不按合同规定条件开证或故意设下陷阱使卖方无法履行合同,或履行交货、交单后因不符信用证规定被拒付而使出口人遭受损失。再如,受益人如果变造单据使之与信用证条款相符,甚至制作假单据,也可从银行取得货款,从而使进口人成为欺诈行为的受害者。此外,使用信用证方式在具体业务操作上一般手续较之汇付和托收繁琐,费用也较多,业务成本较高。而且无论是申请开证,还是审证、审单,技术性均较强,稍有不慎,容易产生疏漏差错以致造成损失。

10.3.2 信用证方式的当事人

信用证的基本当事人有三个,即开证申请人、开证行和受益人。如果信用证是由开证行为其本身的业务需要主动开立的,这类信用证的基本当事人中就不存在开证申请人,而只有开证行和受益人。此类信用证通常被称为双名信用证。此外,还有其他关系人,即通知行、保兑行、付款行、偿付行、议付行等。

开证申请人(Applicant)又称开证人(Opener)、出账人(Accountee),指向银行提出申请开立信用证的人,一般为进口人,就是买卖合同的买方。开证申请人为信用证交易的发起人。

开证行(Opening Bank;Issuing Bank)指按开证申请人的请求或为其自身行事,开立信用证的银行,一般是进口地的银行。开证人与开证行的权利和义务以开证申请书为依据。信用证一经开出,按信用证规定的条款的规定开证行负有承担付款的责任。

受益人(Beneficiary)指信用证上所指定的有权使用该信用证的人,一般为出口人,也就是买卖合同的卖方。受益人通常是信用证的收件人(Addressee),他有按信用证规定签发汇票向所指定的付款银行索取价款的权利,但也在法律上以汇票出票人的地位对其后的持票人负有担保该汇票必获承兑和付款的责任。

通知行(Advising Bank;Notifying Bank)指按开证行的请求,通知信用证的银行。通知行一般是出口人所在地的银行,而且通常是开证行的代理行(Correspondent Bank)。通知行如愿意将信用证通知受益人,则应鉴别信用证的表面真实性,如不愿通知或无法鉴别,则必须毫不迟延地告知开证行;如无法鉴别而又决定通知受益人,则在通知时必须告知受益人它未能鉴别该证的表面真实性。除此之外,通知行无须承担承付或议付的任何责任。

议付行(Negotiating Bank)又称押汇银行、购票银行、贴现银行。指根据开证行的授权买人或贴现受益人开立和提交的符合信用证规定的汇票及/或单据的银行。开证行可以在信用证中指定议付行,也可以在信用证中不具体指定议付行。在不指定议付行的情况下,所有银行均是有权议付的银行。议付行审单无误,即可垫付汇票和/或单据的款项,在扣减垫付利息后将净款付给受益人。在信用证业务中,议付行通常又是以受益人的指定人和汇票的善意持票人的身份出现的,因此它对作为出票人的信用证受益人的付款有追索权。

付款行(Paying Bank;Drawee Bank)是开证行授权进行信用证项下付款或承兑并支付受益人出具的汇票的银行。付款行通常是汇票的受票人,故亦称受票行(Drawee Bank)。开证行一般兼为付款行,但付款行也可以是接受开证行委托的代为付款的另一家银行。例如,开立的信用证是以第三国货币支付时,通常指定在发行该货币的国家的银行为付款行,这种付款行又称代付行(Paying Bank Agent)。付款行如同一般的汇票受票人,一经付款,即使事后发现有误,对受款人也无追索权。

偿付行(Reimbursing Bank)又称信用证清算银行(C1earing Bank),是指受开证行的指示或授权,对有关代付行或议付行的索偿予以照付的银行。偿付行接受开证行的委托或授权,凭代付行或议付行的索偿电信或航邮进行偿付,但此偿付不视作开证行终局性的付款,因为偿付行并不审查单据,不负单证不符之责。开证行在见单后发现单证不符时,可直接向寄单的议付行、代付行追回业已付讫的款项。根据 UCP600 第 13 条 b. c 款规定:开证行在向偿付行发出指示或授权时,不应以索偿行必须向偿付行提供与信用证条款相符的证明为先决条件;如偿付行未能进行偿付时,开证行并不能解除其提供偿付的任何义务;如偿付行未能于第一次提示时即按信用证规定或双方同意的方式进行偿付时,开证行应承担代付行或议付行即索偿行的任何利息损失。

保兑行(Confirming Bank)是指应开证行请求或授权对信用证加具保兑的银行,它具有与开证行相同的责任和地位。保兑银行在信用证上加具保兑后,即对受益人独立负责,承担必须付款或议付的责任。在已经付款或议付之后,不论开证行倒闭或无理拒付,都不能向受益人追索。在实际业务中,保兑行通常由通知行兼任,但也可由其他银行加具保兑。

承兑行(Accepting Bank)是指对承兑信用证项下的汇票,经审单确认与信用证规定相符时,在汇票正面签字承诺到期付款的银行。承兑行可以是开证行本身,也可以是通知行或其他指定的银行。倘若承兑行在承兑汇票后倒闭或丧失付款能力,则由开证行承担最后付款责任。

转让行(Transferring Bank)是应受益人(在转让信用证时又称第一受益人)的委托,将可转让信用证转让给信用证的受让人(即第二受益人)的银行。转让行一般为通知行,也可以是议付行、付款行或保兑行。

第二受益人(Second Beneficiary)是接受转让的可转让信用证的受益人,又称信用证的受让人或被转让人(Transferee)。一般为提供货物的生产者或供应商。而可转让信用证的转让人(Transferor)即第一受益人(First Beneficiary)则通常是中间商或买方驻卖方所在地的代理人。第二受益人受让信用证后,不能再将可转让信用证转让给其他人使用,但允许转回给信用证的第一受益人,即信用证的原受益人。

此外,信用证还可能出现一些其他的当事人,如转开行、局外议付行等。

在上述信用证的当事人中,付款行、承兑行、议付行、偿付行和转让行均为开证银行的指定银行(Nominated Bank)。按 UCP600 第 2 条所下的定义,指定银行是指可获信用证兑付的银行,或在信用证可为银行兑付的情况下,则为任何银行。

10.3.3 信用证方式的业务流程

信用证的业务流程随信用证类型的不同而有所差异,但就其基本流程而言,大体要经过申请、开证、通知、议付、索偿、偿付、赎单等环节。由于在以信用证方式结算的情况下,结算工具(汇票、单据、索偿证明等)与资金流向相反,因此也属逆汇方式。现以最为常见的即期跟单议付信用证为例,简要说明其收付程序以及各环节的具体内容。

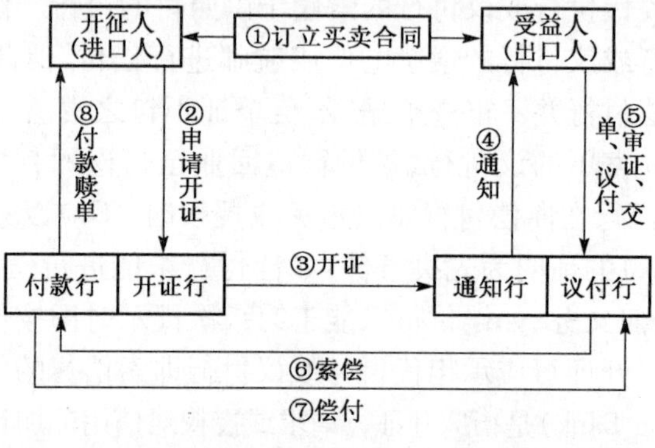

图 10-11 即期跟单议付信用证业务流程示意图

说明:

① 订立买卖合同

进出口人双方先就国际货物买卖的交易条件进行磋商,达成交易后订立国际货物买卖合同,明确规定进口人以信用证方式支付货款,其中一般还应规定开证银行的资信地位、信用证的类型、金额、到期日、信用证开立并送达卖方的日期等。

② 申请开证

开证申请人,即进口人在买卖合同规定的时限内向所在地的银行申请开立信用证。申请开证时要递交开证申请书。开证申请书除明确提出请开证行按所列条件开立信用证的要求以及受益人的名称和地址、信用证的种类与到期日和到期地点外,主要是两方面的内容:一是要求开证行在信用证上列明的条款,其基本内容也就是要求受益人提交的符合买卖合同的单据条款,是开证银行凭此向受益人或其指定人(如议付行)付款的依据。二是开证人向开证行的保证与声明。在后一部分内容中,开证人承认在其付清货款前,开证行对单据及其所代表的货物拥有所有权,必要时开证行可以出售货物,以抵付开证申请人的欠款;承认开证行有权接受“表面上合格”的单据,对由于伪造单据,货物与单据不符或货物中途灭失、受损、延迟到达,开证行概不负责;保证单据到达后如期付款赎单,否则,开证行有权没收开证人所交付的押金,以充当开证人应付价金的一部分;承认电讯传递中如有错误、遗漏或单据邮递遗失等,银行不负责任,等等。开证申请人申请开证时,应向开证行交付一定比率的保证金,习称押金(Margin)或其他担保品。押金的多少根据开证人的资力和信誉、市场动向、商品销售情况而定。

开证申请人填写开证申请书时,应严格履行买卖合同的买方义务,申请书所列内容不能与买卖合同规定的条款相矛盾,所列条款内容的表述须符合《跟单信用证统一惯例》的规定。所需单据的名称、份数以及传递方法等,均应本着既完整、明确,又简单、适用的原则,不要把与信用证无关的内容和买卖合同中过多的细节写入申请书,更不能将含糊不清的、模棱两可的、可作弹性解释的或有争议的内容写入申请书。

③ 开证

开证行接受开证申请人的开证申请书后,必须按申请书规定的内容向指定的受益人开立信用证,并将信用证直接邮寄或用电讯通知出口地代理银行(通知行)转递或者通知受益人。

信用证的开证方式有信开(Open by Airmail)和电开(Open by Teletransmission)两种。前者是指开证时开立正本一份和副本若干份,航寄通知行。如另指定代付行或偿付行,则还须向代付行和/或偿付行邮寄授权书。后者是指由开证行将信用证内容加注密押后用电报或电传等电讯工具通知受益人所在地的代理行,请其转知受益人。

随着国际电讯事业的发展,为了争取时间、加快传递速度,上述信用证的“信开”方式,已越来越多地被“电开”及环球银行金融电讯协会的方式(by SWIFT Message)所替代。此外,还可用“简电开证”(Open by Brief Cable)的方法,即用简略的电讯将信用证的某些主要内容或声明“详情后告”等类似词语发电通过通知行预先通知受益人。这种简电信用证也称预通知信用证(Pre - advised Credit),按惯例,对于这种预通知信用证开证行必须承担使其生效的不可撤销责任。所以，开证行在发出预通知后，应随即电告该证的全文，使之生效。受益人在向议付行办理议付时，须将这两种电开信用证的正本一并递交议付行。而在未收到全文时，即信用证正式生效前，只能供受益人备货，安排运输工具参考。

④ 通知

通知行在收到信用证后，应立即核对开证行的签字与密押，经核对证实无误，除留存副本或复印件备查外，必须尽快将信用证转交受益人；如收到的信用证是以通知行本身为收件人的，则通知行应以自己的通知书格式照录信用证全文通知受益人。

按 UCP600 第 9 条规定：信用证可经由通知行通知受益人，而该通知行不承担承付或议付的任何责任，但如该行愿意通知，则应鉴别通知的信用证的表面真实性。如该行不愿通知，则必须毫不迟延地告知开证行；如通知行无法鉴别信用证的表面真实性，它必须毫不迟延地通知开证行说明它无法鉴别；如通知行仍决定通知受益人，则必须告知受益人它未能鉴别该证的真实性。其作此规定的原因是如当通知行鉴别信用证的表面真实性发生困难时即应按规定办法处理，防止影响正常的业务进行。

⑤ 审证、交单、议付

受益人在收到经通知行转来的信用证后，应立即根据买卖合同即《跟单信用证统一惯例》对其进行认真审核，主要审核信用证中所列的条款与买卖合同中所列的条款是否相符。如发现条款有差错、时间有矛盾、概念不清、词义不明、数字有误等与买卖合同不符，不能接受或无法照办的内容时，均应通知开证人，要求修改信用证。如开证人同意修改，开证人就应向开证行提交修改申请书；如开证行同意修改，要将修改通知书函寄或电告通知行，经通知行审核签字或密押无误后转知受益人。信用证修改通知书的传递方式与开证相同。

受益人收到信用证经审查无误，或需修改的经过收到修改通知书认可后，即可根据信用证或经过修改认可的规定发运货物。在货物发运完毕后，缮制并取得信用证所规定的全部单据，开立汇票连同信用证正本（如经修改的还需连同修改通知书）在信用证规定的交单期和信用证的有效期内，递交有权议付的通知行或与自己有往来的其他有权议付的银行或信用证限定的议付行办理议付。

“议付”（Negotiation）是由议付银行向受益人购进由他出立的汇票及所附单据。根据 UCP600 第 2 条所下的定义：“议付是指在指定银行获得偿付的银行营业日当天或之前在相符交单的情况下，指定银行买人汇票（向指定银行以外的一家银行出具的）和/或单据，向受益人预付或同意预付资金”。议付实际上是议付行在受益人向议付行提交符合信用证条款单据的前提下，对受益人的垫款。所以，议付也是银行叙做的“出口押汇”业务。由于在议付时要扣除一个来回邮程的利息，因比，它也是一种汇票的“贴现”行为。在我国，习惯上把议付称为“买单”。议付行办理议付后成为汇票的善意持票人，如遇开证行拒付，有向其前手出票人即受益人进行追索的权利。

议付行一般为出口地银行，它可以由开证行在信用证中指定，如在信用证中未指定，则可由受益人酌情选择通知行或与其有往来的其他银行担任议付行。议付行在议付后，通常在信用证正本背面作必要的有关议付事项的记录，俗称“背批”。其目的主要是防止超额和重复议付。

⑥ 索偿

索偿就是议付行办理议付后，根据信用证规定，凭单向开证行或其指定的银行（付款行或偿付行）请求偿付的行为。其具体做法是：由议付行按信用证要求将单据连同汇票和索偿证明（证明单据符合信用证规定）分次以航邮寄给开证行或其指定的付款行。如信用证指定偿付行，则开证行应在开出信用证后立即向偿付行发出偿付授权书（Reimbursement Authorization）通知授权付款的金额、有关信用证号码、有权索偿的押汇与偿付费由何方承担等内容。议付行在办理议付后，一面把单据分次直接寄给开证行，一面就给偿付行发出索偿书（Reimbursement Claim），说明有关信用证的开证行名称和信用证号码，声明已按信用证规定进行议付，并请求按指明的方法进行偿付。偿付行收到索偿书后，只要索偿金额不超过授权书金额就立即根据索偿书的指示向议付行付款。

凡信用证规定有电汇索偿条款的，议付行就需以电讯方式向开证行、付款行或指定的偿付行进行索偿。

⑦ 偿付

在信用证业务中的偿付（Reimbursement）是指开证行或被指定的付款行或偿付行向议付行进行付款的行为。

开证行或指定的付款银行收到议付行寄来的汇票和单据后，经核验认为与信用证规定相符，应立即将票款偿付议付行。如发现单据与信用证规定不符可以拒付，但应在不迟于收到单据的次日起5个营业日内通知议付行表示拒绝接受单据。如信用证指定付款行或偿付行，则由该指定的银行向议付行进行偿付。

⑧ 付款赎单

开证行履行偿付责任后，应立即向开证人提示单据，开证人核验单据无误后，办理付款手续。如申请开证时，曾交付押金，则付款时予以扣减。如曾经提交过其他抵押品，则在付款后由开证行退还。开证人付款后，即可从开证行取得全套单据，包括可凭此向承运人提取货物的运输单据。若此时货物已经到达，便可凭运输单据立即向承运人提货。如货物尚未到达，应先查询到货日期，待到货时凭单提货。

10.3.4 信用证的内容

信用证的内容随不同的交易需要而有所不同，不同的开证银行习惯使用的格式也存在差异。因此，容易引起误解，影响业务的顺利进行。有鉴于此，国际商会曾先后设计并介绍过几种不同的标准格式，其中包括议付信用证、承兑信用证、即期付款信用证和延期付款信用证。目前,除已广泛使用 SWIFT 格式外,采用国际商会标准格式的银行不是很多,在实际业务中,有些银行采用的是在本身原用格式基础上参照标准格式略加修改的格式。

信用证虽然至今尚无统一格式,但其基本内容大致相同。总的说来,就是国际货物买卖合同的有关条款与要求受益人提交的单据,再加上银行保证。通常主要包括以下内容。

(1)信用证本身的说明:如信用证的编号、开证日期、到期日和到期地点、交单期限等。

(2)兑付方式:即期付款、延期付款、承兑还是议付。

(3)信用证的种类:是否经另一银行保兑、可否转让等。

(4)信用证的当事人:开证申请人、开证行、受益人、通知行等。此外,有的信用证还有指定的付款行、偿付行、承兑行、指定议付行等。

(5)汇票条款:包括汇票的种类、出票人、受票人、付款期限、出票条款及出票日期等。凡不需汇票的信用证无此内容。`

(6)货物条款:包括货物的名称、规格、数量、包装、价格等。

(7)支付货币和信用证金额:包括币别和总额,币别通常应包括货币的缩写与大写,总额一般分别用大写文字与阿拉伯数字书写。信用证金额是开证行付款责任的最高限额,有的信用证还规定有一定比率的上下浮动幅度。

(8)装运与保险条款:如装运港或启运地、卸货港或目的地、装运期限、可否分批装运、可否转运以及如何分批装运、转运的规定。以 CIF 或 CIP 贸易术语达成的交易项下的保险要求,所需投保的金额和险别等。

(9)单据条款:通常要求提交商业发票、运输单据和保险单据。此外,还有包装单据,例如装箱单、重量单,以及产地证、检验证书等。

(10)特殊条款:视具体交易的需要而异。常见的有要求通知行加保兑;限制由某银行议付;限装某船或不许装某船;不准在某港停靠或不准选取某条航线;待具备规定条件信用证方始生效,等等。

除此以外,信用证通常还有开证银行的责任条款,根据《跟单信用证统一惯例》开立的文句,以及信用证编号、到期地点和日期、开证行签字和密押等。表 10-2 为印度信用证样本(电开)。

表 10-2　印度信用证样本(电开)

SEQUENCE OF TATAL ＊27:1/1
FORM OF DOC. CREDIT ＊40 A:IRREVOCABLE
DOC. CREDIT NUMBER ＊20 : XXXXXX
DATE OF ISSUE31C:XXXXXX
EXPIRY 31D:XXXXXX
APPLICANT 50:XXXXXXX
BENEFICIARY 59:XXXXXXX

（续表）

AMOUNT 32B:CURRENCY USD AMOUNT XXXX
POS. /NEG. TOL. (%) 39A:10/10
AVAILABLE WITH/BY 41D:ANY PRIME BANK IN CHINA BY NEGOTIATION
DRAFTS AT... 42C: SIGHT
DRAWEE 42D:OUSELVES
PARTIAL SHIPMENTS 43P:ERMITTED
TRANSSHIPMENT 43T:NOT PERMITTED
LOADING IN CHARGE 44A:ANY CHINA PORT
FOR TRANSPORT TO 44B:NHAVA SHEVA INDIA
LATEST DATE OF SHIP44C:XXXXX
DECRIPT. OF GOODS 45A:XXXXXXXXXXXXXXXXXXXXXXXXXXXXXXXXXXXXXXX
DOCUMENTS REQUIRED46A:
DRAFTS ARE TO BE ACCOMPANIED BY THE FOLLOWING DOCUMENTS IN ENGLISH , IN DUPLICATE, UNLESS OTHERWISE SPECIFIED:
1. presentation of sight draft should bear the clause drawn under bank of baroda , station road, dress XXXXX CREDIT NO. XXXXXX
2. signed commercial invoices, in seven , quoting import not included in the negative list of export – import policy(2002 – 2007) and specifications of goods are as per preformed invoice no. XXXdated XXX of COMPANY NAME AND ADDRESS.
3. certificate of China origin issued by a chamber of commerce.
4. full set , signed clean on board ocean bills of lading made out to order and blank endorsed marked freight prepaid and calused notify bank name and also applicant name indication letter of credit number and date and evidencing current shipment of merchandise state above.
5. marine insurance policy covering inter – alia transit (warehouse to warehouse) clause pertaining to current shipment/ dispatch covered by transport documents called for herein onto order and blank endorsed for 10 percent over invoice value covering institute cargo clause "a" institute war clause(cargo) and institute strike clause(cargo) with claims payable in ,address, India.
6. class certificate certifying that shipment by sea worth vessels which are not more than 25 years old classed 100 Al by LLOYDS or equivalent classification society and approved by general insurance corporation of India.
7. test certificate/inspection certificate date not later than B/L date and issued by as per invoice.
8. packing list with details as per invoice.
ADDITIONAL COND. 47A:
1. all bank charges outside India are for beneficiary's account.
2. the gross CIF value of the goods before deduction of agent's commission if any, must not excess the credit amount.
3. third party bills of lading are not acceptable.
4. any documents called for herein produced by reprographic process/computerized system are acceptable provided such original documents are manually signed.
5. transport documents bearing reference by stamp of otherwise to costs additional to the freight charges are not acceptable.
6. seller will provide certificate: micron 32and above.
7. L/C to allowe tolerance +/- 10percentage over weight and value.
8. L/C to allow negotiation through any prime bank in China.
9. shipment sample to be sent within seven days after date of shipment
10. invoice date must be before bill of lading.
11. payment will be made upon receiving the documents at our counter.
12. insurance policy of certificate also acceptable .
13. if the documents is presented with any discrepancy and accepted by us a discrepancy fee of USD50 or equivalent for each set of documents presented is for the beneficiary and will be deducted from the proceed.
we hereby engage with the drawers ,endorsers, and/or bonafide holders of drafts drawn under and in compliance with the terms of this credit that such drafts shall be dulyhonored on presentation and that draft/s accepted with the terms of this credit will be duly honored at maturity and delivery of documents as specified above ,except as otherwise, expressly stated, this credit is subject to the uniform customs and practice for documentary credits(1993 revisions) international chamber of commerce publication no. 500.
details of charges 71B: beneficiary
presentationperiod 48:10days
confirmation 49:without
send. to rec. info 72:with regards

由于 SWIFT 信用证是目前使用范围最广的信用证,因此对 SWIFT 信用证的格式、主要内容加以介绍。SWIFT 是环球银行金融电讯协会(Society for Worldwide Interbank Financial communication)的简称。该组织是一个国际银行同业间的非盈利性国际合作组织,于 1973 年 5 月在比利时成立,董事会为最高权力机构,专门从事传递各国之间非公开性的国际间的金融电讯业务,其中包括:外汇买卖、证券交易、开立信用证、办理信用证项下的汇票业务和托收等,同时还兼办国际间的账务清算和银行间的资金调拨。该组织的总部设在布鲁塞尔,并在荷兰阿姆斯特丹和美国纽约分别设立交换中心(Sifting Center)和为各参加国开设集线中心(National Concentration),为国际金融业务提供快捷、准确、优良的服务。目前,已有 2000 多家分设在包括我国在内的不同国家和地区的银行参加该协会并采用该会电讯业务的信息网络系统,使用时必须依照 SWIFT 使用手册规定的标准,否则会被自动拒绝。因此,SWIFT 具有安全可靠、高速度、低费用、自动加核密押等特点,能为客户提供快捷、标准化、自动化的通信服务。

凡依据国际商会所制定的电讯信用证格式设计,利用 SWIFT 网络系统设计的特殊格式(Format),通过 SWIFT 网络系统传递的信用证的信息(Message),即通过 SWIFT 开立或通知的信用证称为 SWIFT 信用证,也称为“环银电协信用证”。

采用 SWIFT 信用证,必须遵守 SWIFT 使用手册的规定,使用 SWIFT 手册规定的代号(Tag),而且信用证必须按国际商会制定的《跟单信用证统一惯例》的规定,在信用证中可以省去银行的承诺条款(Undertaking Clause),但不能免去银行所应承担的义务。

过去进行全电开证时,都采用电报或电传开证,各国银行标准不一,条款和格式也各不相同,而且文字繁琐。采用 SWIFT 开证后,使信用证具有标准化、固定化和统一格式的特性,且传递速度快捷,成本也较低。现在已被西北欧、美洲和亚洲等国家和地区的银行广泛使用。在我国银行的电开信用证或收到的信用证电开本中,SWIFT 信用证也已占很大比重。

目前开立 SWIFT 信用证的格式代号有 MT700 和 MT701 两种。

10.3.5 信用证业务的特点

根据 UCP600 规定,信用证有以下三个主要特点。

1. 开证银行负首要付款责任(Primary Liabilities for Payment)

信用证支付方式是由开证银行以自己的信用做保证。作为一种银行保证文件的信用证,开证银行对之负首要的即第一性的付款责任。按 UCP600 第 2 条明确规定:“信用证是指任何安排,不论其如何命名或描述,该安排是不可撤销的,从而构成开证行承付相符交单的确定承诺”。按此安排,凭规定的单据在符合信用证条款的情况下,开证银行向受益人进行付款;或承兑受益人开立的汇票,并在承兑到期日付款;或在延期付款信用证下,承诺延期付款并在承诺付款到期日付款。由此可见,开证银行是信用证的首先付款人,出口人(一般即信用证受益人)可凭信用证直接向开证银行或其指定银行凭单取款,而无须先找进口人(信用证的开证申请人)。在信用证业务中,开证银行对受益人的付款责任不仅是第一性的,而且是一种独立的终局的责任。即使进口人在开证后失去偿付能力,只要出口人提交的单据符合信用证条款的要求,开证行也要负责付款,付了款后若发现有误,也不能进行追索。

2. 信用证是一项自足文件(Self-sufficient Instrument)

信用证虽然是根据买卖合同开立的,但信用证一经开立它就成为独立于买卖合同以外的约定。信用证的各当事人的权利和责任完全以信用证中所列条款为依据,不受买卖合同的约束,出口人提交的单据即使符合买卖合同要求,但若与信用证条款不一致,仍会遭银行拒付。对此,UCP600 第 4 条中明确规定:"信用证按其性质是一项与凭此开立信用证的销售合同或其他合同,不相连的交易。即使信用证中援引这类合同,银行业与之毫无关系并不受其约束。"该条又进一步指出:" 银行对承付、议付或履行信用证下任何其他义务的承诺,不受申请人提出的因其与开证行之间或与受益人之间的关系而产生的索赔或抗辩的约束。"

3. 信用证方式是纯单据业务(Pure Documentary Transaction)

银行处理信用证业务时,只凭单据不问货物,它只审查受益人所提交的单据是否与信用证条款相符,以决定其是否履行付款责任。UCP6 第 5 条明确规定:" 银行所处理是单据,而不是可能与单据有关的货物、服务或履约"。在信用证业务中,只要受益人提交符合信用证条款的单据,开证行就应承担付款责任,进口人也应接受单据并向开证行付款赎单。如果进口人付款后发现货物有缺陷,则可凭单据向有关责任方提出损害赔偿要求,而与银行无关。但是,值得注意的是,据 UCP600 第 14.34 规定,银行虽有义务审核交单,但这种审核只是用以确定单据表面上是否符合信用证条款,开证行只凭表面上符合信用证条款的单据付款、承担延期付款责任、承兑汇票或议付。同样,开证人也根据表面上符合信用证条款的单据承担接受单据并对履行以上责任的银行进行偿付的义务。"表面上"(On Face)一词的含义是指要求单据同信用证对单据的叙述完全相符。换言之,仅是对于单据的文字叙述,而并非指质量、正确性或有效性。受益人提示的单据可能是假冒或伪造的,但如果其文字叙述与信用证条款一致,那就构成了合格的提示。据此理由,UCP600 第 34 条强调指出:银行对任何单据的格式、完整性、准确性、真实性、伪造或法律效力,以及单据上规定的或附加的一般或特殊条件,概不负责;对于任何单据所代表的货物、服务或其他履约的描述、数量、重量、质量、状态、包装、交货、货物、服务或其他履约的价值或存在、对发货人、承运人、货运商、收货人、货物的保险人或任何其他人的诚信、行为、疏漏、清偿能力、履约能力或资信情况,也不负责。

此外,需要特别注意的是,银行虽只根据表面上符合信用证条款的单据承担付款责任,但这种符合的要求却十分严格,在表面上决不能有任何差异。也就是说,银行在信用证业务中是按“严格符合的原则”(Doctrine of Strict Compliance)办事的。

10.3.6 信用证的种类

按照 UCP600 第 3 条的解释,即使未作明示,信用证也是不可撤销的。在此基础上,信用证可从不同角度进行分类。

1. 跟单信用证和光票信用证

根据付款凭证的不同,信用证分为跟单信用证和光票信用证。

(1)跟单信用证(Documentary Credit)是指凭跟单汇票或仅凭单据付款、承兑或议付的信用证。这里的“单据”是代表货物所有权或证明货物业已装运的货运单据,即运输单据以及商业发票、保险单据、商检证书、产地证书、包装单据等。依照 UCP600 第 1 条规定,跟单信用证的适用范围包括备用信用证,据此,各用信用证项下的“单据”泛指任何依据信用证规定所提供的用以记录或证明某一事实的书面文件。

(2)光票信用证(Clean Credit)是指开证行仅凭受益人开具的汇票或简单收据而无须附带货运单据付款的信用证。

在国际贸易货款结算中,主要使用跟单信用证,光票信用证通常仅被用于总分公司间货款清偿和非贸易的费用结算等。

2. 保兑信用证和非保兑信用证

按其是否有另一家银行参加负责,保证兑付,可分为保兑信用证与非保兑信用证两种。

(1)保兑信用证(Confirmed L/C)是指另一家银行,即保兑行(Confirming Bank)应开证行请求,对其所开信用证加以保证兑付的信用证。经保兑行保兑的信用证,保兑行保证凭符合信用证条款规定的单据履行向受益人或其指定人付款的责任,而且付款或议付后对受益人或其指定人无追索权。这种信用证有开证行与保兑行两家银行对受益人负责。所以,一般说来,它对出口人的安全收汇是有利的。在实践中,保兑行通常由通知行担任,但通知行是一家,保兑行是另一家银行的情形,也不少见。按 UCP600 解释,信用证一经保兑,即构成保兑行在开证行承诺以外的一项确定的承诺(Definite Undertaking),保兑行对受益人承担必须付款或议付的责任。保兑行不是以开证行的代理人身份,而是以本人身份对受益人独立负责,并对受益人承担首先付款的责任,受益人不必先向开证行要求付款,而可径向保兑行交单索偿。因此,在首先付款的责任方面,保兑行与开证行相同。保兑行与开证行的关系,相当于开证行与开证申请人的关系。保兑行有必须议付或付款之责,而在议付或付款后,即使开证行倒闭或拒付,都不能向受益人追索。总之,保兑行对信用证的责任相当于本身开证,无论开证行发生什么变化,在信用证的有效期内都不能撤销保兑行保兑的责任。在实际业务中,为发挥保兑行的作用一般均应向保兑行办理交单议付手续。

(2)非保兑信用证(Unconfirmed L/C)是指未经除了开证行以外的其他银行保兑的信用证。当开证行资信较好和成交金额不大时,此类信用证比较常用。

3. 即期付款信用证、延期付款信用证、承兑信用证和议付信用证

按兑付方式的不同,信用证又可分为即期付款信用证、延期付款信用证、承兑信用证和议付信用证四种。UCP600 第 6 条 b 款规定:信用证必须规定,它是以即期付款、延期付款承兑或议付方式兑付。

(1)即期付款信用证(Sight Payment L/C)是指规定受益人开立即期汇票随附单据,或不需要汇票仅凭单据向指定银行提示,请求付款的信用证。对这种信用证,开证行、保兑行(如有的话)或指定付款行承担即期付款的责任。即期付款信用证的付款行有时由指定通知行兼任。如规定需用汇票,以指定银行为汇票付款人。

(2)延期付款信用证(Deferred Payment L/C)又称迟期付款信用证,或称无承兑远期信用证,是指仅凭受益人提交的单据,经审核单证相符确定银行承担延期付款责任起,延长一段时间及至付款到期日付款的信用证。确定付款到期日的方法有三种:① 交单日后若干天;② 运输单据显示的装运日期后若干天;③ 固定的将来某一日期。这种信用证的受益人不开具汇票,也无须开证行承兑汇票,因此也不能贴现。在实践中大多使用于金额较大的资本货物的交易,而且付款期限较长,一年或数年不等,所以常与政府出口信贷相结合。UCP600 第 7 条 a. iii 款及第 8 条 a. i. c 款规定:如信用证规定为延期付款,开证行和保兑行(如有保兑)应按信用证规定所能确定的到期日付款。

(3)承兑信用证(Acceptance L/C)是指被信用证指定的付款行在收到符合信用证规定的远期汇票和单据时,先在汇票上履行承兑手续,待汇票到期日再行付款的信用证。按 UCP600 第 6 条 C 款"信用证不得开立成凭以申请人为付款人的汇票兑付"的规定,付款人将仅限于被指定的银行。这种信用证又称为银行承兑信用证(Bank's Acceptance L/C)。承兑信用证通常使用于远期付款的交易。

(4)议付信用证(Negotiation L/C)是指开证行在信用证中,邀请其他银行买入附有单据的信用证,即允许受益人向指定银行或任何银行交单议付的信用证。通常在单据符合信用证条款的条件下,议付行扣去利息后将票款付给受益人。议付信用证按是否限定议付行,又可分为公开议付信用证和限制议付信用证两种。前者是指任何银行均可办理议付;后者则是指仅由被指定的银行办理议付。议付与付款的主要区别之一是:议付行在议付后如因单据与信用证条款不符等原因而不能向开证行收回款项时,还可向受益人追索;而指定的付款行(以及开证行、保兑行)一经付款,即再无权向受款人追索。对保兑银行在议付信用证项下的责任,UCP600 第 8 条 a. ii 款做了如下规定:"议付无追索权,如果信用证的兑付是由保兑行议付"。

4. 即期信用证和远期信用证

按付款时间的不同，信用证可分为即期信用证和远期信用证。

(1)即期信用证(Sight L/C)是指开证银行或其指定的付款行在收到符合信用证条款的汇票或单据后即予付款的信用证。使用即期信用证方式付款时，进口人在开证行或其指定付款行对受益人或议付行付款后，也须立即偿付由开证行垫付的资金，赎出单据，而不能如远期信用证那样，可获得进一步的资金融通。在即期信用证中，有时还带列电汇索偿条款(T/T Reimbursement Clause)，这是指开证行允许议付行用电报、电传或SWIFT网络传递方式通知开证行或指定付款行，说明各种单据与信用证规定相符，开证行或指定付款行、偿付行应即以电汇方式将款项拨交议付行。由于电讯传递较邮寄快，因此信用证带列电报索偿条款的，出口方可加快收回货款，但进口方则要提前付出资金。付款后如发现收到的单据与信用证规定不符，开证行或付款行对议付行有行使追索的权利。这是因为此项付款是在未审单的情况下进行的。即期付款信用证和即期议付信用证都是即期信用证。

(2)远期信用证(Time L/C;Usance L/C)是指开证行或其指定的付款行在收到符合信用证条款的汇票及/或单据后，在规定的期限内保证付款的信用证。其主要作用是便利进口人资金融通。承兑信用证、延期付款信用证和远期议付信用证都是远期信用证。使用远期信用证时，其远期利息或远期汇票贴现利息和费用一般均由受益人承担。现在，在实际业务中还有一种"远期"信用证，它规定远期汇票可按即期议付。这通常是由于进口人为了融资方便，或利用银行承兑汇票以取得比银行放款利率为低的优惠贴现率，在与出口人订立即期付款的合同后，要求开立银行承兑信用证，证中规定受益人应开立远期汇票，而这种"远期汇票可即期付款，所有贴现和承兑费用由买方负担"。由于这种信用证的贴现费用由买方负担，因此又称为"买方远期信用证"(Buyers Usance L/C)，在我国习惯上称它为"假远期信用证"(Usance Credit Payable at Sight)。使用这种信用证，对受益人来说能够即期十足收款，但要承担一般承兑信用证汇票到期遭到拒付时被追索的风险。这种信用证的汇票付款人可以是开证行，也可以是出口地或第三国银行，开证人为了利用较便宜的资金，往往选择贴现率比较低的地方的银行开证，或指定其为付款行。对开证申请人来说，在远期汇票到期时才向银行付款。所以，使用这种"远期"信用证，实际上是开证行或贴现银行对进口商融通资金。

5. 可转让信用证与不可转让信用证

按受益人是否有权转让给其他人使用，信用证分为可转让信用证和不可转让信用证。

(1)可转让信用证(Transferable L/C)是指信用证特别规定是可转让的。可转让信用证可按受益人(第一受益人)的请求，使其全部或部分供另一受益人兑付。可转让信用证只能转让一次。如信用证允许分批装运/支款，在累计不超过信用证金额的前提下，可以分成几个部分分别转让，即可同时转让给几个第二受益人，各项转让金额的总和将视为信用证的一次转让。信用证只能按原证规定条款办理转让,但信用证的金额和单价、到期日、运输单据出单日期后必须交单的最后期限(即交单日)装运期限等项可以减少、提前或缩短。保险加保比例可以增加到原信用证要求保足的金额。第一受益人的名称可替代申请人的名称,但如原信用证特别要求在除发票外的其他单据上注明申请人的名称,该项要求必须予以满足。进口人开立可转让信用证,意味着他同意出口人将交货交单义务由出口人指定的其他人来履行。但并不等于买卖合同也已被转让。如果发生第二受益人不能交货,或交货不符合合同规定,单据不符合买卖合同的要求时,原出口人仍要承担买卖合同规定的卖方责任。

在要求转让行办理转让手续时,第一受益人有权要求受让人将单据交给转让银行,以便把自己开立的按原信用证的单价及金额所制作的汇票、发票替换受让人的汇票发票,从而获取差额。按 UCP600 第 38 条规定,转让行是指转让信用证的指定银行,或在信用证可为任何银行兑付的情况下,是指由开证行特别授权转让,并办理转让信用证的银行。开证行可作为转让行。转让行转让信用证时要收取转让手续费。除非在转让时另有规定,一切费用(诸如佣金、手续费、成本或开支)必须由第一受益人支付。

对买主来说,使用可转让信用证要冒一定的风险。因为买主对受让人的资信和经营能力并不了解,受让人提供的货物能否符合买卖合同要求也无把握。所以,除非有特殊需要和第一受益人的可靠保证,买方一般不会同意开立可转让信用证。这也就是《跟单信用证统一惯例》所以做出“只有开证行特别规定为‘可转让’的信用证才能转让”规定的原因。

(2)不可转让信用证(Untransferable L/C)是指受益人无权转让给其他人使用的信用证。凡在信用证上没有注明“可转让”字样的信用证,均为不可转让信用证。不可转让信用证只限于受益人本人使用。

6. 循环信用证

循环信用证(Revolving L/C)是指受益人在一定时间内利用规定金额后,能够重新恢复信用证原金额并再度使用,周而复始,直至达到该证规定次数或累计总金额用完为止的信用证。循环信用证一般适用于货物比较大宗单一,可定期分批均衡供应、分批支款的长期合同。对进口人来说,可节省逐笔开证的手续和费用,减少押金,有利于资金周转;对出口人来说,可减少逐批催证和审证的手续,又可获得收回全部货款的保障。

循环信用证循环的方式通常有以下三种。

(1)自动循环(Automatic Revolving),即受益人在规定时期内装运货物议付后,无须等待开证行通知即可自动恢复到原金额供再次使用。例如在信用证中规定以下条款:“本信用证项下总金额于每次议付后自动循环”。(The total amount of this credit shall be restored automatically after of negotiation.）又如，在信用证中规定：本信用证项下支付金额，系于每次议付后自动恢复，直至用完全部金额××美元为止”。（The amounts paid under this credit are again available to you automatically until the total of the payment reaches US $....）

（2）半自动循环（Semi-automatically Revolving），即受益人每次装货议付后在若干天内，开证行未提出不能恢复原金额的通知，即自动恢复到原金额。例如在信用证中规定如下条款：“每次议付后七天之内，议付银行未接到停止循环的通知时，本信用证项下尚未用完的余额，可增至原金额”。（Should the negotiating bank not be advised of stopping renewal within seven days after each negotiation, the unused balance of this credit shall be increased to the original amount）::

（3）非自动循环（Non-automatic Revolving），即受益人每次装货议付后，需经开证行通知才能恢复原金额使用。例如在信用证中规定：“每次议付后，须待收到开证银行通知方可恢复到原金额”。（The amount shall be reinstated after negotiation only upon receipt of issuing bank's notice stating that the credit might be renewed.）

此外，循环信用证还有可累积使用（Cumulative）和不可累积使用（Non-cumulative）两种做法。前者允许受益人在其一批货物因故未交时，在下一批补交，并可连同下一批可交货物一起议付；后者是指信用证未明确允许可累积使用，即不能累积使用。如因故未能及时装出的部分以及原来规定的以后各批，未经开证行修改信用证均不能再装运出口。

7. 对开信用证

对开信用证（Reciprocal L/C）是易货交易或来料来件加工装配业务中较多采用的一种结算方式。由于双方顾虑对方只使用权利而不履行义务，于是用相互开立信用证的办法，把进口和出口联结起来。其特点是：第一张信用证的受益人和开证申请人分别是第二张回头信用证的开证人和受益人。第一张信用证开证行也就是回头证通知行；第二张信用证通知行，一般也是回头证开证行。两证金额可以相等，也可以不等。两证可以同时生效，也可以先后生效。

在来料来件加工装配业务申，为避免垫付外汇，我方进旧原料、配件时可争取开立远期信用证，在出口成品时可争取对方开具即期信用证，以便用收到的加工出口的货款来偿付应付到期原料、配件的货款。

8. 对背信用证

对背信用证（Back-to-back L/C）也有译作背对背信用证。对背信用证又称转开信用证、从属信用证、桥式信用证，是指原证受益人要求原证的通知行或其他银行以原证为基础和担保，另行开立的一张内容相似的新信用证。对背信用证通常是由中间商为转售他人货物从中图利，或两国不能直接进行交易需通过第三国商人以此种办法沟通贸易而开立的。对背信用证的受益人可以是国外的,也可以是国内的,其装运期、到期日、金额和单价等可较原证规定提前或减少,但货物的质量、数量必须与原证一致。对背信用证的开证人通常以原证项下收得的款项来偿付对背信用证开证行已垫付的资金。所以,对背信用证的开证行除了要以原证用做开新证的抵押外,为防止原证发生意外收不到款,一般还要求开证人缴纳一定数额的押金或担保品。由于受原证的约束,对背信用证的受益人如要求修改内容,须征得原证开证人和开证行的同意。所以,修改比较困难。如发现单证不符时,也还须征得原证开证行的同意。因此,对背信用证的受益人在处理业务时必须特别谨慎,不能稍有疏忽。

9. 预支信用证

预支信用证(Anticipatory L/C)是指允许受益人在货物装运交单前预支货款的信用证,有全部预支和部分预支两种。部分预支信用证上可预支的部分,多为包括在信用证总额之内的买方付给卖方的定金。在预支信用证项下,受益人预支的方式有两种:一种是向开证行预支,出口人在货物装运前开具以开证行为付款人的汇票光票,由议付行买下向开证行索偿;另一种是向议付行预支,即由出口地的议付行垫付货款,待货物装运后交单议付时扣除垫款本息,将余额支付给出口人。如货物未装运,由开证行负责偿还议付行的垫款和利息。如果开证人在开立大额预支信用证时担心受益人预支后不履行供货义务,可在预支条款中加列受益人须提供银行保函或备用信用证,以保证受益人不履约时退还已预支的款项。为引人注目,这种预支货款的条款,在以往曾常用红字打出,因此俗称"红条款信用证"(Red Clause L/C)。目前,我国在补偿贸易中有时采用这种信用证。

10.3.7 《跟单信用证统一惯例》

自19世纪末开始使用信用证以来,随着国际贸易的发展,跟单信用证已逐渐成为国际贸易结算中一种通行的支付方式。但是,由于国际上对跟单信用证有关当事人的权利、责任、信用证所用条款和术语的定义等缺乏统一的解释和公认的准则,各国银行根据各自的习惯和利益自行其是。因此,信用证的各有关当事人之间的争议和纠纷经常发生。特别是当市场不景气的时候,进口人和开证行往往对单据百般挑剔,借口与信用证规定不符而提出异议,拖延甚至拒绝付款,以致引起司法诉讼。在这种情况下,国际商会为了减少因解释或操作不同而引起的争端,于1929年制定了《商业跟单信用证统一规则》(Uniform Regulations for Commercial Documentary Credits),对跟单信用证的定义、有关名词和术语以及信用证业务的有关各方的权利和义务作统一的解释,并建议各国银行采用。但由于这个"规则"仅反映了个别国家银行的观点,只被极少数国家的银行采用。为此,国际商会于1931年就组织专门小组着手进行修改,于1933年作为第82号出版物颁布了第一个跟单信用证的惯例,定名为《商业跟单信用证统一惯例》(Uniform Customs and Practice for Commercial Documentary Credits)。其后,随着国际贸易的发展,新的运输技术和运输方式的出现和广泛运用,以及在使用《统一惯例》过程中暴露的问题,国际商会又对其作过多次修改,颁布过多种版本。首次修订本颁布于1951年,编为151号出版物。自1962年颁布的第2次修订本第222号出版物起,改称为《跟单信用证统一惯例》(Uniform Customs and Practice for Documentary Credits,简称UCP)。以后又先后于1974年、1983年和1993年分别以第290号、第400号和第500号三个出版物颁布第三、第四和第五个修订本。UCP500自实施以来,已逾13年之久,2003年5月国际商会授权ICC银行技术和实务委员会(银行委员会)开始对UCP500进行修订。在修订之初银行委员会所作的全球调查显示,由于多达70%的单据在首次提交时被发现与信用证条款不符而遭银行拒收。如任凭这种情况继续下去,将使跟单信用证这一久被承认和广泛应用的国际贸易结算方法难以维持和增加其在市场中的应用份额。在上述调查中,银行委员会还发现,有些在信用证审单中的不符点是含糊的和不确切的。这说明,在跟单信用证实务中,单据审核的标准有待改进和明确。为此,银行委员会在修订UCP500过程中,修订了一份作为UCP500的配套文件——《跟单信用证单据审核国际标准银行实务》(International Standard Banking Practice for the Examination of Documentary Credits)(ISBP)国际商会第645号出版物。该出版物最新版本于2007年7月UCP600正式实施时面世。银行委员会期望国际银行和贸易界如能充分和正确地应用UCP600和IBP(645出版物)定将提高单据审核的质量,从而促进跟单信用证在国际贸易中被更广泛地应用和推广。银行委员会花三年时间,对UCP500进行修订,在广泛征求各国各方面意见下,对修订稿几易其稿,终于在2006年11月颁布了《跟单信用证统一惯例》(2007年修订本),国际商会第600号出版物,并定于2007年7月1日起实施。新版本英文全称为Uniform Customs and Practice for Documentary Credit(2007revision)ICC Publication No. 600(简称UCP600)。

由于《跟单信用证统一惯例》能够协调和解决有关当事人之间的矛盾,有利于国际贸易的发展和国际结算的进行,至今已为世界上绝大多数国家和地区的银行和银行公会所采用,并已成为国际上处理信用证业务的惯例。而更为重要的是,目前各国法院几乎都把《跟单信用证统一惯例》作为裁决跨国信用证纠纷的"法律准则"。但是,《跟单信用证统一惯例》毕竟不是各国共同制定的法律,只是一项国际贸易惯例。因此,要得到这个"法律准则"的保护,必须在信用证上注明根据该惯例开立的文字。UCP600第1条对此做了明确规定:"跟单信用证统一惯例(2007年修订本)国际商会第600号出版物(UCP)是适用于任何跟单信用证的规则,信用证文本中也明确指出,它受这些规则的约束。除非信用证明示修改或排除这些规则约束于信用证有关的所有当事人"。所以,未作此项加注的信用证,其他银行和当事人几乎都不愿意接受。

有鉴于此,目前我国银行在对外开立的信用证上也都加上了这一文句。在实际业务中,如果发生有关信用证的纠纷和争议,过去和现在我国也都按此惯例解释,并凭此分清是非责任。因此,为了有利于开展业务和处理可能发生的纠纷和争议,了解和熟悉这个惯例是非常必要的。

随着电子商务的迅猛发展,继以电子方式开立、通知信用证之后,在信用证业务中使用电子单据、电交单等新业务也在一些国家出现。为保证这种新的电子信用证业务健康有序的发展,国际商会银行委员会在2001年年底投票表决通过了由其本身组织专门小组起草的《跟单信用证统一惯例关于电子交单的补充规则》(1.0版)[Supplement to the Uniform Customs and Practice for Documentary Credits for Electronic Presentation(version 1.0)],简称eUCP(1.0版)。该补充规则已于2002年4月起生效。由于eUCP(1.0版)自实施以来在市场上使用有限,在这次起草UCP600时,仍将其留作UCP的补充规则。为了反映UCP中关于术语和表达方式的变化,eUCP(1.0版)已被eUCP(1.1版)所更新和取代。

eUCP只是现行UCP600与电子单据处理模式之间的一座桥梁,是对UCP600的补充并与UCP同时使用,而不是取代UCP600。鉴于电子信息技术日新月异的发展,eUCP可能在UCP下次修订之前再作修订。所以,要求银行在开立信用证时如适用eUCP,应注明其版本号(目前为1.1版),如未注明则以开立(或修改)信用证时有效的eUCP版本为准。

10.3.8 信用证条款的主要内容及审核与修改

信用证条款

在实际业务中,各银行的信用证没有统一格式,但其内容大致相同。总的说来,就是国际货物买卖合同的有关条款与要求和受益人提交的单据,再加上银行保证。信用证实例中,通常主要包括以下几个方面的内容:

关于信用证本身的说明

(1)开证行名称(Opening Bank);

(2)信用证的形式(Form of Credit);

(3)信用证号码(L/C Number);

(4)开证日期、地点(Date and Place of Issue);

(5)开证申请人(Applicant);

(6)受益人(Beneficiary);

(7)有效期及地点(Date and Place of Expiry);

(8)信用证金额(L/C Amount);

(9)通知行(Advancing Bank);

(10)议付行(Negotiating Bank)。

汇票条款

(1)出票人(Drawer);

(2)付款人(Drawee);

(3)汇票金额(Draft Amount);

(4)汇票号码(Number of Draft);

(5)汇票期限(Tenor);

(6)出票条款(Drawn Clause)。

单据条款

(1)商业发票(Commercial Invoice);

(2)品质检验证书(Inspection Certificate of Quality);

(3)重量检验证书(Inspection Certificate of Weight);

(4)运输单据(Transport Documents);

(5)保险单据(Insurance Policy);

(6)原产地证明书(Certificate of Origin)。

货物条款

(1)货物名称和规格(Description and Specification);

(2)数量(Quantity);

(3)单价(Unit Price);

(4)包装(Packing)。

装运和保险条款

(1)装运港(Port of Loading/Shipment);

(2)卸货港或目的港(Port of Discharge or Destination);

(3)装运期(Latest Date of Shipment);

(4)分批装运和转船规定(Stipulations for Partial Shipment and Transshipment);

(5)保险条款(Insurance Clause)。

特殊条款视具体交易情况而定。在实践中可规定 Commission & Discount(佣金、折扣)Charges(费用)Origin(产地)Negotiation & Reimbursement(议付与偿付)等几个方面。

跟单信用证统-惯例文句:This credit is subject to the uniform Customs and Practice for Documentary Credits UCP(2007 Revision)International Chamber of Commerce publication NO. 600。(本证根据国际商会 2007 年修订本第 600 号出版物"跟单信用证统一规则"办理)。

10.4 国际保理业务

10.4.1 国际保理业务含义

国际保理是指保理商购买出口商以发票表示的对债务人的应收账款,并负责信用销售控制、销售分账户管理和账款回收,它是为赊销方式而设计的一种综合性金融服务,适用于 O/A,后 T/T,D/A 结算方式。

10.4.2 国际保理业务当事人及流转程序

国际保理业务当事人

保理业务在实践运作时分为单保理和双保理两种,前者仅涉及一方保理商,而后者要涉及双方保理商。通常国际保理采用双保理方式。涉及四个当事人,即出口商、出口保理商、进口商和进口保理商。在进口保理商核准的额度内,出口保理商为出口商提供融资。在国际双保理的情况下,会形成出口商与进口商、出口商与出口保理商、出口保理商与进口保理商、进口商与进口保理商之间的四层关系。

(1)在出口商与进口商之间是货物买卖合同关系。

(2)在出口商与出口保理商之间是根据出口保理协议建立的一种合同关系。出口保理协议是国际保理交易中的主合同。依该协议,出口商应将出口保理商协议范围内的所有合格应收账款转让给出口保理商,使出口保理商对这些应收账款获得真实有效而且完整的权利,以便从实质上保证应收账款是有效的和具有相应价值的并且不存在也不会产生任何障碍。

(3)出口保理商与进口保理商之间是相互保理合同关系。进出口保理商之间应签订的相互保理协议,双方的关系具有债权转让人与受让人间的法律关系,即出口保理商将从供应商手中购买的应收账款再转让给进口保理商即再保理而形成法律关系。

(4)在进口商与进口保理商之间是一种事实上的债权债务关系。从法律意义上说,进口商与进口保理商之间没有合同上的法律关系,但由于进口保理商最终收购了出口商对进口商的应收账款,只要出口商与进口商之间的买卖合同或其他类似契约未明确规定该合同或契约项下所产生的应收账款禁止转让,保理商就可以合法有效地获得应收账款,而无须事先得到进口商的同意,与进口商之间事实上形成债权债务关系。

10.4.3 国际保理业务流程及特点

为了说明国际保理业务的流程,下面以一笔出口保理为例,介绍其业务流程。假如,出口商为国内某纺织品公司,欲向英国某进口商出口真丝服装,且欲采用赊销

(O/A)的付款方式。进出口双方在交易磋商过程中,该纺织品公司首先找到国内某保理商(作为出口保理商),向其提出出口保理的业务申请,填写《出口保理业务申请书》(又可称为《信用额度申请书》),用于为进口商申请信用额度。申请书一般包括如下内容:出口商业务情况;交易背景资料;申请的额度情况,包括币种、金额及类型等。

国内保理商于当日选择英国一家进口保理商,通过由国际保理商联合会(简称FCI)开发的保理电子数据交换系统 EDIFACTORING 将有关情况通知进口保理商,请其对进口商进行信用评估。通常出口保理商选择已与其签订过《代理保理协议》、参加 FCI 组织且在进口商所在地的保理商作为进口保理商。

进口保理商根据所提供的情况,运用各种信息来源对进口商的资信以及此种真丝服装的市场行情进行调查。若进口商资信状况良好且进口商品具有不错的市场,则进口保理商将为进口商初步核准一定信用额度,并于第 5 个工作日将有关条件及报价通知我国保理商。按照 FCI 的国际惯例规定,进口保理商应最迟在 14 个工作日内答复出口保理商。国内保理商将被核准的进口商的信用额度以及自己的报价通知纺织品公司。

纺织品公司接受国内保理商的报价,与其签订《出口保理协议》,并与进口商正式达成交易合同,合同金额为 50 万美元,付款方式为 O/A,期限为发票日后 60 天。与纺织品公司签署《出口保理协议》后,出口保理商向进口保理商正式申请信用额度。进口保理商于第 3 个工作日回复出口保理商,通知其信用额度批准额、效期等。

纺织品公司按合同发货后,将正本发票、提单、原产地证书、质检证书等单据寄送进口商,将发票副本及有关单据副本(根据进口保理商要求)交国内出口保理商。同时,纺织品公司还向国内保理商提交《债权转让通知书》和《出口保理融资申请书》,前者将发运货物的应收账款转让给国内保理商,后者用于向国内保理商申请资金融通。国内保理商按照《出口保理协议》向其提供相当于发票金额 80%(即 40 万美元)的融资。

出口保理商在收到副本发票及单据(若有)当天将发票及单据(若有)的详细内容通过 EDIFACTORING 系统通知进口保理商,进口保理商于发票到期日前若干天开始向进口商催收。发票到期后,进口商向进口保理商付款,进口保理商将款项付与我国保理商,我国保理商扣除融资本息及有关保理费用,再将余额付给纺织品公司。国际保理业务流程示意图如图 10-12 所示。

值得注意的是,在国际保理业务中保理商承担责任是以商品与合同相符为前提条件的,这与信用证方式明显不同;另外保理商承担风险的范围仅限于信用额度之内。

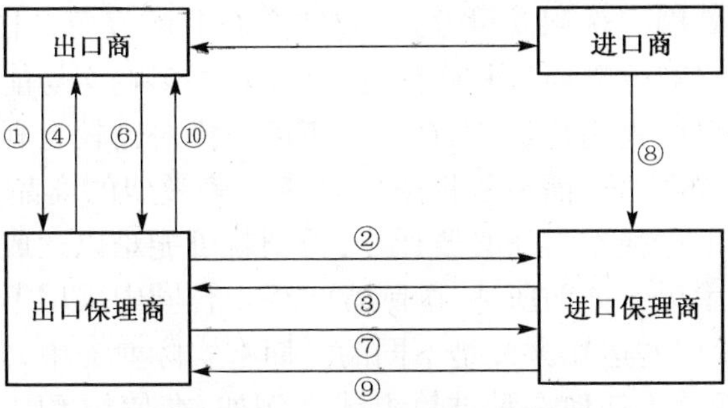

图 10-12　国际保理业务流程示意图

10.5　各种支付方式选用

汇付、托收、信用证等支付方式在国际货款结算过程中各具优劣，在一般的国际货物买卖合同中通常只单独使用其中一种方式，但有时为了促进交易的顺利进行，也可能在同一笔交易中结合使用两种或两种以上的支付方式。

10.5.1　影响选择结算方式的因素

在实际业务中，应针对不同国家（地区）、不同客户、不同交易的具体情况全面衡量，取长补短、趋利避害，力求做到既能达成交易，又能维护企业的权益，最终达到确保外汇资金安全，加速资金周转，扩大贸易往来的目的。在影响不同结算方式利弊优劣的诸多因素中，安全是第一重要问题，其次是占用资金时间的长短，至于办理手续的繁简，银行费用的多少也应给予适当的注意。以下是我们在选择结算方式时经常需要考虑的一些问题。

首先，考虑的是客户信用。在国际货物买卖中，依法订立的合同能否顺利完满地得到履行，客户的信用度是决定性的因素。因此，要在出口业务中做到安全收汇；在进口业务中做到安全用汇，即安全收到符合合同的货物，就必须事先做好对国外客户即交易对手的信用调查，以便根据客户的具体情况，选用适当的结算方式，这是选用结算方式成败的关键和基础。对于信用不是很好或者尚未对他有充分了解的客户，进行交易时就应选择风险较小的方式，例如在出口业务中，一般可采用跟单信用证方式，如有可能也可争取以预付货款方式支付。若与信用很好的客户交易时，由于风险较小，就可选择手续比较简单、费用较少的方式。例如在出口业务中可以采用付款交单（D/P）的托收方式等。至于承兑交单（D/A）的托收方式或赊账交易（例如货到目的地后以电汇，即 T/T 方式付款），应仅限于本企业的联号或分支机构，或者确有把握的个别对象，对一般客户应从严掌握，原则上不能采用。

其次,考虑经营意图。选用支付方式,应结合企业的经营意图。在交易磋商过程中,支付条件也是卖卖双方需要反复磋商,而且经常要影响交易能否达成的重点问题。在货物畅销时,不仅可以提高售价,而且卖方还可选择对己较有利的结算方式,包括在资金占用方面最有利的方式;而在货物滞销时或竞争激烈的商品,不仅售价可能要降低,而且在结算方式上往往也需作必要让步,否则就可能难以达成交易。

再次,考虑贸易术语。如前所述,国际货物买卖合同中采用不同的贸易术语,它所表明的交货方式与适用的运输方式是不同的。而在实际业务中,并不是每一种交货方式和运输方式都能适用于任何一种结算方式。例如,在使用 CIF、CFR、CIP、CPT 等属于象征性交货的术语的交易中,采用的是凭单交货、凭单付款的方式,卖方交货与买方收货不在同时发生,转移货物所有权是以单据为媒介,就可选择跟单信用证方式。在买方信用较好时,也可选用跟单托收,例如付款交单(D/P)方式收取货款。但在使用 DDP 等属于实际交货方式术语的交易中,由于是卖方或通过承运人向买方直接交货,卖方无法通过单据控制物权,因此一般不能使用托收。因为如果通过银行向进口方收款,其实质是一笔货到付款,即属赊销交易性质,卖方承担的风险极大。即使是 FOB、FCA 术语条件达成的买卖合同,虽然在实际业务中也可凭运输单据,例如凭提单和多式联合运输单据交货与付款,但这种合同的运输由买方安排,由卖方将货物装上买方指定的工具,或交给买方指定的承运人,卖方或接受委托的银行很难控制货物,所以也不宜采用托收方式。

最后,还需考虑运输单据。如货物通过海上运输或多式联合运输,出口人装运货物后得到的运输单据一般为可转让的海运提单或可转让的多式联运单据。因这些单据都是货物所有权凭证,是凭以在目的港向轮船公司或联运承运人提取货物的凭证,在交付给进口人前,出口人尚能控制物权,故可适用于信用证和托收方式结算货款。如若货物通过航空、铁路或邮政运输时,出口人装运货物后得到的运输单据为航空运单、铁路运单或邮包收据,这些都不是货物所有权凭证,收货人提取货物时也不需要这些单据。即使通过海上运输,但如运输单据为不可转让的海运单,由于它也不是物权凭证,提货时也无须提交这种单据。因此,在这些情况下,都不适宜做托收。在采用信用证方式情况下,全套运输单据均应直接向开证行或其指定银行递交,除非信用证有特别规定,出口人也不能将其中的一份径寄进口人,其目的是便于银行控制货物。

10.5.2 多种支付方式结合使用技巧

由于不同的结算方式各有利弊,买卖双方所承担的风险和资金占用的时间各不相同,因此,为了取长补短,做到既能加快资金周转,又能确保收付外汇的安全,在同一笔交易中选择两种或两种以上的结算方式结合起来使用是比较有效的做法。

1. 信用证与汇付相结合

信用证与汇付结合是指部分货款采用信用证，余额货款采用汇付。例如买卖矿砂、煤炭、粮食等散装货物，买卖合同规定90%货款以信用证方式付款，其余10%待货物运抵目的港，经检验核实货物数量后，按实到数量确定余数金额以汇付方式支付。又如，对于特定商品或特定交易需进口人预付定金的，也有规定预付定金部分以汇付方式支付，其余货款以信用证方式结算。

2. 信用证与托收相结合

将不可撤销信用证与跟单托收两种方式的结合，其具体做法是一笔交易的货款部分以信用证付款，其余部分以托收方式结算。所以，又称“部分信用证、部分托收”。在实际运用时，托收必须是付款交单(D/P)方式，出口人要签发两张汇票，一张用于信用证项下部分的货款凭光票支付；另一张须随附全部规定的单据，按跟单托收处理。这种做法对进口人来说，可减少开证金额，少付开证押金，少垫资金；对出口人来说虽托收部分有一定风险，但有部分信用证的保证，等于预收押金，且货运单据跟随托收汇票项下，代收行须待进口人付清全部货款后才能放单，所以，出口人的收汇安全就较有保障。但这种做法在买卖合同中除应规定一定比率货款付款交单，其余采用信用证方式付款。在买卖合同中还应列明信用证的到达期限，并在信用证中明确规定须于全数付清发票金额后方可交单的条款。例如，

“××%发票金额凭即期光票支付，其余××% 即期付款交单。100%发票金额的全套货运单据随附于托收项下，于进口人付清发票全部金额后交单。若进口人不付清全部金额，货运单据由开证银行(或付款银行)掌握，凭出口人指示处理”。

3. 跟单托收与预付押金相结合

采用跟单托收并由进口人预付部分货款或一定比率的押金作为保证。出口人收到预付款或押金后发运货物，并从货款中扣除已收款项，将余额部分委托银行托收。托收采取付款交单方式。如托收金额被拒付，出口人可将货物运回，而从已收款项中扣除来往运费、保险费、利息及合理的损失费用。采用这种方法，通常在买卖合同中规定以下或类似内容的条款：

“装运货物以电汇向卖方提交预付款××为前提，其余部分采用托收凭即期付款交单”。(Shipment to be made subject to an advance payment or down payment amounting ... to be remitted in favor of seller by T/T and the remaining part on collection basis, documents will be released against payment at sight.)

4. 备用信用证与跟单托收相结合

采用备用信用证与跟单托收相结合的方式，主要是为了在跟单托收项下的货款一旦遭到进口人拒付时，可凭备用信用证利用开证行的保证追回货款。即在备用信用证项

下,由卖方开立汇票与签发进口人拒付的声明书要求开证行进行偿付。采用这种方式时,应在买卖合同中订入如下或类似内容的支付条款:“即期付款交单付款,并以卖方为受益人的总金额为××的备用信用证担保。备用信用证应载有责任条款:如××号合同项下跟单托收的汇票付款人未能在预定日期付款,受益人有权在本信用证项下凭汇票连同一份列明××号合同项下的款项被拒付的声明书支款”。(Payment available by D/P at sight with a Standby L/C in favor of seller for the amount of ... as undertaking. The standby L/C should bear the clause: In case the drawee of the documentary collection under S/C No.... fails to honor the payment upon due date, the Beneficiary has the right to draw under this L/C by their draft with a statement stating the payment on S/C No. ... was not honored.)

值得注意的是,为便于在被拒付后能有充裕时间办理向银行追偿手续,备用信用证的到期日必须晚于托收付款期限后一段适当的时间。在办理托收手续时,出口人还应在托收申请书中明确要求托收行请代收行在发生进口人拒付时,立即用电报或电传通知,以免延误时日,导致备用信用证过期失效。

10.6 国际贸易合同中的支付条款

国际货物买卖合同中有关货款收付的规定通常以“支付条款”(Terms of Payment)出现,合同中的支付条款是一项不亚于价格的重要条款,必须认真对待。订好买卖合同中的支付条款,首先要选好结算方式。由于不同的结算方式涉及不同的信用,对双方当事人的利益和各自承担的风险有明显的区别。而在国际贸易中,绝对安全的结算方式可以说是没有的,正确选用货款的结算方式非常重要。在实践中,结算方式也往往是买卖双方在交易磋商中经常需要反复磋商的重点问题。总的说来,我方在选用结算方式时,宜在确保外汇资金安全、有利于扩大贸易和资金周转的前提下,结合费用负担、汇率风险等因素进行综合考虑。至于具体的支付条款,需视不同的交易,特别是所选用的结算方式而有所不同。除前文已经举例说明的以外,本章再就实际业务中常用支付条款的规定方法分别扼要介绍。

10.6.1 汇付与托收支付条款

汇付方式通常用于预付货款和赊账交易。为明确责任,防止拖延收付款时间,影响及时发运货物和企业的资金周转,对于使用汇付方式结算货款的交易,在买卖合同中应当明确规定汇付的时间、具体的汇付方法相金额等。

【例1】买方应不迟于×年×月×日将全部货款用电汇(信汇或票汇)方式预付给卖方。

The Buyers shall pay the total value to the Seller in advance by T/T(M/T or D/D) Not 1ater than …

【例 2】买方同意在本合同签字之日起,1 个月内将本合同总金额 × ×% 的预付款,以电汇方式汇交卖方。

. . . % of the total contract value as advance payment shall be remitted by the Buyer to the seller through T/T within one month after signing this contract.

【例 3】买方收到本合同所列单据后,应于 × ×天内电汇付款。

Payment by T/T: Payment to be effected by the Buyer shall not be later than . . . days after receipt of the documents listed in the contract.

跟单托收的单据中通常包括有凭此提取货物的物权凭证,如可以转让的海运提单。持有人可凭此向承运人提取货物,在何种情况下将单据交付给买方,对买卖双方的权益、责任和风险都关系重大。因此,凡以托收方式结算货款的交易,在买卖合同的支付条款中,必须明确规定交单条件和付款、承兑责任以及付款期限等内容。其具体的规定方法,一般可先列明由卖方负责在装运货物后,开立汇票连同货运单据办理托收。例如,

货物装运后,卖方应将以买方为付款人的汇票连同本合同的各种货运单据,通过卖方银行寄交买方银行转交买方,并托收货款。

After shipment, the Seller shall send through the seller's bank a draft drawn on the Buyer together with the shipping documents to the Buyer through the Buyer's bank for collection.

之后,再按不同交单条件、付款期限和买方的付款承兑责任等作具体明确规定。以下分别是即期付款交单、远期付款交单和承兑交单的五个实例:

【例 1】即期付款交单

买方应凭卖方开具的即期跟单汇票于见票时立即付款,付款后交单。

【例 2】远期付款交单(见票后定付款期)

买方对卖方开具的见票后 × ×天付款的跟单汇票,于提示时应即予承兑,并应于汇票到期日即予付款,付款后交单。

【例 3】远期付款交单(按提单日期定付款期)

买方应凭卖方开具的跟单汇票,于提单日后 × ×天付款,付款后交单。

【例 4】远期付款交单(按汇票出票日期定付款期)

买方应凭卖方开具的跟单汇票,于汇票出票日后 × ×天付款,付款后交单。

【例 5】承兑交单

买方对卖方开具的见票后 × ×天付款的跟单汇票,于提示时应即承兑,并应于汇票到期日即予付款,承兑后交单。

对于买卖双方经过长期交往，对跟单托收已确立习惯做法的交易，买卖合同采用托收方式的支付条款，也可适当从略使合同文字简化。例如，把用即期付款交单方式的支付条款简成"D/P 即期"（D/P at sight）；把远期付款交单简写成"D/P 见票后××天"（D/P … days after sight 或 D/P … days after sight），或"D/P××天"（D/P … days）；把承兑交单简写为"D/A 见票后××天"（D/A at … days sight 或 D/A at … days after sight）。但是，由于对这些简化的订法，不同的客户、不同的国家可能有不同的理解，有的按当地习惯，对 D/P、D/A 还有不同的理解，例如有的把 D/P、D/A 分别解释成"付款交货"（Delivery Against Payment）和"承兑交货"（Delivery Against Acceptance），这就可能使我们在出口业务中处于被动，以致造成损失。所以，除非对方客户与我往来有年，对各种跟单托收方式表述的含义和具体做法，特别是对此类简化的做法已有共识，在一般的买卖合同中都应作具体详尽的规定，以明确责任，防止被动和损失。

10.6.2 信用证支付条款

在国际货物买卖中，特别是在出口业务中，如采用信用证方式结算，一般应在买卖合同的支付条款中，就开证时间、开证银行、信用证的受益人、种类、金额、装运期、到期日等做出明确规定。

1. 开证时间

按国际贸易惯例和法律规则，在信用证支付条件下，按时开立信用证是买方在货物买卖合同中的主要义务。所谓按时开证，是指按合同规定的时间开证，以便卖方有充分时间作备货、装运、制单等履约工作。如买卖合同未规定开证时间，按一般的惯例和法律规则，买方应在"一个合理的时间"内开立，这个合理时间应从合同规定的装运期的第一天往回推算。即买方必须在装运期的第一天以前一个充裕的时间内开证，以使卖方在把货物运到装运地或交付给承运人以前就能获知他的货款将由信用证所规定的内容予以保证。如果合同对装运期规定了一定的期限或一段期间，在没有相反规定的情况下，买方不得在卖方备要货物待运时才开证，而应把整个装运期的机动权都给予卖方，使卖方在买卖合同规定的整个装运期内都可以利用这份信用证。据此，如买方不按时开证并送达卖方，即构成买方的违约，卖方有权撤销合同并要求损害赔偿。目前，各国法律均未对开证的"合理时间"做出具体解释，为了防止可能由于对此理解不同而引起纠纷，同时也为了明确买方的开证责任，最好的办法是在买卖合同中，特别是出口合同中具体规定开证时间，其做法一般有以下几种：

在装运月份前××天开到卖方

不迟于×月×日开到卖方

接卖方货已备齐的通知后××天内开证

前两种是常用的订法。第三种只是在特殊需要时才使用，而按此订法，买方开证以接到卖方通知(例如备要货物,取得出口许可证等)为前提,如卖方不发出通知,买方就没有开证义务。

需要进一步指出,有些国家的法律认为:逾期开证,卖方只能提出损害赔偿要求,而不能同时撤销合同。为此,在必要时,可对有权撤销合同作明确规定。规定办法,一般在上述有关开证日期的条款中加注,例如,

否则,因此不能按规定装运,卖方不负责任,而且有权撤销合同并向买方提出索赔。

2. 开证银行

为确保收汇安全,在买卖合同特别是出口合同中,一般还应对开证银行的资信地位进行必要的规定。例如,规定信用证应"通过卖方可接受的银行"(Through a Bank Acceptable the Sellers)。在国际上也有用"第一流银行"(First Class Bank)以代替"卖方可接受的银行"的,但前者的含义比较笼统。

3. 受益人

在一般情况下,可规定"以卖方为受益人"(In favor of Seller)。但如在异地装运,或代理其他企业达成的交易,也可规定装运地或被代理的企业为受益人。

4. 信用证种类

信用证种类繁多,且随着具体交易的不同情况,对信用证种类的要求也有所不同。因此,每个买卖合同均须明确订定信用证的类别。与此同时,还须根据双方在磋商交易时达成的协议,规定信用证是即期的,还是远期的。按目前我国的外贸实践,大多使用即期信用证。如为远期的,包括承兑信用证,还应列明付款期限的计算方法。例如,

不可撤销信用证见票后××天付款

不可撤销信用证提单日后××天付款

不可撤销信用证出票日后××天付款

此外,是否还需要除开证行以外的其他银行加具保兑,是否需要加注"可转让",是否需要预支或部分预支等,也应根据不同交易的需要做出具体规定。

5. 信用证金额

信用证金额是开证行承担付款责任的最高金额,应在买卖合同中做出规定。在实践中一般规定为发票价值的100%。但如果涉及额外费用需在信用证金额外支付者,则必须在合同中明确有关信用证应作相应的规定,以免影响收汇。例如,按CFR或CIF价格条件出口,港口拥挤费由买方负担,则可要求买方在信用证中规定有关港口拥挤费可超出信用证的金额收取,并在合同中订明:

买方应在信用证内规定:在装运时,如有港口拥挤附加费,由开证人负担,可凭

受益人开具的发票和船公司表明实际已付附加费的正本收据，在信用证金额外支付给受益人。

又如在出口合同中对装运数量订有“约”数或“溢短装条款”的，则应要求买方在信用证内规定装运数量多交或少交的百分率或注明“约”数，同时，对信用证金额作相应的增加或在金额前注明“约”数（about）字样，以利于货物溢装时能收足货款。

6.到期日和到期地点

信用证的到期日（Expire Date）习惯上称为信用证的有效期（Validity），是指开证银行承担即期付款、延期付款、承兑或议付责任的期限。在出口业务中，一般都要求买方来证规定：

议付有效至装运月份后第15天

与到期日有密切关联的到期地点，是指被交付单据并要求付款、承兑或议付的银行的所在地，即在信用证有效期内应向何地的指定银行交单为准。

信用证到期有三种情况，即议付到期、承兑到期和付款到期。议付到期的地点一般在出口地；承兑和付款到期的地点则为开证行或其指定付款行所在地。为了便于掌握时间，及时向银行交单，我国出口合同一般都规定信用证到期地点在我国或在我国某地（出口或议付地点）。例如，在上海议付有效至……

以上系关于买卖合同中信用证支付条款所涉及的一些主要内容。现将出口合同中信用证支付条款的具体订法，择常用的举例如下：

【例1】

买方应通过为卖方所接受的银行于装运月份前××天开立并送达卖方不可撤销即期信用证，有效至装运月份后第15天在中国议付。

【例2】

买方应通过为卖方所接受的银行于装运月份前××天开立并送达卖方不可撤销见票后30天付款的信用证，有效至装运月份后第15天在上海议付。

如同采用跟单托收的支付条款一样，信用证方式的支付条款在买卖合同中也有简化订法，例如，

凭不可撤销即期信用证付款

凭不可撤销即期跟单信用证付款

以不可撤销信用证见票后30天付款

凭不可撤销信用证提单日后60天付款

50%即期L/C，50%即期D/P

使用上述简化的订法，也如同采用跟单托收的简化做法一样，必须以买卖双方对合同条款中已被简化的内容有一致的理解为前提。

本章小结

通过本章的学习，我们知道国际贸易中用于国际贸易货款结算的支付方式包括汇付、托收、信用证三类主要的支付方式。其中，汇付和托收两类支付方式属于商业信用，出口商使用这两类支付方式收款最终取决于进口商的信誉；而信用证方式则代表了银行信用，只要出口商向银行提交的单据符合信用证条款的规定，不论进口商是否付款，出口商都可以获得信用证对应的款项，信用证方式属于银行信用，收款的安全性更高。但是，不同的支付方式各有优势和劣势，在进出口实际业务中，往往结合几种不同的支付方式收款，综合权衡收款安全、到款迅速、手续费较低等多方面因素。为了规范、统一银行的托收业务和信用证业务，提高效率，国际商会分别制订了《托收统一规则》(URC)和《跟单信用证统一惯例》(UCP)两个与国际贸易货款结算有关的国际惯例，并根据国际货款结算的实践发展进行了多次修订。作为外贸业务人员，应熟悉URC522和UCP600的相关规定，确保安全收款、收货。

习题

1. 填空题

(1)按照有无随附商业单据，汇票可分为________和________。

(2)按UCP500的规定，信用证上若无“可撤销”字样，则该信用证为________ 。

(3) 汇款的具体方式有票汇、________和________。

(4)按UCP500的规定，信用证上若无“可转让”字样，则该信用证为________。

2. 选择题(不定项选择)

(1)根据《UCP500》的解释，信用证的第一付款人是(　　)。

A. 进口人　　B. 开证行　　C. 议付行　　D. 通知行

(2)托收方式下的D/P和D/A的主要区别是(　　)。

A. D/P属于跟单托收；D/A属于光票托收

B. D/P是付款后交单；D/A是承兑后交单

C. D/P是即期付款；D/A属远期付款

D. D/P是承兑后交单；D/A是付款后交单

(3) 按照《跟单信用证统一惯例》(500号出版物)的规定，信用证(　　)。

A. 未规定是否可撤销，即为不可撤销信用证；未规定可否转让，即为可转让信用证

B. 未规定是否可撤销，即为可撤销信用证；未规定可否转让，即为不可转让信用证

C. 未规定是否可撤销，即为可撤销信用证；未规定可否转让，即为可转让信用证

D. 未规定是否可撤销，即为不可撤销信用证；来规定可否转让，即为不可转让信用证

(4)《UCP500》对分批装运所作的规定主要有（　　）。

A. 运输单据表明货物是使用同一运输工具并经由同一路线运输的，即使运输单据注明装运日期及装运地不同，只要目的地相同，也不视为分批装运

B. 除非信用证另有规定，允许分批装运

C. 除非信用证另有规定，不允许分批装运

D. 如信用证规定在指定的时间内分批装运，若其中任何一批未按约定的时间装运，则信用证对该批和以后各批均告失效

(5)信用证的到期日为 12 月 31 日，最迟装运期为 12 月 16 日，最迟交单日期为运输单据出单后 15 天，出口人备妥货物安排出运的时间是 12 月 10 日，则出口人最迟应于（　　）向银行交单议付。

A. 12 月 16 日　　B. 12 月 25 日　　C. 12 月 28 日　　D. 12 月 31 日

(6)信用证支付方式的特点是（　　）。

A. 信用证是一种银行信用　　B. 信用证是一种商业信用

C. 信用证是一项独立文件　　D. 信用证是一种单据的买卖

(7)承兑是（　　）对远期汇票表示承担到期付款责任的行为。

A. 付款人　　B. 收款人　　C. 出口人　　D. 议付银行

(8)按《UCP500》解释，若信用证条款中未明确规定是否"允许分批装运"和"允许转运"，则应视为（　　）。

A. 可允许分批装运，但不允许转运　　B. 可允许分批装运和转运

C. 可允许转运，但不允许分批装运　　D. 不允许分批装运和转运

(9)持票人将汇票提交付款人的行为是（　　）。

A. 背书　　B. 承兑　　C. 提示　　D. 退票

(10)按照付款时间的不同，汇票分为（　　）。

A. 银行汇票和商业汇票　　B. 光票和跟单汇票

C. 即期汇票和远期汇票　　D. 本票和支票

(11)汇票的票据行为有（　　）人。

A. 出票　　B. 承兑　　C. 贴现　　D. 背书

(12)在其他条件相同的前提下，（　　）的远期汇票对收款人最为有利。

A. 出票后 30 天付款　　B. 提单签发日后 30 天付款

C. 见票后 30 天付款　　D. 货到目的港后 30 天

(13)按照出票人的不同,汇票分为(　　)。

A. 银行汇票和商业汇票　　B. 光票和跟单汇票

C. 即期汇票和远期汇票　　D. 本票和支票

3. 案例分析题

(1)我方与荷兰某客商以CIF条件成交一笔交易,合同规定以信用证为付款方式。卖方收到买方开来的信用证后,及时办理了装运手续,并制作好一整套结汇单据,在卖方准备到银行办理议付手续时,收到买方来电,得知载货船只在航海运输途中遭遇意外事故,大部分货物受损,据此,买方表示将等到具体货损情况确定以后,才同意银行向卖方支付货款。问:1)卖方可否及时收回货款?为什么?2)买方应如何处理此事?

(2)我某贸易有限公司以CIF大阪向日本出口一批货物,4月20日由日本东京银行开来一份即期不可撤销信用证。信用证金额为50 000美元,装船期为5月份,证中还规定议付行为纽约银行业中信誉较好的A银行。我中行收到信用证后,于4月22日通知出口公司,4月底该公司获悉进口方因资金问题濒临倒闭。问:在此情况下我方应如何处理?

(3)某笔进出口业务,约定分两批装运,支付方式为即期不可撤销信用证。第一批货物发送后,买方办理了付款赎单手续,但收到货物后,发现货物品质与合同严重不符,便要求开证行通知议付行对第二批信用证项下的货运单据不要议付,银行不予理睬。后来议付行对第二批信用证项下的货运单据仍予议付。议讨行议付后,付款行通知买方付款赎单,遭到买方的拒绝。同:1)银行处理方法是否合适?2)买方应如何处理此事?

(4)某农产品进出口公司向国外某贸易公司出口一批花生仁,国外客户在合同规定的开证时间内开来一份不可撤销信用证,证中的装运条款规定:"Shipment from Chinese port to Singapore in May, Partial shipment prohibited"农产品进出口公司按证中规定,于5月15日将200公吨花生仁在福州港装上"嘉陵"号轮,又由同轮在厦门港续装300公吨花生仁,5月20日农产品进出口公司同时取得了福州港和厦门港签发的两套提单。农产品公司在信用证有效期内到银行交单议付,却遭到银行以单证不符为由拒付货款。问:银行的拒付是否有理?为什么?

(5)我某进出口公司与欧洲某客户达成一笔圣诞节应季礼品的出口交易。合同中规定以CIF为交货条件,交货期为2000年12月1日以前,但合同中未对买方的开证时间予以规定。卖方于2000年11月上旬开始向买方催开信用证,经多次催证,买方于11月25日将信用证开抵我方,由于收到L/C的时间较晚,使我方于12月5日才将货物装运完毕,当我方向银行提交单据时,遭到银行以单证不符为由拒付。问:1)银行的拒付是否有理?为什么?2)此案例中,我方有哪些失误?

(6)某笔进出口业务，约定分两批装运，支付方式为即期不可撤销信用证。第一批货物发送后，买方办理了付款赎单手续，但收到货物后，发现货物品质与合同严重不符，便要求开证行通知议付行对第二批信用证项下的货运单据不要议付，银行不予理睬。后来议付行对第二批信用证项下的货运单据仍予议付。议讨行议付后，付款行通知买方付款赎单，遭到买方的拒绝。同：(1)银行处理方法是否合适？(2)买方应如何处理此事为宜？

(7)某公司从国外某商行进口一批钢材，货物分两批装运，支付方式为不可撤销即期信用证，每批分别由中国银行开立一份信用证。第一批货物装运后，卖方在有效期内向银行交单议付，议付行审单后，即向该商行议付货款，随后，中国银行对议付行做了偿付。我方在收到第一批货物后，发现货物品质与合同不符，因而要求开证行对第二份信用证项下的单据拒绝付款，但遭开证行拒绝。问：开证行这样做是否合理？为什么？

第11章 进出口商品检验

教学目的和要求

通过对本章的学习，掌握进出口商品检验的含义与内容，法定检验的内容；理解对商品检验的时间和地点的具体规定方法；掌握商品检验的主要内容，以及商品检验的机构类型和进出口商品检验的一般程序；了解有关商品检验的一些基础理论知识。

学习重点与难点

1. 商品检验的时间和地点；
2. 三种不同的检验地点和标准；
3. 商品检验的机构；
4. 商品检验的内容；
5. 法定检验。

引子

国际贸易货物交接已经形成了公认的惯例，即买方收到货物，并不等于他已接受货物，如果他收到的货物不符合合同的规定，可以表示拒收。因此，国际贸易买卖双方在交接货物过程中，一般要经过交货——检验或验收——接受或拒收三个环节。检验环节很容易出现一些问题，因此对商品检验条款应该给予重视。

典型案例

苏州市农业银行分行收到新加坡某银行电开信用证一份，金额为300万美元，购花岗岩石块，目的港为巴基斯坦的卡拉奇，信用证中有下述条款：(1)检验证书于货物装运前开立并由开证申请人授权的签字人签字，该签字必须由开证行检验；(2)货物只能待开证申请人指定船只并由开证行给通知行加押电通知后装运，而该加押电必须随同正本单据提交议付。请问：该信用证是否可以接受？

案例分析

此为“软条款”欺诈信用证，不可以接受。所谓“软条款”是指可能导致开证行解除不可撤销信用证项下付款责任的条款，最典型和最多的形式是该信用证所规定的某些单据被开证申请人所控制。从上述信用证条款中可以看出，由开证申请人验货并出具检验证书及开证申请人指定装船条款，实际上是由开证申请人控制了整笔交易，受益人(中国的出口公司)处于受制于人的地位,信用证项下开证行的付款承诺是很不可靠的。经调查后发现,该开证申请人名称中有“AGENTS”字样,是一家代理商公司,并进一步得知开证申请人是一家实际资本仅有3元(新加坡元)的皮包公司。本案涉及的是信用证条款的内容,但细节中涉及的检验问题值得注意,因国际贸易合同中各种条款最终都要体现在结算中,在付款环节里的任何一项条款都得顾及。确定其合理性以及可行性问题是关键,因此,要掌握该案例中的检验条款内容,才不至于出现被动的局面。

在国际贸易买卖合同中,检验条款和品质、数量条款是有着密切联系的。进出口商品的检验(Commodity Inspection),就是指对卖方交付商品的品质和数量进行鉴定,以确定所交货的品质、数量和包装是否与合同的规定一致。有的检验条款还规定,买方应于货物运抵目的港后若干天内进行检验,如有品质、数量方面的索赔,应当在合同规定的时间内提出,逾期提出索赔,卖方可不予受理。因此,我们有些进出口公司也把这种条款称为检验与索赔条款(Inspection and Claim Clause)。商品检验是国际贸易中的一个重要环节,不能忽视。凡列入《检验检疫商品目录》的进出口商品和其他法律、法规规定须经检验的进出口商品,必须经过出入境检验检疫部门或其指定的检验机构检验。法律、法规规定须经检验检疫机构检验的进口商品到货后,收货人必须向到货口岸或到达站的检验检疫机构办理进口商品的检验检疫机构组织检验。法律、法规规定须经检验检疫机构检验的出口商品发货人应该在规定的地点和期限内,向检验检疫机构报检。进出口商品检验包括品质、规格数量、重量、包装以及安全和卫生的检验。

11.1 国际贸易商品检验意义及内容

11.1.1 国际贸易商品检验概念

国际贸易商品检验是指商品的产方、买方或者第三方在一定条件下,借助于某种手段和方法,按照合同、标准或国内外有关法律、法规、惯例,对商品的质量、规格、重量、数量、包装、安全及卫生等方面进行检查,并做出合格与否或通过验收与否的判定或为维护买卖双方合法权益,避免或解决各种风险损失和责任划分争议,便于商品交接结算而出具各种有关证书的业务。在国际货物买卖中,商品检验通过对卖方交付货物的质量、数量和包装进行检验或鉴定,以确定卖方所交货物是否符合买卖合同的规定。

根据各国的法律、国际惯例及国际公约规定,除双方另有约定外,当卖方履行交货义务后,买方有权对所收到的货物进行检验,如发现货物不符合合同规定,而且确属卖方责任,买方有权要求卖方损害赔偿或采取其他补救措施,甚至可以拒收货物。检验权(Right of Inspection)是指买卖双方对商品进行检验的权利,即究竟是由卖方还是买方来决定商品的品质、数量、包装是否符合合同规定的问题。《公约》等规定的买方检验权,是一种法定的检验权,它服从于合同的约定,买卖双方通常都在合同中对如何行使检验权的问题做出规定，即规定检验的时间和地点，主要有四种做法，本章将对此进行详细介绍。

关于买方的检验权：若买方没有利用合理的机会检验货物，那么他就放弃了检验货物的权利，也丧失了拒收货物的权利。国际货物买卖合同中检验条款的主要内容有：检验时间和地点、检验机构、检验标准和方法以及检验证书等。

11.1.2 国际贸易商品检验的意义

商检工作是使国际贸易活动能够顺利进行的重要环节，即商品检验是进出口货物交接中不可缺少的一个重要环节。它是一个国家为保障国家安全、维护国民健康、保护动物、植物和环境而采取的技术法规和行政措施。为了加强对进出口商品的检验工作，我国颁布了《中华人民共和国进出口商品检验法》。该法规定，我国商检机构和国家商检部门应对进出口商品实施检验；凡未经检验的进口商品，不准销售、使用；凡未经检验合格的商品不准出口。国际贸易商品检验的意义有以下几点。

1. 维护国家的利益和信誉

国家设立检验机构对进出口商品实施检验与管理，不让检验不合格的商品出口，进口商品未经检验的，不准销售和使用。进口商品经检验和验收发现不符合合同或有关规定的，应及时出具检验证书并对外索赔。对于那些弄虚作假、损害国家利益和信誉的违法行为要依法查处。对进口商品加强检验，不仅有利于及时发现不符合合同要求的商品，防止品质次劣商品的进口，并向国外提出索赔，给国家挽回部分损失，维护国家经济利益，更重要的是通过加强对进口商品的检验，了解掌握进口商品品质，防止有害病菌输入，保护环境，保护安全和卫生，消除各种隐患，保障社会主义经济建设。

2. 促进生产和对外贸易的发展

国际贸易商品市场竞争激烈，竞争的焦点是商品的质量。谁的商品质量好，谁就能以质取胜，占据市场；如果质量不好，就会将已占领的市场丢掉。世界各国都十分重视出口商品的质量，如美国的粮食检验署、加拿大的谷物委员会、澳大利亚的小麦检验机构、日本通产省授权的独立检验机构等，都加强了对出口商品的检验、监督。凡国家政府法律法规规定应由它们检验的商品，未经检验合格发给证书的，一律不准出口；而对于合同、信用证指定由它们检验的商品，未经检验符合合同或信用证规定的，不予发放证书，银行不予结汇。从而使经营部门重视出口商品质量，提高和巩固其出口商品在国际市场上的竞争地位。

我国政府重视出口商品的质量，重视对商品质量的检验工作。新中国成立以来即对重要的出口商品实施法定检验，其目的是通过强制性检验，把好出口商品质量关，使商品质量符合对外贸易合同或标准规定，不断提高商品质量，从而增强我国商品在国际市场上的竞争能力。加强对商品的检验，严格把住质量关，促进了生产和对外贸易的发展。

3. 维护对外贸易有关各方的合法权益

在国际贸易中，买卖双方在商品交易时，对货物的质量、数（重）量以及包装等情况，都需要进行检验，鉴定机构按照双方签订的合同或标准及有关的规定进行检验、鉴定，评定商品质量或等级，并出具检验、鉴定证书，维护买卖双方的利益。

国际贸易交换的商品在经过长途运输，不论是海运、陆运还是空运时，货物都要被多次搬运装卸，这就有可能使装运的货物发生残、短、渍、损以及错发错运等情况，影响商品质量和损害对外贸易关系人的合法权益。因此常常需要由非当事人的检验鉴定机构进行检验、鉴定，找出原因，出具证明，确定责任的归属，以办理索赔，解决争议。

我国商品的检验鉴定机构，是国家设立的综合性涉外经济监督部门，它是一个独立公正的部门，既不从属于买方和卖方，也不从属于生产、运输、保险等有关部门。因此，能够真正做到公正地维护对外贸易有关各方的合法权益。

11.1.3 国际贸易商品检验的内容

我国检验检疫机构实施进出口商品检验检疫的内容，原则上包括商品的质量、规格、数量、重量、包装以及是否符合安全、卫生环保要求等。强制性检验主要是指涉及安全、健康、卫生环保等方面的检验检疫，因此对每种具体的进出口商品来说，要进行哪些项目的检验检疫、按什么标准检验检疫等，都要根据商品特性视具体情况按自愿性和强制性的不同要求而定。我国《商检法》规定，进出口商品实施检验的内容，包括商品的质量、规格、数量、重量、包装以及是否符合安全、卫生要求。检验的依据主要以买卖合同（包括信用证）中所规定的有关条款为准。国际贸易商品检验的内容有以下几种。

1. 品质

商品的品质（Quality）是货物买卖中最重要的因素之一，反映了商品的质量特征。不同的商品有不同的品质含义和要求。不明确规定商品的品质，交易就无法进行，而对品质要求的高低直接关系到买卖双方的根本利益。所以，贸易合同中的品质条款一定要订得明确和合理，这样也便于以后的定价和仲裁。

关于商品品质的意义有多种说法，仅从狭义的质量角度看，商品品质就是商品的外观形态和内在质量的综合。如商品的化学成分、物理和机械性能、生物学特征以及造型、结构、色泽等技术要求。在品质条款中既可直接订明对商品品质的要求，也可订明它必须符合某个标准或技术规定。若该商品为凭样成交的，在合同中也要明确成交样品的特征或封识，并在合同中加以说明。

2. 规格

商品规格（Specification）是与品质密切联系的一个质量特征指标。商品规格的内容无统一规定，在国际贸易业务中，一般是下列两种含义。

（1）仅指商品的规格，表示同类商品在量方面的差别，如，体积、面积、容积、粗细、长度、宽度、厚度等，而与商品品质优劣无关。

（2）包括规格和品质条件两方面的内容，将两者综合起来。有些商品虽然是同一品牌，同一品名，但是根据其各项品质特征指标甚至几何尺寸，重量大小，就可以分为若干个等级，例如一级品、二级品、三级品，大路货或一等品、二等品、三等品、等外品等，这样每一个规格都有各自的质量标准，例如，冻兔肉（带头）的特级品每只净重1500克以上，一级品每只净重1000克以上，中级品600克以上，小级品400克以上。

采用品质规格表示商品质量特性，方便、准确、清晰，在国际贸易中得到广泛的应用。在贸易合同的品质条款中，“品质规格”较单纯的“品质”或“规格”更为全面贴切。总之，一旦确定了商品的规格或品质规格，也就同时明确了商品的品质特征要求。因为等级不同，价格也不同，所以可以按级论价，进行公平交易。

3. 数量

数量（Quantity）是贸易合同中的重要条件之一，也是商检机构对商品进行检验的一个重要内容。许多商品在单价确定下来之后，全批的商品总值就取决于该批商品数量的多少。在商品的数量中，首先要注意商品数量单位。由于商品品种、性质不同，它们所采用的数量单位也是不相同的，如布匹、丝绸是长度单位，皮革是面积单位，木材是体积单位，液体是容积单位，仪器、罐头是件数，服装、成套设备是套数，鞋、手套是双（对）数，胶合板是张数等。

在进出口商品检验过程中，对于一些批量较小、件头较大的商品，可以进行全数点检数量。对于一些批量较大、件头很小的商品，数量检验比较麻烦，往往采用抽样检查的办法。在一些特殊的进出口商品中，往往会出现既有数量要求，又有重量要求的情况，这是为了更为准确、科学地确定交易商品的量。对那些以重量、体积等计价的商品，数量也是重要的检验项目，必须引起高度的重视。

4. 重量

商品的重量（Weight）与数量一样也是商品质量的一个重要特征。在贸易中，按照某一标准重量包装的商品，其重量就是一个十分重要的指标。重量不符合标准，会使出口商或进口商，甚至消费者的利益受到损害，所以在贸易合同中都会订明重量。

5. 包装

在国际贸易交往中，世界各国都十分重视商品的包装（Packing），特别对食品、危险品、贵重商品的包装要求很严格，除了考虑对商品的一般保护外，还考虑到人体、运输的安全和对环境生态平衡的保护。联合国海事组织从1991年1月1日起，在全球强制施行《国际海上危险货物运输规则》，危险货物的包装及其上面的危险标志未经法定检验机构检验合格，运输部门不予承运，有关国家可以拒其进口和装卸。

包装检验包括性能检验和使用鉴定。包装材料和包装容器本身作为工业产品,必须有相应的标准来评定其性能。如瓦楞纸箱的外观接头、箱角漏洞、纸板的含水率、粘合强度等。另外,包装在交付使用后,还必须满足使用和运输的要求,这就必须对包装与商品的相容性、使用的条件环境进行试验。

我国商检机构长期以来对商品的运输包装进行检验时,除了检查外包装上所印刷或铸压的唛头、批号、毛净重、规格、产地、装卸运输标志外,还要对它进行外观检验和简单的模拟试验,以检查该商品的包装是否经得起正常装卸和运输的堆积、挤压、碰撞、摔跌等。现在,中国商检机构已正式将包装作为一个相对独立的、完整的检验内容,对用于危险品包装的生产企业实行质量许可证制度,同时制定了相应的包装检验规程,使商品包装的商检和监督管理趋于完善,包装检验走上规范化的轨道。

6. 安全

、 商品的安全(Safety)性能不仅涉及贸易双方的利益,而且更重要的是涉及国家、社会和广大消费者的利益。凡属有安全性能要求的商品,如不符合规定的安全标准,就有潜在的危险,会给人、畜、物、环境的安全和生态平衡造成伤害和破坏,因此商品的安全责任是贸易双方必须对国家、社会、消费者承担的法律责任。

在进出口商品的安全性能检验中,不论管理要求还是检验标准都比一般的品质检验严格得多,因为它是以保护人、畜、物、环境的安全和生态平衡为目的的。许多国家都通过行政立法手段对商品的安全性能加以保证。我国的《商检法》也规定安全性能检验是商检机构对进出口商品施行检验的7项主要内容之一,是一种强制性检验。一旦发现进出口商品不符合国家安全标准和规范的,国家授权的检验机构和主管部门有权根据国家法律,行政法规和标准规范,采取必要的行动,包括不准进出口、停止生产、扣留货物、勒令退货、罚款、监督销毁等。对发生安全事故,给国家、社会、消费者造成损害,构成犯罪的,还将依法追究当事人的刑事责任。

7. 卫生

食品、动物产品等的卫生(Sanitation)状况,会直接影响到人体的健康和安全。所以卫生条件的检验与安全性能检验一样,也是一种强制性检验。许多国家都通过制定法律或各种法规,以确保进入本国的商品符合卫生条件,保证人、畜、环境和商品本身的安全。第二次世界大战后,特别是近二三十年以来,随着科学技术的发展和人民生活水平的提高,各国除了对食品包括动物产品的卫生条件要求越来越高外,还对其他直接接触人体的商品提出了严格的卫生要求,这样做既可保护本国的人畜安全,又可限制该类商品的进口,也是一种贸易保护措施。

对于进出口商品的检验内容除上述内容外,还包括海损鉴定、集装箱检验、进出口商品的残损检验、出口商品的装运技术条件检验、货载衡量、产地证明、价值证明以及其他业务的检验。我国加入 WTO 后,可直接参与对 WTO 成员国在制定新的技术法规、标准和合格定程序征求意见的全过程，这对我国的商品检验工作既是新的机遇，也带来更大的挑战。

应用案例11-1

进口方委托银行开出的信用证上规定：卖方须提交"商品净重检验证书"。进口商在收到货物后，发现质量不符，而且卖方仅提供了重量单。买方立即委托开证行向议付行提出拒付，但货款已经押出。事后，议付行向开证行催付货款，并解释卖方所附的重量单即为净重检验证书。请问：①重量单与净重检验证书一样吗？②开证行能否拒付货款给议付行？

案例分析

① 商品净重检验证书是由商检机构签发的关于货物重量的公证文件，而重量单为发货人所出具的货物重量说明文件，二者是不同的。

② 信用证中要求卖方提供商品净重检验证书，而议付行误以为重量单即为商品净重检验证书，则议付行必须为此过失承担责任。按《跟单信用证统一惯例》的规定，开证行有权对议付行拒付，而议付行可向出口商追索押汇款项。

11.2 检验机构及法定检验

世界各国为了维护本国的公共利益，一般都制定检疫、安全、卫生、环保等方面的法律，由政府设立监督检验机构，依照法律和行政法规的规定，对有关进出口商品进行严格的检验管理，这种检验称为"法定检验"、"监督检验"或"执法检验"。国际贸易中的商品检验检疫工作，一般由专业性的检验部门或检验企业来办理，他们的名称很多，其中有的称公证鉴定人(Authentic Surveyor)，有的称宣誓衡量人(Sworn Measurer)或实验室(Laboratory)等，统称为商检机构或公证行；有时由买卖双方自己检验商品。检验机构的类型大体可以归纳为官方检验机构、半官方检验机构和非官方检验机构3种。在实际交易中，选用哪类检验结构检验商品，取决于各国的规章制度、商品性质以及交易条件等。检验结构的选择，一般也与交易的时间、地点联系在一起。

11.2.1 国际商品检验机构

1. 官方检验机构

官方检验机构即由国家设立的检验机构，各国的官方检验机构的结构各有不同，主要职责是进行检验检疫，监督管理和公证业务等。

2. 半官方检验机构和民间机构

除政府设立的官方商品检验机构外，世界上许多国家中还有由商会、协会、同业公会或私人设立的半官方或民间商品检验机构，担负着国际贸易货物的检验和鉴定工作。半官方检验机构指一些有一定权威的、由国家政府授权、代表政府行使某项商品检验或某一方面检验管理工作的民间机构。

非官方检验机构即指由私人创办的、具有专业检验、鉴定技术能力的公证行或检验公司。由于民间商品检验机构承担的民事责任，有别于官方商品检验机构承担的行政责任，所以，在国际贸易中更易被买卖双方所接受。民间商品检验机构根据委托人的要求，以自己的技术、信誉及对国际贸易的熟悉，为贸易当事人提供灵活、及时、公正的检验鉴定服务，受到对外贸易关系人的共同信任。

目前在国际上比较有名望、有权威的民间机构有：瑞士通用公证行（SGS）、英国英之杰检验集团（IITS）、日本海事检定协会（NKKK）、新日本检定协会（SK）、日本海外货物检查株式会社（OMIC）、美国安全试验所（UL）、美国材料与试验学会（ASTM）、加拿大标准协会（CSA）、国际羊毛局（IWS）及中国商品检验公司（CCIC）。

11.2.2 国内商品检验机构

中国的国家出入境检验检疫机构是主要的国内商品检验机构。中国出入境商品的检验检疫和监督管理工作由国家出入境检验检疫局及其设立在全国各地的分支机构负责中国的国家出入境检验检疫机构负责进出口药品的监督检验、计量器具的量值检定、船舶和集装箱的规范检验、飞机（包括飞机发动机、机载设备）的适航检验、锅炉和压力容器的安全检验、核承压设备的安全检验等，分别由国家各有关主管部门归口实施法定检验和监督管理。

1. 国家出入境检验检疫

1998 年，根据九届全国人大一次会议通过的国务院机构改革方案，由原国家进出口商品检验局、原卫生部卫生检疫局和原农业部动植物检疫局共同组建国家出入境检验检疫局，归国家海关总署领导，这标志着我国出入境检验检疫事业进入了一个新的发展时期。按照国务院批准的国家出入境检验检疫局“三定”方案规定，国家出入境检验检疫局是主管出入境卫生检疫、动植物检疫和商品检验的行政执法机构。

2. 国家技术监督

进出口计量器具的量值检定由国家技术监督局下属的计量器具检定部门负责。我国《计量法》规定，“制造、修理计量器具的企业、事业单位，必须具备与制造、修理计量器具相适应的设施、人员和检定仪器设备，经县级以上人民政府计量行政部门考核合格，取得《制造计量器具许可证》或者《修理计量器具许可证》”。“制造计量器具的企业、事业单位生产本单位未生产过后计量器具新产品，必须经省级以上人民政府计量行政部门对其样品的计量性能考核合格，方可投入生产”。进口计量器具，必须经省级以上人民政府计量行政部门检定合格后，方准销售”。经检验不合格，需向国外提出索赔的，由省、市、自治区以上计量行政部门对外出证。如需凭商检证书对外索赔的，商检机构任省级以上计量行政部门出具的检验证明换发证书，有关计量检定的技术问题，由出具检验证明的计量行政部门负责。

3. 药品检验机构

药品检验机构归卫生部管理。按照国家《药政管理条例》和卫生部发布的《进口药品质量管理办法》的规定，凡进出口药品（包括原料药、制剂和药材），一律列为法定检验，由各地药检机构实施检验。

4. 船舶检验

船舶检验局是国家船舶技术监督机构，成立于 1956 年，总部设在北京，负责对船舶执行法定的监督检验，同时办理船级业务。其主要任务是：制订船舶检验的规章制度和船舶规范；在全国主要港口设立办事机构，执行监督检验；对船舶、海上设施及其材料、机械设备实施监督检验和试验，使船舶和海上设施具备正常的技术条件，以保障海上船舶、设施和人身的安全以及海洋环境不受污染；根据我国参加的有关国际公约，代表政府签发公约要求的船舶证书；办理船舶入级业务；担任公证检验。

5. 香港特别行政区的商品检验机构

香港特别行政区政府指定的检验机构是标准及检定中心。该中心按政府颁布的商品目录，对进口商品实施强制性检验。目录所列商品，未经检验及检定中心检验合格的，一律不得销售和使用。

香港是自由港，对出口商品不实施强制性检验。对商品检验管理的方式，主要有强制性检验、自愿申请标志检验、国际认证检验、委托检验和消费选择指导性检验等，除指定的检验机构外，香港还有私人公证行（如天祥公证行）和外国检验机构（如 SGS）。

11.2.3 法定检验

1. 法定检验概念

法定检验（Legal Inspection）是检验检疫机构和其他检验机构根据国家的法律、行政法规的规定，对与规定的进出口商品有关的检验事项执行强制性的检验或检疫，未经检验合格的不准输出或不准销售、使用。这样的检验称为法定检验。

构成法定检验制度必须具备如下几个要素：

（1）有法律、法规授权实施检验的主管机构；

（2）有着明确的检验范围；

(3)有明确规定的检验内容；

(4)有规定严格的限量性技术标准；

(5)有严明的监督管理保证措施。

2. 商检机构实施法定检验的范围

根据《中华人民共和国进出口商品检验法》规定，法定检验只能由出入境检验检疫机构实施。属于法定检验的出口商品，未经检验合格的，不准出口；属于法定检验的进口商品，未经检验的，不准销售、使用。实施法定检验的范围是指列入必须实施检验的进出口商品目录（简称“目录”）的进出口商品的检验和法律、行政法规规定实施检验的进出口商品或者检验项目。“目录”由国家商检部门制定和调整，并公布实施。法定检验的内容是指确定列入目录的进出口商品是否符合国家技术规范的强制性要求的合格评定活动。合格评定程序包括：抽样、检验和检查；评估、验证和合格保证；注册、认可和批准以及各项的组合。

(1)对列入《种类表》的进出口商品的检验。根据《商检法》的规定，列入《出入境检验检疫机构实施检验检疫的进出境商品目录》（简称《目录》）内的进出境商品，按照国家技术规范的强制性要求进行检验；尚未制定国家技术规范的强制性要求的，应当依法及时制定。未制定之前，可以参照国家检验检疫部门指定的国外有关标准进行检验。该目录由国家检验检疫部门根据对外贸易发展的需要制定和调整。《目录》内的出口商品，经检验合格，由检验检疫机构签发《出境货物通关单》，海关据以验放。《目录》内的进口商品，检验检疫机构签发《入境货物通关单》供海关验放后，由检验检疫机构实施检验检疫。

(2)对出口食品的卫生检验。

(3)对出口危险货物包装容器的性能鉴定和使用鉴定。根据《商检法》的规定，对出口危险货物生产包装容器的企业，必须申请检验检疫机构进行包装容器的性能鉴定。生产出口危险货物的企业，必须申请检验检疫机构进行包装容器的使用鉴定。承运人凭检验检疫机构签发的鉴定证明方可装运危险货物出口，以保证出口危险货物的安全。

(4)对装运出口易腐烂变质食品、冷冻品的船舱、集装箱等运载工具的适载检验。根据《商检法》的规定，对装运出口易腐烂变质食品、冷冻品的船舱和集装箱实施强制性适载检验。承运人和装箱单位必须在装货前申请检验，经检验符合装运技术条件，并发给证书后，方准装货出运，以保障出口食品卫生质量。

(5)对有关国际条约规定须经商检机构检验的进出口商品的检验。

(6)对其他法律、行政法规规定必须经商检机构检验的进出口商品的检验。

3. 实施法定检验的意义

实施法定检验制度的意义是极其深远的。尽管进出口商品的质量随着科学技术的进步，生产水平的提高而日新月异，但随之而来的是对质量的要求也日益提高，竞争日趋激烈，尤其是对涉及安全、卫生、环境保护等直接影响社会公益的要求更加严格。正因为事关国家利益，所以大多数国家都采取立法形式制定严格的限量性标准，采取行政干涉，加强检验管理。这种严格要求的趋势越来越强劲，因此法定检验制度是一项有着长期战略意义的制度。

实施法定检验，不仅我国是这样做的，世界上大多数国家也都是这样做的。这些国家普遍采用通过立法形式，对进出口商品实施强制性检验。随着科学技术的进步，国际商品流通中的水平结构、消费结构等较以前都发生了很大变化。不论是发展中国家还是发达国家，对涉及安全、卫生、劳动保护、环境保护等商品的进出口质量水平要求更加严格，颁布各种法令，制定严格的限量性标准，并授权检验机构依法检验管理。

4. 法定检验商品的免验

法定检验商品的免验是指检验检疫部门依照法律、法规的规定，对生产出口商品的企业，经过对其产品的检验，并对生产、质量体系的考核，证明其出口商品符合进出口商品免予检验条件所给予的一项特准。《商检法》规定，对列入《目录》和其他法律、行政法律规定须经检验检疫机构检验的进出口商品，经收货人、发货人（简称申请人）申请，国家检验检疫部门审查批准，可以免予检验。对生产企业符合规定条件的进出口商品和一定数量限额内的非贸易性货物予以免验，是对法定检验制度的一种完善措施，是为了方便、促进和鼓励名牌产品、优质商品进入国际市场，促进进出口贸易的发展。国家质检总局在2002年7月1日通过，并于7月24日公布了《进出口商品免检办法》的第23号令。在2004年6月下达了《出口商品免验工作规范》。

（1）申请免验商品的范围

申请进出口商品免验应当符合以下条件。

① 申请免验的进出口商品质量应当长期稳定，在国际市场上有良好的质量信誉，没有属于生产企业责任而引起的质量异议、索赔和退货，检验检疫机构检验合格率连续3年达到百分之百。

② 申请人申请免验的商品应当有自己的品牌，在相关国家或者地区同行业中，产品档次和产品质量处于领先地位。

③ 申请免验的进出口商品，其生产企业的质量管理体系应当符合ISO9000质量管理体系标准或者与申请免验商品特点相应的管理体系标准要求，并获得权威认证机构认证。

④ 为满足工作需要和保证产品质量，申请免验的进出口商品的生产企业应当具有一定的检测能力。

⑤ 申请免验的进出口商品的生产企业应当符合《进出口商品免验审查条件》的要求。这是依据《进出口商品免检办法》的有关规定制订的。凡是涉及安全、卫生及有特殊要求的商品不能申请免验。

(2)免验的申请和批准

申请人应当按照以下规定提出免验申请。

① 申请进口商品免验的,申请人应当向国家质检总局提出。申请出口商品免验的,申请人应当先向所在地直属检验检疫局提出,经所在地直属检验检疫局依照《免验办法》相关规定初审合格后,方可向国家质检总局提出正式申请。

② 申请人应当填写并向国家质检总局提交进出口商品免验申请书一式三份,同时提交申请免验进出口商品生产企业的ISO9000质量管理体系或者与申请免验商品特点相应的管理体系认证证书、质量管理体系文件、质量标准、检验检疫机构出具的合格率证明和初审报告、用户意见等文件。

国家质检总局对申请人提交的文件进行审核,并于1个月内做出书面答复意见。申请人提交的文件符合《免验办法》规定的,予以受理;不符合《免验办法》规定的,不予受理,并书面通知申请人。提交的文件不齐全的,通知申请人限期补齐,过期不补的或者补交不齐的,视为撤销申请。国家质检总局受理申请后,应当组成免验专家审查组(以下简称审查组),在3个月内完成考核、审查。审查组应当由非申请人所在地检验检疫机构人员组成,组长负责组织审查工作。审查人员应当熟悉申请免验商品的检验技术和管理工作。申请人认为审查组成员与所承担的免验审查工作有利害关系,可能影响公正评审的,可以申请该成员回避。审查组成员是否回避,由国家质检总局决定。

国家质检总局根据审查组提交的审查报告,对申请人提出的免验申请进行如下处理:符合《免验办法》规定的,国家质检总局批准其商品免验,并向免验申请人颁发《进出口商品免验证书》,并以公报的形式公布免验商品的名称;对不符合《免验办法》规定的,国家质检总局不予批准其商品免验,并书面通知申请人;未获准进出口商品免验的申请人,自接到书面通知之日起1年后,方可再次向检验检疫机构提出免验申请。另外,审查组应当对申请人的生产技术、生产工艺、检测结果、审查结果保密。

(3)放行

获准免验的进出口商品需要放行时,凭有效免验证书、合同、信用证及该批产品厂检验合格单和原始记录等资料到检验检疫机构办理放行手续。申请人如果要求对免验商品出具检验检疫证书,检验检疫机构可以凭申请人检验结果及有关资料,经审核后签发检验检疫证书。

(4)监督管理

免验证书有效期为3年。期满要求续延的,免验企业应当在有效期满3个月前,向国家质检总局提出免验续延申请,经国家质检总局组织复核合格后,重新颁发免验证书。免验企业不得改变免验商品范围,如有改变,应当重新办理免验申请手续。免验企业应当在每年1月底前,向检验检疫机构提交上年度免验商品进出口情况报告,其内容包括上年度进出口情况、质量情况、质量管理情况等。

检验检疫机构负责对所辖地区进出口免验商品的日常监督管理工作。检验检疫机构在监督管理工作中,发现免验企业的质量管理工作或者产品质量不符合免验要求的,责令该免验企业限期整改,整改期限为3～6个月。免验企业在整改期间,其进出口商品暂停免验。免验企业在整改限期内完成整改后,应当向直属检验检疫局提交整改报告,经国家质检总局审核合格后方可恢复免验。监督管理工作中,发现免验企业有下列情况之一的,经国家质检总局批准,可对该免验企业做出注销免验的决定:

① 不符合申请进出口商品免验应当符合条件的;

② 经限期整改后仍不符合要求的;

③ 弄虚作假,假冒免验商品进出口的;

④ 其他违反检验检疫法律法规的。

被注销免验的企业,自收到注销免验决定通知之日起,不再享受进出口商品免验,3年后方可重新申请免验。

11.3 检验时间和地点

根据国际上的习惯做法和我国的业务实践,关于买卖合同中检验时间和地点的规定方法,主要有以下几种。

11.3.1 在出口国检验

在出口国检验,具体做法分为以下两种。

1. 在产地检验,即货物离开生产地点(如工厂、农场或矿山)之前,由卖方或其委托的检验机构人员或买方的验收人员对货物进行检验或验收。在货物离开产地之前的责任,由卖方承担。

2. 在装运港/地检验,即以离岸质量、重量(或数量)为准。货物在装运港/地装运前,由双方约定的检验机构对货物进行检验,该机构出具的检验证书作为决定交货质量、重量或数量的最后依据。按此做法,货物运抵目的港/地后,买方如对货物进行检验,即使发现质量、重量或数量有问题,但也无权向卖方提出异议和索赔。

11.3.2 在进口国检验

在进口国检验的做法具体分为以下两种。

1. 在目的港/地检验,即以到岸质量、重量(或数量)为准。在货物运抵目的港/地卸货后的一定时间内,由双方约定的目的港/地的检验机构进行检验,该机构出具的检验证书作为决定交货质量、重量或数量的最后依据。如果检验证书证明货物与合同规定不符并确属卖方责任,卖方应予负责。

2. 在买方营业处所或最终用户所在地检验。对一些需要安装调试进行检验的成套设备、机电仪产品以及在卸货口岸开包检验后难以恢复原包装的商品,双方可约定将检验时间和地点延伸和推迟至货物运抵买方营业所或最终用户的所在地后的一定时间内进行,并以该地约定的检验机构所出具的检验证书作为决定交货质量、重量或数量的依据。

11.3.3 在出口国检验,进口国复验

这种做法是装运港/地的检验机构进行检验后,出具的检验证书作为卖方收取货款的依据,货物运抵目的港/地后由双方约定的检验机构复验,并出具证明。如发现货物不符合同规定,并证明这种不符情况系属卖方责任,买方有权在规定的时间内凭复验证书向卖方提出异议和索赔。这一做法对买卖双方来说,比较公平合理,它既承认卖方所提供的检验证书是有效的文件,作为双方交接货物和结算货款的依据之一,并给予买方复验权。我国进出口贸易中一般都采用这一做法。

上述各种做法,各有特点,应视具体的商品交易性质而定。对大多数一般商品交易来说,"出口国检验,进口国复验"的做法最为方便而且合理,因为这种做法一方面肯定了卖方的检验证书是有效的交接货物和结算凭证,同时又确认买方在收到货物后有复验权,能照顾到买卖双方的利益,符合各国法律和国际公约的规定。在国际贸易中使用比较普遍。目前,我国在进出口业务中,为了贯彻"平等互利"的原则,一般多采用这种办法。即在出口时允许对方有复验权(Right of Reinsertion),在进口时也要规定我方有复验权。具体规定办法是:如果是出口合同,应当订明"以装船口岸中国进出口商品检验局签发的品质/重量证明书作为向银行议付的单据的一部分。如有品质异议及/或数量异议,买方得于货到目的口岸之日起××天内向卖方提出索赔,但须提供卖方同意的公认的公证机构出具的检验报告"。如果是进口合同,则应订明"货卸目的港后,买方有权申请中国进出口商品检验局进行检验,如发现货物品质、数量或重量与合同不符,买方有权在货卸目的口岸后××天内根据中国进出口商品检验局出具的证明书向卖方提出索赔"。

近年来,在检验的时间、地点及具体做法上,国际上出现一些新做法和变化,如在出口国装运前预检验,在进口国最终检验,即在买卖合同中规定货物在出口国装运前由买方派员自行或委托检验机构人员对货物进行预检验,货物运抵目的港/地后,买方有最终检验权和和索赔权。采用这一做法,有的还伴以允许买方或其指定的检验机构人员在产地或装运港或装运地实施监造或监装。对进口商品实施装运前预检验,这是当前国际贸易中较普遍采用的一种行之有效的质量保证措施。在我国进口交易中,对

关系到国计民生、价值较高、技术又复杂的重要进口商品和大型成套设备，必要时也应采用这一做法，以保障我方的利益。

应用案例11-2

我某公司与香港一公司签订了一个进口香烟生产线合同。设备是二手货，共18条生产线，由A国某公司出售，价值100多万美元。合同规定，出口商保证设备在拆卸之前均在正常运转，否则更换或退货。设备运抵目的地后发现，这些设备在拆运前早已停止使用，在目的地装配后也因设备损坏、缺件根本无法马上投产使用。但是，由于合同规定如要索赔需商检部门在"货到现场后14天内"出证，而实际上货物运抵工厂并进行装配就已经超过14天，无法在这个期限内向出口商索赔。这样，工厂只能依靠自己的力量进行加工维修。经过半年多时间，花了大量人力物力，也只开出了4套生产线。

案例分析

该案例的要害问题是合同签订者把引进设备仅仅视为订合同、交货、收货几个简单环节，完全忽略了检验、索赔这2个重要环节。特别是索赔有效期问题，合同质量条款订得再好，索赔有效期订得不合理，质量条款就成为一句空话。大量事实说明，外商在索赔有效期上提出不合理意见，往往表明其质量上存在问题，需要设法掩盖。如果买方只满足于合同中形容质量的漂亮词藻，不注意索赔条款，就很可能发生此类事故。

11.4 检验证书类型及作用

11.4.1 国际贸易商检证书的概念

商检证书是商检机构对外签发的具有法律效力的证书，是证明交货的品质、数量、包装及卫生条件等是否符合合同规定的依据，当卖方交货品质、数量、包装及卫生条件与合同规定不符时，可作为拒收、索赔和理赔的依据。凡列入《种类表》的商品，国家规定必须对进行检验的商品如食品、动物、危险品及其容器、船舱、集装箱等例行法定检验；不属法定检验但合同规定要进行检验的商品可进行鉴定业务。

11.4.2 商检证书的种类及作用

1. 商检证书的种类

(1)品质检验证书(Inspection Certificate of Quality)。它是证明进出口货物品质规格的证书。是出口商品交货结汇和进口商品结算索赔的有效凭证；法定检验商品的证书，是进出口商品报关、输出输入的合法凭证。商检机构签发的放行单或在报关单上加盖的放行章有与商检证书同等通关效力；签发的检验情况通知单同具商检证书性质。

（2）重量检验证书（Inspection Certificate of Weight）。它是证明进出口货物的重量的证书。是出口商品交货结汇、签发提单和进口商品结算索赔的有效凭证，也是国外报关征税和计算运费、装卸费用的证件。

（3）数量检验证书（Inspection Certificate of Quantity）。它是证明进出口货物品的数量的证书。是出口商品交货结汇、签发提单和进口商品结算索赔的有效凭证。

（4）兽医检验证书（Veterinary Inspection Certificate）。它是证明出口动物产品在出口前经过检疫检验而出具的证书。适用于冻畜肉、冻禽、禽畜罐头、冻兔、皮张、毛类、绒类、猪鬃、肠衣等出口商品。是对外交货、银行结汇和进口国通关输入的重要证件。

（5）卫生（健康）检验证书（Sanitary Inspection Certificate）。是证明可供人类食用的出口动物产品、食品等经过卫生检验或检疫合格的证件。适用于肠衣、罐头、冻鱼、冻虾、食品、蛋品、乳制品、蜂蜜等，是对外交货、银行结汇和通关验放的有效证件。

（6）消毒检验证书（Disinfections Inspection Certificate）。证明出口动物产品经过消毒处理，保证安全卫生的证件。适用于猪鬃、马尾、皮张、山羊毛、羽毛、人发等商品，是对外交货、银行结汇和国外通关验放的有效凭证。

（7）产地检验证书（Inspection Certificate of Origin）。合同规定须出具产地证明，按照给惠国要求，出具原产地证明时，由检验结构签发原产地证书。

（8）价值检验证书（Inspection Certificate of Value）。有些货物需要证明其价值时，证明出口货物价值或发货人提供的发票上价值完全正确，需由检验结构出具的证书。在发票上签盖商检机构的价值证明章与价值证明书具有同等效力。

（9）残损检验证书（Inspection Certificate of Damaged Cargo）。证明进口货物残损情况，估定残损贬值程度，判断致损原因，供索赔时使用，需由检验结构出具此证书。

此外，还有熏蒸证书，是用于证明出口粮谷、油籽、豆类、皮张等商品，以及包装用木材与植物性填充物等，已经过熏蒸灭虫的证书；积载鉴定证书，是证明船方和集装箱装货部门正确配载积载货物，作为证明履行运输契约义务的证件，可供货物交接或发生货损时处理争议之用；财产价值鉴定证书，是作为对外贸易关系人和司法、仲裁、验资等有关部门索赔、理赔、评估或裁判的重要依据；船舱检验证书，证明承运出口商品的船舱清洁、密固、冷藏效能及其他技术条件是否符合保护承载商品的质量和数量完整与安全的要求，可作为承运人履行租船契约适合载运义务，对外贸易关系方进行货物交接和处理货损事故的依据；生丝品级及公量检验证书，是出口生丝的专用证书，其作用相当于品质检验证书和重量/数量检验证书；舱口检视证书、监视装/卸载证书、舱口封识证书、油温空距证书、集装箱监装/拆证书，是作为证明承运人履行契约义务，明确责任界限，便于处理货损货差责任事故的证明；货载衡量检验证书，是证明进出口商品的重量、体积吨位的证件，可作为计算运费和制订配载计划的依据；集装箱租箱交货检验证书、租船交船剩水/油重量鉴定证书，可作为契约双方明确履约责任和处理费用清算的凭证等。

商品不同，检验要求及所应提供的检验证书也有所不同。如一般轻纺产品只需提供品质、数量或重量证明书即可；而有些农副土特产品则除需要出具品质/重量证明书外，还需出具卫生证明书、兽医证明书或植物检疫证明书。因此，在签订合同时，应根据商品的特性，对所需的检验证书做出明确的规定。目前，由于世界各国公害严重，不少国家的政府都制订了许多有关环境保护、卫生检疫、消费者保护等方面的法令和条例，凡不符合规定要求的商品，一律不得进口。我们在签订出口合同时，虽然可以不接受要求我国出口商品的"卫生质量必须符合某国某项法令的规定"的条款。但是，为了做好出口工作，我们对有关进口国家的这类法令、条例也应有所了解，并且要认真研究对策。如果我们不给予应有的注意，难免我国的出口商品会与进口国家的卫生、检疫规定相抵触，那么，即使在出口合同中没有规定必须遵守进口国的卫生、检疫条件，但到交货时对方政府不准进口，合同还是无法履行，这是当前在扩大出口中值得注意的一个问题。

2. 商检证书的作用

检验检疫证书(Testing Certificate)，是各种进出口商品检验证书、鉴定证书和其他证明书的统称，是对外贸易有关各方履行契约义务，处理索赔争议和仲裁、诉讼举证，具有法律依据的有效证件，也是海关验放、征收关税和优惠减免关税的必要证明。其作用为：

(1)检验证书是证明卖方所交货物的品质、数量、包装以及卫生条件等方面是否符合合同规定的依据；

(2)检验证书是海关验关放行的依据；

(3)检验证书是卖方办理货运结算的依据；

(4)检验证书是办理索赔和理赔的依据；

(5)检验证书是证明货物装卸、在途中的实际情况，明确责任归属的依据。

11.5 国际贸易商品检验工作程序

我国商品检验机构规定出入境货物检验检疫实行"一次报检、一次抽(采)样、一次检验检疫、一次卫生除害处理、一次收费、一次发证放行"的工作模式和先报检后报关的工作程序。先检验检疫，后放行通关。若货物的产地和报关地一致，检验检疫合格，出具《出境货物通关单》，若产地和报关地不一致，出具《出境货物换证凭单》，至报关地检验检疫机构换发《出境货物通关单》。出境货物的报检由持有报检员证的报检员专门负责。要求报检人预先与检验检疫机构约定检验时间，并提供必要的工作条件。

1. 报检时限和地点

报检时限最迟应在出口报关或装运前7天报检，对于个别检验检疫周期较长的货物，应留有相应的检验检疫时间。

报检地点规定。在商品生产地的出入境检验检疫机构报检，并在商品的生产地接受检验。对于不宜在产地实施检验的，可在出境前向出口口岸检验检疫机构报检。

2. 报检时应提供的单证

除需提交《出境货物报检单》外，还应提供合同（销售确认书或订单等）信用证、发票及装箱单等必备单证。

3. 出运限期

一般商品应在证单签发之日起两个月内、鲜活类商品应在两周内装运出口。超过此期限则需重新报检。

本章小结

商品的检验和检疫是货物买卖合同中不可缺少的条款之一，虽然在每一笔合同履行中不是必经的环节，但在实践中，企业一旦遇到这些问题，应该知道该如何处理，才能为合同的履行和未来业务的发展提供便利。进出口商品一般都要进行检验，交易双方之一有违反合同的情况发生，另一方都可主张权利，提出索赔。实行法定检验制度的意义是极其深远的，不论是发展中国家还是发达国家，对涉及安全、卫生、劳动保护、环境保护等商品的进出口质量水平要求更更加严格，颁布各种法令，制定严格的限量性标准，并授权检验机构依法检验管理。法定检验商品的免验是指检验检疫部门依照法律、法规的规定，对生产出口商品的企业，经过对其产品的检验，并对生产、质量体系的考核，证明其出口商品符合进出口商品免予检验条件所给予的一项特准。买卖合同中检验时间和地点的规定方法主要有在出口国检验、在进口国检验、在出口国检验且在进口国复验等类型。商检证书是商检机构对外签发的具有法律效力的证书，是证明交货的品质、数量、包装及卫生条件等是否符合合同规定的依据，当卖方交货品质、数量、包装及卫生条件与合同规定不符时，可作为拒收、索赔和理赔的依据。商检证书有品质、数量、质量等诸多证书类型。

习题

1. 单项选择题

(1)对技术密集型产品,宜在(　　)。

A. 出厂前检验　　B. 装船前检验

C. 目的港检验　　D. 最终用户所在地检验

(2)国际上应用较广泛的商品检验时间、地点的规定方法是(　　)。

A. 装船前装运港检验

B. 出口国装运港(地)检验,进口国目的港(地)复验

C. 装运港(地)检验重量,目的港(地)检验品质

D. 进口国目的港(地)检验

(3)国际标准化组织的英文缩写是(　　)。

A. ISO　　B. UL　　C. IWS　　D. SGS

(4)"离岸重量,离岸品质"指的是哪种检验地点的约定方法(　　)。

A. 在出口国检验　　B. 进口国进行检验

C. 第三国检验　　D. 出口国检验,进口国复验

2. 多项选择题

(1)合同中商品检验条款的重要作用表现为(　　)。

A. 明确买卖双方在货物检验方面的权利义务

B. 有助于分清货物在运输过程中的货损,货差等责任归属

C. 证明货物是否符合合同规定

D. 保证商检法规的实施

E. 保证合同顺利履行

(2)商品检验证书在国际贸易中的作用是(　　)。

A. 证明货物运输、装卸的实际状况

B. 能明确责任归属

C. 是通关放行的有效证件

D. 是履行合约、交接货物和结算货款的主要依据

E. 是对外索赔的有效凭证

3. 判断题

(1)买方对货物的检验权是强制性的,是接受货物的前提条件。(　　)

(2)如果货物在产地检验,那么货物离厂后的品质、数量等方面风险概由买方负责。(　　)

(3)确定商品检验时间、地点时,必须考虑货物自身特性。(　　)

(4)以装运港检验机构出具的证书议付单据,以目的港检验结果为索赔依据,这种做法对买、卖双方均有好处。(　　)

4.案例分析题

(1)某合同商品检验条款中规定以装船地商检报告为准。但在目的港交付货物时却发现品质与约定规格不符。买方经当地商检机构检验并凭其出具的检验证书向卖方索赔,卖方却以上述商检条款拒赔。

请问:卖方拒赔是否合理?

(2)我方售货给加拿大的甲商,甲方商人又将货物转售给英国的乙商。货物到达甲国后,甲方商人已发现货物存在质量问题,但仍将原货运往英国,乙方商人收到货物后,除发现货物质量问题外,还发现有80包货物包装破损,货物短少严重,因而向甲方商人索赔,甲方商人又向我方提出索赔。请问:我方是否应负责赔偿?为什么?

第 12 章 争议预防与处理

教学目的和要求

通过学习本章内容，理解争议及其引起争议的原因；掌握仲裁的概念和特点；熟悉仲裁条款的内容；理解不可抗力的含义；掌握引起不可抗力事故的原因及处理办法；掌握定金罚则的含义与运用定金条款的注意事项；了解中国与外国有关仲裁裁决认定、执行方面的差异。

学习重点与难点

1. 争议与索赔，索赔责任范围的划分；
2. 仲裁；
3. 定金罚则；
4. 不可抗力。

引子

由于多种原因往往会引发合同当事人之间的贸易争议，就贸易争议的处理而论，通常有以下几种可供依次选择的方式：第三者调解、索赔、仲裁和司法诉讼。在国际贸易争议的处理过程中，买卖双方会据理力争，争取有利的结果。此外，对于由于不可抗力造成的违约，违约方无须承担违约责任，而不可抗力界定又成了关键问题。

典型案例

我国苏州市 A 公司与韩国 B 公司签订了购销合同。B 公司向 A 公司供应一批化工产品，货款价值 10 万美元。A 公司向 B 公司交纳了 1 万美元的定金，并与其约定，任何一方违约，将支付违约金 1.5 万美元。后来，B 公司违约，不能向 A 公司发货。A 公司想通过法律手段维护自己的权益。试问，A 公司是否可以向 B 公司提出既要求双倍返还定金，又要求承担违约金？如何选择？

案例分析

定金是指合同一方当事人根据合同的约定，预先付给另一方当事人一定数额的金额，以保证合同的履行，是作为债权担保而存在的。在买卖合同中，只要定了定金条款，无论合同当事人哪方违约，都要承担与定金数额相等的损失，这种以定金方式确保合同履行的方法称为定金罚则。根据有关合同法的规定,定金具有双向担保的作用,根本目的并不在于惩罚违约行为,而在于担保或督促当事人依照诚实信用原则履行合同义务,当事人的任何违约行为,均构成对设定定金担保目的的违反。此外,如果在合同中同时签订了定金和违约金,依据我国合同法的有关规定,违约金责任不能与定金责任并用。不能并用是指不能要求违约方既承担违约金责任,又承担定金罚则。不过,受损害方有权选择适用二者之一,要求对方承担。至于选择哪一种责任,要求违约方承担,一般依据的是有利于非违约方的原则。在本案中,A 公司可以向 B 公司既要求双倍返还定金,但不能同时要求 B 公司再承担违约金。

12.1 索赔

12.1.1 争议与索赔

1. 争议的定义

争议(Dispute)是指交易的一方认为另一方未能全部或部分履行合同规定的责任而引起的业务纠纷。在国际货物买卖业务中,产生争议、纠纷的原因很多,大致可归纳为以下几种情况:

(1)合同是否成立,双方国家法律和国际贸易惯例解释不一致;

(2)合同条款规定得不够明确,双方对条款的解释不同,习惯上无统一的解释;

(3)在履约中产生了双方不能控制的因素,致使合同无法履行或无法按期履行,而双方对是否可以解除合同或延期履行合同看法不一致;

(4)买方不按时开出信用证,不按时付款赎单,无理拒收货物或在买方负责运输的情况下,不按时派船或签订运输合同、指定交货地点等;

(5)卖方不按时交货或不按合同规定的品质、数量、包装交货,不提供合同和信用证规定的合适单证等。

2. 解决国际贸易活动中争议的方式

(1)和解

是指争议纠纷中自诉人在法院判决前,可以同被告人自行协商就某项争议达成和解的协议,经法院同意后,自诉人可以撤诉。

(2)调解

可分为法院调解、仲裁调解,当事人经人民法院调解而达成协议的,应制作调解书,调解书送达后,即具有法律效力。经仲裁机构调解,双方当事人达成和解的,应签定书面和解协议。

(3)仲裁

仲裁(Arbitration)是指仲裁机构根据当事人在争议发生前或在争议发生后达成的协议,将争议提交仲裁机构审理,并由其做出判断或裁决。

(4)诉讼

诉讼(Litigation)是指国际贸易纠纷案件中,不属于仲裁机构仲裁的案件,以及不服行政机关复审裁决的案件,当事人可以依法向法院提起诉讼。

3. 索赔

索赔(Claim)是指在国际货物买卖过程中,因一方违反合同规定,直接和间接地给另一方造成损失,受损方向违约方提出赔偿要求,以弥补其所受的损失。理赔是指违反合同的一方受理受损方提出的赔偿要求的表示。索赔与理赔是一个问题的两个方面,对于受害方来说是索赔,对于违约方来说是理赔。

12.1.2 违约责任及法律规定

交易中双方引起争议的原因很多,大致可归纳为以下几种情况。

1. 卖方违约

不按合同的交货期交货,或不交货,或所交货物的品质、规格、数量、包装等与合同(或信用证)规定不符,或所提供的货运单据种类不齐,份数不足等。

2. 买方违约

信用证支付方式条件下不按期开证或不开证;不按合同规定付款赎单,无理拒收货物。

3. 买卖双方均负有违约责任

如合同条款规定不明确,致使双方理解或解释不统一,造成一方违约,引起纠纷;或在履约中,双方均有违约行为。

12.1.3 合同中的索赔条款

在国际贸易货物买卖合同中往往要订立索赔条款(Discrepancy and Claim Clause),索赔条款的内容主要包括索赔依据、索赔期限、索赔方法和索赔金额等。

1. 索赔依据(Claim Foundation)

在索赔条款中,一般都规定提出索赔应出具的证据和出证机构,如双方约定:货到目的港卸货后,若发现品质,数量或重量与合同规定不符,除应由保险公司或船公司负责外,买方于货到目的港卸货后若干天内凭双方约定的某商检机构出具的检验证明向卖方提出索赔。

2. 索赔期限(Period of Claim)

守约方向违约方提出索赔的时限,应在合同中订明,如超过约定时限索赔,违约方可不予受理。因此,索赔期限的长短应当规定合适。在规定索赔期限时,应考虑不同商品的特性和检验条件。对于有质量保证期限的商品合同中还应增加保证期。此外,在规定索赔期限时,还应对索赔期限的起算时间一并做出具体规定,通常有下列几种起算方法:

(1)贷到目的港后××天起算;

(2)货到目的港卸离海轮后××天起算;

(3)货到买方营业处所或用户所在地后××天起算;

(4)货物检验后××天起算。

3. 索赔方法(Methods of Claim)

异议索赔条款对合同双方当事人都有约束力,不论何方违约,受损害方都有权提出索赔。鉴于索赔是一项复杂而又重要的工作,故处理索赔时,应弄清事实,分清责任,并区别不同情况,有理有据地提出索赔。

4. 索赔金额(Sum of Claim)

索赔金额因订约时难以预卜,只能事后本着实事求是的原则酌情处理,故在合同中一般不作具体规定。

此外,还有罚金或违约金条款(Penalty Clause or Liquidated Damage Clause),此条款一般适用于卖方延期交货或买方延期接运货物,拖延开立信用证,拖欠货款等场合。在买卖合同中规定罚金或违约金条款,是促使合同当事人履行合同义务的重要措施,能起到避免和减少违约行为发生的预防作用,在发生违约行为的情况下,能对违约方起到一定的处罚作用,对守约方的损失能起到补偿性作用。可见,约定此项条款,采取违约责任原则,对合同当事人和社会都有益。值得注意的是,罚金或违约金与赔偿损失虽有相似之处,但仍存在差异,其差别在于:前者不以造成损失为前提条件,即违约的结果,并未发生任何实际损害,也不影响对违约方追究违约金责任。违约金数额与实际损失是否存在及损失的大小没有关系,法庭或仲裁也不要求请求人就损失举证,故其在追索程序上比后者简便得多。

违约金的数额一般由合同当事人商定,我国现行合同法也没有对违约金数额做出规定,而以约定为主。按违约金是否具有惩罚性,可分为惩罚性违约金和补偿性违约金,世界大多数国家都以违约金的补偿性为原则,以惩罚性作为例外。根据我国合同法的规定,在确定违约金数额时,双方当事人应预先估计因违约可能发生的损害赔偿确定一个合适的违约金比率。在此需要着重指出的是,在违约金的情况下,即使一方违约未给对方造成损失,违约方也应支付约定的违约金。为了体现公平合理原则,如一方违约给对方造成的损失大于约定的违约金，守约方可以请求法院或仲裁庭予以增加；反之，如约定的违约金过分高于实际造成的损失，当事人也可请求法院或仲裁庭予以适当减少。但如约定的违约金不是过分高于实际的损失，则不能请求减少，这样做，既体现了违约金的补偿性，也在一定程度上体现了它的惩罚性。当违约方支付约定的违约金后，并不能免除其履行债务的义务。

索赔和理赔是一项涉外政策性、技术性很强的工作，同时又是一项维护国家权益和信誉的重要工作。做好这项工作必须贯彻我国对外贸易的方针政策，利用国际惯例和国际法律，注意调查研究，弄清事实，合理解决。做到有理、有利、有节。

12.1.4 定金罚则

在买卖合同中只要约定的定金条款，无论合同当事人哪一方违约，都要承担与完全数额相等的损失。换句话，就是如果是支付定金的一方违约，即丧失定金的所有权，定金归收取定金的一方所有，如果是收受定金的一方违约，则除返还支付方支付的定金外，还应支付给支付方与定金相等数额的钱款，这种以定金方式确保合同履行的方法称为定金罚则。

1. 定金

定金是指当事人约定由一方向对方给付的，作为债权担保的一定数额的货币，它属于一种法律上的担保方式，目的在于促使债务人履行债务，保障债权人的债权得以实现。根据我国发法通则和《担保法》八十九条规定，定金应当以书面形式约定，当事人在定金合同中应约定交付定金的期限。定金合同一般在房地产商正式取得销售许可证后并从实际交付定金之日起生效，定金的数额由当事人约定，但不得超出合同标的额的20%。如果购房者交了定金之后改变主意决定不买，开发商有权以购房者违约为由不退定金；如果开发商将房屋卖给他人，应当向购房者双倍返还定金。

2. 订金

订金有时称诚意金。是当事人为承诺自己的履约诚意而向对方支付的一定数量的金额，它通常是在购房者与发展商就房屋买卖的意向初步达成协议后，准备进一步协商签订的临时认购协议，约定一个期限，买方需在此期限内与卖方签署正式合同。买方支付订金即取得了在此期限内的优先购买权，在约定的时间内，卖方不得再将该房屋出售给其他人，若合同双方无法最终签署协议，则对方无权扣留当事人所支付的为表达履约诚意而支付的金额。订金在房地产销售中一般是在未正式开盘前，对有意向购买的客户收取的一定数量的金额，若客户在房地产商未取得销售许可证前，提出退订，则房产商无权扣留其订金。

3. 预付款

预付款是一种支付手段，其目的是解决合同一方周转资金短缺。预付款不具有担保债的履行的作用，也不能证明合同的成立。收受预付款一方违约，只需返还所收款项，而无须双倍返还。此外，法律对预付款的使用有严格规定，当事人不得任意在合同往来中预付款项，而对定金则无此限制。

4. 违约金

违约金是指违约方按照法律规定和合同的约定，应该付给对方的一定数量的货币。违约金是对违约方的一种经济制裁，具有惩罚性和补偿性，但主要体现惩罚性。只要当事人有违约行为且在主观上有过错，无论是否给对方造成损失，都要支付违约金。

5. 定金条款注意事项

在国际贸易中定金罚则被广泛应用，其主要目的是促使合同双方自觉履行合同，减少合同纠纷的发生。在签订国际贸易合同时，约定定金条款应当充分考虑以下事项：

(1)注意定金和预付款要分别签订，不能在同一条款中约定，以防产生歧义；

(2)对定金数额的确定要明确具体，尤其要约定定金的处置办法；

(3)如果在合同中同时签订了定金和违约金，在一方违约的情况下，履行合同的一方只能选择其中之一，不能合用。

12.2 不可抗力

12.2.1 不可抗力的含义

所谓不可抗力(Force Majeure)是指在合同签订以后，签订合同的一方遇到了人力所不能控制的意外事故，以致不能履行合同或不能如期履行合同，遭受意外事故的一方可以免除履行合同的责任或延期履行合同。据此，不可抗力是指在合同成立以后所发生的，不是由于当事人一方的故意或过失所造成的，对其发生以及造成的后果是当事人不能预见、不能控制、不能避免并且不能克服的。

国际货物买卖中，因为较国内货物买卖来得复杂。其合同对于买卖双方义务、权力划分严谨且清楚。在合同上加入不可抗力条款，主要是为了在出现一些不可抗力事件时，利于跨国际的买卖双方关于责任的免责协商。也有利于维护买卖双方的业务关系。不可抗力是一项免责条款(Be Free from Liabilities)，但值得注意的是，市场风险、商品价格波动、汇率变化等均不能视为不可抗力事件。

应用案例 12-1

有一份合同，印度A公司向美国B公司出口一批黄麻。在合同履行的过程中，印度政府宣布对黄麻实行出口许可证和配额制度。A公司因无法取得出口许可证而无法向美国B公司出口黄麻,遂以不可抗力为由主张解除合同。问:印度公司能否主张这种权利?为什么?

案例分析

由于政府的管理政策的变化属于不可抗力范畴,印度公司能主张不可抗力权利,但是不能单方面解除合同。

12.2.2 不可抗力原因及认定条件

引起不可抗力的原因有两种:一是自然原因,如洪水、暴风、地震、干旱、暴风雪等人类无法控制的大自然力量所引起的灾害事故;二是社会原因,如战争、罢工、政府禁止令等引起的。在实践中,对不可抗力的认定是很严格的,要与商品价格波动、汇率变化等正常的贸易风险区别开来。

不可抗力的认定条件关键是履行合同过程中不是由于当事人的原因,而是由于发生了合同当事人无法预见、无法预防、无法避免和无法控制的事件,以至于不能履行合同或者按时履行合同。

12.2.3 不可抗力事件的处理

不可抗力引起的后果主要有两种:解除合同和延期履行。至于在什么情况下解除合同,在什么情况下只能延迟履行要根据不可抗力对履行合同造成的影响程度而定,也可以由双方当事人在合同中作具体规定。合同设规定时,一般的解释是:不可抗力的含义及其后果解释不一,因此当事人可在合同中拟定不可抗力条款,以避免不可抗力及其后果的不确定性。

发生不可抗力事故后,是解除合同还是延迟履行,或是采取其他的救济措施,可由双方当事人在合同中加以规定,明确规定在什么条件下可解除合同,在什么条件下只能延迟履行。因为解除合同和延迟履行对当事人的影响是不一样的。如果解除合同或延迟履行的条件规定不明确,在市场行情发生变化时,就会出现一方当事人主张只能延期履行的情况。

发生不可抗力时,遭受不可抗力的一方应及时通知另一方,使对方及时采取一些相应措施,如查明不可抗力的事实真相,对履行合同的影响程度等。

应用案例12-2

我国某出口企业以CIF纽约条件与美国某公司订立了500套家具的出口合同。合同规定2009年12月交货。11月底,我企业出口商品仓库因雷击发生火灾,致使一半以上的出口家具被烧毁。我企业遂以不可抗力为由要求免除交货责任,美方不同意,坚持要求我方按时交货。我方经多方努力,于2011年1月初交货,而美方以我方延期交货为由提出索赔。问:(1)我方可以主张何种权利?为什么?(2)美方的索赔要求是否合理?为什么?

案例分析

我企业出口商品仓库因雷击发生火灾,致使一半以上的出口家具被烧毁。雷击属于不可抗力范畴,我企业可以不可抗力为由要求免除或者延迟交货责任。美方的索赔要求不合理,因为我企业出口商品仓库因雷击发生火灾雷击属于不可抗力范畴,我企业可以不可抗力为由要求免除或者延迟交货责任。另外,还需要参考合同中的不可抗力条款是如何规定的,以便进行问题的解决。

12.2.4 不可抗力条款的规定方法

1. 合同中订入不可抗力条款

目前我国在国际贸易合同中,订立不可抗力条款有三种。

(1)概括式规定:即对不可抗力事件作笼统的提示,如"由于不可抗力的原因,而不能履行合同或延迟履行合同的一方可不负有违约责任。但应立即以电传或传真通知对方,并在××天内以航空挂号信向对方提供中国国际贸易促进委员会出具的证明书"。

(2)列举式规定:即逐一订明不可抗力事件的种类。如"由于战争、地震、水灾、火灾、暴风雪的原因而不能履行合同或延迟履行合同的一方不负有违约责任……"。

(3)综合式规定:即将概括式和列举式合并在一起,如"由于战争、地震、水灾、火灾、暴风雪或其他不可抗力原因而不能履行合同的一方不负有违约责任……"。综合式是最为常用的一种方式。

2. 不可抗力的证明文件及出具证明的机构

我国法律规定,当不可抗力发生后,当事人一方因不能按规定履约要取得免责权利,必须及时通知另一方,并在合理时间内提供必要的证明文件,以减轻可能给另一方造成的损失。按《公约》,如果当事人一方未及时通知而给对方造成损害的,仍应负赔偿责任。在实践中,为防止争议发生,不可抗力条款中应明确规定具体的通知和提交证明文件的期限和方式。关于不可抗力的出证机构,在我国,一般由中国国际贸易促进委员会(中国国际商会)出具;如由对方提供时,则大多数由当地的商会或登记注册的公证机构出具。另一方当事人收到不可抗力的通知及证明文件后,无论同意与否,都应及时回复。

(1)必须及时通知另一方,并在合理时间内提供必要的证明文件,以减轻可能给另一方造成的损失。《公约》规定:如果当事人一方未及时通知而给对方造成损害的,仍应负赔偿责任。

(2)最好在不可抗力条款中应明确规定具体的通知和提交证明文件的期限和方式。

(3)收到不可抗力的通知及证明文件后,无论同意与否,都应及时回复。

3. 援引不可抗力条款的注意事项

(1)任何一方发生不可抗力事故后,应按规定立即通知对方;

(2)一方接到另一方不可抗力事故通知和证明文件后,应按规定及时研究做出意见答复对方;

(3)对不可抗力事故成立后,处理问题应按合同规定办理;

(4)要注意不可抗力条款的措施及其不同解释;

例如,当不可抗力阻止了合同的履行或是妨碍了合同履行时,遭受不可抗力一方可免责。由于阻止和妨碍的含义是不一样的,妨碍一词比阻止一词解释起来要宽松得多。使用什么措施,订约双方当事人应结合自己的意图加以斟酌。

(5)应避免把罢工算作不可抗力;

一般来说,罢工多是由于工人工资、福利等问题引起的。在资本主义国家,罢工是经常发生的,并不一定是不可避免、不可克服的,如不分情况,笼统将罢工算作不可抗力事件,就将给资本主义国家的当事人以可乘之机,以罢工为由,援引不可抗力条款,来推卸对合同应履行的责任。

(6)正确援引不可抗力条款。

交易一方援引不可抗力条款免责时,另一方当事人应按合同规定严格进行审查,以确定其援引的内容是否属于不可抗力条款规定的范围。

12.3 仲裁

在国际贸易买卖中,发生争议是难免的,友好解决争议的几种重要方式有友好协商、调解和仲裁等方式,仲裁是解决争议的一种重要方式。

12.3.1 仲裁定义及特点

1. 仲裁的定义

仲裁(Arbitration)是买卖双方达成协议,发生争议时若通过协商不能解决,自愿将有关争议提交给双方同意的第三者进行裁决,裁决的结果是终局的,对双方均有约束力。

2. 仲裁的特点

仲裁是国际贸易中解决争议的协商、调解、诉讼等方式中的一种。其具有以下特点:

（1）仲裁机构是民间组织，无法定管辖权，如双方当事人无仲裁协议，一方不能迫使另外一方进行仲裁；

（2）处理仲裁案件的仲裁员由双方当事人指定；

（3）仲裁员熟悉国际贸易业务，处理问题时能够更多地考虑国际商业惯例，比较切合实际和迅速，收费较低；

（4）仲裁一般不公开进行，裁决也不像法院那样公布出来，因此对双方当事人之间的贸易关系损害较小。

12.3.2 仲裁机构

仲裁解决方式包括临时仲裁和常设机构仲裁。相应地，仲裁机构也分为临时仲裁庭（特设仲裁庭）和常设仲裁机构。临时仲裁庭是根据当事人合意并按照一定程序组成的，案件审理完毕即自动解散；常设仲裁机构依照国际条约或国内法律而设立。

常设仲裁机构可分为世界性常设仲裁机构（如国际商会仲裁院）区域性常设仲裁机构（如美洲国家商事仲裁委员会）和各国常设仲裁机构（如瑞典斯德哥尔摩商会仲裁院、美国仲裁协会、伦敦仲裁院、中国国际经济贸易仲裁委员会等）。国际贸易买卖合同双方一般可以选择任意一家仲裁机构。一般来说，常设仲裁机构由于具有条件、经验等方面的优势，故采用常设机构仲裁方式更有利于争端的解决。

中国的对外经济贸易仲裁是从20世纪50年代后才开始建立和发展起来的。中国国际贸易促进委员会设有对外经济贸易仲裁委员会和海事仲裁委员会。

对外经济贸易仲裁委员会受理对外贸易契约和交易中所发生的争议，包括一切由于在国外购买、销售商品的契约或者委托买卖契约所发生的争议，由于有关商品的运输、保险、保管、发送所发生的争议，以及其他对外贸易业务上所发生的争议。同时也受理有关中外合资企业、外国来华投资建厂、中外银行相互信贷、合作经营、合作开发、技术引进、租赁业务等所发生的争议。

12.3.3 仲裁协议形式与作用

仲裁协议（Arbitration Agreement）是指有关当事人根据意思自治和协商一致的原则，自愿将他们之间已经发生或将来可能发生的争议提交仲裁解决的一种表示。我国法律规定，当事人采用仲裁方式解决争议，应当双方自愿，达成仲裁协议。没有仲裁协议，一方申请仲裁时，仲裁机构不予受理。据此，发生争议的一方如申请仲裁时必须提交双方当事人订立的仲裁协议。在我国，仲裁协议必须是书面的，有两种形式：一种是合同中的仲裁条款（Arbitration Clause），即在争议发生前，合同当事人在买卖合同中订立仲裁条款，表明在争议发生时，当事人自愿将争议交付仲裁解决；另一种是以其他书面方式达成的提交仲裁协议（Arbitration Agreement；Submission to Arbitration），即双方当事人在合同争议发生前或发生后订立的提交仲裁的协议，包括双方来往信件、数据电文等或其他书面形式。这两种形式的仲裁协议具有同等的法律效力。根据我国现行的仲裁规则，合同中的仲裁条款应视为与合同其他条款分离地、独立地存在的条款，附属于合同的仲裁协议也应视为与合同其他条款分离地、独立地存在的一个部分，合同的变更、解除、终止、失效或无效以及存在与否，均不影响仲裁条款或仲裁协议的效力。

1. 仲裁协议的形式

仲裁协议有两种形式：一种是由双方当事人在争议发生之前订立的，表示愿意把将来可能发生的争议提交仲裁解决的协议，这种协议一般都包含在主合同内，作为合同的一项条款，即仲裁条款。另一种是由双方当事人在争议发生之后订立的，表示同意把已经发生的争议提交仲裁解决的协议，这是独立于主合同之外的一个单独的协议，通常称为提交仲裁的协议。

根据我国国际经济贸易仲裁委员会仲裁规则的规定，仲裁协议包括当事人在合同中订立的仲裁条款，或者以其他方式达成的提交仲裁的书面协议，两者具有同等法律效力。只要双方当事人在合同中订有仲裁条款，日后如果双方发生了争议，任何一方都可以根据合同中的仲裁条款提出仲裁，无须另外再签订任何同意提交仲裁的协议，只有在合同中没有订立仲裁条款的情况下，才要求双方当事人在提交仲裁之前达成一项提交仲裁的协议。世界上大多数国家的做法与我国的做法基本相同。注意，对于仲裁条款（Arbitration Clause）或事前协议和提交仲裁的协议（Submission）或事后协议，若事前协议与事后协议不一致，以事后协议为准，两种仲裁协议的形式具有同等法律效力。

2. 仲裁协议的作用

（1）是仲裁机构行使仲裁管辖权的依据；

（2）排除法院的司法管辖权；

（3）具有独立性；

（4）是仲裁机构确定仲裁事项范围的依据。

因此，在制定仲裁协议时应该按照规范要求进行。

12.3.4 仲裁条款

仲裁条款的规定应当明确合理，不能过于简单，其具体内容一般应包括仲裁地点、仲裁机构、仲裁程序、仲裁裁决的效力、仲裁费的负担等。

1. 仲裁地点

在仲裁条款中，确定在哪国仲裁，一般就适用该国的仲裁法律。我国进出口贸易合同中的仲裁地点，根据贸易对象和情况的不同，一般采用以下三种规定方法之一：

(1)力争规定在我国仲裁;

(2)有时规定在被告所在国仲裁;

(3)规定在双方同意的第三国仲裁。

2. 仲裁机构

仲裁机构有两种形式。一种是由双方当事人在仲裁协议中规定一个常设的仲裁机构。我国主要的常设仲裁机构是设在北京的中国国际经济贸易仲裁委员会及其分别设在深圳和上海的分会。另一种是由双方当事人指定仲裁员所组成的临时仲裁庭。当争议处理完毕,它即自动解散。

3. 仲裁程序

仲裁程序主要是规定进行仲裁的手续、步骤和做法。仲裁的基本程序依次为:

(1)仲裁申请;

(2)仲裁庭的组成;

(3)仲裁审理;

(4)仲裁裁决。

4. 仲裁裁决的效力

假如败诉方不执行裁决,仲裁机构不能强制执行,但胜诉方有权向有关法院起诉,请求法院强制执行。

仲裁裁决是终局的,对双方都有约束力。在我国,进出口合同的仲裁条款,一般都规定仲裁裁决是终局的,对双方当事人均有约束力。任何一方当事人不得向法院起诉要求变更。

5. 仲裁费用的负担

仲裁机构多规定相关费用由败诉方承担。

12.3.5 中国与外国有关仲裁裁决的比较

在国际商事仲裁中,大多数仲裁裁决是能够得到自动履行的,但是也存在着败诉方不愿履行裁决的情形,此时胜诉方除了对败诉方施加商业上或其他方面的压力以促使其履行裁决外,还可通过求助于法院采取各种强制手段迫使败诉方履行裁决义务。通常,拒绝承认和执行外国仲裁裁决的条件有:① 仲裁协议无效;② 未给予适当的通知或未能提供申辩;③ 仲裁庭超越权限;④ 仲裁庭的组成和仲裁程序不当;⑤ 裁决不具约束力或已撤销,停止执行;⑥ 争议的事项以被请求国的法律,不可以用仲裁方式解决;⑦ 承认或执行该项裁决将和被请求国的公共秩序相抵触。我国加入 1958 年的《纽约公约》时,做了两项重要的保留:一是以互惠为基础执行纽约公约。二是商事保留,即我国只对以我国法律认定为属于契约性和非契约性商事争议适用该公约。

1. 承认和执行外国仲裁裁决的程序

在承认和执行裁决的程序问题里，主要是讨论世界主要国家（包括中国）有关承认和执行外国仲裁裁决的方式的不同规定。纵观各国立法，这些方式大致有以下四种：

（1）将外国裁决当做外国判决，一般只审查裁决是否违反了法院地的法律原则，如无此情形即发给执行令予以执行，如意大利、西班牙、瑞士、墨西哥等国；

（2）将外国裁决视为本国裁决，按执行本国裁决的程序予以执行，如法国、德国、日本、希腊、比利时等国；

（3）将外国裁决作为合同之债，使之转化为一个判决，再按执行本国判决的程序执行，但也仅是对裁决所构成的新契约进行形式上的审查，如一些普通国家；

（4）区分《纽约公约》适用范围内的裁决和其他外国裁决，对前者适用简便程序，如英国、美国、瑞典、印度、澳大利亚、新西兰、中国香港等国家和地区。

1958 年《纽约公约》第 3 条规定："各缔约国应承认仲裁裁决具有拘束力，并依援引裁决地之程序规则及下列各条所载条件执行之，承认或执行适用本公约之仲裁裁决时，不得较承认或执行本国仲裁裁决附加之过苛条件或征收过多之费用"。从以上规定可以看出，《纽约公约》规定关于公约适用范围内的裁决之执行的程序规则适用被请求执行国的法律，但要求各国依自己的程序规则执行公约裁决时，不应较执行国内裁决附加更苛刻的条件或征收过高的费用。

2. 承认和执行外国仲裁裁决的条件

关于承认与执行外国仲裁裁决的条件，在许多方面与外国法院判决的承认和执行有类似之处，因而在某些双边司法协助条约或多边国际条约中，甚至将两者一并做出规定，或作类推适用的规定。然而两者之间还是存在着某些重要的区别，而且各国的要求也不尽相同。基于《纽约公约》的普遍影响，下面主要根据《纽约公约》的规定对此问题加以论述。《纽约公约》以排除的方式规定了承认和执行外国仲裁裁决的条件，如果被请求承认和执行的裁决具有公约规定的排除情形时，被请求执行国家有权拒绝承认和执行，即凡外国仲裁裁决有下列情形之一的，被请求承认和执行的机关可以依据仲裁裁决的执行义务人的请求和证明，拒绝予以承认和执行。

（1）仲裁协议无效。

（2）未给予适当通知或未能提出申辩。根据《纽约公约》第 5 条第 1 款第 2 项规定，如果对作为裁决执行对象的当事人未曾给予有关指定仲裁员或者进行仲裁程序的适当通知，或者作为裁决执行对象的当事人由于其他情况未能提出申辩，则可拒绝承认和执行该项裁决。被申请人拒绝参加仲裁或者在仲裁中持不积极的态度，则认为被申请人是有意放弃其陈述案情的机会。在适当通知后，照常进行的缺席仲裁并不妨碍裁决的效力。至于当事人未能在仲裁过程中提出申辩，是指由于该当事人自身的过失以外的原因而使他未能提出申辩。

(3)仲裁庭超越权限。

(4)仲裁庭的组成和仲裁程序不当。

(5)裁决不具有约束力或已被撤销、停止执行。

另外,根据《纽约公约》第5条第2款的规定,如果被请求承认和执行外国仲裁裁决的国家的主管机关,认为按照该国法律,有下列情形的,可以主动予以拒绝承认和证明:

(1)裁决的事项属于不可裁决事项;

(2)承认或执行裁决违反该国公共政策。

3.中国承认和执行外国仲裁裁决的条件及程序

我国民事诉讼法对于承认和执行外国仲裁裁决规定了承认和执行外国法院判决完全相同的程序。根据1986年12月2日全国人民代表大会常务委员会《关于我国加入〈承认及执行外国仲裁裁决公约〉的决定》(即《纽约公约》)1987年4月10日最高人民法院《关于执行我国加入的《承认及执行外国仲裁裁决公约》的通知》的规定以及民事诉讼法的有关规定,我国承认和执行外国仲裁裁决的现行法律制度包括以下内容。

(1)依据我国法律执行外国仲裁裁决

根据民事诉讼法第二百六十九条的规定,外国仲裁裁决可以在中国直接申请承认和执行,当事人可以直接向被执行人财产所在地或法定住所地的中级人民法院申请承认和执行外国仲裁机构做出的裁决,人民法院依照我国缔结或者参加的国际条约或协议办理;在没有可适用的国际条约或协议的情况下,人民法院也可根据互惠原则决定是否予以承认和执行。

(2)依据《纽约公约》来承认和执行外国仲裁裁决

在中国缔结或加入的有关外国仲裁裁决的承认和执行的国际条约中,《纽约公约》是最为重要的一部公约。由于世界上大多数国家均已加入了这部公约,外国仲裁裁决在中国申请承认和执行将主要依据该公约的规定办理。我国在参加《纽约公约》时做了互惠保留声明和商事保留声明。根据《纽约公约》的规定,缔约国和非缔约国的仲裁裁决都可依公约规定的条件和程序予以承认和执行,但是任何一个国家在加入公约时都可以声明,该公约的规定仅适用于缔约国,这就是“互惠保留”。所谓“商事保留”,是指我国只承认和执行对属于契约性和非契约性商事法律关系争议做成的仲裁裁决。

根据我国加入该公约时所作的互惠保留声明,我国仅对在另一缔约国领土内做成的仲裁裁决的承认和执行适用该公约。根据我国加入该公约时所作的商事保留声明,我国仅对按照我国法律属于契约性和非契约性商事法律关系引起的争议适用该公约。具体是指由于合同、侵权或者根据有关法律规定而产生的经济上的权利义务关系,例如货物买卖、财产租赁、工程承包、加工承揽、技术转让、合资经营、合作经营、勘探开发自然资源、保险、信贷、劳务、代理、咨询服务和海上、民用航空、铁路、公路的客货运输以及产品责任、环境污染、海上事故和所有权争议等，但不包括外国投资者与东道国政府之间的争端。

根据《纽约公约》第4条的规定，申请我国法院承认和执行在另一缔约国领土内做出的仲裁裁决，是由仲裁裁决的一方当事人提出的。对于当事人的申请，应由我国下列地点的中级人民法院受理：被执行人为自然人的，为其户籍所在地或者居所地；被执行人为法人的，为其主要办事机构所在地；被执行人在我国无住所、居所或者主要办事机构，但其财产在中国境内的，为其财产所在地。需注意的是，于2002年3月1日起施行的最高人民法院《关于涉外民商事案件诉讼管辖若干问题的规定》这一司法解释对管辖法院做了新规定（见该司法解释第一条和第三条）。

我国有管辖权的人民法院接到一方当事人的申请后，应对申请承认和执行的仲裁裁决进行审查，如果认为不具有《纽约公约》第5条第1、第2款所列的情形，应当裁定承认其效力，并且依照我国法律规定的程序执行；如果认定具有第5条第2款所列的情形之一，或者根据被执行人提供的证据证明具有第5条第1款所列的情形之一的，应当裁定驳回申请，拒绝承认和执行。申请我国法院承认及执行的仲裁裁决，仅限于《纽约公约》对我国生效后在另一缔约国领土内做出的仲裁裁决。该项申请应当在我国民事诉讼法第二百一十九条规定的申请执行期限内提出。

本章小结

由于多种原因往往会引发合同当事人之间的贸易争议，就贸易争议的处理而论，企业应该按照有理、有利和有节的原则处理好争议，通常有以下几种可供依次选择的方式：第三者调解、索赔、仲裁和司法诉讼。索赔是指在国际货物买卖过程中，因一方违反合同规定，直接和间接地给另一方造成损失，受损方向违约方提出赔偿要求，以弥补其所受损失。在国际贸易货物买卖合同中往往要订立索赔条款，索赔条款的内容主要包括索赔依据、索赔期限、索赔方法和索赔金额等。

不可抗力是指在合同签订以后，签订合同的一方遇到了人力所岷不能控制的意外事故，以致不能履行合同或不能如期履行合同，遭受意外事故的一方可以免除履行合同的责任或延期履行合同。引起不可抗力的原因有两种：一是自然原因，如洪水、暴风、地震、干旱、暴风雪等人类无法控制的大自然力量所引起的灾害事故；二是社会原因，如战争、罢工、政府禁止令等引起的。在实践中，对不可抗力的认定是很严格的，要与商品价格波动、汇率变化等正常的贸易风险区别开来。不可抗力引起的后果主要有两种：解除合同和延期履行。

仲裁是买卖双方达成协议，发生争议时若通过协商不能解决，自愿将有关争议提交给双方同意的第三者进行裁决，裁决的结果是终局的，对双方均有约束力。仲裁协议是指有关当事人根据意思自治和协商一致的原则，自愿将他们之间已经发生或将来可能发生的争议提交仲裁解决的一种表示。我国法律规定，当事人采用仲裁方式解决争议，应当双方自愿，达成仲裁协议。仲裁条款的规定应当明确合理，不能过于简单，其具体内容一般应包括仲裁地点、仲裁机构、仲裁程序、仲裁裁决的效力、仲裁费的负担等。

习题

1. 填空题

(1)不可抗力条款是一种(　　)条款。

(2)国际贸易中解决争议的方法有友好协商、调解、(　　)、(　　)。

(3)仲裁机构多规定相关费用由(　　)承担。

2. 判断题

(1)根据我国《商检法》的规定，属于法定检验的商品就是列入《商检机构实施检验的进出口商品种类表》内的商品。(　　)

(2)我国出口合同中规定的买方复验商品品质/数量的期限，一般就是买方向我方提出有关索赔要求的期限，超过索赔期险，在法律上无效。(　　)

(3)在进出口业务中，进口人收货后发现货物与合同规定不符合，在任何时候都可向出口人提出索赔。(　　)

(4)在国际贸易中，如果一方违约使另一方受到损害，以至于实际上使他不能得到根据合同有权得到的东西，就是根本违反合同。(　　)

(5)凡是遇到不可抗力事故，遭受事故的一方就可以提出撤销合同。(　　)

(6)在国际贸易中，如果交易双方愿意将履约中的争议提交仲裁解决，必须在买卖合同总订立仲裁条款，否则仲裁机构不予受理。(　　)

(7)根据《联合国国际货物销售合同公约》规定，买卖双方的一方如果根本违反了合同，另一方只能索赔，不能宣告合同无效。(　　)

(8)可以把所有罢工事件算作不可抗力。(　　)

3. 案例分析题

(1)甲公司向乙公司订购一批食糖，合同规定："如发生政府干预行为，合同应予延长，以至撤销"。签约后，因乙公司所在国连遭干旱，甘蔗严重歉收，政府则颁布禁令，不准食糖出口，致使乙公司在约定的装运期内不能履行合同，乙公司便以发生不可抗力事件为由要求延长履约期限或解除合同，甲公司拒不同意乙公司的要求，并就此提出索赔，你认为，甲公司的索赔请求是否合理？试具体说明。

(2)我方某公司与英商签订一笔服装合同。合同按 CIF 伦敦即期 L/C 方式付款，合同和信用证中均规定不允许分批装运和转船。我方按时将货物装上直达轮，并凭直达提单在信用证有效期内向银行议付货款。该轮船中途经过某港时，船公司为了接载其他货物，擅自将我方服装卸下，换装其他船舶继续运往伦敦。由于换装的船舶设备陈旧，该批服装比原定时间晚了 2 个月到达。为此，英商向我公司提出索赔，理由是我方提交的是直达提单，而实际是转船运输，是弄虚作假行为。问：(1)我方应否赔偿？(2)如何处理？(3)为什么这样处理？

第13章 出口合同履行

教学目的和要求

通过学习，要求学生掌握采用信用证方式付款、CFR 或 CIF 出口合同履行的基本程序。

掌握货、证、船、款等环节中卖方应做的工作，了解主要的出口单据，掌握审核结汇单据的基本原则。了解做好理赔工作应注意的问题。

学习重点与难点

1. 货、证、船、款等环节中卖方应做的工作；
2. 信用证审核；
3. 审核结汇单据的基本原则；
4. 理赔工作应注意的问题；
5. 货、证、船、款等环节中卖方应做的工作；
6. 信用证审核。

引子

目前，我国绝大多数出口合同为 CIF 或 CFR 合同，通常出口合同的履行有哪几个步骤呢？在货、证、船、款等环节中卖方应做哪些工作？审核结汇单据的主要原则是什么？通过本章内容的学习，你将不会再有困惑。

典型案例

某出口公司与国外成交红枣一批，合同与来证均要求交付三级品，但发货时才发现三级红枣库存已空，于是改以二级品交货。并在发票上加注"二级红枣仍按三级计价"。当时正赶上国际市场价格大幅度下浮，买方拒收货物，我方遭受巨大损失。

某合同规定采购某产品 500 吨，并应于当年 1 月 30 日以前开来信用证，2 月 15 日以前装船。买方于 1 月 28 日开来信用证，有效期到 2 月 10 日。到期卖方无法装运，电请信用证延至 2 月 20 日。买方电报同意改证。卖方 2 月 16 日交单后被买方拒付，事后我方与买方进行交涉，但买方却人走楼空。

案例分析

从上述两则案例来看，履行合同既是经济行为，又是法律行为，任何一方不按合同规定办事,都构成违约,必须承担相应的法律责任。重合同守信用是履行合同应当遵循的基本原则。业务中偶尔的工作疏忽、交付了劣质货物、拖延了交货日期等,都可能使长期努力建立起来的信誉毁于一旦。可见,信誉的建立和维护是通过对合同的切实履行来实现的。正如案例所示,交付了与合同不符的货物,结果造成买方拒收货物;卖方轻信买方电报改证承诺,未等改证到达,就贸然发货,结果遭到拒付。诸如此类事件的发生,都是因为业务人员缺乏必要的素质和履约常识造成的。

国际货物买卖合同一旦成立,买卖双方均应按合同规定履行自己的义务,卖方的基本义务是交货、交单和移转货物的所有权,买方的基本义务是接货、付款。合同能否完整地履行以实现预期的经济目的,取决于买卖双方。以不同交易条件订立的合同,履行合同的程序也各不相同。在履行出口合同的过程中,由于工作环节较多,涉及面较广,手续也较繁杂,因此,要圆满履行出口合同义务,必须十分注意加强同相关部门的协作,将各项工作做得精细。

目前,我国绝大多数出口合同为 CIF 或 CFR 合同,且都采用信用证付款方式。履行出口合同的环节,概括起来可分成货(备货、报验)、证(催证、审证、改证以及利用信用证融资)、运(托运、报关、保险)、款(制单结汇)四个基本环节。这些环节有些是平行展开,有些是互相衔接,都必须严格按照合同的规定和法律、惯例的要求,做好每一步工作。同时还应密切注意买方的履约情况,以保证合同最终得以圆满履行。

13.1 备货与报验

作为卖方在出口合同履行中的义务,虽然得视国际货物买卖合同的具体规定而定。但就其基本的义务而言,不外乎就是按照合同的规定交付货物,移交一切与货物有关的单证和转移货物的所有权三项义务。其中交付货物又是最基本义务,要支付货物,首先就要准备货物。

13.1.1 出口备货

货物是出口合同履行的物质基础。备货就是指卖方按出口合同的规定,按时、按质、按包装、按量地准备好应交的货物。备货也叫排产,是出口单位根据合同或信用证规定,向生产加工及仓储部门或国内工厂下达联系单或购销合同,并对货物进行清点、加工整理、刷制运输标志以及办理申报检验和领证等工作。卖方的基本义务是交付货物、移交与货物有关的单据并转移货物所有权。安排好货物是保证卖方按时、按质、按量履行合同的前提条件,它事关重大,应当引起高度重视。为了认真做好备货工作,必须做好以下几点工作。

1. 货物的品质、规格和包装

当我们按计划或按进货合同,与生产厂家或供货部门安排生产或者催交货物时,要按合同逐一核实货物的品质、规格和包装,必须与出口合同上规定的完全一致;必要时,还应进行加工整理,即使已经验收入仓,也在所不惜。还需注意,出口备货必须符合合同的要求是相当严格的。低于其品质、规格显属违约行为,而高于其品质、规格也有违约之虞。应做到既不要偏高,也不要偏低。

合同中表示品质的方法,有"凭文字说明"和"凭样品"两种类型。对于凭文字说明成交的合同,卖方所交货物必须与文字说明相符。文字说明包括品质指标、行业公认或买卖双方认定的等级,标明版本年份的标准以及技术说明书和图样等。对于凭样品成交的合同,该样品应是买卖双方交接货物的依据,卖方交付的货物的内在质量与外观形态都应和样品一致。如果在交易中既凭文字说明,又凭样品来表示商品品质,则卖方所交货物既要和文字说明相符,只要和样品一致,其中任何一种不一致,都构成违约。

货物应适合同一规格货物的通常用途,具有可销性(或称适销品质)。这是法律所要求卖方承担的默示条件。货物应适合于订立合同时买方曾明示或默示地使卖方知道的待定用途。这也是法律所要求的默示担保责任。当买方事先让卖方知道购买货物的特定用途时,卖方如不能保证所交货物适合于该特定用途,应于订约前通知买方。如果情况表明买方并不依赖卖方的技能和判断力来挑选或提供适合特定用途的货物,或者这种依赖对卖方是不合理的,则卖方不承担责任。货物应符合进口国法律法规所要求的品质标准。世界各国都对数以万计的商品规定了严格的品质标准和技术标准,比如,法国禁止果汁内含有葡萄糖。黎巴嫩规定巧克力的含水率不超过1.6%等。这些强制性的要求,即使合同中未作规定,卖方也必须保证货物达到标准。否则无法进入该国市场。

2. 货物的数量

货物的数量显然是备货的基本要素之一。在保证满足合同或信用证对数量的要求之外,还应考虑到自然损耗、搬运损耗、可能的调换和船舱的适应等因素,备货的数量应适当略多一些,以留有余地。

就合同规定的数量而言,各国法律和惯例都有具体而又不完全一致的规定。英美商法规定:交货超过合同规定的数量,是对原合同的违反,是一项新合同的建议;买方有权接受或拒绝;如接受,则需按合同价格支付货款。《联合国国际货物销售合同公约》则规定:卖方交货不足(包括不交),构成了根本违约,买方有权宣告会一同无效;或要求卖方对未交部分继续履约;或要求对因此而引起的损失赔偿。这就在理论上给卖方的履约造成了一定的困难。在实际业务中,双方对溢、短装都有一个经过先磋商而后确定的幅度。这样,卖方只要按合同中规定的数量及溢、短装条款备货和交货,注意不与合同抵触,就算在数量条款上履行了合同的义务。

3. 备货的时间

交货时间是买卖合同的主要条件。延迟装运或提前装运均可导致对方拒收或索赔。合同中如未规定允许分批装运或转运,则应理解为不允许分批装运或转运。合同中如规定允许分期/分批装运的,但同时又规定了每批的数量,则卖方必须严格照办。如果其中某一期未按规定时间或数量装运,买方可按违约情况要求损害赔偿直至解除该期合同,甚至解除该期以后各期的合同。此外,卖方还应保证对货物拥有完全的所有权。即任何第三者不能根据物权、工业产权或其他知识产权主张任何权利或要求。针对这一责任,卖方在接受买方来样订货和来料来件加工装配业务时,可在合同中订明"关于任何违反知识产权和工业产权的行为,均由买方负责,与卖方无涉"。

出口备货的时间应根据合同、信用证的规定,结合船期安排,作好船货衔接。一般是适当提前,留有余地,以免发生延误装运期限而违约。在实际业务中,常见的有以下三种情况:(1)合同上规定了具体日期;(2)合同规定了一段时期;(3)合同未规定时间。(1)和(3)两种情况自然得按约备货,第(3)种则卖方有义务将货物在"合理时间"内备好及交接。至于信用证的审查,那是装运前的审征程序,留后再讲。事实上,对交货不作规定或作相当死板的规定,对于运输量大的交易来说,是不多见的,所以大多采用一段时期较为妥当。

4. 备货注意事项

(1)货物品质必须与合同规定一致。货物品质要适应特定消费者需要,这是商品的社会属性。同时,品质还应当稳定均匀,适合商销,这是商品的自然属性。卖方所交货物的品质低于或高于合同规定,均构成违约。

(2)货物品质标准要改技术标准为用户标准,改生产标准为贸易标准。例如:不追求自行车转轴次数多少(技术标准),而是针对客户的实际需求,制定相应的标准(用户标准),满足市场需要。

(3)货物的数量、包装必须与合同规定一致。数量少交和多交,卖方均要承担法律责任。备货的数量应留有余地,以作装运时可能发生的调换和适应舱容之用。包装不良,可能拿不到清洁提单,会造成收汇困难。

(4)货物备妥时间应与信用证装运期限相适应。备货要结合船期安排,以利于船货衔接,不要造成货物长时间等船或船长时间等货的局面。必须落实信用证条款后,安排生产,以防备好货物后,买方不开证、不要货物或者因条款有问题,影响安全收汇。

(5)卖方对货物要有完全的所有权并不得侵犯他人权利。卖方所交付货物,必须是第三方不能根据工业产权或其他知识产权主张任何权利或要求的货物。

13.1.2 出口报验

报验指商品出入境检验疫业务的办理行为。凡属国家规定,或合同规定必须经中国进出口商品检验局检验、出证的商品,在货物备好后,应向当地商品检验局申请检验

(如果出口商品属于我国出口许可证管理商品目录中的商品,还应先办理出口许可证)。商检局根据厂家、公司的货源、生产环境、生产设施和加工技术等做出免检、抽检、全检的决定。只有取得商检局所发给的检验合格证书,海关才予放行。当然,检验不合格的产品,一律不得出口。

出口报验是出口生产、经营单位按照《商检法》规定,向当地出入境检验检疫局申请办理检验手续。一般在货物备妥后填写"出境货物报验单",同时附上合同和信用证副本等凭据,向商检部门报验,实施"先报验,后报关"的通关模式。对于法检商品,检验合格后,商检部门签发"出境货物通关单",加盖检验检疫专用章,海关凭此放行。卖方须在通关单签发之日起60天内报运出口,鲜活商品两周内,植物检疫3周内,逾期仍未装运的,重新检验,取得合格证书后,方可出口。

申请报验时,应填制出口报验申请单,向商检局办理申请报验手续,该申请单的内容,一般包括品名,规格,数量或重量,包装,产地等项,在提交申请单时,应随附合同和信用证副本等有关文件,供商检局检验和发证时作参考。当货物经检验合格,商检局发给检验合格证书,外贸公司应在检验证规定的有效期内将货物装运出口,如在规定的有效期内不能装运出口,应向商检局申请展期,并由商检局进行复验,复验合格后,才准予出口。

1. 出口商品检验时应提供的单证及资料

(1)外贸合同或销售确认书或订单;

(2)信用证及有关函电;

(3)生产经营部门出具的工厂检验单;

(4)法定检验出口商品报验时,还应提供商检机构签发的"出口商品运输包装容器性能检验结果单"正本;

(5)发货人委托其他单位代理报验时,应加附委托书(原件);

(6)凭样品成交的应提供成交样品;

(7)经预检的商品,在向商检机构办理放行手续时,应附加该商检机构签发的"出口商品预检结果单"正本;

(8)经其他商检机构检验的商品,应加附发运地商检机构签发的"出口商品查验凭单"正本;

(9)按国家法律、行政法规规定实行卫生注册及出口质量许可证的商品,必须提供商检机构批准的注册编号或许可证编号;

(10)出口危险货物时,必须提供危险品包装容器的性能检验和使用鉴定合格证书;

(11)出口锅炉、压力容器需提供锅炉监察机构审核盖章的安全性能检验报告(正本)。

2. 报验时应注意的问题

(1)出口报验的时间;

①申请报验时间要掌握好,不能太晚(影响货物出运),也不能太早(容易使证书超过有效期);

②内地运往口岸的法定检验出口商品,一般需在原产地商检机构预先检验合格,取得出口商品换证凭证后,方能运往口岸办理出口检验换证或放行手续;

③合同或信用证规定需要某商检机构证书的,须向该商检机构报验。

(2)每份"出口商品检验申请时"仅限填报一批商品;

(3)需签发外文证书的,有关栏目应用打字机填写相应外文;

(4)要求商检机构出具证书的,应及时向商检机构提出申请;但发现有违反我国政策法令要求的,应及时向外国进口商提出修改。

3. 出口商品预检

(1)预检对象:品质稳定、非易腐烂变质、非易燃易爆的商品。

(2)预检范围:整批出口商品(货已备齐存放仓库,只是未签合同或信用证未到,未定数量、唛头等);分批出口商品(分批出运的,可以整批货物提前办理预检)。

(3)预检报验程序:填写预检报验单;预检合格后领取"出口商品检验换证凭单"或"出口商品预验结果单";正式出口时,在有效期内逐批向检验检疫局办理换证或放行手续,并在两单的登记栏内对货物数量予以登记核销。

13.2 催证、审证和改证

我国外贸出口业务合同多按信用证支付方式成交。在履行信用证支付方式的出口合同中,出口商必须做好信用证的落实(催证)、审核(审证)及必要的修改(改证),以保证合同顺利履行及货款的及时收回。

13.2.1 催证

1. 催证的含义及方式

在以信用证方式收取货款时,当买方未按合同的规定时间开来信用证时,或者,我方的货源、运输情况,允许提前装运时,可以通过信函、电报和电传或其他方式催促对方迅速及时开出信用证,以利我方早日发货,这就是催证。

催证是指卖方通知或催促国外买方按合同规定(一般为装运前15天)开出信用证。按合同规定及时开出信用证是买方在信用证支付方式合同中一项主要义务,它是卖方在此类交易中顺利履行合同,安全及时收回货款的前提。实践中,买方往往因市场变化、资金短缺或其他原因不能在合同规定的时间及时开出信用证。遇上述情况,卖方必须及时采取措施催促买方开证以便如期装运。国际贸易中,卖方催促买方开立信用证的方法很多,如发信函、电报、电传、传真、E-mail、或请银行或我驻外机构协助代为催证。

催证的方式包括通过信件、传真或其他通信工具。买方按约定的时间开证是卖方履行信用证方式付款合同的前提条件,对于大宗交易或按买方要求而特别定制的商品交易,买方及时开立信用证尤其重要,否则卖方无法准时安排生产和组织货源,以防买方违约,造成货物轻者不能及时出货,或者市场行情发生变化造成报失,重者使得货物销售不出去,严重影响企业的持续经营。

在正常情况下,买方信用证最少应在货物装运期前 15 天开到卖方手中。对于资信情况不是很了解的新客户原则上坚持在装运期前 30 天或 45 天甚至更长的期限,并且配合生产加工期限和客户的要求灵活掌握信用证的开证日期。在实际业务中,国外客户在遇到市场行情变化或缺乏资金的情况下,往往拖延开证,因此出口商应及时经常检查买方的开证情况。

买方未及时开来信用证的常见原因有:一是市场变化,销售受阻;二是资金不敷、短缺;三是工作繁忙,甚至遗忘,致使拖延开证。而买方按时开证(即使合同中对买方开证时间未作规定,买方亦应在合理的时间内开出)又是卖方履约的前提,特别是大宗商品交易、按买方要求而特制的商品的交易,更应结合备货情况进行催促。必要时,可请我驻外机构、有关银行协助代为催促。

2. 催证的注意事项

催证时应该注意:

① 必须根据合同的条款催证;② 必须根据我方出口商品的备货情况催证;③ 必须根据出口商品能否及时出运的可能性,并结合国际货物联合运输的情况考虑;④ 注意催证的语言使用,特别是在我方意欲提前发运时。

需要催证的情况有以下几种:

① 合同内规定的装运期限距离合同签订的日期较长,或合同规定买方应在装运期前一定时间开出信用证;② 卖方提早将货备妥,可以提前装运,可与买方商议提前交货;③ 国外买方没有在合同规定期限内开出信用证;④ 买方信誉不佳,故意拖延开证,或因资金等问题无力向开证行交纳押金;⑤签约日期和履约日期相隔较远应在合同规定开证日之前,去信表示对该笔交易的重视,并提醒对方及时开证。

13.2.2 审证

审证即审核信用证,是指对国外进口方通过银行开来的信用证内容进行全面审核,以确定是接受还是修改。一般来说,对方开来的信用证,其内容理应与合同内容完全一致。但由于种种因素造成信用证的条款与合同规定不符,会给我方造成履约不顺,收汇风险,甚至造成政治上、经济上的更大损失。所以,要对信用证的内容进行认真、仔细的审核,看是否与双方签订的合同一致开证银行的偿付能力等。理论上讲,国外来证应与买卖合同相符。但在很多实际业务中,买方开来的信用证并非与合同完全相符。分析原因,无外乎有两种:工作疏忽或故意。无论那种原因造成不符,都会给卖方履行合同、安全收汇造成隐患。对此,出口商必须提高警惕,注意做好对国外来证的审核。

审核的依据是合同和“UCP600”。审证的基本原则就是要求信用证条款与合同的规定相一致,除非事先征得我方出口企业的同意,在信用证中不得增减或改变合同条款的内容。审证工作由我国银行和进出口公司共同承担。银行审核开证行的政治背景、资信情况、付款责任和索汇路线,以及鉴定信用证真伪等。进出口公司则着重审核信用证内容与合同条款是否一致。买方开来的信用证,不符合合同规定的原因很多:① 工作的疏忽;② 电文传递的错误;③ 贸易习惯的不同;④ 市场行情的变化;⑤ 买方故意利用开征的主动权加列对其有利而对我方不利的条款;⑤ 其他政治、经济的原因等。

审证的工作,在实际业务中,是由银行和作为卖方的进出口公司共同承担的。银行主要审核开证行的业务往来情况、政治背景、资信能力、付款责任和索汇路线等方面的内容以及鉴别信用证的真伪等;经审查无问题,则在信用证正本上加盖“证实书”戳印后交卖方进出口公司审查。卖方公司则主要审核信用证的业务方面的内容是否与双方所签合同一致,如信用证的种类,货物名称、包装、数量、喷头、单价等,包括整个信用证的业务范围。具体说来,主要有以下几方面的内容。

1. 银行审核的重点

(1)从政策上审核。来证的各项内容应该符合我国的政治与经济方针政策,不得有歧视性内容。

(2)开证行资信的审核。为了保证安全收汇,对开证行的所在国家政治经济情况、开证行的资信,以及经营作风等必须进行审查。

(3)对信用证性质与开证行付款责任的审核。出口业务中,我方不接受带“可撤销”字样的信用证;对于不可撤销的信用证,如附有限制性条款或保留字句,使“不可撤销”名不符实,应要求对方修改。

2. 进出口公司审核的要点

出口企业只需作复核性审核,其审证重点主要应放在下述几项。

(1)对信用证本身说明的审核。包括信用证金额应与合同金额相一致。如合同订有溢短装条款,信用证金额亦应包括溢短装部分的金额。来证所采用的货币应与合同规定相一致。

(2)对信用证有关货物记载的审核。证中有关商品货名、规格、数量、包装、单价等项内容必须和合同规定相符,特别是要注意有无另外的特殊条件。还应注意装运期、装卸港口、运输方式、可否分批装运转船等内容的审查。

(3)对单据的审核。单据中主要包括商业发票、提单、保险单等。对于来证中要求提供的单据种类和份数及填制方法等,要进行仔细审核。

(4)对信用证有关时间说明的审核。装运期必须与合同规定一致,如国外来证晚,无法按期装运,应及时电请国外买方延展装运期限。信用证有效期一般应与装运期有一定的合理间隔,以便在装运货物后有足够时间办理制单结汇工作。关于信用证的到期地点,通常要求规定在中国境内到期。

审证工作是一项政策性强、涉及面广的工作,一般由银行重点审查前三点,进出口公司只作复核性审查,进出口公司重点审查后四点。搞好审证工作是高质量履行进出口合同,确保安全、及时收汇的重要环节,应针对不同国家、地区、银行的来证,依照合同认真审核之。

3. 审证的方式有以下几点

(1)全面审核信用证

全面审核信用证是审核信用证的中心工作、重点工作,全面审核信用证内容如下。

① 据合同条款来全面审核信用证条款。按照合同上的签约人、商品描述、价格条款、支付条款、装运条款、保险条款、合同金额、商检、仲裁等全部内容,全面仔细地审核信用证的受益人名称、品名、价格、货币、金额、包装、运输方式、装运路线、装期、效期、交单期、信用证到期地点、保险险别、投保加成等详细具体规定的信用证条款,把合同条款与信用证条款一一对应起来审核,逐条检查信用证条款是否符合合同条款规定,发现信用证规定有不符合合同的规定,一定要与进口方联系。如果信用证条款与合同条款不一致,但不会给出口商带来不利,可要求进口方书面确认修改合同条款即可;如果信用证条款与合同条款不一致,会对出口方产生不利影响,出口方应要求进口方按合同条款对信用证条款进行修改。

② 根据信用证知识来审核合同,检查合同条款是否有缺陷,为顺利执行合同条款把好最后的关口。如果发现合同条款有缺陷,此时,可利用最后的修补机会,对不利于顺利履约、不利于我方顺利取得相应的单据结汇的信用证条款,即使该信用证条款与合同条款一致,也应与进口方协商,要求修改合同、修改信用证,在货物装运前,解决问题,以保证安全结汇。

(2)着重审核信用证

信用证是一项独立的约定,一般说来,受益人按照信用证规定要求去执行,就应取得相应的单据,议付结汇。但是,有的信用证在开出之时就被设置了条款陷阱,就是常说的“软条款”。信用证软条款是常见的信用证风险,它限制了出口方对信用证操作的主动权,出口人在履约操作过程中,很难获得或者根本就不能获得符合信用证规定的单据,威胁到信用证收汇的安全。软条款的表现形式多种多样,如:执行信用证的主动权被进口方掌握,装船需要进口方的指示;结汇单据依赖进口方提供;收取货款的需要进口方同意;信用证条款与要求不配套,单据条款与操作条款不衔接,相关规定自相矛盾;如果接受信用证软条款,出口企业必然承担相应的收汇风险,当然,也不是说、所有的信用证软条款都必定要求修改,出口企业可根据市场、客户资信、产品、运输及软条款的具体要求等实际情况,区别对待不同条件下的软条款。对确实需要修改的信用证软条款,应与客户协商,要求修改信用证,在收到相关信用证修改前,出口方应谨慎行事。

13.2.3 改证

1. 改证的含义

改证是对已开立的信用证进行修改的行为。在审证时,如发现有我方不能接受的条款时,应及时向开证申请人提出要求进行修改,但对更改信用证应持慎重态度。一般来说,非改不可的应坚决要求改证,可改可不改的;或适当努力可以做到而又不增加太多费用负担的,则可酌情处理;或不作修改而按照信用证规定办理,或同时提请国外进口人今后注意。

信用证的修改要求,通常由出口人(受益人)提出,有时也有由进口人主动向开证行提出的。对此须经开证行同意后,由开证行经通知行转告出口人,并经出口人同意接受后方为有效。如遭到出口商拒绝接受,则此项修改不能确定,信用证仍以原款为准。

改证是由进口人通过开证行办理,修改通知如同开立信用证一样,须经通知行转递收益人,而不能由开证行直接通知或由进口人径自寄予受益人。在对买方开来的信用证进行了全面、细致的审核之后,如发现问题,按其性质、范畴,分别同银行、保险、运输、商检等有关部门研究,做出恰当处理。凡属非改不可的,应及时要求外商改证,并坚持收到银行修改了信用证的通知书后才发运货物。改证提出额外的非份要求,也应予以警惕。按照信用证业务的国际惯例,一份信用证的修改通知中如果包括有两项或两项以上的内容时,信用证的受益人对此通知要么全部接受,要么全部拒绝,不能接受一部分而又拒绝其余部分。

如出口合同使用的是银行担保书(L/G)或其他银行信用凭证,则可按同样原则与手续进行审核和修改,直至其内容与出口合同完全吻合或者达到我方满意,可以接受为止。

2. 改证的注意事项

修改信用证时需要注意以下几点。

(1)对于需要修改的内容应一次向国外客户提出,尽量避免在发货装船或缮制单据时又发现新问题,再次要求客户改证。因为不仅国外改证费用很高,而且一改再改会引起客户不满,同时也足以暴露我方的工作素质和业务水平。

(2)收到银行信用证的修改通知书后，仍应再进行审核，如所修改内容还难以接受，则仍应及时拒绝，否则将被认为已同意接受修改。

(3)对于已接受的信用证修改书，应立即将其与原证附在一起，并注明修改次数，以免与原证脱节，造成信用证条款不齐，影响及时办理议付。

(4)必须在收到通知银行的"修改通知书"后，才能办理装运事宜，绝不可仅凭买方通知"证已照改"或其他类似的词句的通知就发货装船。

出口改证是履行出口合同的重要环节，也要贯彻"重合同，守信用"的原则，掌握好改与不改的界限。

3. 改证函

出口方审核信用证，发现有不符合买卖合同或不利于出口方安全收汇的条款，可及时联系进口方通过开证行对信用证进行修改。一封规范的改证函，通常包括以下几个方面的内容。

(1)感谢对方通过银行开来的信用证；

(2)列明证中不符点、不能接受的条款，并说明如何改证，如：PLEASE DELETE THE CLAUSE "BY DIRECT STEAMER" AND INSERT THE WORDING "TRANSSHIPMENT AND PARTIAL SHIPMENT ARE ALLOWED"，或 PLEASE EXTEND THE DATE AND THE VALIDITY OF THE L/C TO ... AND ... RESPECTIVELY。

(3)感谢对方的合作，提醒信用证修改书应于某日前到达，以便按时装运等，如：THANK YOU FOR YOUR KIND COOPERATION，PLEASE SEE TO IT THAT THE L/C AMENDMENT REACHES US BEFORE ..., FAILING WHICH WE SHALL NOT BE ABLE TO EFFECT PUNCTUAL SHIPMENT。

13.3 出口托运与制单结汇

13.3.1 出口托运

凡是以 CIF 或 CFR 价格条件成交的出口商品，租船、订舱是卖方的责任。报关是在货物装船前，报关时须填写"出口货物报关单"，连同其他必要的单证和装货单、合同副本、发票等向海关申报，货物经海关查验货、证、单相将无误并在装货单上加盖校对章后，即可办理装部的手续。保险是指按照 CIF 价格条件成交的出口合同，在装船之前由卖方向保险公司办理货物运输保险的手续。装运指将货装上预定船只的环节。下面我们逐一讨论。

1. 租船订舱

按 CIF 或 CFR 条件成交时，卖方应及时办理租船订舱工作。如系大宗货物，需要办理租船手续;如系一般杂货则需洽谈订立舱位。各外贸公司洽订舱位需要填写托运单(Shipping Note),船方根据托运单内容,并结合航线、船期和舱位情况,如认为可以承运,即在托运单上签单,留存一份,退回托运人一份。船公司或其代理人在接受托运人的托运申请之后,即发给托运人装货单(Shipping Order),凭此办理装船手续。货物装船以后,船长或大副则应该签发收货单,即大副收据(Mate's Receipt)作为货物已装妥的临时收据,托运人凭此收据即可向船公司或其代理人交付运费并换取正式提单。如果出口货物量较大,需要整船载运的,则要租船;如出口货物量不大,不足以用整只船装运的,则要订船。具体手续如下。

(1)卖方(如各进出口公司)填写托运单(Booking Note,B/N),作为订舱依据。"托运单"又称"订舱委托书",是托运人(发货人)依据贸易合同、信用证条款所填写的向承运人(轮船公司,一般为装运港的船方代理人)办理货物托运的单证。承运人根据托运单内容,结合运输情况(如航线、停靠港、船期、舱位),认为合适后,即接受这一托运,并在托运单上签章,留存一份,退回托运人一份。这样,订舱手续即告完成,运输合同即告成立(有时还需附上销售合同和信用证副本)。填写托运单时,要填明出口货物的名称、件数、毛重、尺码、目的港、最后装运日期等内容,要在截止收单期前送到外运公司。

(2)轮船公司或其代理人如接受托运后,即给托运人发出装货单(Shipping Order,S/O)。外运机构在收到托运单后,即会同外轮代理公司安排船只和舱位,然后由外轮代理公司签发装货单,作为通知船方收货、装运的凭证;船只到达后,由出口公司或由外运机构代替各出口公司往仓库提取货物送到码头,经海关检验、放行后,凭装货单装船。

装货单俗称为下货纸,其作用有三:一是通知托运人,表明货物已配妥某航次、某部,以及装货日期,让托运人完备货物、装船。二是便于托运人向海关办理出口申报手续,海关凭此验放货物。三是作为船长接受该批货物上船的命令。

(3)货物装船后,即由船长或大副签发收货单,即大副收据(Mate's Receipt)。常见的装货单常常是一式多联:一联为装货单——港务局通知船方收货装运的凭单;一联是收货单,即大副收据——船上收完货后,由船长或大副签发表明收货情况的临时凭单。托运人凭此收货单向外轮代理公司交付运费并换取正式提单。出口单位或货运代理根据货量大小,向船公司洽商租船或订舱事宜。我国进出口货物多采用班轮运输,因此现就班轮订舱工作事宜作以介绍。出口单位委托货运代理(货代)向船公司办理出口货物运输业务时,需提供订舱委托书,委托其代为订舱,该委托书是出口单位和货代之间委托代理关系的证明文件。除此之外,托运时还要提供商业发票、装箱单、出口货物报关单、出口收汇核销单等,必要时还需提供出口许可证、商检证书等。货代在接受委托后,缮制托运单一式数份(其中包括装货单、配舱回单、收货单等),向船公司办理订舱手续,船公司根据货量、船舶的舱容和抵港受载日期,分轻重缓急进行配载。如接受订舱就在托运单上编制提单号码，填上船名、航次并签署，表示确认托运人（出口单位）的订舱，并将配舱回单、装货单（shipping order S/O）退还给托运人，托运人凭装货单办理报关手续。出口单位在船公司通知的时间内，将货物发运到港区内指定仓库或货场，准备装货。

2. 出口报关

出口报关是指货物出运之前，出口企业如实向海关申报货物情况，交验规定的单据文件，办理接受海关监管事宜。货物在装船前，必须填写"出口货物报关单"，连同其他必要的单证如装货单、出口许可证、卫生证明书、合同副本、发票，有时还须提供商检证书、重量清单等送海关申报。货物经过海关查验，如果货、证、单相符无误，加盖放行印章后才可装船。应缴纳关税的货物还需办理纳税手续。

按照我国海关法规定：凡进出国境的货物，必须经由设有海关的港口、车站、国际航空站进出，并由货物所有人向海关申报，经过海关放行后，货物才可提取或者装船出口。按照我国海关现行制度的规定，一般进出口货物报关时，应向海关递交进口或出口货物报关单一式两份。如属转口输出的货物应填写三份"出口货物报关单"。即使是根据特别规定需要由海关核销的货物，如来料加工、进料加工等进出口的货物，也要填写专业报关单一式三份。

13.3.2 制单结汇

出口货物装船之后，卖方的进出口公司应立即按照合同、信用证的规定制单，即正确缮制、抄写各种单据，要在信用证规定的变单有效期内，持单向当地有关银行（如中国银行）办理结汇手续；结汇，指出口人采用一定方式通过银行收取货款外汇。

1. 出口单证

出口单证通常是指：汇票、发票（如商业发票、海关发票、厂商发票、领事发票等）提单、保险单、装箱单、重量单、检验证书、产地证明、普惠制产地证等。在缮制单据时，要注意做到各种单据的种类、内容和份数必须与信用证的要求完全相符，严格做到"单证一致"、"单单一致"、"单货一致"；并做到"正确、完整、及时、简明、整洁、处理要当"。下面，我们将对几种主要结汇单据就其缮制时应注意的问题。

（1）汇票（Bill of Exchange，Draft）

① 付款人。采用信用证支付方式时，汇票的付款人应按信用证规定填写。如果来证没有具体规定付款人名称，可以理解为就是开证银行。托收时，应填写为进口人。

② 受款人。汇票的受款人应为卖方的出口公司，个别来证另有规定的例外。如为托收，受款人可填写为托收行。

③ 开具汇票的依据。指汇票的出票条款。如系信用证方式，应按来证的规定文

句填写；如信用证没有具体的文句规定，可在汇票上注明开证行名称、地点、信用证号码、开证日期。如系托收方式，汇票上可注明有关合同号码或留空。

④ 汇票金额。除非来证允许有一定的增减幅度或有“约”字样外，一般不得超过信用证开列金额，并且应与发票金额一致；只有要扣掉佣金时才不一致。汇票的大小写金额要一致。

⑤ 汇票的份数。一般为一式两份，均具同等效力；其中一份付讫，另一份自动失效。

⑥ 汇票日期已定时，发票日期一般不得迟于汇票日期。

⑦ 汇票一定要加盖公司章。

(2) 发票(Invoice)

发票种类较多，除了通常所说的商业发票以外，尚有海关发票、领事发票、厂商发票等。

① 商业发票(Commercial Invoice)。商业发票又称“发货单”，是卖方开立的载有货物名称、数量、价格等内容的清单，作为买卖双方交接货物和结算货款的主要单证，也是进出口报关完税必不可少的单证之一。它作为卖方开立的载有发货人和收货人名称、装运工具、合同号码、起讫地点以及品名、数量、单价、金额等内容的清单，是双方交接货物、结算货款的主要单证，也是进出口报关完税必不可少的单证之一。商业发票虽然没有统一的格式，但主要内容基本相同，除了上面提到的内容外，发票编号、开票日期、卖方公章、签开人、付款条件等也是不可少的，此外，发票下端通常还印有“有错当查”的字样。应予注意的有以下几点。

A. 收货人。一般是买方，如属信用证方式除少数来证另有规定外，收货人应填开证申请人或来证开证人。

B. 有关货物的品名、数量、规格、单价、总计金额。如是信用证方式，必须两者完全一致，注意不得更改、遗漏和增项。如信用证没有详细规定，为明确起见，可以加注品名、规格，但不能有影响货物品质的词句如“次品”、“二等品”等，但加注内容(如商品数量)不得与信用证内容矛盾，如超量或不足要查看来证是否允许溢短装或有“大约”字样，否则仍有受国外开证行的挑剔(如认为单、证不符)而拖延甚至不予付款。

C. 如来证规定或客户要求在发票上列出船名、原产地、生产企业名称，进口许可证号码等，只要符合合同、符合事实，一般照办。

D. 如来证或合同规定的单价中含有“佣金”，发票得照样填写，不能以“折扣”、“现金折扣”或“贸易折扣”等代替而易产生混淆；反之，亦然。同理，如来证或合同规定有“现金折扣”(Cash Discount)的字样，在发票上也得原名照列，不能只写“折扣”(Discount)，更不能代之以“贸易折扣”(Trade Discount)等字样。因为这些名词的含义是不同的。

E. 发票的总金额。如系信用证支付，发票所开的总金额不能超过信用证之最高金额。按银行惯例，开证行可以拒绝超过信用证开列金额的发票。单价也要按信用证中价格条款照打不能省略。

F. 如信用证内规定了“选港资”（Optional Charges）“港口拥挤费”（Port Congestion Changes）或“超额保险费”（Additional Premium）等费用为买方负担，并允许凭本信用证支取的条款，可在发票上将各项有关费用一一开列，加在总值内，一并向开证行收款。如信用征求作上述说明，即使合同中有此约定，也不能开列、支取，除非客户同意并经开证行加注上述内容；否则，只能按照合同另行制单罗列上述费用，办理托收。

G. 如来证要求在发票上加注“证明所列内容真实无误”或称“ 证实发票”（Certified Invoice）“货款已收讫”或称“收妥发票”（Receipt Invoice）或有关出口人国籍、原产地证明等文句时，只要可能、不违背我国方针、政策，可酌情处理。

H. 出具“证实发票”时，应将发票的下端通常印有的“有错当查”（E&O. C）的字样删去，以免自相矛盾。“有错当查”是一种预先申明、防备万一发生差错时，便于改正。

I. 发票上的商品数量也要和提单、保险单等其他单据上的数量一致。

J. 如来证上所使用的货币与合同单价所标的货币不一致时，发票应按原单价计算，最后再将总金额折合成来证上所使用的货币，注意比率要合理。

K. 最后，为了精简单证，如来证并无特别规定要求产地证，装箱单时，可联合在发票上，这就是所谓的“联合发票”。

② 海关发票（Customs Invoice）。海关发票是国家海关制定的、要求外国出口人填写，以用做海关统计。估价完税、征收差别关税以及核查该类商品在卖方国内的市价而决定是否征收反倾销税的依据。要求卖方填报海关发票的国家目前有美国、澳大利亚、加拿大、新西兰、加纳以及东、西非的一些国家。但名称不一致。

③ 领事发票（Consular Invoice）。有些国家如拉丁美洲、菲律宾等国规定，凡输往该国的货物，国外卖方必须向该国海关提供经该国领事签证的发票，有的是固定格式型的，有的是在商业发票上有领事签证就行。所以，领事发票又叫“领事签证书”。

领事发票的主要目的是为进口国核定人口税的依据，与海关发票基本类似。各国领事在签发领事发票时，均需收取一定的签证费，故如国外来证要求我方提供领事发票的，一般不接受，或由银行注明当地无对方领事馆机构，争取取消，让对方改证。当然，如经两国政府协商同意，或可由我方贸易促进会签证的，按我国有关主管部门的规定办理。

④ 厂商发票（Manufacture's Invoice）。这是出口货物的制造厂商所出具的发票，以本国货币来计算价格的，用以证明出口国国内市场的出厂价格的发票。其目的也是供进口国的海关估价、核税，以及确定是否征收反倾销税，厂商发票与海关发票相类似。如国外来证向我要求厂商发票时，可按照海关发票有关国内价格的填制办法处理。

(3)提单(Bill of Lading)

① 提单的种类很多。比如:海运提单、铁路运单、航空运单、承运收据、邮件提单、多式联运提单、装船提单、备运提单、清洁提单、不洁提单等多种提单,应按照来证要求的种类提供。

② 托运人。来证如无特别规定,应填写受益人名称(即货主名称);来证如规定以第三者为发货人时,可填写我方运输单位如对外贸易运输公司。

③ 收货人(Consignee,抬头人,受托人)。这一栏目的填写关系到提单的权益和转让,关系到转让的手续,所以要仔细。

④ 提单通知栏的填写(Notify)。如来征求规定"被通知人",提单的正本可不必填写;但不论来证有无规定,在提单的副本上均应将被通知人买方的名称、详细地址全部填写上。

⑤ 提单的货物名称。提单上的货物名称虽然可以用概括性的商品统称,不必列出详细规格,但应注意不能与来证所规定的货物名称、特征相抵触。

⑥ 目的港。提单上的目的港,原则上应和运输标志上所列的内容一致。

如来证规定在某个地方转船时,应在提单上加注上转船地点,或由轮船公司出具转船地点的证明;如果要订制二程船的提单,由二程船公司包转时,一程船提单的收货人应填二程船公司;但不管怎样,目的港仍要写明货物终点的真正目的港。

⑦ 提单的件数。原则上应和运输标志上所列的一致。但是如果在装船时发生漏装少量的件数以致件号不相连续,则可在提单上运输标志件号的前面加" Ex"(缺件)。

⑧ 提单的签发份数。按《跟单信用证统一惯例》规定:银行接受全套正本仅有一份的正本提单,也接受一份以上正本的提单。如果提单正本有几份,每份正本提单的效力是相同的,但是如果其中一份凭此提货,其他各份就立即失效。所以,合同或信用证中如规定出口人提供"全套提单"(Full Set or Complete Set Bill of Lading),就是指承运人在签发的提单上所注明的全部正本份数。

⑨ 提单的签署人。如来证规定"港到港"的海运提单,银行会接受由承运人,或作为承运人的具体代理或代表,或部长,或作为船长的署名代理或代表所签署的提单。

⑩ 其他装运条款。买方有时会因限于本国法令,或为了使货物尽快到达,或其他原因,往往在来证中加列其他装运方面的条款要求出口人照办。如要求提供航线证明、船籍证明、船龄证明,或指定装部港、转运港、用集装箱货轮等,可按有关规定,结合运输条件,能满足的应尽量满足;不能办到或要求不合理的,必须向买方提出修改信用证。

(4)保险单(Insurance Policy)

保险单是保险人与被保险人之间订立的一种正式合同。在缮制保险单时应注意。

① 被保险人栏。如果来证无特殊规定,"被保险人名称"这一栏应是信用证的受益人。结汇时,一般只作空白背书,便于保险单办理过户转让。

② 保险货物品名、唛头、数量、包装、船名、起运港与目的港等是要与发票、提单上

的一致。如提单上注明了转船地点时，保险单上也要注明。开航日期一般填出的是预计开船日期，但与提单上所载的实际开航日期不能相距太长。

③ 保险险别与保险金额。一般应与信用证相符，做到以下几点：保险单所表明的货币，应与信用证所规定的货币相符；保险金额按发票金额加成后只取整数；发票金额如扣除佣金时保险金额则按未扣佣金的金额投保；发票金额如扣除折扣或回扣时，通常则按净值投保。

④ 保险单的签发日期。应早于或者等同于提单日期，不得迟于提单日期。除保险单上注有承担自装船日起的风险（或注有保险责任最迟于货物装船或发运，或接受监督之日起生效）外，银行将拒收这种出单日期迟于装船或发运或接受监管的保险单。

(5)产地证明书(Certificate of Origin)

这是一种用来征用出口货物的原产地或制造地的证件。不用海关发票或领事发票的国家常常要求提供产地证明书，以便区别国别确定应税税率，限制某些国家和地区进口货物入境以及通过产地证明入境货物的来源地。

产地证明书一般由出口地的公行或工商团体签发，也可由贸促会或商品检验局签发。我国多为商检局和贸促会签发。就我国而言，出产地一般只写"中国制造"，其他内容应与发票、提单一致。

产地证明书除少数国家或地区可以联合在发票上外，一般应单独出具。对德国、伊朗不能联合在发票上。

(6)普惠制单据(Generalized System of Preference Documents)

这是指给惠国要求受惠国必须提供的单据，以使受惠国得到普惠制待遇。普惠制简称 GSP，是给惠国给予受惠国减免进口关税的一种待遇。目前，欧洲联盟、日本、加拿大、挪威、波兰、瑞士、澳大利亚、新西兰、俄罗斯等国和地区给予我国普惠制待遇。

普惠制单据作为一种书面证书，一般由出口人按给惠国规定填写；内容主要就是按"原产地标准"填写，然后由受惠国的签证机构审核签发（目前我国由各地商检局签发）。

普惠制的单据有"普惠制产地证"（格式固定），出口许可证和装船证明等，现介绍如下。

① 原产地证书表格 A(GSP Certificate of origin form A)。目前，除新西兰接受原产地证书 Form59A 外，几乎所有给惠国都接受 form A 作为获得优惠待遇的单证。它适用于一般商品，由出口公司填制，并经中国进出口商品检验局签证出具。要符合各个栏目的要求，一旦填错，就可能丧失应该享受的普惠制待遇的机会。

② 纺织品产地证(Certificate of Origin of Textile products)。只适用于纺织品类，由中国进出口商品检验局签发。

③ 手工制纺织品产地证(Certificate in Regard to Handlooms, Textile Handcarts & Traditional Textile Products of the Cottage Industry)。这种产地证明只适用手工制

造的纺织制品,仍由中国进出口商品检验局签发。

④ 纺织品出口许可证(Export License of Textile Products)。适用于配额纺织品,配额所限制的纺织品控制严格,由出口地外贸主管部门签发。

⑤ 纺织品装船证明(Shipment Certificate of Textile Products)。适用于无配额的手工产业,由出口地外贸主管部门签发。

(7)装箱单和重量单(Packing Specification List & Weight Memo/Note)

这两种单据是用来弥补商业发票内容的不足,便于外国买方在货物到达目的港时,供海关检查或收货人提货时核对货物。装箱单又称花色码单,列明每批货物的逐件花色搭配情况,各类货物的要求不一致。主要内容有件号、箱号、品名、规格、数量、毛重、净重、尺码、喷头等。重量单只列明每件货物的重量(毛重、净重、皮重)。

(8)检验证书(Certificate of Examination)

各种检验证书由于检验的项目不同,名称也不相同,但主要是用于证明货物的品质、数量、重量、卫生等。在实际业务中,这类证书多由商品检验机构出具;但如来证并无规定,也可由进出口公司或生产企业出具。当然,无论是谁出具,检验的内容、项目、结果,乃至检验证书的具体名称,都须与合同、信用证一致。

上面介绍的是几种常用的单据,需要说明的是,按照《单信用证统一惯例》规定:① 当信用证要求除运输单据、保险单据和商业发票以外的单据时,信用证应该规定该单据的出单人及其内容。② 当信用证无此规定,如提交的单据的内容能说明单据中述及的货物或(和)服务与提交的商业发票上所述及的有关联,或者当信用证不要求商业发票与信用证中所述及的货物或(和)服务有关联时,则银行将予接受。这就是为什么强调各种单据必须与信用证完全一致的原因。

此外,随着通信、交通、管理的现代化,传统的国际贸易程序以及制单结汇的做法已不能适应当今社会发展的需要。为此,目前的发展趋势是对传统的贸易程序,制单手续加以改革,使之简化,取消不必要的环节,减少单证的种类和份数,统一单证格式,实行标准化、代码化和电子数据自动化处理。相信这些成果的推广定将进一步推动国际贸易的发展。

最后,制单工作结束后,为了避免差错,各种单据在送银行之前,应有富有经验、资深细致的把关人员对单据进行最后的审查:① 查看信用证上有无议付行(如中国银行)加盖的通知图章;如无,则看是否有电开证或简电,或转让委托书。② 查看信用证所附的有关附件,如信用证修改书、授权书、信函及其他。凡是修改的内容涉及单据的内容时,应查看两者是否一致。③ 查看信用证的抬头,一般应为卖方;但也有填成银行的。④ 受益人的名称要与发票上的名称一致。⑤ 查看信用证上的内容是否逐条对应在有关单据上,务使单证相符。⑥ 最后,以发票为主,核对其他单据,做到单单一致。这样,单证审查的工作才算完成。

2. 对结汇单据的要求

开证行审核单据完全与信用证相符后，才承担付款责任。因此，要求出口结汇单据要正确、完整、及时、简明、整洁。正确要做到单证一致，单单一致，此外单据与货物也应一致，这样单据才能真正代表货物，避免错发错运；完整要做到提交按照信用证规定的各项单据，包括份数和单据本身的项目，都不能短少；要做到在信用证有效期内，尽早将单据提交议付行，以便早日寄出单据按时收汇；要做到不必要的内容切勿加列，以免画蛇添足；整洁要做到布局美观、大方，字迹清楚，更改地方要加盖校对图章，但是提单、汇票、产地证书不得更改。在实际业务中，单证不符情况经常发生。这时，首先要争取时间修改单据，使其与信用证相符。如果来不及修改，视具体情况，选择如下处理方法。

(1)表提。也称担保结汇。即信用证受益人在提交单据时出现单证不符，主动向议付行书面提出单证不符点，议付行要求受益人出具保函，担保日后遭到拒付时，一切后果由受益人承担。表提一般适用于单证不符点并不严重，或虽然是实质性不符，但事先已经与进口商确认可以接受的情形。

(2)电提。也称电报提出，即在单证不符情况下，议付行先向开证行去电（电报或电传），列明单证不符点，待开证行同意后再将单据寄出。这样可在最短时间内由开证行征求买方意见。如对方同意，可寄单收汇；如不同意，卖方可及时处理运输中的货物。

(3)跟单托收。议付行不同意上述两种方法，这时，出口单位只能采用托收方式收款。以上方法，受益人都失去了开证行的付款保证，银行信用已经变成了商业信用。

3. 结汇方式

目前，我国出口结汇的方式主要有买单结汇，收妥结汇和定期结汇等三种。

(1)买单结汇（出口押汇）

是指议付银行在审单无误的情况下，按信用证的条款买入受益人（出口企业）的汇票和单据，但从票面金额中扣除议付回到估计收到票款之日的利息，将货款净额按议付日外汇牌价折成人民币，计入受益人的账户上。

议付银行向受益人垫付资金买入跟单汇票后，即成为汇票持有人，再向付款银行索取票款。银行叙做出口押汇，可以给出口方融通资金，有利于外贸企业在交单议付时即可取得货款，加速资金周转，扩大出口业务。

如果汇票遭到拒付，议付银行有权处理单据或向受益人追索票款。

(2)收妥结汇（收妥付款）

收妥结汇又称“先收后结”，是指出口地议付银行在收到外贸公司的出口单据，经审查无误后，将该单据寄交国外付款银行，索取货款；收到付款行将货款拨入议付银行账户的贷记通知书（Credit Note）时，即按当日外汇牌价，将货款折成人民币，计入受益人的账户上。付款银行可以是开证行，也可以是开证行指定的付款银行。

(3)定期结汇

是指出口地的议付银行按照向国外付款银行索汇函电往返邮程所需的时间，加上银行处理工作的必要时间，预先确定一个固定的结汇期限，到期后无论是否收到货款都主动将票款金额折成人民币，计入受益人的账户。显然，不同地区的邮电往返回程不同，所定的期限也随之略有差异。

上面讲的都是采用信用证的结汇方式。除此以外，还有两种不常采用的方式。

(1)电报预付货款(T/T in Advance)。卖方在合同规定的装船月份的月初或前一个月的月底，将实际装船的商品品名、准确数量、总计金额、船名和大约开航日期等用电报通知买方，买方即通过银行将货款电汇给卖方。当装船后，各种单据由有关公司径寄给国外买方。这样，出口合同经过结汇，表明双方都按合同履行了各自的义务，即告终止。但这只是实际业务中的多数情况，也有的买方不守信用，不付或拖延付款，这就会有纠纷，甚至诉讼。因此，电报预付货款这种信用就暗伏着危机，轻易是不会同意的。

(2)托收结汇。这种托收与国内贸易的托收差不多，也是委托银行到国外去代收。由于银行不承担付款保证，纯属代收性质。所以，一般情况下，银行对单据并不严格审查。只有买方收到单据后才会与合同仔细核对，无误时，一般会照付。但是，故意挑岔的情形也不少见。因此，也暗伏着信用危机，轻易是不会采用的。

最后，出口合同的履行还牵涉到理赔。一是卖方向买方索赔，如买方未履行合同义务；二是买方向卖方索赔，如交货不符合同规定等(这类情况居多)，即使已经支付，买方如享有复验权的仍有权向卖方提出索赔。卖方在处理索赔时，要注意：①认真审核买方提交的单证和出证机构的合法性，以及核对其检验标准、检验方法，防止弄虚作假。②要会同有关部门实事求是地查找原因，以分清责任。③合理确定损失程度、金额和赔付方法。如确属卖方责任，应予以合理的赔偿，对国外客户提出的不合理的要求，必须依据事实，以理拒绝。

本章小结

本章主要阐述了出口合同的履行程序，即准备货物、落实信用证、组织装运、制单结汇等，并对履行合同的重点和难点做了详细的介绍。备货就是卖方根据合同的规定，按时、按质、按量准备好应交的货物，并做好申请报验和领证工作。审证、改证是卖方履行合同的重要步骤，直接涉及交易能否顺利完成。审证首先要从政策、银行资信和付款责任以及信用证性质等方面进行，再从商品品质、规格、数量、包装、单据、特殊条款等方面审查。审证发现问题后，一次向客户提出改证，不要多次提出，否则增加双方的手续和费用。对修改内容只能全部接受或拒绝，部分接受当属无效。租船装运是卖方履行合同的根本，涉及几个部门的配合衔接，协调不好，会影响货物按时装运。制单结汇是交易的最后一环，它要求业务员认真、仔细，具有高度的责任感。

习题

1. 名词解释

(1)备货

(2)原产地证明书

(3)出口报验

(4)结汇

(5)审证

2. 填空题

(1)审证的基本原则是信用证条款比________严格时,应当________;而当信用证的规定比________宽松时,可以________。业务中常常以我方________为准,决定是否修改信用证。

(2)如 swift 开证,电文尾端有“SAC”或“MAC”表示________。

(3)我国出口结汇的办法有________、________、________。其中只有________才是符合国际贸易惯例的方法。

(4)在出口合同的履行中,以________、________、________、________四个环节的工作最为重要。

(5)我国出原产地证书的机构为________或________。

(6)在信用证方式下,出口人能否安全收汇,取决于________和________。

(7)海运提单上货物尺码与装箱单上货物总尺码一致,用________表示,小数保留________位。

3. 单选题

(1)根据《跟单信用证统一惯例》,除非信用证另有规定,商业发票的签发人必须是(　　)。

A. 开证申请人　　B. 受益人　　C. 开证行　　D. 合同的卖方

(2)出口一批大宗商品,国外来证规定:“数量为 10 000 公吨,散装,总金额 100 万美元,禁止分批装运”。根据《跟单信用证统一惯例》规定,卖方交货(　　)。

A. 数量和金额均不得增减

B. 数量和总金额均可在 10% 的范围内增减

C. 数量和总金额均可在 5% 的范围内增减

D. 数量可以有 5% 的伸缩但总金额不得超过 100 万美元

(3)信用证规定到期日为 2003 年 5 月 31 日,而未规定最迟装运期,则可理解为(　　)。

A. 最迟装运期为 2003 年 5 月 10 日　　B. 最迟装运期为 2003 年 5 月 16 日

C. 最迟装运期为 2003 年 5 月 31 日　　D. 该信用证无效

(4) 国外来证："针织布 10 000 千克，每千克 4 美元；针织衫 5000 件，每件 2 美元；总金额为 ABOUT50 000 美元，禁止分批装运"。为此，我出口数量最多应掌握(　　)

A. 针织布 10 000 千克，针织衫 5000 件　　B. 针织布 10 500 千克，针织衫 5250 件

C. 针织布 10 000 千克，针织衫 5250 件　　D. 针织布 10 500 千克，针织衫 5000 件

(5) 所谓单证相符的原则，是指受益人必须做到(　　)。

A. 单据与合同相符　　B. 单据和信用证相符

C. 信用证和合同相符　　D. 修改后信用证与合同相符

(6) 议付信用证的汇票付款人一般应为(　　)。

A. 开证行或申请人　　B. 开证行或付款行

C. 开证行或通知行　　D. 受益人

(7) 按照惯例，银行开立信用证所产生的一切费用和风险应由(　　)负担。

A. 受益人　　B. 申请人　　C. 银行　　D. 第三方

(8) 根据《跟单信用证统一惯例》规定，在金额、数量、单价前有"约"字时，应解释为(　　)的增减幅度。

A. 5%　　B. 7%　　C. 10%　　D. 8%

4. 判断题

(1) 凡国外进口商要求我官方机构签发一般原产地证的既可向国家出入境检验检疫局也可向贸促会申请出证。(　　)

(2) 按 UCP500 号规定，如信用证列明"约于某月某日装运"应理解为所述日期前后各 10 天内装运，起讫日期包括在内。(　　)

(3) 根据《跟单信用证统一惯例》规定，信用证修改书有多项内容时，受益人可以接受一部分，拒绝另一部分。(　　)

(4) 如信用证中未规定汇票付款人的名称，则应理解为付款人是开证申请人。(　　)

(5) 商业发票无须签字。(　　)

(6) 在信用证业务中，海运提单的托运人通常为信用证中的受益人，但也可以是受益人以外的一方。(　　)

5. 问答题

(1) 为什么空运单上的毛重和装箱单上的重量经常不一致？应该怎么办？

(2) 对于保险单应注意什么问题？

(3) 制作提单时应注意哪些问题？

(4)由中间商开出的信用证,有关单据如何填写?保险单做成谁为被保险人?提单上被通知人应为谁?

(5)如何办理出口报关?什么是通关?

(6)在转船情况下,如"运费预付",托运人是否要付全程运费?

6. 案例分析题

(1)某外贸公司以 FOB 中国口岸价与香港某公司成交钢材一批,港商即转手以 CFR 釜山价卖给韩国商人。港商开来信用证是 FOB 上海,现要求直运釜山并在提单上表明"freight prepaid"(运费预付),试分析港商为什么这样做?我们应如何处理?

(2)我国南方某公司与马来西亚一客商签订茉莉花茶一批,合同规定一级茶叶。但卖方实际交货时发现一级茶叶已无库存,便在未征得买方同意的情况下,用特级茶叶取代一级茶叶交货,并告知对方:"特级茶叶按一级茶叶计价,不另外收费"。请问卖方这种做法是否妥当?并说明理由。

第 14 章 进口合同履行

教学目的和要求

通过学习，要求学生掌握采用即期信用证方式付款、FOB 进口合同履行的基本程序。掌握进口合同履行的各个环节中买方应做的工作，了解主要的进口单据和做好索赔工作应注意的问题。

学习重点与难点

1. 采用即期信用证方式付款、FOB 进口合同履行的基本程序；
2. 进口合同履行的各个环节中买方应做的工作；
3. 主要的进口单据；
4. 索赔工作。

引子

履行进口合同的环节有哪些呢？买方应做哪些工作？主要进口单据有哪些？索赔工作又如何进行？通过本章内容的学习，你可以得出结论。

典型案例

1980 年 4 月，某餐具厂与美国阿利有限公司签订一项进口设备合同，外商未携带设备的详细清单，只有简要介绍。但条件比较优惠，符合我方要求。外商表示先签订合同，回国后立即寄来设备清单。设备清单是签订合同的重要基础，它规定了设备的品种、数量、质量、规格和价格等内容，如果价格在合同中订明并生效，外商寄来的设备清单若与之不符，我方将毫无办法。为此，我方建议在确认清单后再签合同。但外商仍坚持先签订合同。最后我方考虑到此外商在世界上有较好的声誉和有达成交易的诚意，该合同内容对我方也极为有利，故提出折中办法，先拟合同后生效，在合同中加上一条生效条款，写明合同于卖方寄交设备清单，并经买方确认签字之日起生效。对此建议，外商欣然接受，买卖成交。

案例分析

本案例合同中的主要问题就是条款不健全，因外方没有将设备清单提交给我方，按照我国法律规定，缺少主要条款的合同是无效的。因此，本案双方订立的不是一项合同，而仅是附条件生效的协议，只有对方寄来设备清单并经我方确认签字后才能算是合同成立，我方坚持在确认清单后再签合同的主张是正确的。合同中增加生效条款后，主动权就牢牢地掌握在我方手中。

国际货物买卖过程中，履行进口合同的主要环节主要有：开立信用证、办理运输和保险、审单和付汇、接货和报关、进口货物检验、进口索赔等。

14.1 开立信用证

我国进口贸易，一般采用信用证支付方式。以这种方式成交，进口商必须在进口合同签订后，及时到银行办理信用证开证申请手续，以便国外客户（卖方）及时收到信用证，履行合同交货义务。开立信用证，就是开证，即按照合同的规定填写开立信用证的申请书，向银行办理开立信用证手续。派船系指买方负责派船到卖方出口口岸接运货物。投保系买方办理的保险手续。

14.1.1 开证申请

在实际进口业务中，开证的具体做法有两种。一种是企业根据合同条款，缮制信用证一式六联，送交开证银行。银行在审查进口货物，使用外汇的合理性和开证额度（当然买方账户上有这一笔外汇为银行所掌握），并依据合同附本审核信用证内容，认可后即在信用证正本及第一副本上盖章或签字，对外寄发。同时，退回其中一联副本给进口企业存查。另一种是企业将进口合同副本或复印件送交开证银行，并附上要求银行按合同条款对外开证的信函；银行缮制信用证后，退回两联副本给企业；如企业认可，即在其中一联上盖章、签字后退回银行，作为开证申请。最后，银行与正本、第一副本核对无异即签名加章对外寄发。

进口商在签订国际贸易合同后，应在规定的时间内向银行申请开立信用证，递交有关合同的副本及其他进口证明文件（如进口许可证），交付保证金或提供其他担保，填写开证申请书，支付开证费用。进口商一般都与固定的银行保持相对稳定的业务往来，每年向银行申请授信额度。进口商根据银行规定的统一格式填写开证申请书一式三份，其中一份交银行，另两份留企业的业务部门和财务部门。开证申请书正面是格式化的开证申请人对信用证的要求，背面载有开证申请人对开证行的声明，以明确双方责任。

1. 申请开立信用证的程序

进口商申请开立信用证的程序如下。

（1）递交有关合同的副本及附件。进口商在向银行申请开立信用证时，应向银行递交有关的进口合同副本及附件,如进口许可证、进口配额证(进口许可证及配额商品时)及某些部门的批文等。

(2)填写信用证开证申请书。进口商填写银行统一印制的信用证开证申请书,是进口商申请开立信用证过程中最重要的工作。它是开证银行对外开立信用证的基础和依据。进口商填写开证申请书时,必须按合同条款规定,写明对信用证的各项要求,内容须明确、完整,无词意不清的记载。

(3)交纳押金和开证手续费。按国际惯例,进口人向银行申请开立信用证,应向银行交付一定比例的押金或其他担保金。押金一般为信用证金额的百分之几到百分之几十,根据进口人的资信情况而定。我国开证行根据不同企业和交易情况,要求开证申请人缴付一定比例的人民币保证金,然后开证。此外,银行为进口商开证时,开证申请人(进口商)还必须按规定支付一定金额的开证手续费。

(4)银行开立信用证。开证行收到进口商的开证申请,立即对开证申请书的内容及其与合同的关系、开证申请人的资信状况等进行审核,在确信可以接受开证申请人的申请并收到开证申请人提交的押金及开证手续费后,即向信用证受益人开出信用证,并将信用证正本寄交(有时使用电传开证)受益人所在地分行或代理行(统称通知行),由通知行将信用证通知受益人。申请开立信用证的时间须按合同规定。合同没有规定时,一般掌握在合同规定的装运期前一个月到一个半月左右。

2. 开证申请书的填写

业务中,进口商填写的开证申请书,一式三份,一份留业务部门,一份留财会部门,一份交银行,作为其开立信用证的依据。开证申请书,应以合同为依据,按合同各项规定和要求填写。开证申请书的内容包括两部分:一是要求开立信用证的内容,也就是开证申请人按照买卖合同条款要求开证行在信用证上列明的条款,是开证行凭此向受益人或议付行付款的依据。二是开证申请人对开证行的声明或具结,用以明确双方的责任。其主要内容是开证申请人承认开证行在其付清货款赎单之前,对单据及单据所代表货物有所有权;开证申请人保证单据到达后,如期付款赎单,否则,开证行有权没收开证申请人所交付的押金和抵押品,作为开证申请人应付价金的一部分。信用证开证申请书使用英文填写,各地使用的信用证开证申请书格式虽有所不同,但其内容及填写方法基本一致。

3. 修改信用证

当我方通过银行开出信用证后,有时国外卖方会向我提出修改信用证要求,对此,我方须根据具体情况进行处理。

(1)一般情况下应尽量避免修改信用证。修改信用证不仅会增加买方负担的一笔可观的银行费用,还会直接或间接地影响到合同的履行。如果卖方来电要求改证,但经我方仔细研究审核后认为对方的要求不合理,或根本就没有修改的必要,可以拒绝。

(2)必须改证时要按国际惯例办事。如果对方提出的修改有合理而充分的理由，或提出由对方负担相关的费用等补偿措施，对我方不会造成直接或间接的损失，我方应同意改证，并按照国际上银行业务的惯例具体办理。

(3)对方的改证请求与实际操作须符合国际惯例。申请改证的一方其申请手续和具体做法必须符合国际银行业务中的惯例，否则我方可以拒绝。如要求修改的内容没有一次性提出，对修改通知在超过合理时间后没有提出不接受等，我方均可拒绝并不承担责任。

14.1.2 开证的注意事项

进口合同签订后，买方要按规定开立信用证。开证时，应注意以下几点。

1. 信用证的内容应是完整的、自足的。信用证内容应严格以合同为依据，对于应在信用证中明确的合同中的贸易条件，必须具体列明，不能使用“按 XX 号合同规定”等类似的表达方式。因为信用证是一个自足文件，有其自身的完整性和独立性。不应参照或依附于其他契约文件。

2. 信用证的条件必须单据化。《UCP 500》规定：如信用证载有某些条件，但并未规定需提交与之相符的单据，银行将视这些条件为未予规定而不予置理”。因而，进口方在申请开证时，应将合同的有关规定转化成单据，而不能照搬照抄。比如，合同中规定货物按不同规格包装，则信用证中应要求受益人提交装箱；合同以 CFR 条件成交，信用证应要求受益人提交的清单已装船提单上应注明运费已付等。

3. 按时开证。如合同规定开证日期，进口方应在规定期限内开立信用证；如合同只规定了装运期的起止日期，则应让受益人在装运期开始前收到信用证；如合同只规定最迟装运日期，则应在合理时间内开证，以使卖方有足够时间备妥货物并予出运。通常掌握在交货期前一个月至一个半月左右。

4. 关于装船前检验证明。由于信用证是单据业务，银行不过问货物质量，因而可在信用证中要求对方提供双方认可的检验机构出立的装船前检验证明，并明确规定货物的数量和规格。如果受益人所交检验证明的结果和信用证内的规定不符，银行即可拒付。

5. 关于保护性规定。《UCP 500》中若干规定，均以“除非信用证另有规定”为前提。比如，“除非信用证另有规定银行将接受下列单据而不论其名称如何”等。如果进口方认为《UPC 500》的某些规定将给自己增加风险，则可利用“另有规定”这一前提，在信用证中列入相应的保护性条件，比如，按《UCP 500》规定，禁止转运对集装箱运输无约束力，若买方仍要求禁止转运，则可在信用证中加列“即使货装集装箱，本证严禁转运”等。

6. 关于保兑和可转让信用证。我国银行原则上不开立保凭信用证，对可转让信用证也持谨慎态度。对此,进口商在签订合同时应予注意,以免开证时被动。

此外,开证申请书正面主要内容填写也要注意以下几点事项。

1. 申请开证日期(Date):在右上角填写,如5 May,2009。

2. 传递方式(Establish by):一般有信开(航空邮寄 Airmail)电开(SWIFT/Telex)快递(Courier)简电后随寄电报证实书等方法。画"×"选中所需的传递方式。

3. 信用证的种类(Form of L/C):申请书标题已表明不可撤销,不必重填,可增加保兑(Confirmed)和可转让(Transferable)等内容。

4. 申请人(Applicant):填写开证人的全称及详细地址。

5. 受益人(Beneficiary):填写受益人的全称及详细地址。

6. 通知行(Advising Bank):由开证行填写。

7. 信用证的金额(Currency Code, Amount):信用证金额即受益人可使用的最高金额。金额数字和文字表达要一致,除非确有必要,不宜在金额前加"约"、(About)"近似"(Approximately)、"大约"(Circa)等词语。如有添加,按UCP的解释,为允许金额有10%的增减幅度。

8. 分批装运(Partial Shipment)和转运(Transshipment):如合同不允许,应在信用证中明确注明不准(Not Allowed),否则视为允许。

9. 装运条款(Shipment Terms):按照合同规定填写装运地及目的地的名称、最迟装运期、如有转运地也应列明。

10. 价格术语(Price Terms):开证申请书上有FOB. CFR、CIF和"其他条件"四个备选项目,根据合同在方框内打叉。

11. 付款方式(Terms of Payment):四种方式供选择,分别是即期支付、承兑支付、议付和延期支付。

12. 汇票要求(Draft):根据合同填写通过信用证应支付发票金额的百分之几,如都通过信用证支付,则填100%;汇票的付款人(Drawee)应为开证行或信用证规定的其他银行,而不能规定为开证申请人,否则该汇票将被视为额外单据;付款期限有即期和远期,远期应注明天数,如30、60、90天等。

13. 单据条款(Documents Required):开证申请书已经印好的单据要求共13条,其中第1条至第12条是具体的单据,第13条是"其他单据",可根据合同要求加以补充。在所需的单据前的括号里打叉,并将该单据的其他要求补充完整,如一式几份等,如申请书上的要求不完成,还可以在该单据条款的后面填写清楚。申请人必须根据合同要求规定单据条款,不能随意提出超出合同要求的单据,也不能降低合同对单据的要求。

14. 货物描述(Description of Goods):包括货物名称、规格、数量、包装、单价、唛头等,所有内容必须与合同一致。包装条款如有特殊要求的,如包装规格、包装材料的要求等,应具体明确表示清楚

15. 附加条款(Additional Conditions):申请书上已经印制好7条,其中1至6条是具体的条款要求,如有需要可以在括号里打叉;内容不完整的,可根据合同规定和卖方的要求填写清楚。第7条是"其他条款",对以上6条没有的条款,可填写此处。

16. 其他:申请书下面有关申请人的开户银行、账号号码、执行人、联系电话、申请人(法人代表)签字等内容。

应用案例 14-1

信用证到期时进口商应出口商的要求修改信用证,出口商限定7天内修订,而进口商要求10天内修订,最后出口商同意修改期限为10天,但提出必须先出运80%数量,其余20%需加价。进口商应如何处理:①合同成立,价格可随市场行情升降吗?②如果80%仍有利可图,20%的余量可以取消吗?③为防止出口商变相涨价,在信用证上或契约中如何限制?

案例分析

(1)在对外贸易中,合同具有最高法律效力。合同一经订立,买卖双方之间任何一方违反合同,另一方将有权请求法律上的裁决。因此,在合约中已明确规定货物价格后,买卖双方必须以这一价格成交,不能再随市场行情的变化而提高和降低价格。出口商要求加价是不合理的。

(2)基于上述原则,合同中对成交数量已做了明确规定后,这一数量也不能随市场行情的变化而变化,任意取消订货或供货都是不可以的,因此20%的余量不能取消。

(3)因为信用证是典型的单据业务,银行在信用证业务中不涉及进出口商之间的具体交易过程,只是凭受益人提交的符合信用证条款的单据付款,因此,在信用证中一般不宜加入防止出口商变相涨价的条款。但进口商可以在买卖合同中经过与出口商协商后订入如下条款:No price adjustment shall be allowed after conclusion of contract(合同签订后不允许任意调整价格)。这样可以保证出口商按合同供货,不进行变相涨价。

14.2 办理运输和保险

14.2.1 办理运输

按FOB贸易术语成交的进口合同,货物采用海洋运输,应由进口方负责租船或订舱工作。租船订舱事宜可委托进出口贸易运输公司办理,也可直接向远洋运输公司或其他运输机构办理。在办妥租船订舱手续后,应按规定的期限将船名、船期及时通知对方,以便对方备货装船。派船通知中一般包括船名、船籍、船舶吃水深度、装载重量、到达港口、预计到达日期以及其他需要说明的问题。这些信息对出口方及时做好交付准备是很有帮助的。

履行 FOB 进口合同,其租船订舱工作由我方负责。我方一般则委托外贸运输公司办理。具体程序是:(1)卖方在交货前一定时期内,将预计装运日期、地点通知我方;(2)我方接到通知后,应及时向外运公司办理租船订能手续,受后将船期、船名及对通知国外卖方(以使对方备货装部);(3)国外卖方装船后,会及时通知我方并发出装船通知,以便我方及时办理保险和接货。办理时需要注意以下几点。

(1)及时了解、掌握卖方备货、装运情况。为了避免发生船货脱节(如货等船或船等货)的情况,要随时了解卖方动向;及时催促对方按时装运,特别是对批量大和重要的物资,可以委托驻外商务机构、或委派当地本企业代表直至派员进行了解和督促。

(2)凡事先订有预约保险合同的,则按预约保险合同办理。否则,则按规定的程序向保险公司单独投保。特殊情况下,如客户要求在国外办理保险时,则按保险公司所在国的规定和有关国际贸易惯例办理。

(3)如果国外商人要求延期装船,则应根据其理由是否充分及实际情况进行妥善处理。

14.2.2 办理保险

按 FOB 术语签订的进口合同,货物运输保险是由进口方办理的。从事进口业务的企业,通过与中国人民保险公司签订"海运进口货物运输预约保险合同"的方式,办理"预约保险"的手续。以 FOB 或 CFR 条件签订的进口合同,保险由我方办理。目前,我国进口货物的保险基本上都由中国人民保险公司按预约保险合同办理。所谓预约保险合同,是指各进出口公司与中国人民保险公司事前签订的关于保险条款的合同。合同中对各种货物的投保险别、保险费率、适用条款、保险费支付、赔款支付等都做了明确的规定。因此,投保手续比较简便。按照预约保险合同的规定,所有以 FOB. CFR 条件进口货物的保险都由中国人民保险公司"自动承保"。进口公司在收到国外的装船通知后,只需将货物的名称、船名、日期、金额、装运港、目的港、提单号、装运期等项内容通知保险公司,即视为已经办妥投保手续。一旦发生承保范围内的损失,保险公司将负责赔偿。

14.3 审单和支付

进口货物单据审核,是进口合同履行过程中的一个重要环节。审单付汇指的是开证银行收到国外议付银行寄来的汇票,货运单据后,会同进口企业,对照信用证的规定，核对单据的份数和内容，如内容无误，即由银行付款。同时，进出口公司用人民币按照国家规定的有关折算的牌价向银行买汇赎单。

审单付汇的程序：1. 国外卖方在货物装运后，将汇票和货运单据一整套交出口地银行办理议付；2. 出口地议付银行再将汇票连同货运单据一整套寄我方开证行；3. 开证银行对照信用证条款进行审核，如单据金额、份数等；4. 开证行审核无误后，再转交买方进口公司审核；5. 审核发现单证相符即由开证行向国外议付银行付款；6. 当地议付行经审核，将款项登记到卖方的账户上。如果审单时，发现单证不符，应根据不同情况，分别处理。严重不符时：(1)停止对外付款；(2)相符部分付款，不相符部分拒付；(3)货到检验合格后再付款；(4)凭卖方或议付行出具担保付款；(5)要求国外改证；(6)在付款的同时，提出保留索赔权等。究竟采用什么办法，有规定的按规定，没有规定的，按实际情况处理。由于一旦开证行付款以后，按惯例不能行使对外追索权。因此，审查单据的工作必须认真细致，不能草率。

14.3.1 审单

我国进口业务审单主要审核国外出口商提交的汇票、发票、提单等。审单的目的是为了确定它们是否做到"严格相符"(单证一致、单单一致、单货一致)，以先从单据上确定出口商是否履行了合同义务和决定是否应该对其付款。进口单据审核要点如下。

1. 海运提单

提单是物权凭证，是出口人凭此议付货款和持单人(进口商)凭此提货的重要单据。提单必须按信用证规定的份数全套提交，如信用证未规定份数，则一份也可算全套。提单应注明承运人名称，并经承运人或其代理人签名或船长或其代理人签名。除非信用证特别规定，提单应为清洁已装船提单。若为备运提单，则必须加上装船注记(Shipped on Board)并由船方签署。以 CFR 或 CIF 方式成交，提单上应注明运费已付(Freight Prepaid)。提单的日期不得迟于信用证所规定的最迟装运日期。提单上所载件数、唛头、数量、船名等应和发票相一致，货物描述可用总称，但不得与发票货名相抵触。

2. 汇票

国际贸易中采用信用证托收支付方式一般都用跟单汇票。信用证项下，汇票除一般内容外，还应有信用证开证日期、开证行名称及信用证号码等。托收项下，汇票除一般内容外，通常也注明合同号码、商品名称、数量等。

信用证名下汇票，应加列出票条款(Drawn Clause)，说明开证行，信用证号码及开证日期。金额应与信用证规定相符，一般应为发票金额。如单据内含有佣金或货款部分托收，则按信用证规定的发票金额的百分比开列. 金额的大小写应一致。国外开来汇票，也可以只有小写。汇票付款人应为开证行或指定的付款行。若信用证未规定，应为开证行,不应以申请人为付款人。出票人应为信用证受益人,通常为出口商,收款人通常为议付银行。付款期限应与信用证规定相符。出票日期必须在信用证有效期内,不应早于发票日期。

3. 商业发票

商业发票是单据的中心和交易情况的总说明。商业发票的记载必须详尽,计算必须正确,特别是货物的描述必须与信用证规定完全相符。发票应由信用证受益人出具,无须签字,除非信用证另有规定。商品的名称、数量、单价、包装、价格条件、合同号码等描述,必须与信用证严格一致。发票抬头应为开证申请人。必须记载出票条款、合同号码和发票日期。

4. 保险单

在按 CIF 条件进口时,国外出口商须向我提交保险单。保险单正本份数应符合信用证要求全套正本应提交开证行。投保金额、险别应符合信用证规定。保险单上所列船名、航线、港口、起运日期应与提单一致。应列明货物名称、数量、唛头等,并应与发票、提单及其他货运单据一致。

5. 其他单证

其他如装箱单、商检证、产地证等是否由信用证规定的机构签发、有关单证的名称、份数是否与信用证规定相符、单据上货物名称、品质、数量、唛头等是否与信用证及其他有关单据一致。如:(1)产地证。应由信用证指定机构签署。货物名称、品质、数量及价格等有关商品的记载应与发票一致。签发日期不迟于装船日期。(2)检验证书。应由信用证指定机构签发。检验项目及内容应符合信用证的要求,检验结果如有瑕疵者,可拒绝受理。检验日期不得迟于装运日期,但也不得距装运日期过早。

信用证支付方式中,进口货物单据审核由开证银行和进口企业共同进行。开证行对单据进行初审,进口商对单据进行复审。具体如下。

1. 开证行审单

我国进口业务大多采用信用证付款方式,国外出口人将货物装运后,即将全套单据和汇票交出口地银行转我方进口地开证行或指定付款行收取货款。按照我国现行的做法,开证行在收到国外寄来的全套单证后,根据信用证条款全面逐项审核单据与信用证之间、单据与单据之间在表面上是否相符,重点是:

(1)单据的种类、份数与信用证要求及议付行的回函所列是否相符;

(2)汇票、发票上的金额是否一致,与信用证规定的最高金额相比是否超额,与议付行的回函所列金额是否一致;

(3)单据中对货名、规格、数量、包装等描述是否与信用证要求相符;

(4)货运单据的出单日期及内容是否与信用证相符;

(5)货运单据及保险单据等其他单据的背书是否有效。

开证行如审单无误,即将上述单证交进口人进行复审,同时准备履行付款责任。如审单发现单据表面与信用证规定不符开证行可直接拒付。实际业务中,开证行一般先与进口企业联系,征求进口企业的意见。

2. 进口企业审单

进口企业收到开证行交来的全套货物单据和汇票后,根据合同和信用证规定认真审核出口商提交的单据。审核各种单据的内容是否符合信用证要求,单据的种类和份数是否齐全,即单证(单同)是否一致。同时,以商业发票为中心,将其他单据与之对照,审核单单是否一致。进口企业审单后,如在3个工作日内没有提出异议,开证行即按汇票履行付款或承兑的义务。

14.3.2 付款与拒付

在进口业务中,如采用托收或汇付方式,由进口公司负责对货物单据进行全面审核;如采用信用证的支付方式,则由开证银行和进口公司共同对货物单据进行审核。通常由开证银行对单据进行初审,进口公司进行复审。在单据符合信用证及合同规定的条件下,开证银行履行付款责任。

如果开证行审单后发现单证不符或单单不符,应于收到单据次日起5个工作日内,以电讯方式通知寄单银行,也就是要求的通知必须以电讯方式发出,或者,如果不可能以电讯方式通知时,则以其他快捷方式通知,但不得迟于提示单据日期翌日起第五个银行工作日终了,并且在通知中说明单据的所有不符点,并说明是否保留单据以待交单人处理或退还交单人。

进口交易中,银行审核出口商提交单据无误,便按汇票付款或承兑。然后通知进口商付款赎单。如审核发现不符,银行一般也会找进口商征求其对不符单据的处理意见。业务中,出现卖方所交单据“不符”时,考虑“不符”性质做出适当处理。

1.“不符”性质严重。“不符”性质严重,包括所交单据份数或种类与信用证规定不符,货款金额大于信用证金额,单据中重要项目的内容与信用证规定不符,或单据之间相同项目的填写不一致。如出现上述不符,我方可拒绝接受单据并拒付全部货款。

2.“不符”性质不太严重。如果“不符”性质不太严重可按下列方法处理。

(1)部分付款、部分拒付。如果卖方提供单据“不符”性质不太严重,买方一般不宜全部拒付,此时可采取部分付款、部分拒付办法解决这种问题。

(2)货到检验合格付款。即买方向银行提出货到后如经检验货物符合合同规定,再接受单据,支付货款。

(3)凭担保付款。即要求卖方或议付行出具货物与合同相符的担保,然后凭此担保付款。

(4)更正单据后付款。如“不符”系打印错误,且时间允许,可在卖方更改单据后付款。

对于单证不符的处理,按《UCP 500》规定,银行有权拒付。在实际业务中,银行需将不符点征求开证申请人的意见,以确定拒绝或仍可接受。作为开证申请人的进口方,对此应持慎重态度。因为银行一经付款,即无追索权。开证行向外付款的同时,即通知进口企业付款赎单。进口企业付款赎单前,同样需审核单据,若发现单证不一,有权拒绝赎单。对于远期信用证或因航程较短货物先于单据到达、进口方可以下列两种方式先行提货。(1)信托收据。在进口企业尚未清偿信用证项下汇票时(往往指远期汇票),可向银行开出信托收据,银行凭其将货运单据“借给”进口商,以利其及时提货,然后在汇票到期日偿还货款。(2)担保提货。进口货物先于提单到达目的地,进口企业可请求银行出具保函,向运输公司申请不凭提单提取货物,如果承运人因此而蒙受损失,由银行承担赔偿责任。

应用案例 14-2

2001 年 4 月份广交会上某公司 A 与科威特某一老客户 B 签订合同,客人欲购买 A 公司的玻璃餐具(名:GLASS WARES),我司报价 FOB WENZHOU,温州出运到科威特,海运费到付。合同金额达 USD25 064.24,共 1 * 40’高柜,支付条件为全额信用证,客人回国后开信用证到 A 公司,要求 6 月份出运货物。A 公司按照合同与信用证的规定在 6 月份按期出货,并向银行交单议付,但在审核过程发现了不符点:(1)发票上:GLASS WARES 错写成 GLASSWARES,即没有空格;(2)提单提货人一栏 TO THE ORDER OF BURGAN BANK,KUWAIT 错写成了 TO THE ORDER OF BURGAN BANK。A 公司认为这两个是极小的不符点,根本不影响提货。我司本着这一点,又认为客户是老客户,就不符点担保出单了。但 A 公司很快就接到由议付行转来的拒付通知,银行就以上述两个不符点作为拒付理由拒绝付款。A 公司立即与客户取得联系,原因是客户认为到付的运费(USD2275)太贵(原来 A 公司报给客户的是 5 月份的海运费,到付价大约是 USD1950,后 6 月份海运费价格上涨,但客户并不知晓)。拒绝到付运费,因此货物滞留在码头,A 公司也无法收到货款。后来 A 公司人员进行各方面的协调后,与船公司联系要求降低海运费,船公司将运费降到 USD2100,客户才勉强接受,到银行付款赎单,A 公司被扣了不符点费用。整个解决纠纷过程使得 A 公司推迟收汇大约 20 天。

案例分析

(1)“不符点”没有大小之分,在本案中,A 公司事先知道单据存在“不符点”的情况下还是出单,存在潜在的风险。A 公司认为十分微小的“不符点”却恰恰成了银行拒付的正当理由。因此,在已知“不符点”的情况下,最好要将其修改。

(2)FOB 运费上涨,与 A 公司并无关系,因此客户主要是借“不符点”进行讨价还价。

14.4 接货与报关

进口企业审单赎单付汇后,就应着手准备接货。

进口货物到货后,由进出口公司或委托外运公司根据进口单据填写“进口货物报关单”向海关申报,并随附发票、提单及保险单。如属法定检验的进口商品,还须随附商品检验证书。货、证经海关查验无误,才能放行。

进口货物运达港口卸货时,港务局要进行核对。如发现短缺,应及时填制“短卸报告”交由船方签认,并根据短缺情况向船方提出索赔权的书面声明。卸货时如发现残损,货物应存放于海关指定仓库,待保险公司会同商检局检验后做出处理。

14.4.1 接货

进口企业通常委托货运代理公司办理接货业务。可以在合同和信用证中指定接货代理,此时出口商在填写提单时,在被通知人的栏内应填上被指定的货运代理公司的名称和地址。接货包括监督卸货和报验。

收货人首先向入境报关地出入境检验检疫机构办理报检手续,填写《入境货物报检单》,提供进口合同、发票、装箱单和提单等必要的凭证和相关批准文件(由代理机构报检的应提供报检授权委托书);报检人凭商检机构出具的《入境货物通关单》办理通关手续;海关放行后,收货人再在20日内向出入境检验检疫机构申请检验。进口企业通常委托货运代理公司办理接货业务。可以在合同和信用证中指定接货代理,此时出口商在填写提单时,在被通知人的栏内应填上被指定的货运代理公司的名称和地址。船只抵港后,船方按提单上的地址,将“准备卸货通知”(Notice of Readiness to Discharge)寄交接货代理。接货代理应负责现场监卸。

如果未在合同或信用证中明示接货代理,则也可由进口方在收到船方通知径直寄来的“准备卸货通知”后,自行监卸。但大多情况下,仍可委托货运代理公司作为收货人的代表,现场监卸。监卸时如发现货损货差,应会同船方和港务当局,填制货损货差报告。卸货后,货物可以在港口申请报验。也可在用货单位所在地报验。但下列情况之一的,应在卸货港口向商检机构报验:(1)用于法定检验的货物;(2)合同规定应在卸货港检验;(3)发现货损货差情况。

《联合国国际货物销售合同公约》规定。卖方交货后,在买方有一个合理的机会对货物加以检验以前,不能认为买方已接受了货物。如果买方经检验,发现卖方所交货物与合同不符。买方有权要求损害赔偿直至拒收货物。因此,买方收到货物后,应在合同规定的索赔期限内对货物进行检验。

14.4.2 进口货物征税

我国海关按照《中华人民共和国海关进出口税则》的规定，对进出口货物计征进口关税和进口调节税。此外，进口货物还要征收增值税、少数商品要征收消费税。为简化征收手续，方便货物进出口，国家规定进口货物的增值税和消费税，由海关在进口环节代税务机关征收，在实际工作中通常称为海关代征税。

1. 进口关税

进口关税是一个国家的海关对进口货物和物品征收的关税。它是关税中最主要的一种。在目前世界各国已不使用过境关税，出口税也很少使用的情况下，通常所称的关税主要指进口关税。征收进口关税会增加进口货物的成本，提高进口货物的市场价格，影响外国货物进口数量。因此，各国都以征收进口关税作为限制外国货物进口的一种手段。适当的使用进口关税可以保护本国工农业生产，也可以作为一种经济杠杆调节本国的生产和经济的发展。

各种名目的关税也都是进口税，例如，优惠关税、最惠国待遇关税、普惠制关税、保护关税、反倾销关税、反补贴关税、报复关税等。使用过高的进口关税，会对进口货物形成壁垒，阻碍国际贸易的发展。进口关税会影响出口国的利益，因此，它成为国际间经济斗争与合作的一种手段，很多国际间的贸易互惠协定都以相互减让进口关税或给予优惠关税为主要内容。"关税及贸易总协定"就是为了促进国际贸易和经济发展为目的而签订的一个多边贸易协定，它倡导国际贸易自由化，逐步取消各种贸易壁垒，其中最主要的一项措施就是通过缔约方之间的相互协商、谈判，降低各国进口关税水平，对缔约方关税加以约束，不得任意提高。由于关税是通过市场机制调节进出口流量的，在目前阶段还允许以进口关税作为各国保护本国经济的唯一合法手段。但通过几个回合的关税减让谈判，各国关税水平大大降低。

进口关税的计算是以 CIF 价位基数计算的，即以 CIF 价为完税价格，如果是以 FOB 价格进口，还要加上国外运费和保险费。

进口关税的计算公式为：

$$进口关税税额 = CIF价格 \times 关税税率$$

2. 进口调节税

进口调节税是国家对限制进口的商品或其他原因加征的税种。其计算公式为：

$$进口调节税 = CIF价格 \times 进口调节税税率$$

3. 进口增值税

进口增值税，是指进口环节征缴的增值税，属于流转税的一种。不同于一般增值税对在生产、批发、零售等环节的增值额为征税对象,进口增值税是专门对进口环节的增值额进行征税的一种增值税。

我国税法规定,纳税人进口货物,按照组成计税价格和规定的增值税税率计算应纳税额,不得抵扣任何税额(在计算进口环节的应纳增值税税额时,不得抵扣发生在我国境外的各种税金)。组成计税价格和应纳税额计算公式为:

组成计税价格 = 关税完税价格 + 关税 + 消费税

应纳税额 = 组成计税价格 × 税率

需要注意的是,进口货物增值税的组成计税价格中已包括已纳关税税额,如果进口货物属于消费税应税消费品,其组成计税价格中还要包括进口环节已纳消费税税额。进口增值税计算公式:

进口增值税 =(完税价格 + 关税)/(1 - 消费税率)× 增值税率

4. 进口消费税

消费税是政府向消费品征收的税项,可从批发商或零售商征收。销售税是典型的间接税。

消费税是在对货物普遍征收增值税的基础上,选择少数消费品再征收的一个税种,主要是为了调节产品结构,引导消费方向,保证国家财政收入。现行消费税的征收范围主要包括:烟,酒及酒精,鞭炮,焰火,化妆品,成品油,贵重首饰及珠宝玉石,高尔夫球及球具,高档手表,游艇,木制一次性筷子,实木地板,汽车轮胎,摩托车,小汽车等税目,有的税目还进一步划分若干子目。消费税实行价内税,只在应税消费品的生产、委托加工和进口环节缴纳,在以后的批发、零售等环节,因为价款中已包含消费税,因此不用再缴纳消费税,税款最终由消费者承担。

我国实行从价税率办法计算进口消费税,计税价格由进口货物(成本加运保费)价格(即关税完税价格)加关税税额组成。我国消费税采用价内税的计税方法,因此,计税价格组成中包括消费税税额。组成计税价格计算公式为:

组成计税价格 =(关税完税价格 + 关税税额)/(1 - 消费税税率)

从价计征的消费税税额计算公式为:

应纳税额 = 组成计税价格 × 消费税税率

14.4.3 进口报关

1. 进口报关概念及相关单据

报关就是指进口或出口货物必须按照海关法令、规定的手续向海关申报验放的过程。报关时,进口企业要根据单据如发票、保险单、提单等填写进口货物报关单,向海关申报进口。海关凭进口许可证或进口货物报关单,对发、证单(必要时,还需提供合同副本、发票、装箱单、重量单、商品检验证书和其他文件）进行查验；海关查验进口货物时，收货人应当到场，开包查验时，主要看：(1)是否符合法令；(2)有无残损；(3)包装妥否；(4)数量或重量；(5)其他内容。一查验后按规定签印放行，有时加封放行（准其出入国境）。需要指出的是，报关、接货、报验等工作一般多由进口企业委托外贸运输机构代办，这主要是工作上的便捷的关系。放行后的货物即可提交。

进口货物到达目的港后，进口商应按国家法律规定办理货物进口报关、报验手续。进口报关是指进口货物的收货人或其代理人向海关交验有关单证，办理进口货物申报手续。按海关法，进口货物报关手续应于运输货物的工具申报进境之日起 14 日内进行。报关时，收货人应填写进口货物报关单，向海关提交提货单、发票、包装单、进口货物许可证。

进口企业可自行报关，也可委托货运代理公司或报关行代理报关。我国《海关法》规定，进口货物收货人应当自载运该货物的运输工具申报进境之日起 14 日内向海关办理进口申报手续，超过 14 日期限来向海关申报的从第 15 日起按日征收 CIF 价格 5% 的滞报金。

进口报关需填写"进口货物报关单"并随同交验下列单据：(1)进口许可证和国家规定的其他批准文件；(2)提单或运单（结关后由海关加盖放行章发还）；(3)发票；(4)装箱单；(5)减、免税或免验的证明；(6)报验单或检验证书；(7)产地证。以及其他海关认为有必要提供的文件。

海关接受申报后，对进口货物实施查验。核对实际进口货物是否与相关单证所列相一致。查验一般在海关监管区域内的仓库、场所进行、对散装货物、大宗货物和危险品等，结合装卸环节，可在船边等现场查验。对于在海关规定到期查验有困难的，经报关人申请，海关可派人员到监管区域以外的地点查验放行。进口货物接受查验，缴纳关税后，由海关在货运单据上签章放行，即为结关。收货人或其代理可持海关签章的货运单据提取货物。

2. 进口报关单填制注意事项

(1)报关单的填写必须真实，要做到两个相符：一是单证相符；二是单货相符。

(2)不同合同的货物，不能填在同一份报关单上；同一批货物中有不同贸易方式的货物，也须用不同的报关单向海关申报。

(3)一张报关单上如有多种不同商品，应分别填报清楚，但一张报关单上一般最多不能超过五项海关统计商品编号的货物。

(4)报关单中填报的项目要准确、齐全。报关单所列各栏要逐项详细填写，内容无误；要求尽可能打字填报，如用笔写，字迹要清楚、整洁、端正，不可用铅笔（或红色复写纸）填报；填报项目，若有更改，必须在更改项目上加盖校对章。

14.5 进口货物检验

进口货物须经过商检局进行检验。如有残损短缺,凭商检局出具的证书对外索赔。对于合同规定在卸货港检验的货物,或已发现残损短缺有异状的货物,或合同规定的索赔期即将满期的货物等,都需要在港口进行检验。

检验的含义有二:一是数量上的;二是质量上的。按《商检法》规定,进口货物到岸后,进口企业须向卸货口岸或目的地商检机构办理登记。商检机构在报关单上加盖"已接受登记"印章,海关凭报关单上的印章验放。法定检验商品登记后,进口人在规定时间、地点持有关单据到商检机构报验,由商检机构检验。检验地点一般在合同约定地点进行,也可在卸货口岸或目的地或商检机构指定地点或收货人所在地检验。但卸货时如发现货物有残损短缺,进口企业则应及时向口岸商检机构申请检验,出具残损证书,以备索赔之用。

14.5.1 进口货物检验流程

1. 进口货物申报

进口货物申报是指进口货物的收货人或受其委托的报关企业,在货物的进境地向海关办理进口货物申报手续的法律行为。报关单位必须是依法在海关注册登记的进出口货物收发货人和报关企业,报关单位指派的报关员须依法取得报关员从业资格,并在海关注册。

进口货物的申报期限为自装载货物的运输工具入境日起 14 天(日历日)之内。超过申报期限内向海关申报的,海关将自运输工具入境日第 15 日按日征收滞报金,日征收金额为进口货物完税价格的 0.5‰,以人民币元为计征单位。如果货物在运输工具申报入境日起超过 3 个月仍未申报的,海关将提取货物作变卖处理。进口企业在对进口货物进行申报时,必须提交齐全完整的合同、发票、装箱单、提单(或提货单、空运随机运单等,依运输方式而定)等文件,还需提交填写完整的《进口货物报关单》并加盖报关专用章。如果进口企业委托报关企业代为报关,还需提供加盖公章的《代理报关委托书》。如果货物需要进口许可证件,则应提供相应的许可证件。

目前进口企业在申报时通常先进行电子数据申报,有终端申报、委托 EDI(Electronic Data Interchange)、自行 EDI 方式和网上申报方式四种。进口企业可选择其中任何一种将报关单内容录入海关电子计算机系统(我国海关目前为 H2000 系统),由系统生成电子数据报关单,海关将根据该电子数据审核所申报的货物,这一过程也叫"大通关"。在审结电子数据报关单之后,进口企业再凭海关出具的现场交单或放行交单通知,在 10 天内汇齐所有报关单据，并打印纸质报关单向货物进境地海关办理相应手续。

2. 进口报验

《公约》和国际惯例通常认为即使是象征性交货，进口方也应拥有规定时间和地点对货物进行检验的权利。进口方对货物检验主要由于很多进口货物属于国家法定检验的范围，同时检验可以作为进口方对于受损货物索赔和理赔的依据。

(1)报验时间。根据国家商检部门和海关总署的规定，对法定检验的进口商品，海关统一凭商检机构签发的《入境货物通关单》验放。《入境货物通关单》上除载明进口商品的基本情况外，还须由商检机构注明"上述货物已报检/申报，请海关予以放行"的字样。需要特别加以说明的是，因受到口岸的检验条件、检验时间、通关体制的限制，检验检疫机构对部分进口商品进行检疫处理后，就直接签发《入境货物通关单》供海关验放，抽样、检验工作必须在货物通关以后才能实施，或者在使用地检验；部分进口商品要结合调试、安装过程实施检验，进口报关地与使用地不一致的，还要运输至指定地点，由所在地商检机构实施检验，即异地检验。法定检验的进口商品的收货人，应当持合同、发票、装箱单、提单等必要的凭证和相关批准文件，向海关报关地的出入境检验检疫机构报检；海关放行后 20 日内申请检验，未报经检验的，不准销售，不准使用。进口报验则应在合同中列明的索赔有效期前不少于 1/3 的时间，向货物所在地商检机构报验，动物检疫为入境前 15 天申报，植物检疫为进境前 7 天申报。

(2)报验地点。外贸合同或运输契约规定进口商品检验地点的，应在规定的地点所在地商检机构报验。如，合同规定凭卸货口岸商检机构出具的品质、重量检验证书作为计算价格、结算货款的，就应向卸货口岸商检机构报验；大宗散装商品、易腐变质商品，如粮食、原糖、化肥、化工原料、农产品等进口商品，必须向卸货口岸或到达站商检机构报验；在卸货时，发现货物的外包装残损或短件的，必须向卸货口岸或到达站商检机构报验；由内地收货、用货的，货物在国内运输途中又不会发生变质、变量而包装又完好的进口商品可向到货地商检机构报验；需结合安装调试进行检验的成套设备、机电仪产品及在口岸的开包检验难以恢复包装的商品，应向到货地商检机构报验。

如果报检进口货物按规定需要进行现场查验，检验检疫机构要求报检单位将货物运至指定地点并派检验人员进行现场查验。若经查验，进口货物不符合我国相关卫生安全标准，则对其进行卫生除害处理。如进口货物无法进行卫生除害处理，或经除害处理仍不符合卫生要求的，签发销毁处理或退运通知单；同时如进口货物属于《出入境检验检疫机构实施检验检疫的进出境商品目录》内的法定检验商品，必须由国家指定的检验检疫机构按照确定的检验实施方案对其进行检验和检疫；如该货物不属于法定检验商品，则按相关法规进行监督管理。只有经法定检验检疫合格或经重新整理或除害处理后经检验合格的进口货物，检验检疫机构出具检验结果并拟制证稿，并经检验检疫机构复审合格签发入境货物检验检疫证明。

国际贸易实务

3. 进口报验报关应该注意的问题

接到客户全套单据后，应确认货物的商品编码，然后查阅海关税则，确认进口税率、确认货物需要什么监管条件，如需做各种检验，则应在报关前向有关机构报验。报验所需单据：报验申请单、正本箱单发票、合同、进口报关单两份。换单时应催促船舶代理部门及时给海关传舱单，如有问题应与海关舱单室取得联系，确认舱单是否转到海关。当海关要求开箱查验货物时，应提前与场站取得联系，需要将所查箱子调至海关指定的场站。若是法检商品应办理验货手续，则要在报关前，拿进口商检申请单（带公章）和两份报关单办理登记手续，商检后获得《入境货物通关单》以便办理报关手续，或者先获得《入境通关单》办理报关手续，但是到达最终用户所在地要及时申报检验。在报关、验收过程中，海关行使的是司法行政权，商检行使的是客观检验、出证权和行政权，港务局则行使的是卸货手续权。海关对下列情况的货物一般不予放行：(1)国内外商人投机取巧、弄虚作假的货物；(2)擅自进出口的货物；(3)从禁止与我贸易的国家或地区进口（或向之出口）的货物；(4)单证不全、不符的货物；(5)品质低劣，包装不合格的货物；(6)其他走私、贩私货物。

商检局对进出口商品实施检验后，即发放检验证书。这种证书具有鉴定和公证的双重作用。进口货物运抵港口卸货时，由港务局验收。港务局在进行卸货核对时，如果发现货物短少，即需缮制"短卸报告"，交给船方确认、签认，并根据短缺情况向船方提出保留索赔权的书面声明。如发现货物残损，应将货物存放在海关指定的仓库内，由保险公司会同商检局检验，然后视残损情况做出相应处理。为了便于对外索赔，凡属于：(1)法定检验范围的；(2)合同订明在卸货港检验的；(3)合同规定货到之后检验付款的；(4)合同规定的索赔期限较短的（即将期满）；(5)卸离海轮已发现残损、有异状或提货不着等情况的进口货物，均须在卸货港口向商品检验局报验，进行就地检验。

如不属于上述情况，而用货部门又不在港口所在地的，可将货物转运至用货单位所在地，由用货单位验收或请就近的当地商品检验局或其指定单位检验。按照结果决定是否索赔或补供、修理、退货等。虽然索赔期较长，亦宜早为之，以免索赔过期。在办完报关、验收手续后，如订货或用货单位就在卸货港所在地，则就近转交货物，进口公司派车接转就行了；如订货或用货单位不在甚至还远离卸货港所在地，进口公司则可委托发运代理商将货物转运至内地并转交给订货或用货单位签收。这就是提交或拨交货物。关于进口关税和内地运输费用，可由货运公司代理缴纳，然后向进口公司结算，进口公司再向订货或用贷部门结算。无论是代理进口还是外贸自营进口，均需办理货物拨交手续。这两种进口的结算程序基本相同，所不同的在于作价原则：外贸自营进口是买卖关系，代理进口则是委托代理关系；前者的一切费用概由自己承担，后者的一切费用低出之委托人，并向委托人收取一定百分率的代理手续费（如按 CIF 总金额）。对无外贸经营权的企业，这无疑又是一道壁垒。

14.5.2 入境检验需要的文件

受理入境货物报检时，要求报检人提供外贸合同、发票、提单、装箱单以及入境货物通知单等单证；实施安全质量许可、卫生检疫注册的应提交有关证明文件复印件，并在报检单上标注文件号。

1. 报检入境货物品质检验的还应提供国外品质证书或质量保证书、产品使用说明及有关标准和技术资料；凭样成交的，须附加成交样品。

2. 申请残损鉴定的还应提供理货残损单、铁路商务记录、空运事故记录或海事报告等证明货损情况的有关单证。

3. 申请重（数）量鉴定的还应提供重量明细单，理货清单等。

4. 入境货物经收用货部门验收或其他单位检验的，应加附有关验收记录、重量明细单或检验结果报告单等。

5. 入境特殊物品的报检。

特殊物品包括微生物、人体组织、器 官、血液及其制品、生物制品和国务院卫生行政部门指 定的其他须特别审 批的物品。对入境特殊物品的报检，报检人应根据不同货物种类向检验检疫机构提供相应资料、证明或证书。

14.6 进口索赔

索赔是指在进出口贸易中，因一方违反合同直接或间接给另一方造成损失，受损方向违约方提出赔偿请求，以弥补其所受损失的行为。进口货物常因品质、数量、包装不符合合同的规定，而需要向有关方面提出索赔。索赔时首先应进行检查分析，找出原因，然后才能提出索赔。

1. 索赔理由

在进出口交易中，争议、纠纷是屡见不鲜，其原因是多方面的，索赔理由也因之而异。

(1) 合同是否成立，双方国家法律，国际贸易惯例解释不一。

(2) 合同条款不够完善、不够明确，双方对条款的解释各执一词。

(3) 在履约中发生了双方不能控制的原因，使合同没法履行或没法按时履行；双方对合同是否可以解除或延期履约看法相左。

(4) 买方违约。如不按时开立信用证或承兑汇票，不按时付款赎单，无理拒收货物，在 FOB 条件下不按时派船或根本就不派船接货。

(5) 卖方违约。在国际货物买卖中，卖方违约的情况比较常见，主要表现为：不按时交货、不交货，货物的品质、数量、包装与合同规定不符，不提供合同和信用证规定的适宜单证等。

(6)其他原因给进口方造成损失的，如运输事故、意外事故等。在国际贸易中，任何一方不履约或不按合同规定履约，违反合同所规定的义务，一般来说就构成了违约。违约的一方承担损害。赔偿的责任，对方有权提出赔偿要求，直至解除合同。

2. 卖方应对买方违约的措施

对于买方违约，卖方的处理措施主要有以下几种。

(1)要求买方履行合同义务。卖方可限定一段合理时间作为额外时间，让买方履行义务。

(2)宣告合同无效。当买方不履行合同中的义务，构成根本性违约时，或在卖方所限的额外时间内买方仍未履行义务或声明他将不在这段额外时间内履行其义务时，卖方均有权宣告合同无效。

(3)要求索赔损失。这也是卖方为弥补由于买方违反合同所造成的而采取的一种常见补救措施。同样，卖方要求赔偿的权利，也不会由于他采取了其他补救措施(如宣布合同无效、货物他卖等)而丧失。但是，在预付货款合同中，如果买方已经支付货款，则不论买方在支付货款后如何违反合同，卖方均无权宣告合同无效或将货物他卖，而只能对所受损失提出索赔或采取其他措施。

(4)控制货物。控制货物包括控制单据、行使控制货物处置权，都是在买方推迟收取货物、不支付货款、或在买方的支付能力出现危机以及发生其他意外情况时，卖方所采取的一种非常措施。这是国际贸易法律和惯例赋予卖方为维护其权益的控制货物权利，主要包括控制货物凭证；留置权和停运权。控制货物凭证主要指控制提单。

留置权指未收到货款的卖方对仍在自己手中的货物有予以扣押的权利。卖方行使留置权必须具备：①根据销售合同应该收到而未收到或未全部收到货物价款；②仍然保留着对合同货物的直接占有。显然，如果卖方在买方未支付或偿还货物的价款之前，就已经将货物交付给了承运人或直接交付了买方或其代理人，那么，卖方就不能再行使对货物的留置权。

停运权也称“运输过程中的停止交货权”，是指未收到货款或发现买方无偿付能力时，对已经不再占有但尚在运输过程中的货物享有停止交货的权利。也就是说，只要货物尚未被买方或其代理人提取，在整个运输过程中，卖方随时都可以收回对货物的占有权，直至买方付款为止。

3. 卖方违约

卖方违约的情况主要有以下两种。

(1)不按时交货。不按时交货有延迟交货和提前交货两种。

① 延迟交货。指卖方在合同规定的交货期限满了之后才履行交货义务。延迟交货

是常见的卖方违约行为，有时会给买方造成重大损失，如使买方生产中断、价格损失，甚至严重到威胁人们的生命，国家的安全。所以，延迟交货有的国家把它作为违反合同的要求处理。

② 提前交货。提前交货有时受买方欢迎；但在多数情况下，如未经买方授权，卖方自主提前交货，有时会增加买方贮存费用、保险费用、损耗费用、减价损失（如节令上市食品等），并迫使买方提前支付货款而影响买方的资金周转、增加额外的利息支付等。所以，擅自提前交货也是卖方违约行为；如因此而造成买方的损失，卖方难辞其咎，负有赔偿的责任。

（2）所交货物不符合合同。买方对货物不符合同的异议，必须及时通知卖方，同时说明不符的情形、性质、数量。如何才算"及时"，大多以索赔条款或结合商品检验条款的形式，在合同中做出具体的规定。要是合同未作规定，则依据有关的国内法或国际条约。《联合国国际货物销售合同公约》的规定是在买方实际收到货物之日起两年以内。买方在及时通知卖方的同时，视不同的商品、不符的情况，常采用以下补救措施（受损方向违约方提出索赔要求的权利，不会由于他采取其他补救办法的权利而丧失）：①要求交付替代货物（退换）；②要求对所交货物进行修补；③要求减低价格；④宣告合同无效；⑤要求损失赔偿。

4. 卖方违约情况下买方的索赔对象

在卖方违约情况下，买方进行进口索赔的对象主要有以下三种。

（1）向卖方索赔

当卖方没有按时、按质、按量交货，即商品的品质、规格与合同规定不符，数量不足，交货拖延或不交货，包装不良使货物受损等，应向卖方提出索赔。向卖方索赔的责任范围主要有：①原装数量不足；②来货的品质、规格与合同规定不符；③包装不良、不当致使货物受损；④不交货或不按时交货；⑤其他因卖方原因而给买方造成的损失等。

（2）向轮船公司索赔

进口货物，如发生残损或到货数量少于提单所载数量，而提单是清洁的无任何不良批注，一般即是承运人的过失造成，买方可根据不同运输方式的有关规定，及时向有关承运人提出索赔。向轮船公司索赔的责任范围主要有：①货物数量（或重量或件数）少于提单所载数量；②提单底清洁提单，可货物有残缺情况，残损情况（且由于船方过失）；③货物所造成的损失，根据租船合约有关条款应由承运人负责时。

（3）向保险公司索赔

由于自然灾害、意外事故或运输装卸过程中事故等致使货物受损，并属于承保范围以内的应向保险公司索赔。此外属于承运人的过失造成的货物残损、丢失，而承运人不予赔偿或赔偿金额不足抵补损失的，如属于保险公司承保范围以内的也应向保险公司提出索赔。

向保险公司索赔的范围主要有:①自然灾害、意外事故或运输过程中发生的非承运人负责的其他事故所招致的损失而且属于承保险别的范围内者;②凡轮船公司不予赔偿或赔偿金额不足以抵补损失的部分而又属于保险范围内者;③其他外来原因造成,且亦属于承保险别的范围内损失。

5.进口索赔的注意事项

对外索赔,在实际进出口的业务中,主要发生在进口工作中。一般应注意以下工作。

(1)索赔事实和证据

进口商对外提出索赔必须准备索赔证据,包括制备索赔清单,随附商检局签发的检验证书、残损证明以及货物的发票、装箱单、提单副本。其次,对不同的索赔对象,还须另附有关证件。造成损失,首先要查明事实,分清责任,具备足以证明责任在对方的证明文件、证据,否则,对方有权拒赔。根据口岸验收记录,或使用中发现的问题的现场情况等,确定损害事实的存在和查明属某方的责任(如卖方、承运方、保险方);然后备好力证上述事实的证据,如索赔清单,商检局签发的检验证书,发票、装箱单,提单副本,保险单,磅码单正本或副本,船长签发的短缺残损证明。向卖方索赔时,应在索赔证据中提出确切的根据和理由,如系 FOB 或 CFR 合同,必须随附保险单一份。向轮船公司索赔时,须另附由船长及港务局理货员签证的理货报告及船长签证的短卸或残损证明。向保险公司索赔时,须另附保险公司与买方的联合检验报告等。

根据国际惯例,买方向卖方索赔的金额,应与卖方违约造成的损失相等。除损失的商品价值外,索赔的金额还可包括其他有关费用。例如商品检验费、装卸费、银行手续费、仓租、利息以及预期的利润。至于索赔的金额具体应包括哪几项,应根据实际情况确定。

(2)索赔金额和期限

正确而合理地确定索赔项目、金额,是公平合理地处理索赔的基础,也是据理与外商斗争的条件之一。既不能脱离实际损失的限度,又不能使己方蒙受损失。具体的做法是:①如合同预先规定有约定的损失赔偿金额的,应按约定的金额赔偿。②如未约定有损失赔偿金额的,则应根据实际损失情况,按照赔偿金额与因违约而造成的损失相等的原则,确定适当的金额。如卖方拒绝交货,赔偿的金额,一般是按合同价格与违约行为发生时的市场价格之间的差价计算,还应包括合理的利润;如卖方所交货物的品质、规格与合同不符时,买方可以要求减价或重换(减价是指退还品质差价;重换是退货,应赔偿如退货运费、仓储费、装卸费、保险费、重新包装费、商品检验费、银行手续费和利息等)。如卖方委托我方修整时,要合理计算加工费、材料使用费等费用,至于工时、工资、材料如何计算,应视具体情况而定。

索赔期限是一个涉及卖方、承运方、保险方的时间限制概念,都必须在相应合同规定的时间限期以内,过期无效。来不及提供证据或商品规格繁杂、项目又多时。一是要求相应方延长索赔期限;二是声明保留索赔权利。

(3)索赔方案和函件

索赔函是受损方向违约方提出索赔要求的书面文件。它是企业解决进出口业务纠纷,维护企业和国家利益,保障企业信誉的重要手段。索赔函的内容一般包括标题、正文、附件等。

在查明事实、分清责任、备妥单证,确定索赔项目和金额的基础上,要结合客户与我公司往来的实际情况,制定好索赔方案,并要注意策略。一般重大的索赔方案,要由上级主管部门审核;一般索赔方案,也要由公司业务领导审核。索赔方案应列明事情经过、案情症结,必要证据,索赔的策略和处理方式,如部分退货、退货、换货、补货、整修、延期付款、延期交货等。索赔函件主要的内容应写明:①货物残损与合同规定不符的详细情况,除附证件外,还应附上必要的照片;②索赔项目、金额、处理办法;③列出附寄索赔证件的名称、份数,检查证件结论与索赔结论是否完全一致。

(4)其他注意事项

在解决双方的争议时,一般可通过友好协商、仲裁和诉讼来解决。首先是友好协商、然后再考虑仲裁,不得已时才通过诉讼。在处理索赔时,应当熟悉和正确利用国际贸易惯例,有关法律,以使索赔成功。索赔是指受损失的一方向违约的一方提出赔偿损失的行为,理赔是违反合同的一方受理受损失方提出的赔偿要求而进行的处理。索赔以卖方为对象虽属多见,但亦有以买方为对象的;同理,理赔作为赔偿这一问题的另外一个方面,以卖方理赔虽属多见。但在特定情况下,也有卖方向买方提出索赔要求,买方就卖方提出的索赔要求进行理赔的。此外,承运方或保险公司就客户提出的索赔要求做出的处理,也称为理赔。

拒赔是指受到索赔的一方(通常是卖方)经过对索赔一事的仔细研究、分析,认为对方索赔过期或索赔理由不成立或事实不确凿而拒绝对方的索赔要求的行为。

拒赔同样不限于买方或卖方,承运部门,保险公司认为客户的索赔理由不成立、不足而拒绝赔偿,也称为担赔。

目前,我国的进口索赔工作,属于船方和保险公司的责任者,一般委托货运代理的外贸运输公司代办;属于卖方责任的,则由进口公司直接办理。所以,为了做好索赔工作,进出口公司、外贸运输公司、订货单位、商检局、港务局等各个有关单位必须密切协作。要求做到:检验结果正确,证据属实,赔偿责任明确,时间合适,以挽回货物所受到的损失。同时,作为没有违反合同的买方,也应根据对方违约的情况,有义务采取合理措施,以减轻因对方违约而给自己造成的损失。如果买方不采取这种措施,违约方有权要求在其索赔的金额中扣除原本可以减轻的损失数额。

本章小结

本章主要讲解即期信用证方式付款、FOB进口合同履行的基本程序、进口合同履行的各个环节中买方应做的工作、索赔工作等内容。在国际货物买卖过程中，履行进口合同的主要环节有：开立信用证、办理运输和保险、审单和付汇、接货和报关、进口货物检验、进口索赔等。开证时，应注意以下几点：信用证的内容应是完整自足、信用证的条件必须单据化、按时开证、装船前检验证明等相关内容。

信用证支付方式中，进口货物单据审核由开证银行和进口企业共同进行。开证行对单据进行初审，进口商对单据进行复审。对于单证不符的处理，按《UCP 500》规定，银行有权拒付。在实际业务中，银行需将不符点征求开证申请人的意见，以确定拒绝或仍可接受。索赔是指在进出口贸易中，因一方违反合同直接或间接给另一方造成损失，受损方向违约方提出赔偿请求，以弥补其所受损失的行为。进口货物常因品质、数量、包装不符合合同的规定，而需要向有关方面提出索赔。索赔时首先应进行检查分析，找出原因，然后才能提出索赔。

习题

1. 名词解释

(1)开立信用证

(2)进口报关

(3)索赔

预约保险合同

2. 填空题

(1)进口合同的履行程序(以FOB条件为例)为________、安排装运、________、审单和付款、________、________及进口索赔。

(2)我国进口货物都是按________征收关税。

(3)买方开证时间太早，不但会________，而且还会造成________。

(4)对于成交量大的商品，可以委托驻外机构就近了解，或派员前往________检验监督，促使对方根据合同规定，________、________、________履行交货义务。

(5)在我国，进口货物的租船、订舱工作一般由进口方委托________办理。

(6)只有有权经营进出口业务的企业向海关申请并办理________后，才能取得报关资格。

(7)根据我国海关法规定,进口货物的报关期限为自运输工具申报进境之日起________日内,由收货人或其代理人向海关报关,超过期限,须交纳________。

(8)进口索赔的对象可能是________、________、________。

(9)进口报验地点规定有四种情况:________、使用地点检验、________、装运前检验。

3. 单选题

(1)按照《跟单信用证统一惯例》规定,若银行发现单证不符拒收单据时,应在收到单据次日起(　　)个工作日内,通知受益人。

A. 6　　B. 7　　C. 5　　D. 14

(2)进口的货物,如发生残损或到货数量少于提单所载数量,而运输单据是清洁的,则应向(　　)提出索赔。

A. 卖方　　B. 承运人　　C. 保险公司　　D. 银行

(3)我公司按 FOB 进口一批玻璃器皿,在运输途中的装卸、搬运过程中,部分货物受损。要得到保险公司的赔偿,我公司应该投保(　　)。

A. 平安险　　B. 一切险　　C. 破碎险　　D. 一切险加破碎险

(4)按照国际保险市场上的一般习惯,保险金额是以发票的(　　)价格为基数,再加上适当的保险加成计算得出。(　　)

A. FOB　　B. CFR　　C. FAS　　D. CIF

(5)进口"短卸报告"的签发者为(　　)。

A. 船方　　B. 港务局　　C. 商检局　　D. 海关

(6)进口大型机械设备采用分期付款方式是(　　)。

A. 属于全部利用外资的一种形式

B. 属于部分利用外资的一种形式

C. 不属于利用外资的形式,而是部分垫款,部分付现的一种形式

D. 是融资的形式

(7)在进口业务中,尽量使用(　　)术语。

A. FOB　　B. CFR　　C. CIF　　D. EXW

4. 问答题

(1)进口调研的内容包括哪些?

(2)进口经济效益的分析指标有哪些?

(3)进口报关的一般程序包括哪些步骤?

(4)进口商审单出现不符点的解决办法有哪些?

(5)在 FOB 或 CFR 价时,买方如未及时保险,船抵目的港后是否还要投?

(6)在采用信用证方式支付时,履行进口合同应注意哪些问题?

5. 案例分析题

(1)某公司向国外进口电子产品,价值 50 万美元。贸易合同中订明采用 CIF 价格,当货物运抵目的港时发现有部分震损,该公司应向哪一方请求索赔?

(2)我国某外贸公司受国内用户委托,以外贸公司自己的名义作为买方与外国一家公司(卖方)签订了一项进口某种商品的合同,支付条件为“即期付款交单”。在履行合同时,卖方未经买方同意就直接将货物连同全套单据都交给了国内的用户,但该国内用户在收到货物后遇到财务困难,无力支付货款。在这种情况下,国外卖方认为,我国外贸公司的身份是买方而不是国内用户的代理人,因此,根据买卖合同的支付条款,要求我国外贸公司支付货款。问:我国外贸公司是否有义务支付货款?理由是什么?

(3)因海关手续问题,一箱机器卸货后第 59 天才提货。开箱后发现机器生锈无法使用,保险公司是否予以赔偿?

第 15 章　国际贸易方式

教学目的和要求

通过学习本章内容，要求掌握代理的概念、种类及销售代理协议所包含的内容。了解招标投标的含义与步骤；掌握拍卖的概念、特点及出价方法。了解期货交易的含义，熟悉期货市场的构成；掌握套期保值的含义及具体做法；了解对销贸易的含义和特点；了解各种不同形式的对销贸易的特征；认识对销贸易在国际贸易中的作用；了解电子商务的相关基础知识；学会从技术和商务两个角度来看待和认识电子商务；认识电子商务和无纸贸易在外贸业务运作中的作用。

学习重点与难点

1. 代理、包销和独家代理；
2. 投标、招标和拍卖；
3. 对销贸易；
4. 期货贸易；
5. 进料加工与来料加工；
6. 电子商务与无纸贸易。

引子

国际贸易方式是国际间商品流通所采取的形式和具体做法，由于国际间交易商品的品种繁多、且各国和各地区交易的习惯和做法各不相同，因此，国际贸易方式也多种多样。

15.1　独家经销与代理

1. 独家经销

独家经销（以我国为例）是指我出口企业与国外一个客户或几个客户组成的集团即独家经销商达成书面协议，由前者把某一种或某一类商品给予后者在约定地区和一定期限内独家经营的权利。独家经销是分销战略的一种，在一个区域里，除了该公司销售这种产品外，没有其他公司销售这个产品。独家经销也称为包销。

需要注意的是,包销不同于一般出口,可使出口人同包销商之间通过协议建立一种较为稳定的购销关系。包销方式下,出口人同包销商人之间属于买卖关系。包销商自筹资金、自行购进商品在当地出售,自担风险,自负盈亏。出口人和包销地区的第三者将无任何契约关系;包销人享有独特销售的权利,利用其自身资信、影响和渠道自主经营;出口方须按包销协议行使其必要权利和履行其义务。

包销的作用有:

(1)有利于调动包销商的积极性,并利用其销售渠道推销出口商品;

(2)可避免或减少因自相竞争而带来的损失;

(3)有利于安排生产和组织出口货源。

同时,包销也有其局限性,如缺乏机动灵活性,不能普遍联系客户成交;容易造成包销人操纵和垄断市场的局面;有可能出现包销人包而不销的情况。

2. 代理

国际贸易中的代理(Agency)业务,是指以委托人为一方,委托独立的代理人为另一方,在约定的地区和期限内,代理人以委托人的名义与资金从事代购或代销指定商品的贸易方式。代理商根据推销商品结果收取佣金作为报酬。代理商与出口商之间是委托代理关系。

国际贸易中所采用的代理方式,按委托授权的大小,可分为以下几种。

(1)独家代理

独家代理(Sole Agency)是指在特定地区内、特定时期内享有代销指定商品的专营权,同时不得再代销其他来源的同类商品。凡是在规定地区和规定期限内做成该项商品的交易,除双方另有约定外,无论是由代理做成,还是由委托人直接同其他商人做成,代理商都有享受佣金的权利。

(2)一般代理

一般代理(Agency)又称佣金代理,是指在同一地区,同一时期内,委托人可以选定多个客户作为代理商,根据推销商品的实际金额付给佣金,或者根据协议规定的办法和百分率支付佣金。中国的出口业务中,运用此类代理商的较多。

(3)总代理

总代理(General Agency)是在特定地区和一定时间内委托人的全权代表。除有权代表委托签订买卖合同、处理货物等商务活动外,也可以进行一些非商业性的活动,而且还有权指派分代理,并可享分代理的佣金。代理协议是明确委托人与代理人之间的权利与义务的法律文件,其内容主要包括:① 委托人与代理商的名称及地址等;② 代理商品的品名与规格等;③ 指定的代理地区、代理的期限;④ 代理商品的数量和金额;⑤ 代理商品的作价办法;⑥ 代理商的权力与义务;⑦ 代理商的佣金率及支付办法等;⑧ 代理协议有效期及中止条款;⑨ 市场报导,广告宣传和商标保护。

代理的优缺点主要体现在以下方面。代理的优点:① 代理商根据出口方的意图销售,主动权在出口方手中,因此灵活主动;② 代理商不垫付资金,不负盈亏,不担风险,其积极性会更高;③ 有助于出口方逐步摸清市场情况,扩大销售。

代理的缺点:① 代理商不负盈亏,会影响其销售效果;② 如果代理商资信不好、经营能力差,会出现代理商品推销不出去的现象。

3. 独家代理与包销有何区别

独家代理与包销的区别体现为以下几点。

(1)独家代理的出口人与代理人之间是委托关系;包销出口人与包销商之间是买卖关系。

(2)独家代理是居间介绍交易,代理人不需垫付资金、不负盈亏,只收取佣金;包销则是包销人自筹资金购入商品并销售,自担风险、自负盈亏,不涉及佣金问题。

(3)代理人介绍买主后,由买方向委托人开立信用证、支付货款,代理人不承担履行合同义务。包销人则需自行开立信用证、支付货款,自行承担履行合同义务。

(4)代理人无须承担商品销售数额义务,包销人承担购买和销售一定量商品的义务。

在中国进出口业务中,尽管也习惯采用代理方式,但中国实际业务中对代理的运用与某些国家有关代理法律的规定和商业惯例的解释并不完全一致。因此,签订代理协议时,必须注意某些国家的有关法律和商业惯例以及国际上有关代理商方面公认的准则。

15.2 寄售与展卖

1. 寄售

寄售(Consignment)是一种委托代售的贸易方式,也是国际贸易中习惯采用的做法之一。在我国进出口业务中,寄售方式运用并不普遍,但在某些商品的交易中,为促进成交,扩大出口的需要,也可灵活适当运用寄售方式。寄售是一种有别于代理销售的贸易方式。它是指货主先将货物运往寄售地,委托国外一个代销人(受委托人),按照寄售协议规定的条件,由代销人代替货主进行,货物出售后,由代销人向货主结算货款的一种贸易做法。在国际贸易中采用的寄售方式,与正常的卖断方式比较,它具有下列几个特点。

(1)寄售人先将货物运至目的地市场(寄售地),然后经代销人在寄售地向当地买主销售。因此,它是典型的凭实物进行买卖的现货交易。

(2)寄售人与代销人之间是委托代售关系,而非买卖关系。代销人只根据寄售人的指示处置货物。货物的所有权在寄售地出售之前仍属寄售人。

(3)寄售货物在售出之前,包括运输途中和到达寄售地后的一切费用和风险,均由寄售人承担。

(4)寄售货物装运出口后,在到达寄售地前也可先行一销,即当货物尚在运输途中,如有条件即成交出售,出售不成则仍运至原定目的地。

寄售的优点主要体现在以下几点:对寄售人来说,有利于开拓市场和扩大销路,还可根据市场供求掌握有利推销时机;有利于调动那些有推销能力、经营作风好、但资金不足的客户的积极性;大大节省了交易时间,减少了风险和费用,为买主提供了便利。

寄售的缺点主要表现为货主承担的贸易风险大、资金周转期长、收汇不够安全。

2.展卖

展卖是利用展览会和博览会的形式出售商品,将展览与销售结合起来的贸易方式。

展卖方式灵活,可由货主自己举行,也可由货主委托他人举办。国际贸易中,展卖可在国外举行,也可在国内举行。

展卖特点是把出口商品的展览和推销有机地结合起来,边展边销,以销为主。展卖的优点主要表现在以下三方面:

①有利于宣传出口商品,扩大影响,招揽潜在买主,促进交易;

②有利于建立和发展客户关系,扩大销售地区和范围;

③有利于开展市场调研,听取消费者的意见,改进产品质量,增强出口竞争力。

在国外举行的展卖业务按其买卖方式可分为两种:一种是通过签约的方式将货物卖给国外客户,由客户在国外举办展览会或博览会,货款在展卖后结算;另一种是由货主与国外客户合作,在展卖时货物所有权仍属货主,并由货主决定价格,货物出售后,国外客户收取一定的佣金或手续费作为补偿,展卖结束后,未售出的货物折价处理或转为寄售。报关员考试展卖方式按形式分又可分为国际博览会和国际展览会。国际博览会是一种以国家组织形式在同一地点定期地由有关国家或地区的厂商举行的商品交易的贸易方式。参加者展出各种各样的产品和技术,以招揽国外客户签订贸易合同,扩大业务活动。当代的国际展览会是不定期举行的,通常展示各国在产品、科技方面所取得的新成就。当代的国际博览会和展览会不仅是一个商品交易场所,而且更多地具有介绍产品和新技术,广告宣传和打开销路的性质。参加展卖的各国商人除参加现场交易外,还大力地进行样品展览和广告宣传,以求同世界各地建立广泛的商业关系。

国际博览会或展览会按内容可分为:综合性博览会或展览会,可包括工农业各类产品,通常有许多国家参加;专业性博览会或展览会,通常是某项或某类工业品参加展出;国别博览会或展览会等。

国际上著名的博览会如:莱比锡、布鲁塞尔、里昂、巴黎、蒙特利尔博览会大多都是综合性的博览会。随着国际贸易关系和技术的日益发展,通过博览会和展览会进行的展卖方式在国际市场上的地位日益重要。它为买卖双方了解市场,建立商品和技术联系提供了有利条件,成为各国商人签订贸易合同的重要场所。

15.3 招投标与拍卖

1. 招标与投标

招标(Invitation-to-Tender)是指招标人(买方)发出招标通知,说明拟采购货物的名称、规格、数量及其他条件,邀请投标人(卖方)在规定的时间、地点按照一定的程序进行投标的行为。

与招标方式对应的是投标(Submission-of-Tender),是指投标人(卖方)应招标人的邀请,按照招标的要求和条件,在规定的时间内向招标人进行递价,争取中标的行为。

招标投标是一种竞卖的方式,常被用于采购物资、设备、勘探开发资源或招包工程项目,招标的组织者主要是国家部门或机构,也有一些大型的工商企业。

国际招标主要由公开招标和非公开招标两种。

(1)公开招标

公开招标是指招标人在国内外报刊杂志上发布招标通告,将招标的意图公布于众,邀请有关企业和组织参加投标。

(2)非公开招标

非公开招标又称选择性招标,是指招标人不公开发布招标通告,只是根据以往的业务关系和情报资料,向少数客户发出招标通知。这种方式多用于购买技术要求高的专业设备或成套设备。

2. 拍卖

拍卖(Auction)是由经营拍卖业务的拍卖行接受货主的委托,在规定的时间和场所,按照一定的章程和规则,以公开叫价的方法,把货物卖给出价最高的买主的一种贸易方式。国际贸易中通过拍卖成交的商品通常是品质难以标准化、或难以久存、或按传统习惯以拍卖出售的商品,如裘皮、茶叶、烟草、羊毛、木材、水果以及古玩和艺术品等。拍卖的出价方法有三种:增价拍卖;减价拍卖;密封递价的拍卖。拍卖的程序一般为:准备阶段、察看货物、正式拍卖、成交和交货。

15.4 期货交易与套期保值

1. 期货交易

期货交易(Futures Transaction)是众多的买主和卖主要商品交易所内按照一定的规则,用喊叫并借助手势进行讨价还价,通过激烈竞争达成交易的一种贸易方式。

期货交易不同于商品中的现货交易。众所周知,在现货交易的情况下,买卖双方可以以任何方式,在任何地点和时间达成实物交易。卖方必须交付实际货物,买方必须支付货款。而期货交易则是在商品交易所内,按照交易所预先制订的"标准期货合同"进行的期货买卖。成交后买卖双方并不移交商品的所有权,因为期货交易具有下列几个特点:

(1)期货交易不规定双方提供或者接受实际货物;

(2)交易的结果不是转移实际货物,而是支付或者取得签订合同之日与履行合同之日的价格差额;

(3)期货合同是由交易所制订的标准期货合同,并且只能按照交易所规定的商品标准和种类进行交易;

(4)期货交易的交货期是按照交易所规定的交货期确定的。不同商品,交货期不同;

(5)期货合同都必须在每个交易所设立的清算所进行登记及结算。

2. 期货交易的种类

根据交易者的目的,期货交易有两种不同性质的种类:一种是利用期货合同作为赌博的筹码,买进卖出,从价格涨落的差额中追逐利润的纯投机活动;另一种是真正从事实物交易的人做套期保值。前一种在商业习惯上称为"买空卖空",它是投机者根据自己对市场前景的判断而进行的赌博性投机活动。

所谓"买空",又称"多头",是指投机者估计价格要涨,买进期货;一旦货期涨价,再卖出期货,从中赚取差价。后一种在商业习惯上称"套期保值",又称为"海琴"。(交易技巧如何正确运用)

3. 套期保值

(1)套期保值的特征

套期保值是指把期货市场当做转移价格风险的场所,利用期货合约作为将来在现货市场上买卖商品的临时替代物,对其现在买进准备以后售出商品或对将来需要买进商品的价格进行保险的交易活动。

套期保值的基本做法是,在现货市场和期货市场对同一种类的商品同时进行数量相等但方向相反的买卖活动,即在买进或卖出实货的同时,在期货市场上卖出或买进同等数量的期货,经过一段时间,当价格变动使现货买卖上出现的盈亏时,可由期货交易上的亏盈得到抵消或弥补。从而在"现"与"期"之间、近期和远期之间建立一种对冲机制,以使价格风险降低到最低限度。

(2)套期保值的逻辑原理

套期之所以能够保值,是因为同一种特定商品的期货和现货的主要差异在于交货日期前后不一,而它们的价格,则受相同的经济因素和非经济因素影响和制约,而且,期货合约到期必须进行实货交割的规定性,使现货价格与期货价格还具有趋合性,即当期货合约临近到期日时,两者价格的差异接近于零,否则就有套利的机会,因而,在到期日前，期货和现货价格具有高度的相关性。在相关的两个市场中，反向操作，必然有相互冲销的效果。

(3)套期保值的方法

① 生产者的卖期保值

不论是向市场提供农副产品的农民，还是向市场提供铜、锡、铅、石油等基础原材料的企业，作为社会商品的供应者，为了保证其已经生产出来准备提供给市场或尚在生产过程中将来要向市场出售商品的合理的经济利润，以防止正式出售时价格的可能下跌而遭受损失，可采用卖期保值的交易方式来减小价格风险。

即在期货市场以卖主的身份售出数量相等的期货作为保值手段。

② 经营者卖期保值

对于经营者来说，他所面临的市场风险是商品收购后尚未转售出去时，商品价格下跌，这将会使他的经营利润减少甚至发生亏损。为回避此类市场风险，经营者可采用卖期保值方式来进行价格保险。

③ 加工者的综合套期保值

对于加工者来说，市场风险来自买和卖两个方面。他既担心原材料价格上涨，又担心成品价格下跌，更怕原材料上升、成品价格下跌局面的出现。只要该加工者所需的材料及加工后的成品都可进入期货市场进行交易，那么他就可以利用期货市场进行综合套期保值，即对购进的原材料进行买期保值，对其产品进行卖期保值，就可解除他的后顾之忧，锁牢其加工利润，从而专门进行加工生产。

(4)套期保值的作用

企业是社会经济的细胞，企业用其拥有或掌握的资源去生产经营什么、生产经营多少以及如何生产经营，不仅直接关系到企业本身的生产经济效益，而且还关系到社会资源的合理配置和社会经济效益提高。而企业生产经营决策正确与否的关键，在于能否正确地把握市场供求状态，特别是能否正确掌握市场下一步的变动趋势。期货市场的建立，不仅使企业能通过期货市场获取未来市场的供求信息，提高企业生产经营决策的科学合理性，真正做到以需定产，而且为企业通过套期保值来规避市场价格风险提供了场所，在增进企业经济效益方面发挥着重要的作用。

(5)套期保值策略

为了更好实现套期保值目的，企业在进行套期保值交易时，必须注意以下程序和策略。

① 坚持“均等相对”的原则。“均等”就是进行期货交易的商品必须和现货市场上将要交易的商品在种类上相同或相关数量上相一致。“相对”就是在两个市场上采取相反的买卖行为，如在现货市场上买，在期货市场则要卖，或相反。

② 应选择有一定风险的现货交易进行套期保值。如果市场价格较为稳定，那就不需进行套期保值，进行保值交易需支付一定费用。

③ 比较净冒险额与保值费用，最终确定是否要进行套期保值。

④ 根据价格短期走势预测，计算出基差（即现货价格和期货价格之间的差额）预期变动额，并据此做出进入和离开期货市场的时机规划，并予以执行。

15.5 对销贸易与加工贸易

1. 对销贸易

对销贸易（Counter Trade）是指在互惠的前提下，由两个或两个以上的贸易方达成协议，规定一方的进口产品可以部分或者全部以相对的出口产品来支付。对销贸易有多种形式，我国经贸活动中采用较多的是易货贸易和补偿贸易。

（1）易货贸易

狭义的易货贸易是以货换货，不用货币支付，交换商品的价值相等或相近。这种方式在现代国际贸易中很少使用。广义的易货贸易包括两种做法：

① 记账易货贸易；

② 对开信用证方式。

进口和出口同时成交，金额大致相等，双方都采用信用证方式支付货款。具体做法是：双方都开立以对方为受益人的信用证，并在信用证中规定一方开出的信用证，要在收到对方信用证时才生效。

（2）补偿贸易

补偿贸易（Compensation Trade）是指在信贷基础上进行的、进口与出口相结合的贸易方式，即进口设备，然后以回销产品或劳务所得价款分期偿还设备价款及利息。

① 补偿贸易的种类

当前我国开展的补偿贸易，按照用来偿付的标的不同，可分为直接产品补偿；间接产品补偿；劳务补偿。

上述三种做法在实践中还可结合使用，即进行综合补偿。

② 补偿贸易的作用

对设备进口方的作用主要体现在：进口方可以引进先进的技术和设备，发展和提高本国的生产能力和技术能力，增强出口产品的竞争力；通过对方回购，可在扩大出口的同时获得一个较稳定的销售市场和销售渠道；是一种较好的利用外资的方式。

对设备供应方的作用主要体现在：在当前市场竞争激烈的情况下，通过补偿贸易，可扩大设备的出口，通过承诺回购义务加强自己的竞争地位，争取贸易伙伴，或可在回购中获得较稳定的原材料来源，或从转售产品中获得利润。

（3）补偿贸易与易货贸易比较

从交易双方相互交换产品的特征看，补偿贸易同易货贸易相似，但是另一方面，它们之间又有重要区别。

① 易货贸易中双方互换商品应等值或基本等值，补偿贸易中提供设备一方所承担的回购义务不以货款金额为限，在进口方还清货款后，补偿产品仍然可以在一定时期返销。

② 易货贸易中，双方商品之间没有联系，补偿贸易不仅进出口结合，补偿产品同进口设备也有一定联系。

③ 补偿贸易是与信贷相结合的贸易方式，进口方是在出口方提供信贷的基础上购进设备，有时有银行介入。这既是一种贸易方式，又是一种利用外资的形式。

④ 补偿贸易同生产相联系，因为出口方要接受直接产品作为补偿，所以关心进口方工程进展和生产情况及产品质量，不仅对所提供设备、技术承担责任，还往往承担提供零件、技术协助、培训进口方人员的义务。

⑤ 补偿贸易中进口方分期偿付货款，执行期比较长，有的长达一二十年，在买卖双方之间形成长期合作关系。

2. 加工贸易

加工贸易是国际上普遍采用的一种贸易方式，在我国自20世纪80年代以来发展迅速。我国海关统计中的加工贸易包括来料加工和进料加工两种方式。

(1) 来料加工

来料加工又称为对外加工装配业务，是指由外商（委托方）提供一定的原材料、零部件、元器件，由加工方按对方的要求进行加工或装配，成品交对方处置，加工方按约定收取工缴费作为报酬。

来料加工业务中虽有原料和成品的进口和出口，但原料和成品的所有权始终属于委托方，加工方只提供加工装配服务并收取约定的工缴费。因此，来料加工是一种以商品为载体的劳务出口，属于劳务贸易的范畴。

接受外商委托承接加工装配业务，需要订立一份加工装配合同。在订立来料加工合同时，应注意下列问题：对来料来件的规定、对成品质量的规定、关于耗料率和残次品率的规定、关于工缴费标准的规定、对工缴费结算方式的规定、对运输和保险的规定。来料加工合同中还应订立工业产权的保证、不可抗力和仲裁等预防性条款。

我国海关对加工贸易的管理很严格。加工贸易企业应在登记手册或账册有效期内完成保税料件的进口和产品出口，不能出口部分料件应经批准后补税内销或依法作其他方式上理。如果未经批准擅自处置保税货物，必将承担相应的法律责任。

应用案例15-1

2005年7月25日，一加工贸易企业在海关办理一本来料加工登记手册，进口塑料粒子108吨。2005年12月，当事人接公司内销订单，由于库存内销原料不能满足订单生产需要，当事人遂于2005年12月15日至2006年1月17日间，将登记手册项下的144吨库存ABS－FR染色塑料粒子用于内销产品的生产，并于2005年12月29日以144吨塑料粒子的外销转内销情况向商务部站提出申请并获批准，但未报请海关核准并征税。截止海关核查期间，以上共计144吨ABS－FR染色塑料粒子已制成成品入库，其中47.069吨已销往国内。问题：海关应该如何对此进行处理？

案例分析

根据《中华人民共和国海关法》第八十六条第（十）项及国办发（1999）35号文之规定，当事人擅自转让海关监管货物，已构成违反海关监管规定的行为。根据《中华人民共和国海关行政处罚实施条例》的有关规定，事后当事人被处罚款人民币20万元整，并责令其补缴税款62万元。

（2）进料加工

进料加工是指国内有外贸经营权的单位用外汇购买进口部分或全部原料、材料、辅料、元器件、配套件和包装物料加工成品或成品后再返销出口的业务。

我国对进料加工有严格的管理规定，经营进料加工应具备以下条件。

① 经营人必须是经主管部门或其授权主管部门批准的具有外贸出口经营权的进出口公司，其他单位和个人不得经营。

② 用外汇购进的进口原料，零部件必须加工成成品复出口。

③ 进口的料件和加工的成品的所有权归经营人，经营人自负盈亏。

此外，进口料件的外汇来源必须是属于进料加工专项外汇。

① 经贸部拨给专业进出口总公司及总公司拨给分公司的进料加工用汇。

② 经贸部拨给省、市、自治区外贸局的进料加工用汇。

③ 各省市自治区用地方外汇和留成外汇拨出专供进料加工用的原材料外汇。

④ 出口机电产品，由经贸部拨给各有关部、局供进料加工用的原材料外汇。

⑤ 中央下拨的出口商品包装用汇。

⑥ 工贸公司由主管部门批准的进料加工用汇。

进料加工贸易税务申报程序如下。

① 登记备案

开展进料加工业务的企业，在第一次进料之前，应持进料加工贸易合同、外经贸部门签发的《加工业务贸易批准证》、海关核发的《进料加工登记手册》及《生产企业进料加工登记表》，向退税部门办理登记备案手续。

②《生产企业进料加工贸易免税证明》的出具。

料件进口后，生产企业应向退税部门申报《生产企业进料加工进口料件申报明细表》，并附《进料加工登记手册》和进料加工进口料件报关单。退税部门审核无误签章后，上报退税机关出具《生产企业进料加工贸易免税证明》。

③ 退税抵扣

生产企业在取得退税机关出具的《生产企业进料加工贸易免税证明》的当月，根据证明中的“不得免税和抵扣税额抵减额”和“免抵退税额抵减额”，参与当期征（免）税和免抵退税计算。《生产企业进料加工贸易免税证明》按当期全部购进的进口料件组成计税价格计算出具。对于进料加工贸易，海关一般对进口材料按85%或95%的比例免税或全额免税，货物出口按“免、抵、退”计算退（免）增值税。

④ 出口货物“免、抵、退”税申报

开展进料加工业务的生产企业向退税部门申报办理“免、抵、退”税时，除提供一般贸易所需凭证资料外，还需提供装订成册的《生产企业进料加工进口料件申报明细表》（企业打印）；《生产企业免、抵、退税进料加工贸易免税证明》；《进料加工登记手册》和进料加工进口料件报关单复印件。

⑤ 进料加工业务的核销

生产企业《进料加工登记手册》最后一笔出口业务在海关核销后，应持《生产企业进料加工海关登记手册核销申请表》（企业打印），并提供向海关办理核销的、记有全部记录的《进料加工登记手册》原件（复印件）；《生产企业进料加工贸易免税证明》；海关签发的《进料加工登记手册核销通知书》；向海关补税的税收缴款书复印件（如有间接出口须提供间接出口货物报关单复印件）提供手册原件（复印件）等有关资料，到退税部门办理进料加工业务核销手续。

（3）来料加工和进料加工比较

相同点如下：原料来自国外，成品在国外销售；料件都属保税货物；加工目的相同，都是为赚取外汇；料件进口免交许可证件；均实行合同登记备案，设立保证金台账，都要办理核销。

不同点如下：来料属于一笔交易，一份合同，进料属于多笔交易，成品可以卖给多个国家；来料双方是委托关系，进料双方是买卖关系；来料由委托方确定加工品种技术要求，进料我方自定加工品种技术要求；来料我方不负责产品销售，只收取加工费，进料我方自行销售成品，自负盈亏，赚取利润。

15.6 电子商务与无纸贸易

1. 电子商务

电子商务（E-Commerce）是指通过电子信息技术、网络互联技术和现代通信技术，使得交易涉及的各方当事人借助电子方式联系，而无须依靠纸面文件、单据的传输，实现整个交易过程的电子化。广义的理解认为电子商务是运用现代电子信息技术以整个全球市场为基础的商务活动。

(1)电子商务分类

电子商务可分为以下几类:① 商业机构对商业机构的电子商务(Business to Business,简称 B2B);② 商业机构对消费者的电子商务(Business to Consumer,简称 B2C);③ 商业机构对行政机构的电子商务(Business to Administration,简称 B2A);④ 消费者对行政机构的电子商务(Consumer to Administration,简称 C2A)。

(2)电子商务与国际贸易

国际贸易中的电子商务是指企业通过利用电子商务运作的各种手段所从事的国际贸易活动,它所反映的是现代信息技术所带来的国际贸易过程的电子化。贸易伙伴之间以及贸易伙伴与相关银行、运输部门、保险部门、商检、海关和政府部门等传输订单及相关单据和文件,就成为国际贸易电子商务的主要内容之一。

随着世界全球化的加剧与深入,越来越多的产品将从非本国以外的地方采购而来。由此为进口商和出口商带来的从事国际贸易的商机也将越来越吸引人。而推动这一国际贸易迅速发展的主要原因之一是互联网的出现和电子商务的运用,因为通过这一最新的运作方式,大大节省了时间和成本。

随着中国成为 WTO 正式成员,原本存在的贸易壁垒将逐渐消失,"中国制造"产品的价格优势、品质优势等将吸引更多世界各地买家/进口商。运用传统的方式从事国际贸易显然已经远远不能满足中国千百万出口商/供应商拓展海外市场的需要,同时也不能满足进口商/买家寻找符合其价格、品质、包装、交货等要求的中国供应商的需要,电子商务的运用似乎已经成为一个必然。

(3)电子商务的应用作用

电子商务应用于国际贸易并不是想象中由供应商建立起一个自己公司的网站,全世界进口商就能搜寻到该供应商的产品,而后发出查询、询价、要求样品等直至签订合同、安排货运、收付货款等如此简单。国际贸易的开展,进口商和出口商有各自独立的商业目的。只有把双方的目的有机地连接起来,贸易才能展开。同样,运用互联网和电子商务优化国际贸易进程也必须将进口商和出口商各自独立的商业目的通过互联网,运用新的技术手段,软件,服务和相配套的流程将其相互连接,这样才能使双方达到各自的目的。一般地说,进口商希望能通过互联网实现以下目标:

① 对于所采购的产品找到最合适的供应商;

② 比较、评估不同供应商的产品特点及公司的能力;

③ 获取供应商的最新、最及时的信息;

④ 通过进口商/买家公认的产品分类方式和行业最通用的词汇,以最快、最简便的方式搜寻所需采购的产品。

而出口商则希望通过电子商务实现以下目标：

① 获得更多的关于本公司产品的信息查询并把这些查询发展成新业务；

② 在世界不同的地理范围内建立并维护自己的品牌；

③ 将最新的公司及产品介绍能随时在进口商/买家需要的时候呈现在他们面前；

④ 随时了解市场状况，发展趋势，进口商/买家需求，同行活动等。

因此，无论是出口商/供应商还是进口商/买家，在运用电子商务进行国际贸易时都面临着挑战。出口商/供应商必须在第一时间将自己的产品及公司介绍展示在互联网上；而进口商/买家必须将供应商的信息收集、编辑成通用的形式以做比较。这一切的完成在技术方面有极高的要求。在考虑将电子商务与国际贸易结合时，一定要认真考虑如何通过电子商务将进口商与出口商的目的有机地结合、协调起来，在考虑到进口商利益的同时也为供应商提供了实现其目的平台，否则，花费了大量人力、物力、财力和时间建立起来的电子商务平台将很难达到预期的效果。

2. 无纸贸易

(1) 无纸贸易的含义

无纸贸易一词源于 EDI，它是一种在公司之间传输订单、发票等作业文件的电子化手段。它通过计算机通信网络将贸易、运输、保险、银行和海关等行业信息，用一种国际公认的标准格式，实现各有关部门或公司与企业之间的数据交换与处理，并完成以贸易为中心的全部过程，它是 20 世纪 80 年代发展起来的一种新颖的电子化贸易工具，是计算机、通信和现代管理技术相结合的产物。国际标准化组织（ISO）将 EDI 描述成“将贸易（商业）或行政事务处理按照一个公认的标准变成结构化的事务处理或信息数据格式，从计算机到计算机的电子传输”。而国际电信联盟远程通信标准化组织 ITU－T（原 CCITT）将 EDI 定义为“从计算机到计算机之间的结构化的事务数据互换”。又由于使用 EDI 可以减少甚至消除贸易过程中的纸面文件，因此 EDI 又被人们通俗地称为“无纸贸易”。

(2) 无纸贸易与通关自动化

EDI 是现代计算机技术、通信技术与处理业务相结合的产物，是集先进技术和科学管理于一体的新的贸易方式。而报关业务中引入 EDI，实现无纸报关，与国际接轨，关系着我国对外贸易的竞争力，是当前国际贸易发展的必然趋势。

全方位改革开放形势的需要，当前，我国的对外开放正进一步向全方位、深层次、宽领域的方向发展，进出口贸易持续增长，科学技术日新月异，经济全球化和信息化浪潮势不可当，进一步加快了我国经济社会的发展进程。加入世贸组织以后，我国的外贸进出口将进一步呈迅猛增长的趋势。例如上海作为我国最大的对外开放口岸，进出口物流高速增长对口岸管理造成的压力是不言而喻的。

国际标准化组织将 EDI 定义为一种电子传输方法，用这种方法，首先将商业或行政事务处理中的报文数据按照一个公认的标准，形成结构化的事务处理的报文数据格式，进而将这些结构化的报文数据经由网络，从计算机传输到计算机，用于报关业务。

外向型企业必须适应电子报关的新业务。申请无纸报关的企业必须满足以下5个条件：

① 企业为生产加工型企业；

② 企业每月报关单量达50票以上；

③ 所申报货物不需要相关监管证件；

④ 进出口的方式需为海运；

⑤ 企业应保证数据的准确性、有效性并承担相应的法律责任。

（3）无纸化报关有哪些办理手续和程序

无纸通关是利用中国电子口岸及现代海关业务信息化管理系统功能，直接对企业联网申报的进出口货物报关电子数据进行无纸审核、验放处理的通关方式。

但是也需要在报关单电子数据放行之日起七日内向海关提交纸质报关单、发票、装箱单、提单以及海关认为需要提交的其他单证。

本章小结

国际贸易的方式是多种多样的，有寄售、展卖、加工贸易、期货交易、无纸贸易等。寄售是一种委托代售的贸易方式，也是国际贸易中习惯采用的做法之一。招标是指招标人发出招标通知，说明拟采购货物的名称、规格、数量及其他条件，邀请投标人在规定的时间、地点按照一定的程序进行投标的行为。拍卖是由经营拍卖业务的拍卖行接受货主的委托，在规定的时间和场所，按照一定的章程和规则，以公开叫价的方法，把货物卖给出价最高的买主的一种贸易方式。期货交易是众多的买主和卖主要商品交易所内按照一定的规则，用喊叫并借助手势进行讨价还价，通过剧烈竞争达成交易的一种贸易方式。对销贸易是指在互惠的前提下，由两个或两个以上的贸易方达成协议，规定一方的进口产品可以部分或者全部以相对的出口产品来支付。加工贸易是国际上普遍采用的一种贸易方式，在我国自20世纪80年代以来发展迅速。我国海关统计中的加工贸易包括来料加工和进料加工两种方式。

国际贸易中的电子商务是指企业通过利用电子商务运作的各种手段所从事的国际贸易活动，它所反映的是现代信息技术所带来的国际贸易过程的电子化。贸易伙伴之间以及贸易伙伴与相关银行、运输部门、保险部门、商检、海关和政府部门等传输订单及相关单据和文件，就成为国际贸易电子商务的主要内容之一。随着世界全球化的加剧与深入，越来越多的产品将从非本国以外的地方采购而来。由此为进口商和出口商带来的从事国际贸易的商机也将越来越吸引人。无纸贸易是一种在公司之间传输订单、发票等作业文件的电子化手段。它通过计算机通信网络将贸易、动输、保险、银行和海关等行业信息，用一种国际公认的标准格式，实现各有关部门或公司与企业之间的数据交换与处理，并完成以贸易为中心的全部过程。企业应该根据自己的实际情况进行选择，在电子数据交换的信息时代，企业应该充分利用电子商务平台开展国际贸易，并且通过海关电子报关系统快速通关。

习题

1. 填空题

(1)国际贸易中包销协议中包销商与出口企业之间的关系，从法律上来讲是(　　)与(　　)的关系，即买卖关系。

(2)包销协议中的专营权包括(　　)和(　　)。

(3)国际贸易代理方式中代理人和委托人的关系是(　　)关系。

(4)国际上普遍采用的招标方式有(　　)、(　　)、(　　)。

(5)拍卖的出价方式有(　　)、(　　)、(　　)三种。

(6)套期保值的做法基本上可以分为两种既(　　)和(　　)。

2. 判断题

(1)包销商品的范围越大，越有利于出口商。(　　)

(2)只有当进口人无力付款或类似原因，导致委托人不能收。(　　)

(3)追不回贷款时，信用担保代理人才承担责任。(　　)

(4)总代理人不可分享分代理人的佣金。(　　)

(5)寄售属于先买断后发货。(　　)

(6)对销贸易是指一种新的单一贸易行为。(　　)

(7)互购不要求等值交换。(　　)

(8)谈判招标须用公开开标的形式。(　　)

(9)品质不易高度标准化，或难以久存的商品，多采用拍卖方式。(　　)

(10)套期保值能完全排除价格风险。(　　)

(11)来料加工业务中，我方可以办运输和保险，但费用由委托方负担。(　　)

(12)互购一般对先出口方比较有利。(　　)

3. 不定项选择题

(1)包销方式中，包销人与供货之间的关系为(　　)。

A. 代理关系　　B. 买卖关系　　C. 委托关系　　D. 互购关系

(2)补偿贸易的前提条件是(　　)。

A. 银行信贷　B. 信贷　C. 巴延期付款　D. 分期付款

(3)寄售货物的作价办法,大致有(　　)。

A. 规定最低限价 B. 随行就市　C. 售前征得寄售人意见 D. 规定结算价格

(4)在国际货物买卖中,卖方的基本义务为(　　)。

A. 提交合格的单据　B. 提交合格的货物

C. 办理保险　D. 转移货物所有权

(5)我国承接来料加工业务,主要是(　　)。

A. 机械产品　B. 轻纺工业品　C. 电子产品　D. 化工产品

(6)在一般的销售代理协议中,最主要的是明确规定(　　)。

A. 定义条款　B. 委托人的权利与义务

C. 代理人的权利与义务　D. 佣金条款

(7)国际竞争性招标包括(　　)。

A. 公开招标　B. 议标　C. 选择招标　D. 两段招标

(8)来料加工与进料加工的区别在于(　　)。

A. 是否属于“两头在外”的加工贸易

B. 原料的运进与成品运出是否属一笔交易

C. 中方是否承担成品的销售及风险

D. 原料供应者是否为成品接受者

4. 案例分析题

2009 年 6 月 28 日,一公司以“进料对口”贸易方式从某保税仓库申报进口了 2 票价值 11.07 万美元的 PC/ABS 塑料合金。经海关查实,上述货物实际为该公司出口给某国际贸易有限公司的保税成品,因质量不合要求而被退货。对此批退货,应经“进料加工成品退货”贸易方式向海关申报复进口,该公司却因故以“进料对口”贸易方式进行了申报,影响了海关监管秩序。

问题:该公司违反了什么规定?海关应该如何处理该公司?

参考文献

1. 严国辉. 国际贸易理论与实务. 北京:对外经济贸易大学出版社,2007.
2. 陈宪、韦金鸾、应诚敏、陈晨. 国际贸易. 上海:立信会计出版社,2002.
3. 贾建华. 国际贸易理论与实务. 北京:首都经济贸易大学出版社,2002.
4. 张向先. 国际贸易概论. 北京:高等教育出版社,2003.
5. 陈同仇. 国际贸易. 北京:对外经济贸易大学,1998.
6. 彭福永. 国际贸易. 上海:上海财经大学出版社,2002.
7. 孙丽云. 国际贸易(第三版). 上海:上海财经大学出版社,2002.
8. 刘诚. 国际贸易. 北京:中国金融出版社,2002.
9. 袁永友. 国际贸易理论与实务. 武汉:武汉理工大学出版社,2010.
10. 夏合群. 国际贸易实务. 北京:北京大学出版社,2007.
11. 杨频,仇荣国. 国际贸易实务. 北京:北京大学出版社,2006.
12. 李勤昌,黄海东. 国际贸易实务讲授与学习指导. 大连:东北财经大学,2006.
13. 黎孝先. 国际贸易实务. 北京:对外贸易大学出版社,2007.
14. 吴百福. 国际贸易实务. 上海:上海人民出版社,2011.
15. Karla C Shippey, J. D. International Contracts. 上海:上海外语教育出版社,2000.
16. 帅建林. 进出口贸易实务(英文版第三版). 成都:西南财经大学出版社,2005.
17. 张乃根. 国际贸易的知识产权法. 上海:复旦大学出版社,1999.
18. 尤先迅. 世界贸易组织法. 上海:立信会计出版社,1997.

反侵权盗版声明

举报电话：（010）88254396；（010）88258888
传　　真：（010）88254397
E-mail:　dbqq@phei.com.cn
通信地址：北京市万寿路 173 信箱
　　　　　电子工业出版社总编办公室
邮　　编：100036